从乡村到城乡统筹

2020年后
中国扶贫愿景和战略重点

陈志钢 吴国宝 毕洁颖 等／著

社会科学文献出版社
SOCIAL SCIENCES ACADEMIC PRESS (CHINA)

本书作者

第一章　陈志钢　吴国宝　毕洁颖　王子妹一
第二章　郭君平　吴国宝
第三章　谭清香　吴国宝
第四章　杨　穗　吴国宝
第五章　陈志钢　毕洁颖
第六章　毕洁颖　陈志钢

目 录

图目录

表目录

|第一章|

绪 论

第一节　研究背景

　　改革开放40年来的经济高速增长使中国在消除极端贫困方面成效显著，并为全球减贫事业做出了重要贡献。世界银行数据显示，1981~2015年，中国累计减少贫困人口7.28亿人，这一数字比拉美或欧盟国家的人口总数还要大，而同期世界其他地区的脱贫人口仅有1.52亿人。2012~2017年，中国现行贫困标准下的农村贫困人口由9899万人减少至3046万人。同时，贫困人口的营养状况、受教育程度、预期寿命以及其他福利指标也得到了全面改善。2015年，中共中央、国务院做出关于打赢脱贫攻坚战的决定，确保到2020年实现现行标准下的农村贫困人口全部脱贫。但是，中国减贫面临的形势依然严峻，剩余贫困人口的规模依然较大，且贫困程度深，减贫成本高，稳定脱贫难度大。2020年后，中国将步入全面建成小康社会的发展阶段，届时，绝对贫困将基本消除，相对贫困和多维贫困问题会逐渐凸显，主要表现为收入、社会公共服务获得上仍不平等，养老、医疗、教育等社会保障水平还较低。同时，中国的经济社会发展正面临一系列新变化，尤其是老龄化的加速与城镇化的逐步推进，将使贫困问题呈现新特征。这就要求准确判断中国面临的经济社会转型形势，分析城乡贫困的现状和特点，针对贫困问题的新特征，提出新的扶贫愿景并明确减贫战略重点。

一 改革开放以来中国的减贫形势

经济实现长期中高速增长是中国减贫事业取得巨大成就的基础，但是，伴随经济增长所出现的经济结构转型、城镇化推进、收入分配和人口结构变化，又会给未来的减贫工作带来影响。

改革开放以来，中国经济实现了长期的稳步快速发展，经济结构逐步转型，但经济增速自 2011 年以来持续下滑。按照世界银行提出的分类标准，中国已进入中等偏上收入国家行列。随着经济的快速增长，中国经济结构已经从以农业为基础转变为以制造业和服务业为主导。1980～2017年，中国农业增加值占 GDP 的比例从 30.2% 下降到 7.9%，而第三产业增加值所占比例从 21.6% 上升到 51.6%。相对于农业增加值所占比例的变化，农业劳动力所占比例的降速较缓，由 1978 年的 70.5% 下降至 2017 年的 27.0%。农业部门劳动生产率的平均增长速度落后于非农业部门，通过农业发展带动农民脱贫的难度加大。同时，2011～2017 年，GDP 增速从9.2% 下降至 6.9%，人均 GDP 增速也下降到 6.3%。

在经济高速发展的推动下，中国城镇化进程也较快。2006 年起，中国城镇化发展速度已经超过经济增长速度。1980 年，约 80% 的人口居住在农村地区；而到 2017 年，常住人口城镇化率已达 58.5%，这一指标距发达国家 80% 的平均水平虽然还有差距，但也预示着巨大的城镇化潜力。《中共中央关于制定国民经济和社会发展第十三个五年规划的建议》提出，到2020 年，中国常住人口城镇化率要达到 60%。据预测，中国城镇化率在2030 年将达到 70%（World Bank et al.，2013），到 2050 年为 76% 左右（UN，2014）。伴随城镇化的快速推进，农村劳动力大量转移至城市。2008年至今，中国农民工总数增长了 6000 万人，2017 年底为 2.9 亿人，约占全国总人口的 21%。农民工的收入和消费水平比城市居民低，且无法与城市居民平等享受各项社会福利与公共服务，其生存与发展问题值得高度关注。

在经济增长的同时，中国的收入差距也在逐步扩大。中国的基尼系数在 2008 年创下最高值（0.491），此后持续下滑，自 2016 年开始连续上涨，

2017 年的基尼系数为 0.467。中国的收入差距扩大主要体现在两个方面：首先，城乡收入差距依然显著。2017 年城乡居民人均收入倍差为 2.71，若加上城乡居民享受的各项福利差距，城乡居民的实际收入差距更大（李实等，2005）。其次，农村内部收入差距呈扩大趋势。2016 年《国民经济和社会发展统计公报》首次公布了全国居民五等分收入分组人均可支配收入状况，结果显示，高收入组与低收入组的人均可支配收入比为 10.7∶1，这一比例在 2017 年扩大到 10.9∶1。加上面向农村人口和城镇流动人口的公共服务供给严重不足，公共服务对收入差距的调节作用不足，都在一定程度上进一步拉大了收入差距。

同时，中国的人口结构已发生明显变化，呈高龄少子特征。受人口预期寿命延长和计划生育政策使出生率降低的影响，中国人口的老龄化程度正在加深。2016 年，中国 10.8% 的人口（1.50 亿人）年龄在 65 岁及以上，老年抚养比为 15.0%；2017 年，65 岁及以上人口占总人口的比例上升至 11.4%。与此同时，劳动年龄人口占总人口的比例持续降低。老龄化的加剧易诱发一系列经济和社会问题，当其与城镇化发展趋势合流时，城市人口负担与社会保障压力将持续攀升，为减贫工作带来新挑战。

二　中国与全球贫困趋势及挑战

在经济结构转型、收入差距显著、城镇化及人口老龄化推进的背景下，中国的贫困状况也呈现以下新特征：第一，随着农村减贫工作的推进，剩余贫困人口脱贫难度增大，深度贫困地区的脱贫任务十分艰巨；第二，健全的农村社会保障体系尚未建立，老龄化时代农村居民面临的养老、医疗等问题将加剧；第三，城镇化进程中的农村转移劳动力可能因各种原因沦为城市新的贫困人口，这类贫困人口的减贫难度较大，将带来更严峻的社会问题；第四，贫困人口的多维贫困尤其是健康、营养和教育方面的贫困问题突出，教育等公共服务的城乡、区域和群体差距仍十分明显，不利于从源头阻断贫困的代际传递，消除因病致贫、儿童营养不良等现象亟待长期加大投入。

2020 年全面建成小康社会后的贫困特征、发展环境以及城乡一体化的新减贫战略是当前亟须研究的重点问题。第一，贫困的动态变化对贫困监测、瞄准和帮扶提出了更高要求，贫困变化状况如何、造成这些变化的原因是什么、如何瞄准这些脆弱贫困群体并采用长期的可持续方式帮助其脱贫等，亟须进一步研究。第二，对贫困的关注长期重农村而轻城市，而在经济社会转型过程中，贫困问题开始由农村向城市转移，这对开展相关研究提出了要求。目前，中国城市贫困标准制定和贫困人口规模测量尚待研究，城市贫困人口的住房、就业问题尤其需展开重点研究，还需总结国际社会在城市减贫方面的做法和经验以便为中国提供参考和借鉴。第三，经济社会转型中的社会保障服务均等化问题，尤其是城乡一体化的社会保障体系也是中国减贫需要重点研究的问题。

中国在贫困状况方面经历的一些变化在全球范围内具有共性。第一，极端贫困人口数量大幅度下降。1990 年，全球 35% 的人口生活在国际极端贫困线（每人每天 1.9 美元）以下，2012 年，这一比例降为 12.4%（World Bank，2016）。2000 年以前，美国、日本和澳大利亚等主要发达国家的贫困发生率已低于 5%（Ravallion，2014）。第二，从当前全球贫困人口分布趋势来看，贫困人口由主要集中在低收入国家转变为主要分布在中等收入国家（72%），这与中国、印度及其他亚洲国家实现了持续的经济发展以及从低收入国家逐渐迈入中等收入国家行列有关。第三，从城乡间的对比来看，城市的贫困发生率约为农村的一半（World Bank，2017），但随着城市化进程的推进，贫困向城市地区转移的趋势越发明显。第四，从人群来看，儿童贫困发生率一直居高不下，这一问题在发展中国家尤为突出。发达国家则面临老龄化带来的老年贫困问题，这对其完善社会保障体系提出了更高要求。

在取得巨大成效的同时，全球减贫工作也面临国际政治、经济和社会形势不断变化所带来的新挑战。一方面，全球化、城镇化与高速的经济发展在帮助部分人脱贫的同时，也会带来更多的经济冲击。缺乏教育与培训的转移人口容易成为城市新的贫困人口。此外，科技的进步和生产自动化的普及不断压缩劳动力密集型产业的发展空间，贫困人群的工作机会因此大幅减少。另一方面，未来经济增速及经济增长的减贫效应还存在不确定性。经济增速放缓将影响群众的生活水平，低收入人群受到的冲击尤为显著。受经济增速放缓制约，各国的社会保障支出面临沉重压力，社会保障水平和社会服务能力亟待提升。

三 研究目标与方法

本研究旨在准确认识和判断中国城乡贫困的现状、特点和存在的问题，梳理扶贫政策的演变及存在的问题，分析中国减贫工作面临的国际国内形势与新问题，并针对这些问题梳理和总结国际经验，提出 2020 年后中国的减贫新愿景，并为新的减贫战略制定提供政策建议。

本研究基于文献研究、数据分析与专家访谈来展开。研究团队采用文献研究和政策回顾的方法，重点讨论了中国的城乡扶贫政策制度及其不足，并研究了中国的社会保障制度及其减贫效应。在全球减贫方面，本研究概述了全球贫困状况、趋势和特征，系统梳理了世界银行等国际机构对贫困测量与瞄准、社会保障、城市贫困和贫困治理等问题的研究，并针对中国减贫工作提出了政策建议。

本研究利用数据分析方法分析了中国城乡贫困的现状与趋势，除使用公开的中国农村贫困统计数据、民政部公布的低保数据和世界银行发布的中国城乡贫困数据外，还专门申请使用了国家统计局 2015 年部分城乡居民样本调查数据。本研究建立了包含 3 个维度 10 个指标的多维贫困测量体系来分析中国城乡多维贫困现状，利用 FGT（Foster-Greer-Thorbecke）指数衡量贫困深度和广度，并测算了低保、养老保险和医疗保险的减贫作用。

研究团队还通过研讨会及专家访谈等形式向世界银行、亚洲开发银行、联合国粮农组织、联合国开发计划署、国际食物政策研究所等国际机构，国务院扶贫办、国务院发展研究中心、中国国际扶贫中心、商务部、财政部、中国社会科学院、北京大学、中国人民大学、北京师范大学等政策制定部门和研究机构的减贫研究专家进行咨询。在文献研究和专家研讨会基础上，研究团队分别赴山东、浙江和贵州 3 省开展调研，了解在城乡统筹的精准扶贫、产业扶贫、易地扶贫搬迁以及 2020 年后的扶贫探索等方面的实践情况。在国际减贫经验分析方面，研究团队基于对各国经济社会情况的比较，选取日本和泰国进行实地调研，分别访谈了日本农林中金综合研究所、日本国际农林水产研究中心、东京大学、日本明治学院大学、泰国国民健康委员会、泰国玛希隆大学、联合国儿童基金会泰国办公室等机构，参加国际食物政策研究所在泰国曼谷举办的"加快减少饥饿与营养不良南南交流国际会议"、在清迈举办的以"包容性农村转型促进地区食物安全——聚焦社会保障与减贫"为主题的亚太地区农业政策圆桌论坛，就日本 20 世纪五六十年代转型期的减贫与社会保障经验、城市减贫经验以及泰国减贫和社会保障经验进行了访谈和专题研究。

四　研究内容与结构

本书主要内容包括六章：第一章是绪论，介绍了全书的研究背景、方法，总结概述了本书的主要内容，提出了减贫新愿景以及为实现与发展阶段相协调的减贫目标与战略需要关注的重点问题；第二章对中国农村与城镇贫困的现状与趋势进行了定量分析，关注妇女、儿童、老人等城乡特殊脆弱群体的贫困状况，并特别评估了以农民工为代表的城市流动人口面临的贫困问题；第三章梳理了 1978 年以来中国城乡扶贫政策、治理体系及扶贫资源投入模式的演变；第四章梳理了中国社会保障制度的变迁及中国低保和养老制度的减贫效应；第五章研究国际减贫经验对中国的借鉴意义，梳理了具有代表性的中等收入国家和国际组织在贫困测量与瞄准方面的做法；第六章总结国际利贫性城乡社会保障体制、城市贫困以及贫困治理等方面的战略及政策，并总结了值得中国借鉴的国际减贫经验。

第二节　中国贫困的现状和趋势

中国缺乏城乡统一的贫困标准，这为贫困测量工作带来了挑战（魏后凯、乌晓霞，2009）。具体来说：首先，中国目前没有明确的城市贫困线，考虑到城乡居民收入和生活条件的差距，中国采取城乡有别的扶贫标准；其次，在贫困的测量方法上，也存在绝对贫困和相对贫困的差异，绝对贫困根据测量指标的不同可以分为收入贫困、消费贫困、多维贫困；最后，各省（区、市）根据国家的贫困标准并结合不同的测量方法制定了地方的扶贫标准，这进一步增加了在全国层面进行贫困测量和比较的难度。

本研究使用中国农村现行贫困标准分析农村贫困状况，采用按照购买力平价计算的每人每天消费 3.1 美元的国际贫困标准作为城镇居民和农民工的绝对贫困标准。此外，本研究还将 2015 年城乡居民收入中位数的 50% 确定为其相对贫困标准：2015 年城镇居民的人均收入中位数为 29129 元，因此，将城镇相对贫困标准确定为 14564.5 元；2015 年农村居民的人均收入中位数为 10291 元，因此，将农村相对贫困标准确定为 5145.5 元。

一 中国农村贫困状况

改革开放以来，中国农村贫困人口数量大幅减少，贫困发生率不断下降。按农村现行贫困标准（年人均纯收入 2300 元，2010 年价格水平）来分析，1978 年，中国的农村贫困人口为 7.7 亿人，贫困发生率为 97.5%；2017 年底，中国的农村贫困人口为 3046 万人，贫困发生率为 3.1%（国家统计局，2018）。40 年来，中国农村贫困人口累计减少了约 7.40 亿人，贫困发生率下降了约 94 个百分点。在不同贫困标准下，中国农村贫困人口和贫困发生率都呈现快速下降趋势（见图 1 - 1）。

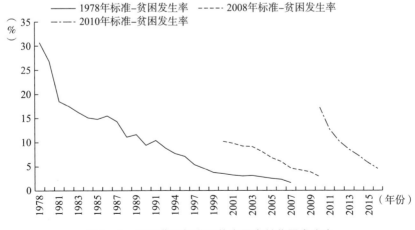

图 1 - 1 不同贫困标准下的中国农村贫困发生率

　　贫困地区农村居民呈现收入追赶的良性趋势，其收入水平与全国农村居民平均水平的差距进一步缩小。2017 年，贫困地区农村居民人均可支配收入为 9377 元，是全国农村居民平均水平（13432 元）的 69.8%，这一比例比 2012 年提高了 7.7 个百分点。2013～2017 年，贫困地区农村居民人均可支配收入年均实际增长 10.4%，实际增速比全国农村居民的这一平均增速高 2.5 个百分点（国家统计局，2018）。在收入不断增长的同时，农村居民的住房、饮水、卫生等方面条件也不断改善（见表 1 - 1）。贫困地区的交通、电力、通信等基础设施覆盖面逐步扩大，医疗和教育等公共服务持续完善。

表 1 - 1　2013～2016 年全国贫困农村社区基础设施和公共服务改善情况

单位：%

指标	2013 年	2014 年	2015 年	2016 年
居住竹草土坯房的农户比例	7.7	7	5.7	4.5
使用照明电的农户比例	99.2	99.5	99.8	99.3
使用管道供水的农户比例	53.1	55.5	61.5	67.4
使用经过净化处理的自来水的农户比例	30.9	33.4	36.4	40.8
饮水无困难的农户比例	80.4	82.3	85.3	87.9
独用厕所的农户比例	92.3	93.2	93.6	94.2
炊用柴草的农户比例	61.1	59.4	54.9	51.4
所在自然村通公路的农户比例	97.8	99.1	99.7	99.8
所在自然村主干道路硬化的农户比例	88.9	90.8	94.1	96
所在自然村能便利乘坐公共汽车的农户比例	56.1	58.5	60.9	63.9
所在自然村通电话的农户比例	98.3	99.1	99.7	99.9
所在自然村能接收有线电视信号的农户比例	79.6	88.7	92.2	94.2
所在自然村通宽带的农户比例	—	—	71.8	79.8
所在自然村能集中处理垃圾的农户比例	29.9	35.2	43.3	50.9
所在自然村有卫生站的农户比例	84.4	86.8	90.4	91.4
所在自然村上幼儿园便利的农户比例	71.4	74.5	76.1	79.7
所在自然村上小学便利的农户比例	79.8	81.2	81.7	84.9

　　资料来源：国家统计局住户调查办公室《中国农村贫困监测报告 2017》，中国统计出版社，2017。

部分农村居民尽管有高于贫困标准的收入，但是出于对子女教育、建造新房、治病养老以及预防其他不确定性事件等多方面考虑，通常选择将现有消费水平控制在贫困线以下，增加积蓄以备不时之需（李实等，2002；王增文等，2014）。本研究分析了国家统计局2015年部分城乡居民样本调查数据，发现在现行贫困标准下，中国农村收入贫困发生率为6.4%，而消费贫困发生率为9.3%。家庭收入水平略高于贫困线的脆弱农户极易返贫，在社会保障能力不足的情况下，面对潜在的预期支出更倾向于选择压缩当前消费，而对收入贫困的分析往往忽略了这部分人群的困境。

与全国农村平均水平相比，农村贫困人口的收入依然较低，相对贫困现象不容忽视。国家统计局2015年部分城乡居民样本调查数据显示，在相对标准下，中国农村贫困发生率为19.1%（同期收入贫困发生率为6.4%），其中，西部地区农村的相对贫困发生率最高，达24.6%。并且，农村居民内部及区域层面仍存在收入不平等状况。将农村居民按人均可支配收入从低到高进行五等分分组，2011~2015年，高收入户和低收入户之间的人均可支配收入差距及人均可支配收入之比均呈扩大态势（见图1-2）。将农村居民按东部、中部、西部及东北地区进行分组，并对比区域间农户的人均可支配收入，结果显示，2011~2015年，东部、西部地区农户间的人均可支配收入差距最大，且该差距总体呈扩大趋势，2015年达5204元。

中国农村贫困分布呈现区域不均衡的特点。贫困人口集中分布在中部和西部地区，深度贫困地区不易如期实现脱贫。截至2017年，中国东部、中部、西部农村贫困人口分别为300万人、1112万人、1634万人，占全国农村贫困人口的比例分别为9.85%、36.51%、53.64%。分省来看，贵州、云南和河南是全国贫困人口最多的3个省。《中国农村扶贫开发纲要（2011—2020年）》所确定的14个集中连片特困地区的贫困人口在全国所占比例一直在50%左右，其中，滇黔桂石漠化区、武陵山区和乌蒙山区3个片区的贫困人口占全国贫困人口的比例最高，西藏、四省藏区、南疆四地州和四川凉山彝族自治州、云南怒江傈僳族自治州和甘肃临夏回族自治州（"三区三州"）2016年底仍有贫困人口318.54万人，贫困发生率达

16.7%，如期实现深度贫困地区脱贫攻坚的目标依然面临较多困难。

二 中国城镇贫困状况

中国城镇贫困问题凸显始于 20 世纪 90 年代市场经济导向下的经济体制改革和国有企业改革，一些下岗工人和失业工人以及涌进城市的农民工因缺乏社会保障成为城市贫困人群的主体。随着农业人口转移与城镇化的逐步推进，城镇贫困问题日益成为值得重视的社会问题。由于中国未设立城镇贫困线，城镇贫困的量化尚缺乏统一标准，也没有官方的城镇贫困数据。目前，学界主要采用用基本生活费用支出法所计算的城镇最低生活保障标准，以城镇居民基本食品和其他生活必需品的费用支出为基础，来测算城镇贫困人口。2007～2017 年，中国城镇低保人口由 2243 万人下降至 1264 万人，其所占比例从 3.7% 左右下降至 2.1% 左右，下降约 1.62 个百分点[①]。

世界银行公布的国际贫困线也是确定中国城镇贫困线的重要参考标准，据此测定的贫困数据便于进行国内和国际比较。采用每人每天消费 3.1 美元的国际贫困标准进行测算，1981 年中国城镇人口呈现整体贫困的特征，贫困发生率达 96.32%，但到 2013 年下降至 3.44%[②]。若采用城镇相对贫困线（城镇居民人均可支配收入中位数的一半）来测算，则中国 2015 年城镇的相对贫困发生率为 11.8%（Chen et al.，2018），远高于绝对贫困发生率。采用相对贫困的测量方法更能反映城镇贫困人口相较于非贫困人口的相对收入差距，这一结果反映出，城镇贫困问题不容忽视。应通过社会保障等再分配手段调整收入差距格局，使更多低收入城镇居民能共享经济社会的发展成果。

三 中国农民工贫困状况

囿于城乡二元户籍制度，大部分进城农民的户籍仍在农村，他们既不

---

① 《2017 年社会服务发展统计公报》，中华人民共和国民政部网站，http://www.mca.gov.cn/article/sj/tjgb/201808/20180800010446.html。

② http://iresearch.worldbank.org/PovcalNet/povOnDemand.aspx。

能平等享受城市的社会保障和公共服务，回乡落实医疗、养老等社会保障权益的困难也很大，从而成为处于城乡夹层的农民工，这部分人成为城市贫困人口新的主要构成。随着城市化的发展，日益频繁的人口流动使暂时离开户籍所在地而又没有永久迁居至城市的农民工成为城市贫困人口新主体，如图 1-2 所示，2017 年，全国农民工总量为 28652 万人，较上年增长 1.7%。其中，本地农民工 11467 万人，增长 2.0%；外出农民工 17185 万人，增长 1.5%。农民工月均收入 3485 元，比上年增长 6.4%（国家统计局，2018）。

图 1-2　2011~2017 年农民工人数及变化趋势

资料来源：《2017 年农民工监测调查报告》，中华人民共和国国家统计局
网站，http://www.stats.gov.cn/tjsj/zxfb/201804/t20180427_1596389.html。

亚洲开发银行（Asian Development Bank，ADB）（2014）基于国家统计局住户调查数据进行估算，2004 年中国农民工收入贫困发生率为 5.2%，消费贫困发生率则高达 52.3%。Du 等（2006）发现，采用低保线作为贫困标准时，中国流动人口的贫困发生率为 10%，城镇居民的贫困发生率为 3%；若采用用基本需求法计算得出的贫困标准（高于低保线），中国流动人口的贫困发生率为 16%，城镇居民的贫困发生率为 6%。

本研究利用国家统计局 2015 年部分城乡居民样本调查数据评估中国农民工的贫困状况（见表 1-2）。在世界银行每人每天消费 3.1 美元这一贫困标准下，农民工收入贫困发生率为 2.1%，消费贫困发生率达 12.3%；若采用相对贫困标准（城镇居民人均可支配收入中位数的一半），农民工贫困发生率为 26.3%，远超前值与同一标准下的城镇居民贫困发生率（11.8%）。

单从收入视角判断，绝大多数农民工的收入均超过了设定的贫困标准，但与城镇居民平均收入水平尚存较大差距，消费视角下的农民工贫困问题则更为严峻，由于住房、医疗、教育等高额费用均需由农民工个人支付，加之缺乏长期稳定的就业保障与健全的社会保障，农民工倾向于选择降低当期消费水平，以预防性储蓄的方式应对未来生活的不确定性。

四　中国城乡特殊群体贫困状况

中国城乡妇女、儿童和老人等特殊群体的贫困问题较为突出。贫困女性化是对贫困家庭中"女户主家庭"增多、贫困人口中女性越来越多这个现象的一个概括，已逐渐成为发展中国家城市化进程中面临的巨大挑战。美国、日本等在设定贫困线时，对单亲母亲家庭给予更高的补贴标准，但中国目前的贫困标准设定及扶贫工作尚未充分重视单亲母亲家庭。儿童是在心理、生理上比成人特殊的弱势群体，贫困是儿童健康成长与日后全面发展的重要威胁因素。作为中国未来的重要人力资本，儿童应得到重视并免受贫困的影响，尤其是留守儿童的营养、教育和心理健康问题值得社会关注。随着人口老龄化的加剧，老年人贫困问题逐步显化，备受学界和社会关注。北京大学国家发展研究院 2013 年中国健康与养老追踪调查的数据显示，在 60 岁及以上的老年人中，有 4240 万人（22.9%）的消费水平位于贫困线以下[①]。

本研究测得中国 2015 年农村妇女、儿童和老人的收入贫困发生率分别为 6.3%、7.9% 和 10.4%（当年全国农村收入贫困发生率为 6.4%），其消费贫困发生率分别为 9.1%、10.9% 和 23%，其中农村老年人的消费贫困问题最为严峻（见表 1 - 2）。李实等（2017）研究了 2015 年中国农村贫困人群结构性特征差异，发现仅抚养儿童的家庭的贫困发生率高于仅赡养老人的家庭，同时赡养老人和儿童的家庭贫困发生率最高，为 8.0%。特殊群体及其带给家庭的经济负担值得关注。

---

① 《中国人口老龄化的挑战：中国健康与养老追踪调查全国基线报告》，北京大学国家发展研究院网站，http://www.nsd.pku.edu.cn/home/xinwen/2015/0601/18242.html。

相对农村特殊群体而言,中国城镇特殊群体的收入贫困程度较轻,2015 年数据显示,其收入贫困发生率均未超过 1.0%。但中国城镇特殊群体尤其是城镇老年人的消费贫困问题依然值得关注。2015 年,城镇老年人消费贫困发生率为 13.3%(同期城镇消费贫困发生率为 4.9%)。此外,城镇妇女和儿童的生存与发展还面临相对贫困的阻碍,2015 年,两者的相对贫困发生率分别为 11.8% 和 15.7%。

五 中国多维贫困测量

贫困问题的复杂性还表现在贫困群体不仅收入和消费水平较低,而且在教育、健康和资产等多个方面遭受剥夺。随着对贫困理解的深入、可获得数据的增多以及数据处理能力的增强,近年来,学者开始利用多维贫困方法测量贫困状况。多数相关研究显示,中国农村多维贫困发生率高于收入贫困发生率(王素霞、王小林,2013;Labar and Bresson,2011)。本研究建立了包括教育(受教育情况)、健康(健康状况)和生活条件(住房、户外路面、饮用水、卫生厕所、沐浴设施、炊用能源、资产数量、通信)3 个维度 10 个指标的多维贫困测量体系(详见第二章)。按照国际学界的经验,选取 0.4 作为贫困剥夺临界值,中国农村多维贫困发生率为14.8%,西部地区农村的多维贫困发生率最高(20.3%)。在本研究所构建的多维贫困测量体系的 3 个维度中,农户家庭成员受教育程度对农村多维贫困指数的贡献最高(39.4%),其次为健康(30.6%),这体现了在农村完善教育与健康方面的社会服务与强化社会保障的实践意义和迫切性。在生活条件方面,中国农村贫困主要体现为在卫生厕所、炊用能源、沐浴设施、资产数量以及通信方面受剥夺。

与农村贫困类似,城镇贫困也有其多维性与复杂性。利用本研究所构建的多维贫困测量体系,贫困剥夺临界值取 0.4 时,中国城镇多维贫困发生率为 3.1%,其中东北地区城镇的多维贫困发生率最高(4.4%)。在本研究所构建的多维贫困测量体系的 3 个维度中,健康维度对城镇多维贫困指数的贡献最高,为 52.1%,这说明,城镇贫困居民的卫生服务需求远未得到满足,可从提升医疗保障力度入手实施帮扶。

对农民工贫困的考察也需要从多维角度来研究。以往研究使用的多维贫困测度指标包括收入、消费、居住、健康、教育、医疗、脆弱性、工作与生活状况及主观感受等（孙咏梅，2016a；2016b；2016c）。本研究发现，贫困剥夺临界值取 0.4 时，农民工多维贫困发生率为 7.8%，其中西部地区农民工的多维贫困发生率最高（11.8%）。在本研究所构建的多维贫困测量体系的 3 个维度中，教育维度对农民工多维贫困指数的贡献最高（43.1%），其次为健康维度（32.1%）。农民工没有城镇户籍，享受不到与城镇居民同等的社会福利与公共服务。与城镇居民相比，农民工的受教育程度显著较低，在健康和医疗保障等方面的状况也不容乐观。

六　小结

改革开放以来，中国农村贫困人口持续减少，农民人均可支配收入有较大幅度增长，生活条件与各项公共服务状况也有所改善。但是，与全国农村平均水平相比，农村贫困人口的收入依然处于劣势，且地区间与农村内部的收入差距依然存在，深度贫困地区仍是脱贫攻坚的重点区域。从多维贫困的角度来看，教育是中国及各地区农村多维贫困中受剥夺最严重的维度。在城镇贫困方面，城镇贫困人口的收入水平虽然足以支持其生存所需，但仍落后于城镇社会整体的发展水平；健康是城镇贫困中受剥夺最严重的维度。在各种贫困测量方法和贫困标准下，农民工的贫困程度均高于城镇居民的平均水平，教育是农民工多维贫困中受剥夺最严重的维度。此外，妇女、儿童和老人等特殊群体的贫困是城乡减贫工作需要共同关注的问题。

表 1 - 2　2015 年中国城乡及农民工贫困发生率

单位：%

指标	收入贫困发生率	消费贫困发生率	相对贫困发生率	多维贫困发生率
农村	6.4	9.3	19.1	14.8
农村妇女	6.3	9.1	19.0	-
农村儿童	7.9	10.9	23.5	-
农村老人	10.4	23	18.6	-

指标	收入贫困发生率	消费贫困发生率	相对贫困发生率	多维贫困发生率
城镇	0.5	4.9	11.8	3.1
城镇妇女	0.4	4.8	11.8	–
城镇儿童	0.4	5.4	15.7	–
城镇老人	0.9	13.3	6.6	–
农民工	2.1	12.3	26.3	7.8

资料来源：笔者根据国家统计局 2015 年部分城乡居民样本调查数据计算得到。

第三节　中国扶贫政策和扶贫体系的演变及挑战

虽然中国取得了举世瞩目的减贫成就，但仍没有建立全国统一的贫困治理体系，城乡间在扶贫政策和投入上存在显著差异。随着城镇化进程的推进，城市贫困问题尤其是流动人口的贫困问题日益凸显，对中国扶贫治理体系和扶贫政策提出了新的挑战。在这一部分，本报告分别梳理了中国农村和城镇扶贫政策的演变历程、扶贫体系和扶贫投入的现状以及存在的挑战，针对性地深入分析了中国社会保障制度的现状和面临的挑战，最后特别研究了东部地区扶贫改革试验区在这些挑战下的扶贫探索以及所面临的新挑战。

一　中国农村扶贫政策的演变

新中国成立后至改革开放前，中国的农村扶贫政策以救济式扶贫为主，形式单一。改革开放后，中国农村减贫成效显著，很大程度上得益于经济的快速发展与政府主导的大规模减贫工作，其重点逐渐由以改善贫困地区发展条件、提升贫困人口能力的区域性开发扶贫转向精准扶贫。改革开放后的农村扶贫政策演变可以划分为以下 6 个阶段。

（1）1978 ~ 1985 年：体制改革推动农村减贫阶段。这一时期，推动体制改革、发展生产力是减贫的主要途径。中国实行了家庭联产承包经营责任制，提高粮棉等主要农副产品的收购价格，同时初步改革购销体制和农产品流通体制，并引导农民发展农业多种经营。扶贫政策开始由以生存救助为主的无偿救济转向以帮助生产为主、兼有部分有偿救济的扶贫政策，瞄准最贫困的老少边穷地区，并开始实施以工代赈工程。

（2）1986～1993年：大规模开发式扶贫阶段。1986年，中央政府启动了农村专项反贫困计划。中央层面成立了国务院贫困地区经济开发领导小组及其办公室，县以上政府也建立了相应的专门机构。中国的扶贫政策转向开发式扶贫，通过为贫困人口提供其所缺少的技术、资金、文化等要素，使其通过自身的发展从根本上摆脱贫困。同时，明确了区域扶贫的基本方针，在全国划分了18个集中连片贫困地区，安排了支援不发达地区发展资金、以工代赈资金和扶贫贴息专项贷款3类专项扶贫资金。

（3）1994～2000年："八七"扶贫攻坚阶段。1994年，政府出台《国家八七扶贫攻坚计划》，计划用7年左右的时间（1994～2000年），基本解决当时全国农村8000万贫困人口的温饱问题。这是中国首个具有明确目标、对象、措施和期限的扶贫开发计划。中国的扶贫组织体系建构逐渐完善，并建立了分级负责、以省为主的扶贫开发责任制，实行扶贫工作党政"一把手"负责制。扶贫开发工作瞄准592个贫困县，逐步确立了到村到户的工作方针；农村扶贫资金逐步向贫困户倾斜，投入力度增强，投资方式趋向多元化。专项扶贫、行业扶贫、社会扶贫与国际合作相结合的"大扶贫格局"逐渐形成。

（4）2001～2010年：综合扶贫开发阶段。2001年，国家出台了农村扶贫的第二部纲领性文件——《中国农村扶贫开发纲要（2001—2010年）》，完善了开发式扶贫战略，确定了"政府主导、社会参与、自力更生、开发扶贫、全面发展"的农村扶贫开发方针。中央政府调整了贫困县和扶贫标准，将扶贫重点瞄准14万个贫困村，并实施了整村推进扶贫开发，逐步推进农业产业化开发扶贫，启动劳动力转移培训工作。中国还建立了全国农村最低生活保障制度（简称"农村低保"），给因丧失劳动能力或遭受意外事故而陷入极端贫困的农民提供生活保障。

（5）2011～2013年：完善综合扶贫开发阶段。2011年，中央政府发布《中国农村扶贫开发纲要（2011—2020年）》（简称《纲要2》），大幅度提高了农村扶贫标准（从1274元提高到2300元）。《纲要2》同时确定了集中连片特困地区为全国农村扶贫开发的主战场，划分出 14 个集中连片特困地区，将 680 个贫困县作为国家农村扶贫开发的重点区域，并明确将行业扶贫与专项扶贫、社会扶贫一起列为中国农村扶贫的 3 个基本方式，构筑起新的综合扶贫大格局。

（6）2014 年至今：以"精准扶贫、精准脱贫"为中心的新时期。这一阶段的核心工作是对贫困户进行精准识别，在找出致贫原因的基础上进行精准帮扶，根据扶贫对象的实际状况进行有进有出的动态管理，对贫困户的扶持效果进行考核，以保证精准脱贫。中国初步构建了包括产业扶贫、就业扶贫、易地扶贫搬迁、教育扶贫、健康扶贫、资产收益扶贫、生态保护扶贫和社会保障兜底扶贫的综合扶贫方式，并开始实施光伏扶贫、电商扶贫和旅游扶贫等新型扶贫方式。

整体来看，中国农村扶贫政策自 1978 年以来出现了以下 3 个重大转变：一是从解决温饱问题向综合满足农民的生存和发展需求转变；二是从侧重满足农民的物质需求向同时满足农民的物质需求和社会服务基本需求转变；三是将缩小发展差距纳入扶贫的战略目标中。从扶贫对象的瞄准范围来看，瞄准范围逐渐从贫困地区精确到贫困县、贫困村、贫困户和贫困人口，瞄准对象越来越精准。

二　中国城镇扶贫政策的演变

不同于农村扶贫，中国没有系统的城镇扶贫体系与政策。当前的城镇扶贫政策始于 20 世纪 90 年代，主要为应对国有企业改革带来的城市职工下岗与失业问题，包括就业、再就业支持以及社会保障两部分。在城镇登记失业人员救助和再就业援助方面的主要措施包括领取失业保险、享受就业服务和创业支持。城镇就业困难人员可享受城镇登记失业人员所得到的上述支持。政府还要求公共就业服务机构建立就业困难人员帮扶制度，对他们实施优先扶持和重点帮助。1997 年《国务院关于建立统一的企业职工基本养老保险制度的决定》颁布，决定建立社会统筹和个人账户相结合的城镇职工养老保障制度。1998 年，下岗职工基本生活保障制度——《关于建立城镇职工基本医疗保险制度的决定》颁布。1999 年，《失业保险条例》出台。城市居民最低生活保障制度于 1993 年开始试点，1997 年政府发出通知在全国建立城市居民最低生活保障制度，1999 年颁布《城市居民最低生活保障条例》，由政府对城市中享受医疗、失业、养老和最低工资制度等扶持后仍然不能满足基本生活需求的居民提供社会救济。20 世纪 90年代末开始，中国政府积极构建城镇公共服务和社会救助体系，包括医疗、教育、就业和住房、灾害救济等多个方面。

三　中国农民工扶贫政策的演变

中国针对农民工的扶贫工作仍处于相对空白状态，需克服与户籍制度相关的农民工市民化障碍。当前，中国政府正在推进城镇基本公共服务由主要对本地户籍人口提供向对常住人口提供转变，从而使农业转移人口能平等享受城镇基本公共服务。多地尝试将农民工纳入城镇就业培训和社会救助等城镇常规扶贫政策受益对象的范围，并在住房保障和子女教育方面考虑农民工需求。但是，在全国城乡缺乏统筹的扶贫政策背景下，解决农民工贫困问题仍面临以下两个主要障碍：其一，扶贫工作中的成本分担原则缺乏清晰的定义，没有具体划分中央和地方政府之间、不同地区政府之间、政府与企业之间分担扶贫成本的制度和执行办法，导致农民工市民化进程受阻，他们难以平等享受各项社会福利与公共服务；其二，中国城镇低保等社会保障制度建立在以地方财政投入为主的支付体系的基础上，若完全向农民工开放，或将出现大量以享受城镇低保为目的的农村贫困人口向城镇转移，使当前的财政体系难以承担，并带来新的社会问题。

四　中国扶贫体系与扶贫投入的演变

中国的扶贫治理体系是实现精准扶贫的组织和制度基础。中国没有建立城乡统一的贫困治理体系，而是采用城乡分割的治理模式。在城乡贫困治理中，农村贫困治理更受重视，尤其是 2014 年实施精准扶贫政策以来，政府的扶贫工作重心主要放在农村。在农村贫困治理中，中国建立了垂直与横向扶贫治理机制：在垂直扶贫治理方面，建立了国务院扶贫办、省级扶贫办、地市级扶贫办、县级扶贫办和乡镇级扶贫专干五级机构抓扶贫的自上而下的工作模式；横向扶贫治理主要体现为中央各部委参与和协同扶贫。近年来，多部门联合下发的扶贫文件大幅度增多，但是，各部门落实扶贫政策目标的全面程度和强度仍存在较大差异。2013 年以来，中国逐步完善了扶贫的问责、考核和评估制度，对于保障精准扶贫政策和相关计划的落实具有积极作用，减少了扶贫资源流失和浪费的现象。

扶贫投入的持续增长是中国取得巨大减贫成就的重要原因之一。近年来，从中央到地方以及各部门的财政扶贫资金不断增长，金融扶贫、社会扶贫形式不断创新。具体而言：第一，中央和地方财政专项扶贫资金投入近年来快速增长。2013 ~ 2017 年，仅中央财政投入的专项扶贫资金就从 394 亿元增长至 861 亿元；同时，省级及以下财政扶贫资金投入也大幅度增长。第二，农业农村部、交通运输部、教育部等部门积极投入，扶持贫困地区推进产业发展、基础设施建设和社会事业发展。第三，扶贫小额信贷、产业精准扶贫贷款、易地扶贫搬迁贷款和基础设施贷款等金融扶贫投入大幅增长。第四，多种形式的社会扶贫投入不断涌现，政府主导的定点扶贫、东西协作扶贫等方式对动员和整合扶贫资金、提供专业技术人才来支持贫困地区发展具有重要作用。政府也积极引导和支持民营企业参与精准扶贫，并不断创新民营企业参与扶贫的模式，例如设立贫困地区产业投资基金、开展"万企帮万村"等行动，社会力量参与扶贫的程度有很大提升。此外，证券和保险扶贫也取得了一定进展。例如，证监会为贫困地区企业 IPO 开辟了绿色通道；保险公司针对贫困地区开发出特惠农险专属扶贫保险，这在一定程度上保障了贫困地区的农业产业发展和贫困农户的农业收入；保监会和银监会则探索对扶贫小额贷款用户提供贷款保险，由保险公司与承贷金融机构、地方政府一起分担扶贫贷款的风险等。

五　中国精准扶贫工作面临的挑战

整体来看，中国的扶贫投入持续增长，贫困人口大幅减少，但是，在城镇化发展背景下，中国贫困治理面临以下新的挑战：第一，依靠传统产业扶贫的动力逐渐降低、效果逐渐减弱，对开发新的产业增长点从而带动经济发展和推进贫困人口脱贫提出了更高要求。第二，部分地区农村经济发展受生态和环境因素的制约，农民生计因此受到影响，农村人口结构变化、城乡公共服务差距扩大使部分地区的农村凋敝。随着农村减贫工作的推进，剩余贫困人口的脱贫难度增大，尤其是深度贫困地区的脱贫任务十分艰巨。第三，城镇化进程中的农村转移劳动力可能因各种原因沦为城市新的贫困人口，这类贫困人口的减贫难度较大，将带来更严峻的社会问题。第四，贫困人口的多维贫困尤其是健康、营养和教育方面的贫困问题突出，但目前的扶贫政策重视收入增长而对社会保障的重视不足，社会保障制度设计碎片化、保障水平低、覆盖范围有限，教育等公共服务的城乡、区域和群体差距仍十分明显，不利于从源头阻断贫困的代际传递，消除因病致贫、儿童营养不良等现象亟待长期加大投入。第五，城乡分割的贫困治理体系造成中国贫困现状复杂，城乡扶贫标准不统一，农民工群体的贫困状况被忽略，由于多个部门参与减贫决策和实施相关项目，减贫政策效率还有待提高，尤其是扶贫和低保两项制度的衔接需加强。第六，自上而下的扶贫治理缺乏对贫困人口实际需求的关注，贫困人口、贫困社区以及私营部门的参与程度不高。第七，大规模中央扶贫投入的可持续状况存在不确定性，且对农村扶贫投入的增加可能对其他低收入群体的利贫性投入产生挤出效应。

围绕2020年全面消除农村绝对贫困的目标，中国的减贫工作已进入攻坚阶段，其重点将逐渐由开发式扶贫向开发式扶贫和保障性扶贫相结合转变。在这一背景下，精准扶贫的组织体系与投入模式有待做出调整，需在资源分配过程中兼顾贫困人群与贫困边缘人群，更加注重贫困人口自身发展能力与抵御风险能力的提升。基于权利公平的社会保障体系能够面向贫困人口发挥重要的兜底作用，从共享发展的角度出发，建立健全社会保障体系当为精准扶贫的重要环节。

第四节　中国社会保障制度的现状及挑战

一　社会保障制度概述

社会保障作为调节分配和保障居民基本生活的制度安排，是减贫工作的重要组成部分。经过近四十年的改革和实践，中国已形成了由社会救助、社会保险和社会福利组成的社会保障体系。

（一）社会救助制度

社会救助是中国社会保障体系的基础性制度安排，2014 年开始实施的《社会救助暂行办法》将最低生活保障、特困人员供养、医疗救助、教育救助、住房救助、就业救助、受灾人员救助和临时救助这 8 项制度以及社会力量参与作为基本内容，确立了完整、清晰的社会救助制度体系。

1. 最低生活保障制度

作为直接的现金救助制度，最低生活保障制度是改革开放以来中国政府在社会救助事业上做出的重大制度创新。中国城市居民最低生活保障制度于 1993 年率先在上海开始试点，随后覆盖了全国所有城市。享受城市低保待遇的主要是以下两类群体：一类是传统的"三无"家庭（无生活来源、无劳动能力又无法定赡养人、无扶养人或者抚养人），可以按照当地的低保标准享受全额低保待遇；另一类是城市新贫困群体，这些家庭因为失业或疾病等面临经济困难，按照家庭人均收入低于当地保障标准的差额享受补贴。在启动实施城市低保制度的同时，农村低保制度也开始在一些地区得到了探索建立，并于 2007 年底覆盖了全部涉农县。城乡低保在经历快速扩张后，目前已步入稳定发展阶段。低保保障人数与保障人口占总人口的比例历经数年增长后有所下降（见图 1 - 3）。2017 年末，全国共有 1264 万人享受城市居民最低生活保障，4047 万人享受农村居民最低生活保障（国家统计局，2018）。

2. 特困人员供养制度

在城乡特困人员供养方面，中国先后建立起农村五保供养、城市"三无"（无劳动能力、无生活来源、无法定赡养抚养扶养义务人或者其法定义务人无履行义务能力）人员救济和福利院供养制度，供养标准由省（区、市）或设区的市级人民政府确定。2017 年底，全国农村特困人员救助供养人数为 467 万人。

城乡低保和特困人员供养制度的实施初步解决了困难家庭吃饭、穿衣

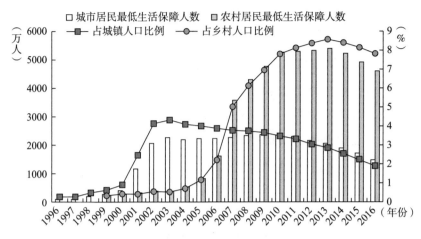

图 1 - 3 1996 ~ 2016 年城乡最低生活保障人数及比例

资料来源：《2017 年社会服务发展统计公报》，中华人民共和国民政部网站，http://www.mca.gov.cn/article/sj/tjgb/201808/20180800010446.html。

等日常生活问题，但仍无法满足他们在就医、就学以及住房等方面的专门需求。为此，民政部努力推动医疗救助、教育救助、住房救助、就业救助、受灾人员救助等专项救助制度和临时救助制度，着力为困难群众打造一张能够保障其基本生活的社会安全网。

3. 医疗救助制度

2003 年启动建设的城乡医疗救助制度是中国多层次医疗保障体系的兜底安排，主要采取以下两种方法：一是资助城乡低保对象及其他特殊困难群众参加城镇居民医疗保险和新型农村合作医疗；二是对于在新农合或城镇医保报销后自付医疗费仍然困难的家庭，民政部门给予报销部分费用的二次救助。2016 年，城乡医疗救助体系资助 5560.4 万人参加基本医疗保险，支出资金 63.4 亿元资助困难群众参加基本医疗保险。

4. 教育救助制度

教育救助主要是指国家对义务教育阶段的家庭经济困难学生提供必要的学习、生活帮助，对家庭经济困难的寄宿生补助生活费。同时，各级政府还对接受普通高中教育、普通高等教育和职业教育的家庭经济困难学生，通过减免学费、发放助学金、提供助学贷款、发放特殊困难补助、组织勤工助学等形式给予救助。截至 2015 年底，全国累计资助困难学生

（幼儿）8433.31 万人次（不包括义务教育免费教科书和营养膳食补助），资助金额累计达 1560.25 亿元。

5. 住房救助制度

住房救助是指国家对符合规定标准的住房困难的最低生活保障家庭、分散供养的特困人员给予住房救助。中国住房制度的发展大致经历了以下 4 个阶段：完全福利化阶段、商品化过渡阶段、高度市场化阶段、重提保障房阶段。目前，中国的住房体系包括商品房、限价房、经济适用房、廉租房、公共租赁房、其他拆迁安置房和集资房等。除了商品房，其他各类住房均有保障属性。除城镇保障性住房外，中国的保障性住房还包括纳入国家保障性安居工程的林区、垦区、煤矿棚户区改造住房和农村危房改造住房。在住房救助方式方面，对城镇住房救助对象，采取优先配租公共租赁住房、发放低收入住房困难家庭租赁补贴实施，其中，对配租公共租赁住房的家庭给予租金减免；对农村住房救助对象，优先纳入当地农村危房改造计划，优先实施改造。截至 2014 年 9 月底，通过廉租住房、公共租赁住房、棚户区改造安置住房等实物方式及发放廉租住房租赁补贴等方式，中国累计解决了 4000 多万户城镇家庭的住房困难，其中包括约 450 万户城镇低保家庭（人民网，2014）。

6. 就业救助制度、受灾人员救助制度和临时救助制度

就业救助是国家对最低生活保障家庭中有劳动能力并处于失业状态的成员，通过贷款贴息、社会保险补贴、岗位补贴、培训补贴、费用减免、公益性岗位安置等办法，给予就业救助。受灾人员救助指国家建立健全自然灾害救助制度，对基本生活受到自然灾害严重影响的人员，提供生活救助。此外，中国还对因火灾、交通事故等意外事件以及家庭成员突发重大疾病等导致基本生活暂时出现严重困难的家庭，或者因生活必需支出突然增加超出家庭承受能力导致基本生活暂时出现严重困难的最低生活保障家庭，以及遭遇其他特殊困难的家庭，给予临时救助。

（二）社会保险制度

1. 养老保险

在社会保险方面，养老保险是最重要的社会保障制度安排之一。目

前，中国养老保障体系由职工基本养老保险、城乡居民基本养老保险和机关事业单位工作人员基本养老保险三大制度组成。中国逐步建立了涵盖基本保险、企业补充保险和个人储蓄保险的多层次企业职工养老保险制度，其中，基本保险实行社会统筹和个人账户相结合的制度。随着职工基本养老保险改革的推进和覆盖面的扩大，参保人数逐年增长，2017 年达到40199 万人。

2014 年起，新型农村社会养老保险和城镇居民社会养老保险合并实施，形成了全国统一的城乡居民基本养老保险制度。参加城乡居民养老保险的个人，年满 60 周岁、累计缴费满 15 年，且未领取国家规定的基本养老保障待遇的，可以按月领取城乡居民养老保险待遇。全国城乡居民养老保险参保人数从 2012 年的 48370 万人缓慢增长到 2017 年的 51255 万人。

2. 医疗保险

中国已基本完成了从公费医疗、劳保医疗到社会医疗保障的转变，已经建立起"三横三纵"的医疗保障体系：横向上分为三个层次，包括基本医疗保险体系、城乡医疗救助体系和补充医疗保障体系；作为主体层次的基本医疗保险体系在纵向上分为三种主要制度，包括城镇职工基本医疗保险、城镇居民基本医疗保险和新型农村合作医疗保险。中国这三项基本医疗保险制度在"十二五"期间覆盖了全国95% 以上的人口，实现了基本医疗保险制度全民覆盖的基本目标。

中国城镇职工医疗保险制度于 1993 年启动试点工作，2002 年已覆盖全国绝大部分地级以上行政区（包括地、市、州、盟）。2017 年，30320万人参加了城镇职工基本医疗保险。同时，参加城镇职工基本医疗保险的在岗职工占城镇就业人数的比例不断提高，2013 年达到最高的 53.6%，这显示出城镇职工基本医疗保险在中国医疗保险体系中的主要地位。

2002 年，国务院要求逐步建立以大病统筹为主的新型农村合作医疗保险制度。2015 年，新农合参保率接近99% 。为解决城镇非从业人员特别是中小学生、少年儿童、老年人、残疾人等群体的医疗保险问题，中国从2007 年开始开展城镇居民基本医疗保险试点工作，逐步建立以大病统筹为主的城镇居民基本医疗保险制度，并不断扩容。随着经济社会的快速发展和人口流动的加快，居民医疗保险制度由城乡分割引起的负面作用开始显现，存在重复参保、重复投入、待遇不够等问题。2016年，中国提出推进整合城镇居民基本医疗保险和新型农村合作医疗保险制度，逐步在全国范围内建立起统一的城乡居民基本医疗保险制度。截至2017年底，参加城乡居民基本医疗保险的人数达到87343万人。

由于中国的基本医疗保障制度的保障水平还比较低，普通居民的大病医疗费用负担仍然很重。2015年，国务院明确提出，大病保险在当年底需覆盖所有城乡居民基本医疗保险参保人群，支付比例应达到50%以上。到2017年，中国基本建立起比较完善的大病保险制度，并与医疗救助等制度衔接，共同发挥托底保障功能，抑制家庭灾难性医疗支出的发生。

补充医疗保险主要用于满足基本医疗保险之外的医疗需求，包括企业补充医疗保险、商业医疗保险、社会互助和社区医疗保险等多种形式，是基本医疗保险的有力补充，也是多层次医疗保障体系的重要组成部分。

城乡医疗救助是中国多层次医疗保障体系的兜底体系，主要是帮助困难人群参加基本医疗保险，并为他们个人无力承担的自付费用提供补助。

3. 失业保险、工伤保险和生育保险

1986年，中国建立了失业保险制度，并将其扩展到所有城镇企事业单位及其职工，由用人单位和职工个人共同缴费。2016年，全国参加失业保险的人数为18784万人。20世纪80年代中期之后，中国在部分地区开始了工伤保险改革试点。工伤保险费由企业按时缴纳，职工个人不缴费。2017年，参加工伤保险人数达22726万人，其中，参加工伤保险的农民工为7807万人。1994年颁布的《企业职工生育保险试行办法》将原本由单位负担和管理的生育保障方式转变为实行社会统筹。生育保险由单位缴费，个人不缴费。2017年，中国参加生育保险的人数为19240万人。

（三）社会福利制度

在逐步建立健全社会救助和社会保险制度的同时，2013年以来，中国福利体系也逐步完善，其中，老年福利体系以发展养老服务业为主，儿童福利体系以保护和救助残疾、重病、流浪、留守儿童为重点，残疾人福利体系以为困难残疾人提供生活补贴和为重度残疾人提供护理补贴为重点。

进入人口老龄化快速发展阶段，完善老年福利政策是中国社会福利改革的关键。2013 年，国务院明确提出加快发展养老服务业的目标，即到 2020 年，全面建成以居家为基础、社区为依托、机构为支撑的，功能完善、规模适度、覆盖城乡的养老服务体系，养老服务产品更加丰富，市场机制不断完善，养老服务业持续健康发展。随后，各地先后着手建立养老服务评估机制，健全对经济困难的高龄、失能老人的补贴制度。居家和社区养老服务改革与长期护理保险制度等试点工作先后得到开展，促进了养老服务体系的完善。

中国儿童福利制度仍滞后于经济社会发展，亟待建立与中国经济社会发展水平相适应、与儿童发展需要相匹配、与社会福利制度相衔接的保护型现代儿童福利体系。当前，适度普惠型儿童福利制度建设试点工作已在部分省市得到开展，农村留守儿童、困境儿童（残疾、重病、流浪儿童）等群体的权益也逐步得到关注与保障。

在残疾人福利方面，2016 年起，中国在全国实施了困难残疾人生活补贴和重度残疾人护理补贴制度，这两项专项福利补贴制度的实施是建立面向残疾人的社会福利制度的重大进展。

二 社会保障制度的减贫效果

社会保障作为调节分配和保障居民基本生活需要的制度安排，是减贫工作的重要环节。本研究采用国家统计局 2015 年抽样调查数据分析最低生活保障制度（简称"低保"）、基本养老保险制度（简称"基本养老"）和基本医疗保险制度的减贫效果。

研究发现，城市低保瞄准效果优于农村低保，超过 70% 的城市低保领取者为收入最低 20% 的家庭，其中，47.5% 属于收入最低 10% 的家庭。但是，仍有 2.3% 属于收入最高 10% 的家庭。而在农村低保方面，只有 21% 的农村低保领取者属于收入最低 10% 的家庭，有相当比例的中等收入和高收入群体也获得了农村低保。为进一步发挥农村低保的兜底脱贫效果，需提高其瞄准有效性和资金使用效率。

数据还显示，低保的减贫作用在多种社会救济形式中最为突出，无论是城市还是农村，贫困发生率的大幅下降都主要归功于获得了低保收入。从全样本来看，城市低保的减贫效果低于农村低保，这和城市低保覆盖人数少、比例低有关。但是，对于低保样本来说，由于城市低保的保障标准高于农村低保，城市低保的减贫效果要强于农村低保。城市贫困发生率最初为 17.0% 的群体在获得低保收入后，贫困发生率下降到 7.2%，获得其他救济收入后的贫困发生率进一步下降到 6.1%。而农村低保的减贫作用小于城镇低保，农村贫困发生率最初为 14.4% 的群体获得低保收入后，贫困发生率下降到 10.6%，获得其他救济收入后的贫困发生率下降到 9.8%。

从基本养老制度的减贫效果看，研究发现，在有 60 岁及以上老人的家庭中，城市养老金覆盖率达到 89.5%，农村的这一比例为 76.8%。养老金收入水平及其在城市居民收入中的占比都显著高于农村地区，因此，其在城市的减贫效果更显著。以每人每天消费 3.1 美元的国际贫困标准来衡量，养老金收入使城镇地区的贫困发生率从 10.7% 下降到 0.8%。而在农村，养老金收入仅使贫困发生率从 13.7% 下降至 11.0%，减贫效果较小。

参加城镇职工基本医疗保险、城乡居民基本医疗保险和大病保险的居民在购买药品、进行门诊治疗或住院治疗后获得的报销医疗费属于转移性收入，其占家庭可支配收入的比例非常低（这一比例在城市不足 1%，在农村约为 1.5%），因此所发挥的减贫效果有限。获得报销医疗费后，城市的贫困发生率下降不足 0.5 个百分点，农村的贫困发生率下降不足 1 个百分点。

三 社会保障均等化与城乡统筹面临的挑战

当前，以基本养老、基本医疗和最低生活保障制度为重点的社会保障体系已基本建立，预计到 2020 年实现应保尽保、制度全覆盖①。但是，在深化收入分配制度改革、推进新型城镇化和城乡统筹发展的背景下，城乡社会保障在制度设计、保障水平、覆盖范围、资金投入和管理体系方面依然面临诸多障碍，人们实际获得的社会保障待遇并不平等，对收入分配存

① 《胡锦涛在中国共产党第十八次全国代表大会上的报告》，新华网，http://www.xinhuanet.com//18cpcnc/2012-11/17/c_113711665.htm。

在一定程度的逆向调节作用。

中国社会保障的各项制度已初步建立，但城乡与区域间的政策衔接仍不畅通。2014 年，新型农村社会养老保险和城镇居民社会养老保险合并为全国统一的城乡居民基本养老保险制度，在统筹城乡社会保障制度方面迈出了第一步。此后，城乡居民基本医疗保险制度也逐步建立。但是，最低生活保障制度尚未实现城乡统筹，居民和职工享有的保障制度仍无法对接。此外，地域分割、政出多门的管理方式还使异地保障难以落实。

中国的社会保障水平已得到逐步提升，但仍在较低位徘徊，并存在城乡和地区差异。截至 2017 年，中国已连续 13 年提高城镇职工基本养老金[①]，而城乡居民养老保险保障水平依然有待提高，2017 年城乡居民养老金月人均仅 125 元[②]。城市最低生活保障平均标准从 1999 年的 1788 元逐步上升到 2016 年的 5935 元，农村最低生活保障的平均标准也从 2006 年的851 元提高到 2016 年的 3744 元，虽都有较多提高，但城乡间保障水平的差异还较大。并且，由于中国实行属地化管理原则，低保标准还存在较大的地区差异，经济发达的沿海省份的低保标准普遍较高。2017 年第二季度，上海的城市和农村低保标准均为全国最高，分别为 11168 元和 11160元；而新疆的城市低保标准最低，为 4727 元；广西的农村低保标准最低，为 3146 元（民政部，2017）。

社会保障制度覆盖范围不断扩大，但暂时难以涵盖伴随城镇化出现的新型社会群体，例如农民工和失地农民。农民工流动性较强，难以落实社会保障政策，因而普遍被排斥在社会保障体系之外。失地农民往往面临务农无地、上班无岗、社保无份的窘境，难以抵御经济风险。这两大群体的社保缺失是下一步相关制度设计需关注的重点问题。此外，社会不同群体也难以享有平等的社会保障待遇，城乡居民、城镇职工与公职人员间的福利差距依然存在。

---

① 《聚焦养老金 "十四连涨" 多措并举应对养老金支付压力》，新华网，http://www. xinhuanet. com/fortune/2018 - 03/26/c_1122588213. htm。

② 《两部委将提升城乡居民养老保险待遇　将有 5 亿城乡居民受益》，人民网，http:// politics. people. com. cn/n1/2018/0330/c1001 - 29899854. html。

财政对社会保障制度的投入力度增强，但投入总量仍有限。以最低保障制度为例，各级财政支出的城市低保资金从 1997 年的 2.9 亿元上升至 2013 年的最高点 756.7 亿元，农村低保资金从 2004 年的 16.2 亿元增至 2016 年的 1014.5 亿元。虽然财政低保资金的绝对量在稳步提高，但占国家财政支出的比例仍然维持在 1% 左右的低位。

当前，中国的基本社会保障制度依然面临区域间、城乡间和不同人群间的均等化挑战。从社会公平与城乡、区域协调发展的角度出发，中国的社会保障资源分配应适当向中西部地区倾斜，以缩小不同地区间的福利差距。在实现养老保险和基本医疗保险制度并轨的基础上，继续推进城乡社会保障一体化，并将农民工等被忽略的群体纳入保障对象范围。确保普惠性后，缩小不同人群间社会保障待遇的差距、提升社会保障制度的公平性当为下一步的工作重点。

四　东部地区扶贫改革试验区的探索

为了探索消除城乡二元体制、推进城乡一体化的新思路，探索突破扶贫开发体制机制障碍的新途径，国务院扶贫办批准设立扶贫改革试验区，以期在新一轮扶贫开发攻坚战中发挥引领带动作用。与中、西部地区相比，部分东部经济发达地区已经完成了现行标准的脱贫攻坚任务，正在探索和试验适合其发展条件和发展水平的新的扶贫体制和方式，东部地区扶贫改革试验区在扶贫体制和方式上的探索对设计和规划 2020 后减贫战略具有重要的借鉴意义。本项目根据研究团队在浙江和山东的调研资料，来分析东部地区扶贫改革试验区的扶贫创新与挑战。

第一，探索从绝对贫困向相对贫困转变的扶贫政策。在东部经济发达地区中，浙江省较早开始了从绝对贫困向相对贫困过渡的扶贫政策调整。从 2008 年开始，浙江省每届政府首年按照上年农民人均纯收入 45% 左右和不少于农村户籍人口 10% 的要求，制定扶贫标准，认定扶贫对象。扶贫工作成效主要考核低收入人口收入增长情况，不再考核贫困发生率下降情况。每届政府五年内的扶贫对象相对稳定，总体上摆脱了因调整扶贫标准造成贫困人口"增了又减，减了又增"的循环和困惑。其他一些东部地区的省（市），例如北京、上海、山东等，虽然不像浙江省明确提出并实施了以相对贫困为主的扶贫政策，但也大多采取参考各地农民收入水平变化来动态调整扶贫标准和对象的做法。此外，浙江省还构建了标准化、细则化的家庭收入核算体系，提高了家庭收入数据精度，充分考虑了不同家庭在经济承受能力上的差异（例如，区分了有残疾人的家庭、患病家庭和单亲家庭等）。同时，浙江省还提出了将教育、医疗和生活刚性支出纳入贫困识别体系的方法，具体公式是：实际年人均收入 =（低收入农户上年度家庭总收入 - 刚性支出）/家庭人口数。这种设定方式的核心意义在于体现了政府对于公共服务事业的责任心，尝试在剔除居民在公共服务方面的刚性支出后考察居民的实际收入，确保获取居民实际可支配收入的更确切数据（李实，2017）。

第二，区域瞄准与群体瞄准相结合。东部经济发达地区在开展扶贫试验中，大多采取将减缓区域贫困和减缓人群贫困相结合的政策。一方面，多数省（市）都确定了欠发达县（区）、欠发达乡镇和欠发达村，并对这些地区提供特别支持。例如，浙江省对 12 个重点欠发达县，实施金融服务支持、区域特别扶持、山海协作助推、社会帮扶关爱、改革创新促进 5 大行动，以提升区域内公共服务水平、强化内生发展能力；山东省确定了"4 个 2"（2 个地区、20 个欠发达县、200 个重点扶持乡镇、2000 个重点扶持行政村）的重点扶贫区域，在资金投入等方面给予特别支持。另一方面，对扶贫对象采取精准扶持措施，帮助他们减缓贫困。例如，浙江省确定了低收入扶贫对象——176 万户、417 万人，先后实施了"低收入农户奔小康工程"和"低收入农户收入倍增计划"，其中，"收入倍增计划"主要通过产业开发帮扶、就业创业促进、农民异地搬迁、社会救助保障、公共服务提升五大工程，帮助低收入农户稳定增加收入。

第三，探索从农村扶贫向统筹城乡扶贫的体制转变。东部一些省（市）近年来在探索建立城乡统筹的扶贫体制方面取得了新的进展。除了比全国平均水平更快地构建城乡统筹的社会保障体制以外，部分东部地区还在探索新的城乡统筹扶贫体制。例如，浙江省主要探索了扶贫异地搬迁和农村人口城镇化结合的方式，通过扶贫异地搬迁促进农村人口向县城、中心镇、小城镇、中心村 4 个方向转移；山东省青岛市黄岛区设立城市扶贫开发领导小组及其办公室，与农村扶贫开发领导小组及其办公室合署办公，统筹全区农村、城镇扶贫开发工作；济南市任城区探索将政府救助类政策从农村扩大到城区，凡是农村贫困人口享受的扶贫政策，城区贫困人口都能同样享受，并通过自筹解决上级有政策无资金的救助资金不足问题。在低保与扶贫工作衔接方面，浙江省按照两者有别的思路将低保线和贫困线一高一低趋势保持同步设置。这样做的意义在于：让低保履行社会救助职能，充分发挥输血作用，保障极端贫困群体的生活无忧；让扶贫开发工作充分履行造血职能，为亟须提升发展能力的群体提供平台和致富途径。

第四，探索政府与市场和社会力量的协作机制。东部地区在扶贫过程中，在提升政府扶贫力度的同时，积极利用市场方式和借助社会力量开展扶贫，形成政府、市场和社会合力扶贫的格局。例如，山东、浙江等省都探索了通过金融创新和保险支持扶贫的经验；山东省在养老和健康扶贫过程中，通过政府购买服务和志愿者行动等方式引入社会力量参与；浙江省温州市从 2012 年开始，推行"领导＋机关单位＋企业＋乡镇"的组团式挂钩帮扶模式。同时，通过建立和加强贫困户与其他经济组织之间的联系来推动产业扶贫，是不少东部经济发达地区扶贫的重要形式。例如，浙江省在扶贫过程中，着力推动产业扶贫方式实现"三个组织化"：一是通过龙头企业、合作社和技术支持体系，把低收入农户组织起来，构建具有一定规模和品质优势的新型农业经营体系；二是通过来料加工经纪人、来料加工点（企业）和农村电子商务，把低收入农户组织到农村工业化体系中；三是通过扶贫资金互助会，把低收入农户组织起来，为低收入农户提供合作金融服务。

第五，探索对特殊脆弱群体进行针对性、长期性帮扶。浙江省较关注巩固既有扶贫成果，持续帮扶脆弱群体和边缘性贫困群体。"低收入农户收入倍增计划"将家庭人均收入低于 4600 元（两倍贫困线）的农户确定为低收入户并予以巩固扶持，并规定低收入户家庭成员的工资在一定年限内可不计入家庭收入，帮助其在巩固期内维持低收入户身份。浙江省的这一"脱贫不脱政策"做法值得西部地区借鉴，在关注新的贫困群体的同时，并没有舍弃对人均收入 4600 元标准下的低收入户的救助与监测。即便曾经建档立卡的贫困户已经脱贫，仍能被作为脆弱贫困群体得到政策考虑，在一段时期内仍能继续得到扶贫资助。

第五节　国际减贫经验

除了中国东部地区扶贫改革试验区的探索对 2020 年后新的扶贫战略和措施的制定具有启示，国际社会尤其是国际机构以及经历过和经历着与中国类似经济社会转型的国家，在减贫工作中的先进理念、成功的实践做法和经验，也值得借鉴。本研究梳理了国际上关于贫困测量与标准制定、贫困瞄准、社会保障、城市贫困、扶贫体系与治理等领域的成功实践和国际经验，以期为中国目前的减贫工作以及未来 2020 年后减贫战略的设计提供借鉴和参考。

一　贫困测量与标准制定方面的国际经验

贫困测量是贫困瞄准和干预的基础和前提。随着经济社会的发展、人们生活水平的改善和对贫困理解的日益深入，以及可获得数据的增多和数据处理能力的增强，贫困测量的内容也越来越广泛。贫困测量目前正经历从绝对贫困到相对贫困、从单一贫困到多维贫困、从静态贫困到动态贫困的变化。

从绝对贫困到相对贫困。绝对贫困测量的是维持最低基本生存、生活标准（例如食物、衣服、医疗保健、住房等）的状态。基本需求方法（basic needs approach）是发展中国家比较常用的绝对贫困测量方法，其核心是尝试找出长期而言从消费角度维持个人健康福祉所需的最基本资源种类和数量，并相应地折换成收入或消费作为贫困标准。应用最为广泛的绝对贫困标准是世界银行采用的每人每天支出 1.9 美元的极端贫困标准①。

①　值得注意的是，该标准随着经济发展经历了多次调整，且随价格指数的调整进行了相应调整。

随着经济社会的发展，一些国家逐步废除了绝对贫困标准，开始采用相对标准衡量贫困。相对贫困标准主要用来测量贫困人口内部的差别和不平等，体现出在特定时间、空间下一国对社会包容性和机会公平的重视。采用相对贫困标准的国家主要为发达国家。相对贫困标准的设置往往与覆盖范围广且完善的社会保障机制相配合，再分配条件下的贫困状态以及再分配后的收入差距格局是政策制定者关注的主要政策目标。目前，应用较为广泛的相对贫困标准是国际经济合作与发展组织（OECD）提出的以一个国家或地区中等收入或社会中位收入的50%～60%作为这个国家或地区的相对贫困标准。

从单一贫困到多维贫困。阿玛蒂亚·森认为，贫困的真正含义是贫困人口创造收入能力和机会的贫困，贫困意味着贫困人口缺少获取和享有正常生活的能力，因此，"能力贫困"是森的核心思想。而森的能力贫困观点的最大贡献是把研究的注意力从手段（收入等）转向了真正的目的，将贫困定义的逻辑进行了延伸，即"贫困—福祉被剥夺—基本需求—能力"（王小林，2009）。多维贫困测量基于阿玛蒂亚·森的可行能力理论展开，基本的可行能力包括贫困人口能够平等享有教育资源、医疗健康设施、健康的饮用水、住房以及政治权利等。可行能力的改善既能直接帮助贫困人口，又能以间接方式丰富人的生活，减少贫困人口的剥夺情况，减轻贫困人口的剥夺程度，使贫困人口获得更大自由。此外，随着可获得数据的增多和数据处理能力的增强，贫困测量由单一指标向多维体系发展的可能性也大大提高（Aglietta，2011）。多维度测量贫困可以发现研究对象在各维度上的被剥夺情况，能够使公共政策找到优先干预的领域，可操作性更强，更具有政策指导意义。目前，国际上常用的多维贫困测量体系是联合国发展规划署与牛津大学联合开发的，这一体系涵盖健康（营养、儿童死亡率）、教育（受教育年限、入学儿童）、生活标准（炊用燃料、厕所、电、耐用消费品、屋内地面、饮用水）3个维度10个指标。毕洁颖（2016）在此基础上构建了增加食物安全和社会资本两个维度的多维贫困指标体系，并比较了与收入贫困和支出贫困测量的差异。多维贫困指数可以反映不同群体的特征，例如来自某一地区、民族或性别的人；可以根据群体规模进行细分,允许在不同大小的国家之间进行有意义的国际比较;可以细分为各个维度,以向决策者揭示在任何特定地区或人口群体中,何种因素对多维贫困的贡献最大。此外,多维贫困还具有衍生应用价值,例如,可以被应用在瞄准性公共服务、有条件转移支付的表现监测等方面。不过,应用多维贫困测量方法也面临挑战,其主要挑战是贫困维度、具体指标以及权重选取具有一定程度的主观性。

从静态贫困到动态贫困。贫困的复杂性还体现在其动态性和长期性。学界根据贫困状态持续时间的长短区分了长期贫困和暂时贫困,对贫困动态变化的研究和预测则衍生出了贫困的脆弱性问题。研究暂时贫困与长期贫困的意义在于,两者的成因、所涉农户类型和解决方案不同,制定更有针对性的干预措施需要区分不同的贫困状况。但是,目前对贫困的静态测量方法很难区分长期贫困与暂时贫困。另外,对贫困的动态分析需要长期数据,这也是研究贫困动态性和脆弱性问题的一大挑战(Franklin et al.,2012)。对贫困动态状况的研究是全面研究贫困问题的需要,为此需要建立长期可跟踪的贫困监测数据库,加强对贫困动态性和脆弱性的研究。提高人力资本水平、针对深度贫困地区和特定贫困人群例如因病致贫人群实施反贫困政策,能够有效地减缓长期贫困;而在短期内,可以通过增加收入来源、增强家户跨期平滑收入的能力来减少贫困。此外,在脆弱性贫困视角下,预防和应对贫困要注重以下两个方面:一方面,要注重提升贫困人口的发展能力,增加贫困人口的收入;另一方面,应在贫困人口福利水平逐渐提升的过程中,注重防范与应对风险。

二 贫困瞄准方面的国际经验

贫困瞄准是运用政策工具引导资源向目标群体转移的过程,通过增加目标贫困人口在既定预算中的受益来提高减贫效果。贫困瞄准和普惠社会福利之争由来已久,但在20世纪80年代末取得突出进展,当时许多国家的政府预算面临巨大压力,普惠性补贴计划因常常使境况较好的人比穷人获益更多而受到质疑。《1990年世界发展报告》总结了一般补贴瞄准偏误程度的证据,并倡导将发展劳动密集型产业、增加贫困人口人力资本、结合有针对性的社会安全网措施作为解决贫困问题的长期措施。

贫困瞄准方法主要包括群体瞄准、指标瞄准、区域瞄准、自我瞄准和贫困地图绘制，在实际操作中，往往采用一种或综合使用多种瞄准方法。贫困瞄准的目标在于将有限的扶贫资源有效分配给目标群体，兼顾受益群体数量与干预水平，实现减贫效果最大化。世界银行基于对 122 个干预项目的调查（Coady et al.，2004）发现，瞄准是有效的，瞄准项目分配给穷人的资源平均比普惠项目多 25%，最优的瞄准项目可以将资源高度集中到穷人个体或家庭，阿根廷的就业项目将 80% 的资源瞄准最贫困的 20% 人口，但并不是所有的瞄准项目都更有效，也有 25% 的瞄准项目在效果上比随机分配的项目更差。在实际操作中，不同瞄准方法间的效果差异受以下因素的影响：一是来自瞄准方法本身，对各种瞄准方法优缺点的分析表明，没有任何单一的方法是明显更优的（Del Ninno et al.，2015）；二是受执行过程的影响，瞄准方案的设计和实施对提高瞄准效果至关重要，而且瞄准效果差异的 80% 是由瞄准方案的设计和实施带来的。各国由于国情差异，干预项目的实施效果也会有差异，随着收入水平的提高、项目执行能力的提升以及不平等程度的降低，瞄准方案的设计和实施对提高瞄准效果有很大潜力。

相较于普惠性扶贫措施，贫困瞄准会面临成本的增加，主要包括信息收集等管理成本、家庭在接受转移支付而放弃某种收入机会时的个人机会成本、贫困资格标准的存在可能会导致家庭或利益攸关方改变他们的行为以试图成为政策受益者的间接激励成本、公开贫困家庭瞄准结果可能带给受益人羞耻感等社会成本以及将非贫困群体排除在外可能会产生的政治成本等。在贫困瞄准中，需要权衡贫困瞄准的成本和预期效果，不能不计成本地一味追求瞄准精度。在实践中，不可避免地总会存在一定程度的瞄准偏误。一般来说，存在以下两种易发的瞄准偏误：一种是贫困人口的漏出，即政策没能使部分目标群体获益；另一种是误瞄准，即使目标群体之外的人获益。发生贫困瞄准偏误的可能原因主要包括：一是对真正贫困的定义不准确；二是政策设计不精准，不能使目标群体获益；三是管理腐败、政策执行力差，从而使非贫困人口受益，例如按照政策制定者意愿确定项目及资金分配，政策制定者与执行者目标不一致，村干部等控制项目资金和受益人范畴，项目向多部门重复申报，替换项目资金用途等。在泰国的儿童补助支持政策中，由两名地方干部证明申请者资格的做法助长了贫困瞄准中的腐败行为。据估计，儿童补助支持政策的漏出偏误率在20%~40%。出现漏出偏误的主要原因包括：贫困儿童的母亲没有完整的申请材料、错过申请期限、申请程序烦琐、不敢申请以及被地方干部告知不会得到补助等而没有申请，注册不便、到银行的交通不便甚至没有钱在银行开户等而得不到支持（Somchai，2018）。

提高向最脆弱家庭提供贫困援助的效率和减少行政费用，一直是贫困瞄准政策的重点。为有效协调和管理各领域的扶贫项目，实践中形成了一项重要创新——统一登记系统（Single Registry），即将各领域公共支出项目的接受者统一登记在册。统一登记可以提高识别符合条件家庭的准确性，避免瞄准漏出和误瞄准两类偏误，并大大简化行政工作，为整个福利制度的持续改革和完善创造条件。巴西是采用统一登记系统的先驱，自2001年立法设立实施以来，该系统经历了一系列发展和完善的历程，目前已成为巴西最大的综合性贫困家庭与个体数据库。2014年，该系统覆盖的低收入家庭数量达2480万户，其中，78%为城市家庭，涵盖约7400万人，约占全国总人口的37%。统一登记系统不仅提供了贫困群体的贫困状况，还能用来了解贫困群体的社会经济特征，例如家庭成员情况、住址、水电及卫生设施条件、支出、税收以及被纳入社会项目（社会福利项目、贴现费用和缴款服务、减免信贷利率、技术和设施服务项目以及社会服务项目）的情况等。该系统的存在最大程度上避免了不同部门之间社会项目的重复问题，降低了扶贫项目管理成本，能更好地瞄准社会项目，能同时协调社会政策，进一步扩大减贫和社会政策的成果，也被证明是有条件现金转移支付等社会保障项目实施的关键工具。与系统的庞大和功能综合性相对应，统一登记系统的建立和运营维护需要巨大的投入成本，2010~2013系统版本下巴西平均每个登记家庭的成本为2.06美元，哥伦比亚的类似系统平均每个登记家庭的成本为2.52美元。除了显性的财政投入，统一登记系统还有一些难以直接衡量的间接成本，包括登记家庭及个人准备材料、参与面试花费在交通等方面的时间和物质成本、最基层数据收集到完成登记过程中的宣传沟通等成本、部门间沟通管理成本等。此外，为保障瞄准最新的贫困家庭，统一登记系统的更新频率等也是需要考虑的问题（Phillippe et al.，2017）。

三　有条件现金转移支付方面的国际经验

在特殊群体瞄准方面，有条件现金转移支付旨在增强儿童、孕产妇等贫困人群的人力资本与社会资本，是一项有助于阻断贫困代际传递的良好国际实践。20 世纪 90 年代中期，拉丁美洲部分国家为缩小贫富差距、减少贫困，开始尝试创新扶贫制度。墨西哥首先发起了一项全国性社会实验并引发了强烈的全球反响——以让孩子接受教育和免疫接种为条件对最贫困家庭实行现金补贴并替代实行了几十年的食物补贴项目，该实验被称为有条件现金转移支付（Conditional Cash Transfer，CCT）。这一制度创新的社会背景是：墨西哥贫富差距扩大，政治、经济不确定性增强，对社会保障的讨论聚焦在有效的瞄准途径选择上，而健康、营养和教育干预被证明是减贫最有效的途径。世界银行将 CCT 列为实施社会保障战略《从安全网到弹簧床》的重要工具，全球发展中心（Center for Global Development）主席 Nancy Birdsall 称 CCT 为发展项目中的"神奇子弹"（Magic Bullet），并认为"每个年代都会有变革性事件，而 CCT 就是这样的事件之一"，CCT 也被纳入联合国系统"社会保护论坛"创新行动中，是近年来颇受关注的一种瞄准性扶贫方式。中国目前尚无有条件现金转移支付的政策及大规模项目，不过，在云南、甘肃、四川、陕西等地，已开展了国际机构与政府合作相关项目的试点。

有条件现金转移支付是指只有目标群体遵循了某种预先设定的条件和流程，才能有资格获得转移支付，例如让孩子上学、进行产前检查和产后复查、改善儿童营养状况及定期体检等，旨在向极端贫困的家庭提供短期援助，同时通过附加条件将传统扶贫工作中政府单一责任转变为政府和受惠家庭的共同责任，将减贫和培养减贫能力联系在一起，培养贫困群体长期的人力与社会资本。目标群体的有效选择是保证 CCT 项目取得实施效果的前提。CCT主要瞄准贫困和极端贫困家庭，并有明显的性别倾向，部分项目直接瞄准家庭中的女性。其瞄准方法主要为区域瞄准和群体瞄准，在实践中经常被同时采用。此外，在项目受益人口识别上，通常有自下而上的识别机制和第三方的评估机制。

作为世界上最先推行CCT的国家，墨西哥和巴西的这一制度设计较为成熟，从受益群体划定到受益资格认定，以及现金补贴的发放、监督、评估都有一套完整流程，且完全基于本国财政预算，外部依赖性较弱，因此，更具有实践意义。第一，两国的CCT管理运作都采取了分权和集权相结合的灵活管理原则，即由全国机构——社会发展部负责总体协调，由各领域代表组成的全国委员会进行监督，在实施阶段则将权力下放，通过社会发展部与各州签署强制性协议来规范实施计划。第二，两国瞄准机制各有特点。墨西哥采取由上至下逐步缩小目标群体的方式，首先根据全部人口普查数据划定重点贫困区域，然后从中遴选并调整受益家庭；巴西的受益群体信息采集和资格认定在统一信息登记系统内进行，每个申报人的收入都将在全国范围内与设定标准进行对比，同时结合考虑分配给各州的指标来最终确定受益人。第三，精准的差异化补贴。以教育补贴为例，补贴额度和年级与受教育层次呈正相关关系，即年级越高、受教育层次越高，补贴额度越大。第四，透明支付原则。巴西的家庭补助金计划拥有一套高效透明的津贴发放机制，将家庭补助金通过公民卡直接发放给受益家庭，避开了中间机构，从而提高了资金利用率。

国际食物政策研究所对墨西哥"进步计划"、巴西"营养补贴计划"、洪都拉斯"家庭分配计划"、尼加拉瓜"社会保护网络"等拉丁美洲的4个CCT项目进行了评估，结果显示，CCT项目改善了教育、健康、营养。但是，保障CCT实施效果需要充分考虑项目目标及机制，注重与受益者的双向沟通，保障教育、健康、营养等服务质量，项目设计要考虑村、户、个人层面的文化、治理结构、性别等差异。同时，CCT项目也有其局限性：一是CCT项目适用于人力资本水平仍然存在很大提升空间的家庭，且人力资本水平未达到理想状态的原因是家庭收入不足而非地区的公共服务条件有限；二是要求政府各部门的协调合作能力较强，尤其是社会保障、教育、卫生等部门之间的合作程度要非常高；三是要有完善的支持系统，包括统计系统、监测评估系统以及资金快速拨付发放系统等管理体系和服务体系；四是CCT只是向贫困家庭进行收入再分配的一种方式，并不适用于所有的贫困家庭，例如贫困的老人家庭、无子女家庭（Coady et al.，2004）。

四 完善城乡社会保障体系方面的国际经验

建立覆盖全体人民、健全、有效的社会保障体系是世界各国减少贫困、不平等和脆弱性的核心手段。在发达国家讨论社会保障存在占用稀缺的公共资源、不利于鼓励投资甚至带来怠工从而不利于长期经济发展等可能弊端的同时，发展中国家尚在探索健全的社会保障或包容性的社会保障体系建设。实际上，社会保障可通过帮助个人、家庭以及社区等产生和积累资产，帮助家庭在面对冲击时保护资产，帮助家庭应对风险、更有效使用已有资源，支持经济结构改革，降低社会不公平等，直接或间接实现对经济增长的促进（Harold and John，2009）。整体来看，发达国家在第二次世界大战后迅速发展社会保障并逐步建立起庞大而复杂的社会保障体系。例如，瑞典社会保障体系支出占GDP的比例达到31%，美国的这一比例为16%（Jean-Jacques，2009），远远超过中国。虽然社会保障在公平和效率上的争议不断，但社会保障在维持收入、减少贫困和保持经济稳定发展方面发挥了重要作用。FAO的研究表明，社会保障目前使全球约1.5亿人免于陷入极端贫困（Sang，2018）。欧洲的社会保障减少了至少40%的贫困人口，在以高福利著称的比利时和瑞典更是减少了70%以上的贫困人口；美国的社会保障也减少了约28%的贫困人口（Harold and John，2009）。

中国根据发达国家及国际劳工组织关于社会保障体系框架的设计，结合中国的社会保障实践，逐步建立起具有中国特色的社会保障体系，但仍存在覆盖面小、实施范围窄、统筹层次低等问题，尤其是随着城镇化和人口老龄化的推进，中国社会保障体系建设还面临许多体制性、制度性的重大问题亟待解决，利贫性社会保障政策有待加强。针对这些问题，这里主要分析国际上在社会保障方面的通行做法和创新性实践，并以日本和泰国社会保障体系为例介绍相关经验。

从减贫的角度看，社会保障政策可分为两类：普惠性的社会保险和社会福利制度、瞄准性的社会救助制度。其中，社会保险通常是由政府提供或基于强制性缴费，涵盖养老保险、医疗保险、失业保险、工伤保险等；社会福利通常由政府提供，不基于缴费，包括健康、营养、公共卫生、教育等社会化服务。瞄准性的社会救助制度主要是对生活困难的人提供生活救助，以应对冲击，保障其最低生活水平。

普惠性养老保障。世界上现有 170 多个国家建立了社会养老保障制度，其中，有 70 多个国家覆盖到农村人口（童星等，2011），养老保险在发达国家已经覆盖 90% 以上的劳动人口。从覆盖农村人口的具体方式看，主要有以下三种：一是在国民养老金计划中涵盖农村人口，即实施城乡统一的养老保障制度，例如英国；二是建立针对农民或农场主的专门养老制度，例如德国、法国、波兰、比利时、奥地利等；三是统分结合型，即从最基本养老金计划上发展起来，逐渐实行城乡统一全国一体的，但对不同产业部门又有差别的养老金计划，例如日本的农民养老金计划，瑞典、加拿大、丹麦、挪威等也采用这种制度。在模式上，养老保障按照不同标准可分为不同类型：按照保障水平的高低，可以分为收入替代型和收入补充型；按受益人是否缴费，可分为缴费型和非缴费型；按缴费标准，可分为均一缴费型和收入关联型；按给付标准，可分为均一给付型和收入关联给付型；按财务机制，可分为现收现付型和基金积累型。目前，大多数国家的农村养老保险制度被定位为收入补充型而非收入替代型；发展中国家和英联邦国家的农村养老保险多属于非缴费型，非缴费型国家和均一缴费型国家基本采用均一给付方式；绝大多数国家的农村养老保险都属于现收现付制，但基金积累制正在被越来越多的国家所采用，例如日本。

农村养老保险基金筹资是农村养老保险制度实施的最重要环节，也是最难解决的问题，从国际经验来看，政府的财政补贴是农村养老保险基金的主要来源。实行普遍保障的英国、澳大利亚、新西兰、冰岛等国的养老保险资金全部来源于国家财政补贴；欧洲国家的农村养老保险资金也绝大部分来自财政补贴。不过，也有财政补贴占比不显著的国家，例如日本，基础养老保险中仅 1/3 由国库承担，其余由被保险人的保费承担。此外，许多国家采用缴费加政府补贴的方式。为减少老龄化带来的负面影响和财政压力，更多国家正在向多元化筹资和多元化补贴的方向发展。在这种发展趋势中，个人缴费份额在提高，政府补贴比例开始下降。此外，各国开始建立多层次的养老保险体系，包括基础养老保险、补充养老保险和自我保障等。在这一过程中，市场因素被逐渐引入，各国更强调建立保险型养老计划，增加私营养老金计划部分，让养老金给付与缴费更紧密挂钩，满足不同类型人群的不同层次养老保障需求，并实现全民养老。

日本的农村养老保险制度较健全，有许多值得中国借鉴的经验。日本的农村养老保险包括 3 个层次：第一层次是国民养老金，全体国民共同加入；第二层次是农民养老金基金制度，作为国民养老保险制度的重要补充，满足条件的农村居民（年龄未满 60 岁，国民养老金的第一类被保险人，每年从事农业生产经营时间达 60 天以上者）可自愿加入；第三层次是自我储蓄，属于选择性的补充保障。在运行机制上，日本的养老保险主要有以下 3 个特点和经验值得借鉴：第一，强化农村社区的养老服务功能。随着工业化、城市化的推进，农村的空巢家庭越来越多，家庭养老方式已经不能解决日本农民的养老问题。日本调整农村养老保险制度，并促使日本农村社会养老保险从单纯的经济供养型向照料服务型转变，社区养老使老人在家里就能享受到专业护理和生活照料，避免了家庭养老和机构养老方式的弊端。第二，农业协作组织负责管理农村社会养老保险。日本农业协作组织是一个非营利性、非政府的民间组织，在日本农村非常普及，它对农村养老保险费履行管理职能，并为受保险人提供指导和咨询。第三，充分的法律保障。日本各种农村社会养老保障制度的出台都是有法律依据的，保障了该制度的顺利运行。

健康保障。健康保障方面的国际经验主要集中在健全医疗保险制度、提高医疗卫生服务的公平性、控制非传染性疾病 3 个方面。

在健全医疗保险制度方面，各国（地区）逐步探索与其经济发展水平和财政能力相适应的医疗缴费与补贴制度以及全民医疗保险制度。除美国外，所有发达国家（地区）都采用了全民医疗保险制度。医疗保险按照出资方式可以分为以下 3 类：个人缴纳 + 私人部门提供产品和服务、政府出

资 + 政府提供医疗服务、政府出资 + 私人部门提供服务 + 严格的医疗支出控制。日本已实现医疗保险的全民参保。针对日趋突出的农村老龄化问题，日本还将 70 岁以上高龄老人的医疗费用设置为定率制，个人自付 10%，其余由公共医疗保险机构以及国家与地方财政共担。中国台湾地区社会福利制度最显著的成就在于其全民医疗保险制度，它保证了全民平等获取广泛的医疗服务、病人的共同支付和自付额很低、医疗服务的品质较高、行政成本低且信息技术支持系统高效，台湾地区 2012 年的医保覆盖率已达 99%。

发展中国家利贫性的医疗保险针对穷人和高风险人群展开，并设计了风险分担机制，许多国家还通过财政收入为这些人群提供额外援助。泰国 2001 年实施的"30 铢计划"全民健康保险是利贫性全民健康保险计划的典范，泰国所有未被列入社会保险计划的居民只需持身份证到指定医疗部门办理手续并缴纳 30 泰铢（约合 6 元人民币）挂号费，就可以领取一张全民医疗保险卡并享受医院提供的一切诊疗服务，交不起医疗保险费的人能享受到减免政策。2002 年，泰国建立了全国范围的中央数据库，涵盖公共部门劳动者受益的国民医疗项目、社会保险计划和全民覆盖计划的人群信息，每两个月更新一次。泰国的医疗保险模式也有很多值得中国借鉴的经验。泰国实行社区合作医疗保障模式，注重社区卫生服务建设，整个卫生服务体系分为三级：初级卫生保健、二级卫生服务、三级卫生服务。前两项都是通过社区级别的卫生机构来实施，分别由社区卫生中心和社区医院提供。在付费方式上，采用门诊服务按人头付费和住院服务按病种付费的方式，取消了原来按服务付费的方法，大大节省了医疗费用。按人头付费有较好的费用控制作用和便于管理的特点，人头费标准根据参保人的年龄结构、疾病负担及各地区的特点确立，根据成本和物价每年进行调整，且有利于改善医务人员在地区间的不平衡状况。但是，泰国城乡以及地区之间的医疗设施不平衡状况也影响了农村人口所获得的医疗服务水平，一些地区缺乏基本的健康检查服务；同时，由于缺乏激励机制以及私人部门工作机会的增长，一些农村地区的健康工作人员尤其是医生纷纷离职，这对一些主要依赖公共健康服务设施的医疗保障产生了负面影响（ILO，2013）。

在提高医疗卫生服务的公平性方面，国际经验主要有：一是通过财政支出，实现医疗与其他社会保障项目相结合，尤其是针对老年人、妇女、残疾人、儿童和贫困人口等弱势群体；二是扩大医疗卫生服务覆盖范围，尤其是农村基层机构、缺医少药群体，并通过提供信息、与民间团体及患者支持组织合作等方式扩大医疗卫生服务的可获得性。

在控制非传染性疾病方面，国际上也在降低婴儿和孕产妇死亡率，青少年、儿童和女性卫生保健，倡导健康的生活方式（少烟酒、健康饮食、体育活动指导、心血管疾病和糖尿病防控、癌症预防针及筛查）等关键领域开展了一系列工作。

营养改善。贫困和营养不良常常相伴而生，营养不良问题已成为一个全球性挑战，造成了巨大的社会和经济负担。据 FAO 统计，2014～2016 年度全球有 7.8 亿营养不足人口，每年有数以百万计的儿童因营养不良而死亡，不仅如此，营养不良还阻碍儿童生长，影响儿童发育，降低儿童入学率并且大大增加了他们成年时陷入贫困的可能性，导致营养不良跨代延续。营养不良每年造成全球 GDP 损失高达 1.4 万亿～2.1 万亿美元（Gillespie et al.，2016）。因此，一些国家将营养改善列入了国家和地方经济发展规划及减贫计划，并立法保障计划实施。2016 年，国际食物政策研究所出版《滋养百万人》一书，总结了全球范围内改善贫困人口和弱势群体营养状况的政策措施和具体干预方式的实例。同年，《全球营养报告2016》发布，这一报告基于全球范围内的营养改善案例强调了联合国机构、国家和地方政府部门、其他非政府机构以及企业等多方主体共同参与的重要性。

当前，针对贫困人口的营养改善政策和措施有如下几个特征：第一，营养的重要性极为凸显，以下共识已经形成：贫困人口的营养问题并不在于食物的数量，而在于食物的质量，特别是食物的多样性以及微量营养素的缺失，许多营养项目的开展都为某种营养素缺乏人群补充特定营养素。第二，强调多领域、多部门的参与与协作，尤其重视农业、卫生、社会保障三个部门对营养改善的重要作用。在农业领域，联合国粮食及农业组织（FAO）积极倡导全食物系统的"营养导向型农业"（Nutrition-sensitive Agriculture），典型的做法包括生物强化、农庄食物生产等。在卫生领域，著名的联合国儿童基金会"水、环境卫生与个人卫生项目"（WASH）说明，水资源的安全和卫生设施的完备能为贫困地区人口健康提供最基础的保障，减少因不洁饮水、饮食而产生的疾病对身体造成伤害。在社会保障领域，针对改善营养的"有条件现金转移支付"项目也在墨西哥、孟加拉等国取得成功。第三，按不同人群设计有针对性的营养干预措施，针对孕妇、婴幼儿、学生的营养干预成效是最显著的。0～3岁是人类发展最重要的窗口期，给婴幼儿提供均衡营养和科学养育对大脑和身体发育、儿童潜能具有重要影响。婴幼儿不具备自主选择食物的能力，因此，干预也比较容易实施。针对学生的营养干预主要是"学校供餐计划"（School Feeding），它不仅能集中改善学生群体的食物消费，还能方便学校把"营养教育"传递给学生，对学生在生命早期阶段进行"食育"，使他们形成良好的营养观念和食物消费习惯，让他们受益终身。有些"学校供餐计划"还能充分整合、利用当地农业资源，带动当地经济，对贫困农户有溢出效应。第四，重视可持续的食物消费和营养改善行为。社区人员的访问、营养指导、交流营养行为改变等措施能够显著提高营养改善效果，说明营养改善干预已经从"物质激励"阶段跨越到"物质激励"与"可持续行为改变"相结合的阶段，这背后反映出人们开始关心营养改善投入的成本效益，以及如何使营养干预产生更长远的影响（黄佳琦等，2018）。

　　泰国的综合营养改善计划有许多值得中国借鉴的经验：第一，泰国将详细的营养指标纳入国家发展战略，并制订了营养与农业发展、卫生、医疗、教育等社会保障项目相结合的综合营养计划，探索了多部门联合的实施方式；第二，借鉴"农业—食物—营养—健康"的理念，倡导发展营养敏感型农业，推动和支持富含营养的食物生产和消费；第三，支持社区参与推动营养改善，鼓励村和社区参与地方营养规划及政策制定，加强社区能力建设并通过社区引导社会参与；第四，加强营养研究、宣传与教育，为解决营养问题提供智力支持。广泛宣传国家的营养政策以及在地方开展的营养项目和活动，宣传基于营养的膳食指南以及食物标签，通过媒体及当地活动开展营养宣传活动，通过健康咨询等开展孕期及儿童饮食与营养教育。

教育保障。前文对中国农村多维贫困的研究结果显示，农村人口以及农民工在教育维度上的受剥夺程度最高，因此，这里就教育减贫的国际经验进行了总结。联合国可持续发展目标4提出"确保包容和公平的优质教育，让全民终身享有学习机会"。全球教育目标现在已经超越了普及小学教育的千年发展目标，注重提高学习的质量和包容性，使所有人群终身都能获得高质量的教育。根据联合国教科文组织在减贫领域的项目实践，在教育方面有以下几项工作重点：第一，需要确保最贫困的儿童也能够接受教育，从而打破贫困的代际传递，一些旨在提升人力资本的有条件现金转移支付项目是很好的实践；第二，实现从小学到中学、从中学到大学的较高完成率和过渡率；第三，学校教育需要与学前教育、职业培训和成人培训等其他政策措施结合起来；第四，通过广泛的计划，例如为边缘化群体尤其是特定的弱势群体（例如农村贫困地区的年轻女性、少数民族和年轻人）提供与技术相关的职业培训，促进发展公私伙伴关系，通过信息通信技术改善终身学习机会的可及性和质量，来加强贫困群体的社会经济技能，从而帮助贫困人口实现自助、消除贫困。

特定人群的特惠性社会救助。社会救助有多种形式，例如，通过福利系统的现金转移支付、儿童津贴、食物援助或营养餐等类似转移支付项目、对穷人购买产品的补贴等。除上文介绍的有条件现金转移支付项目外，另一种名为"现金+"的救助方法也被广泛采纳。"现金+"项目针对城乡极度贫困家庭展开，受益群体除获得现金、生产生活技能和技术技能培训的广泛支持外，还能同时获得定期家访、定制医疗、社区支持、心理指导等社会服务，而且，在津贴的支付方式上采取的是每周发放津贴的方式而不是一次性支付。该项目的现金资助具有一定期限，此后受益人还可继续获得现金以外的各项指导，旨在可持续地促进贫困者脱贫。因此，这一做法也被称为"毕业方案"（Graduation）。一个著名的"现金+"项目于2002年在孟加拉国实施。项目以两年为期，向农村极端贫困家庭提供有形的生产性资产以及生活和生产技能培训，状况较好的极端贫困家庭还可额外获得用于创业性经营活动的弹性贷款。这一项目对极端贫困群体的实际收入、粮食安全和资产积累产生了积极影响。下一步，孟加拉国计划针对城市贫困人口实施类似项目。

对中国不同人群贫困状况的比较显示，女性的贫困发生率高于男性。女性和男性的经济权利和政治权利之间的差距使女性更难享受到经济增长带来的好处，使她们比男性更容易贫困和脆弱，但是，通常以家庭为基础的贫困测量和识别往往无法揭示这一点。家庭内部的食物和资产分配往往有利于男性，而传统的家务劳动分配使女性比男性承担更多的无报酬劳动，这使她们处于更加不利的地位。随着女性预期寿命的延长、全球单身女性户主家庭数量的增加，女性贫困变得更加明显。目前，全球一致认为，如果没有政策和计划能够解决贫穷女性寻求体面生计权利所面临的具体障碍，就不可能实现可持续发展目标下的减贫目标。克服这些障碍、消除对妇女的歧视，不仅是扶贫的优先问题，而且是人类未来发展的优先问题。在实现社会性别平等、发挥女性在生产生活和社会发展作用方面的国际经验主要集中在以下两个方面：一是提高妇女的话语权，包括进行家庭决策培训以提高参与家庭决策权利、发展女性优势产业以提高经济权利以及保障政治席位以提高政治权利；二是增强妇女的能力建设，例如保护妇女健康、从家庭劳动中解放妇女、保障妇女的经济资源以及开展相关的技能与创业培训等。

五　城市减贫方面的国际经验

城市化已经成为经济发展的重要引擎，国家能够借此实现从低收入向中高收入的经济增长，并减少农村贫困。在人均 GDP 较高的国家，农村贫困发生率普遍较低，但与此同时，贫困向城市地区转移的趋势越发明显。1990~2008 年，亚洲地区城市贫困人口占该地区总贫困人口的比例从 18.3% 上升至 22.9%；农村与城市地区贫困人数之比从 1∶0.22 增至 1∶0.30（ADB，2014）。以东南亚国家为例，柬埔寨城市贫民窟人口已占城市人口的 55.1%，缅甸的这一比例也达到 41%。由于低收入城市居民缺乏发言权，以及政府和相关援助机构缺乏影响力，城市贫困的规模和深度易被低估。实际上，城市贫困相对于农村贫困更为复杂，除了收入或消费方面的不足，还包括住所匮乏、经济和生活来源不稳定，以及基础设施、社会保障、话语权等各个方面的缺失。此外，城市贫困还面临流动人口与老龄化带来的社会压力。为应对上述挑战，全球多国都在寻求适当的解决方案，主要包括：

一是将减贫纳入城市发展规划，进行利贫性城市管理。一些国家将城市贫困纳入国家减贫战略和城市建设规划，促进城市减贫和全面发展。以韩国政府向联合国人居署提交的第三次人居环境报告为例，该报告认识到随着城镇化进程不断深入而显现的城市贫困问题，并从改善城市贫民住房、确保其基本生活设施和条件方面提出了相应的城市建设规划。在利贫性城市管理方面，注重城市减贫的治理能力建设，并积极鼓励私营部门参与城市减贫治理。

二是注重社区推动。注重培养城市贫困人口的社区意识，改善城市贫困人口尤其是非正规就业人群的社会焦虑；重视社区住房条件改善和基础设施改造，保障贫困人口包括流动人口在内的基本住房需求，并注重促进社区参与。

三是支持城市就业。创造就业是减少城市贫困的有效途径。通过吸收转移人口，尤其是将失业城市青年的知识和技能转化为生产力，是政府部门提高转移人口收入、减少贫困的重要方式。当私营部门没有足够的就业机会来吸收城市劳动力时，政府经常在基础设施、城市服务、环境服务和社区服务等劳动密集型部门提供公共就业机会，不仅能减少城市贫困，而且能助力城市健康发展。因此，许多发展中国家利用非政府部门对部分低端社会服务项目进行外包，为没有技能的劳动力提供工作机会。完善外包系统也成为解决城市贫困的可行方法之一。

四是保障非正规就业人群的权利。一是从制度上保障非正规就业人群也平等享有接受捐助的权利；二是普惠型的社会保障体系需要覆盖非正规就业人群；三是鼓励建立非正规就业组织，实现非正规就业工人的正规化管理与权益保障。

六　扶贫体系与治理方面的国际经验

贫困治理是影响减贫效果的重要因素。国际上城乡统筹的治理体系、社区和社会力量参与以及治理能力建设等方面的国际经验值得中国借鉴。

第一，实行城乡统筹的减贫治理体系。减贫作为包容性发展的任务之一，往往被列入国家经济社会发展战略。多个国家实行城乡统筹的减贫治理体系，且随着减贫工作的重点逐步转向社会保障，减贫逐渐由社会福利部门统筹实施。例如，日本的减贫政策主要体现为社会保障政策，因此，日本在减贫方面由社会福利部门——厚生劳动省颁布法令、制定标准、实施干预；美国的社会安全福利制度由健康、教育与福利部主持；欧洲通常不设有专门的贫困救助机构而由社会保障部门统筹负责。

第二，注重社区参与。参与式方法，可由当地社区明确居民的需求和优先事项，由村庄参与编制当地发展计划，鼓励当地人积极参与设计、实施和监测扶贫活动，从而能提高社区居民的自主权，激发包括贫困户在内的社区居民的内在动力。许多联合国项目特别是国际农业发展基金（IFAD）的农村发展项目，均采用参与式方法设计。IFAD 在摩洛哥实施的一项社区推动农业发展项目，采取赋权农户和参与式发展模式，由农户和社区找出村庄需要解决的问题，设计和采取行动方案，参与制订自己的地方发展计划，组织和管理技能培训。这一项目侧重于改善小规模灌溉、饮用水供应、道路修复和土壤保护，并采取了种植果树、改善果园生产和畜牧生产、促进动物健康等行动，2004～2013 年，项目区的贫困发生率下降了近 26%，370 个村的 18500 户农户受益，其家庭收入平均增加了近 50%。

第三，实现私营部门、社会组织、国际机构等社会力量的广泛参与。私营企业在扶贫进程中扮演的角色越来越广泛，它们能通过提供产品和服务，将贫困人口纳入不同层次的价值链中，创造就业机会，培养企业家精神和创新精神。私营企业还能提供专业的扶贫服务例如保障性住房、医疗服务等，能在改善民生方面发挥巨大作用。社会组织在创新性扶贫模式探索、人力资源培养等方面具有优势，通过政府购买专业服务等方式能有效吸纳社会组织参与扶贫。国际机构先进的扶贫治理理念和较高的项目管理能力能帮助地方政府提高核心治理能力。

第四，提升政府的治理能力。一是国家权力下放，给地方政府更多的权限和责任，同时加强了地方政府的能力培训；二是建立科学的监测和评估系统，尤其是建立了基于新信息技术的监测评估系统；三是防止或减少了减贫工作中的腐败，强有力的内部控制、透明的信息系统、公众反馈机会的结合，是减少腐败的一种途径。

第六节 2020 年后中国的减贫战略重点

一 战略背景

中国目前减贫工作的目标是：到 2020 年，现行标准下农村贫困人口全部脱贫，贫困县全部摘帽，解决区域整体性贫困。随着中国脱贫攻坚工作的推进，绝对贫困人口数量日益减少，可以预见，中国 2020 年的减贫目标将逐步实现。但农村绝对贫困的消除并不意味着城乡贫困甚至贫困问题得以解决，目前的减贫战略虽然目标导向清晰，但对贫困的深层次成因及长期可持续性扶贫政策的探讨和评估不足。同时，正如前文所提到的，中国减贫既面临新的挑战，又出现了动态贫困、相对贫困、多维贫困、城市贫困等新的特征，老年人、妇女、儿童、残疾人、农民工等脆弱群体仍面临一些特殊挑战，对阻断贫困代际传递的营养、健康、教育等人力资本的投资不足。新形势下，未来贫困的趋势和贫困标准的制定、社会保障系统完善的方向尤其是政府部门和非政府部门的分工与协作、贫困治理机制以及政府财政和社会金融的作用等都需要得到重新审视。此外，随着 2020 年减贫目标的实现，中国需要制定新的减贫战略。回顾 40 年来的减贫路径，中国完成了从开发式扶贫向精准扶贫的转变，未来中国扶贫突出平等的社会保障的思路将逐步清晰。

中国减贫的主要经验之一是持续而强有力的政策支持，未来的减贫战略也将受中国宏观发展战略导向的影响。党的十九大报告中关于"两阶段"发展目标的论断以及 2018 年中央一号文件中"乡村振兴战略"相关内容将是制定减贫战略的主要政策参考。党的十九大报告提出，从 2020 年到 2035 年，在全面建成小康社会的基础上，基本实现社会主义现代化。"到那时，人民平等参与、平等发展权利得到充分保障，法治国家、法治政府、法治社会基本建成，各方面制度更加完善，国家治理体系和治理能力现代化基本实现……人民生活更为宽裕，中等收入群体比例明显提高，城乡区域发展差距和居民生活水平差距显著缩小，基本公共服务均等化基本实现，全体人民共同富裕迈出坚实步伐；现代社会治理格局基本形成，社会充满活力又和谐有序；生态环境根本好转，美丽中国目标基本实现。"这一目标为2020年后的减贫战略提供了新的蓝图。同时，党的十九大报告明确提出"建立健全城乡融合发展的体制机制和政策体系"，城乡融合发展成为未来中国解决减贫问题乃至促进城乡发展的基本思路。2018年中央一号文件提出"实施乡村振兴战略"，并提出到2035年"乡村振兴取得决定性进展，农业农村现代化基本实现。农业结构得到根本性改善，农民就业质量显著提高，相对贫困进一步缓解，共同富裕迈出坚实步伐；城乡基本公共服务均等化基本实现，城乡融合发展体制机制更加完善；乡风文明达到新高度，乡村治理体系更加完善；农村生态环境根本好转，美丽宜居乡村基本实现"。

二 2020后的减贫新愿景

城乡融合发展和乡村振兴战略将进一步为减贫事业创造条件、夯实基础。2020年后城乡统筹的减贫工作也将为乡村振兴提供制度和机制上的探索与突破。未来减贫工作从关注绝对贫困转向相对贫困、从单一贫困转向多维贫困、从注重生产转向重视社会保障、从农村转向城市的趋势将更为明显。在包容性发展环境下，对弱势群体——老年人、妇女、儿童、残疾人、农民工等的社会福利和社会救济将更为突出，这也与联合国可持续发展目标提出的"到2030年实现消除一切形式和层面的贫穷与饥饿"相一致。

本研究基于中国目前贫困状况及存在的问题、中国未来的发展思路及联合国的减贫目标，提出中国2020年后的减贫新愿景，即到2035年建立城乡统筹的贫困治理体系，以城乡基本公共服务均等化为减贫战略方向。各项减贫目标将更为具体，旨在缩小城乡居民收入差距，保障城乡贫困人口在享受义务教育、基本医疗、住房安全等公共服务方面的均等化。一系列工作将得以推进，包括制定针对老年人、妇女、儿童、残疾人、农民工等脆弱群体的减贫目标，建立城乡统一的贫困测量、识别、瞄准和干预体系，以及完善可持续的财政金融扶贫支持体系等。

三　2020 后的减贫战略重点

基于中国减贫面临的主要挑战和新特征，2020 年后的扶贫战略需要聚焦未来经济社会发展条件预测、新的贫困标准制定、城乡统筹的贫困治理体系建设、利贫性社会保障体系建设、财政金融改革与创新这 5 个重点问题。

正确判断和预测未来的经济社会发展条件是制定 2020 年后扶贫战略的前提。历经持续的中高速经济增长后，中国将进入高收入国家，经济结构将不断优化升级，增长动力从要素驱动、投资驱动转为创新驱动。同时，随着传统的劳动密集型产业在产业结构中的不断式微，人工智能等新技术的不断涌现，失业问题有可能对中国的贫困形势造成威胁。随着"人口红利"的消失、老龄人口的增加、劳动人口的减少、受教育水平的提高和人们生育观念的改变，中国的人口政策日益宽松。城镇化进程的推进、流动人口的增加以及与此不相协调的户籍制度和衍生的社会保障制度造成的城乡差异问题日益突出，中国接下来城乡统筹发展的政策导向和措施力度将对未来城乡人口分布造成影响。对这些问题进行前瞻性分析对制定下一阶段的扶贫政策有着重要意义。因此，未来需要分析和判断 2020 年后国家经济社会情况，尤其是资源约束、产业结构和人口结构的动态变化（通过模拟分析 2020 年、2025 年、2030 年、2035 年甚至更为长期的情况），从而判断贫困的城乡分布、区域分布、人群分布等情况，为制定更合理的贫困标准与瞄准机制奠定基础。

新贫困标准的制定是 2020 年后扶贫战略需要回答的首要问题。这是估算贫困人口的规模、特征和分布的前提，有利于确定具体的工作方向。在贫困标准制定中，有以下两个需要考虑的具体问题：一是采用何种贫困测量方法界定贫困；二是城乡统筹下贫困标准如何统一的问题。随着 2020 年减贫目标的实现，现行贫困标准下的绝对贫困有望消除，下一步的贫困标准制定有以下 3 个政策选择：更高的绝对贫困标准、新的相对贫困标准、多维贫困标准。考虑到 2035 年实现社会主义现代化的目标、乡村振兴的目标以及减贫的新愿景，2020 年后的扶贫战略将更加重视缩小人民的收入和生活水平差距，突出公平性的相对贫困测量将被纳入政策制定者的考虑范围。同时，随着减贫工作重点由开发式扶贫向开发式扶贫和保障性扶贫相结合转变，未来扶贫工作的重点将更多集中在人力资本发展、社会保障等方面，多维贫困体系将进一步完善，并成为指导和衡量减贫工作成效的重要工具。在城乡统筹的思路下，城乡贫困标准的统一是城乡统筹扶贫的前提，中国国家统计局目前已经实现对城乡居民收入统一口径的统计以及收入分层的统一统计，这为 2020 年后统一的贫困标准制定奠定了基础。基本公共服务均等化也将为城乡统一的多维贫困标准制定指明方向。但是，具体标准的制定将取决于经济发展水平、居民收入水平以及财政承受能力，而贫困标准的确定也将影响贫困人口的规模、分布和趋势。

在新的城乡统一的贫困标准下，农民工等人群需要被纳入统一的测量体系，城乡贫困人口的规模、特征和趋势将发生重大变化。同时，采用多维贫困测量方法识别的贫困人口也将与收入贫困测量出的贫困人口有所不同。此外，瞄准问题仍然是今后扶贫中的基本问题。需要根据贫困群体的可能变化，即贫困群体的集中区域从农村向城市地区转移，根据中国不同地区的发展实际情况，探索具体可行的区域和家庭双瞄准等方法，并研究贫困群体产生的内外部条件，关注特殊群体（儿童、女性、民族地区、因病致贫群体、老龄人口、农民工等非正规就业群体等）的贫困问题。

建立城乡统筹的贫困治理体系是 2020 年后扶贫战略实施的组织基础。目前中国的贫困治理体系存在以下两个突出的问题：一是城乡分割，各自为政；二是与扶贫有关的不同部门之间的协调不足。新的减贫战略需要确定未来城乡统筹的贫困治理部门以及探讨如何在国家层面建立城乡统筹、部门协调的贫困治理体系，可能的构想包括由国务院扶贫办或社会保障部门牵头统筹城乡扶贫，其他部门协同参与。同时，要明确扶贫体制中各参与主体的责任分工，特别是政府、市场和社会组织的分工，重视社会创新的作用，加强地方政府的能力建设，强化对金融资源和社会资源的动员等。打破目前城乡分割状况，需要改变目前城乡贫困测量方法差异化的做法，实行统一的城乡贫困标准。考虑到未来贫困问题将更多集中在社会保障、人力资本、公共服务等方面，借鉴国际经验，可考虑由专门覆盖城乡的扶贫机构或社会保障部门统筹负责城乡减贫问题，作为统一的扶贫政策出口并协调教育、医疗、卫生、住房等部门的参与。在参与主体上，要充分动员市场、社会组织等社会资源参与。

建设以基本权利公平为基础的社会保障体系是 2020 年后扶贫战略的核心内容。目前，社会保障尤其是农民工的社会保障是脱贫攻坚工作的一个短板。城乡统筹的贫困治理需要构建利贫性社会保障体系，这不仅是未来扶贫战略的核心内容，也是实现农民工市民化、深层次城市化和乡村振兴亟待解决的重点问题。就具体措施而言：一是继续扩大社会保障覆盖面，针对农民工的社会保障开展制度设计，实现社会保障全民覆盖和共享；二是提高社会保障水平，尤其是对农村养老、医疗和教育的保障水平；三是针对贫困人口的医疗、教育、住房、就业等需求完善专项救助制度；四是制定针对特殊人群的救助政策，尤其需要在贫困儿童营养、健康和教育，贫困老人的救助和护理，残疾人口的医疗和就业以及农民工的住房和子女教育等方面制定有关救助政策；五是从技术上支持城乡社会服务的均等化，这需要首先将社会服务量化为城乡统一的减贫指标，采用实行能体现社会服务的多维贫困指标测量体系，以识别短板、指导减贫工作重点并反映减贫成效。在促进社会服务均等化的具体措施上，需要向目前社会服务短缺的农村地区实行政策上的倾斜，尤其要解决农村教育师资不足、医疗条件较差和养老保险不足等突出问题。

扶贫财政体系改革和金融机制创新是 2020 年后扶贫战略可持续的重要支撑。减贫目标的实现离不开财政和金融支持，新的减贫战略需要国家财政体系改革和社会金融机制创新。在财政体系改革方面，首先，城乡统筹的贫困治理体系要求进行全国统筹，在国家层面打破城乡分割、部门分割的财政分配格局；其次，改革财政支出方式，使其与贫困人口的需求由生产向生活和社会保障领域转变这一状况相适应；最后，优化财政支出结构，改变目前财政扶贫支出中科教文卫、养老、医疗等基本公共服务支出不足的状况，并提高贫困地区尤其是农村贫困地区的公共服务水平，体现公共服务的均等化。在金融机制创新方面，中国政府长期以来在鼓励金融机构服务于城乡弱势群体和小微企业方面制定了很多政策，政策性金融、开发性金融、商业金融和合作金融近年来在精准扶贫实践中发挥各自优势，大大改善了金融服务的可及性和效率。但是，对于欠发达地区、城乡弱势群体和小微企业来说，打通金融服务"最后一公里"的任务仍然没有完成，特别是主要服务于中低收入群体和贫困群体创业就业的小微金融，其发展仍然需要更具包容性的政策支持。

第二章
中国城乡贫困现状

第一节　中国贫困测量和数据

中国城乡分割的政治、社会和经济制度及在此基础上建构的城乡分离的扶贫体系，赋予了城乡不同的扶贫政策特点。虽然中国从 20 世纪 80 年代中期就启动了大规模的农村扶贫开发计划，但是至今仍没有公开、明确的城镇扶贫战略。与此相应的是，中国政府也只公布和调整农村贫困标准、公开农村贫困人口统计数据。这种情况给全面系统估计和分析全国贫困状况及其变化带来了一些不易克服的困难。

受资料可获得性的约束，本项研究只能主要使用二手资料来分析中国的贫困状况及其变化；同样是由于数据方面的原因，我们对贫困的测量也只能在可获得数据中选择相应的指标。无疑，这些限制会对贫困和政策分析产生较大的影响。

一　中国贫困测量和标准

我们对中国贫困的研究，同时使用基于基本需求的收入/消费支出测量和基于能力贫困的多维贫困方法。这样选择，一方面是为了与中国政府扶贫政策目标相一致，另一方面也是为了和其他国家具有可比性。

（一）城乡收入和消费支出贫困标准

中国政府主要使用人均纯收入为基础的贫困标准来测量农村贫困。自

1986 年以来，采用过 3 条贫困线。按照贫困线设定基期时间，分别是"1984 年标准""2008 年标准""2010 年标准"。"1984 年标准"，是 1986 年国务院贫困地区经济开发领导小组提出的按 1984 年价格农民年人均纯收入 200 元的贫困标准。这是一个低水平的生存标准，可以保证每人每天 2100 大卡热量的食物支出，其中食物支出比重约 85%。"2008 年标准"，实际上是从 2000 年开始使用，当时称为低收入标准，在 2008 年国家正式将其作为扶贫标准使用，因而也称"2008 年标准"。按 2000 年价格每人每年 865 元，这是一条基本温饱标准，保证每人每天 2100 大卡热量的食物支出，在"1984 年标准"基础上，适当增加非食物部分，将食物支出比重降低到 60%，可基本保证实现"有吃、有穿"，基本满足温饱。"2010 年标准"，即现行农村贫困标准，是 2011 年提出的按 2010 年不变价农民年人均纯收入 2300 元的标准，按 2014 年和 2015 年价格分别为 2800 元和 2855 元，这是结合"两不愁，三保障"测定的基本稳定温饱标准。中国政府公布的农村贫困人口都是以不同时期的贫困标准为基础的，国家统计局公布了部分年份按后来的新的标准统计的贫困人口。值得注意的是，国家统计局在估计农村贫困人口时，从 2000 年开始事实上是同时使用收入和消费两个方面的指标进行计算的，其目的是避免选择性贫困等因素的干扰。

中国政府没有建立城镇贫困标准。但是各地设立的城镇居民低保标准，其确定原则、方法都与传统的基本需求贫困方法无异。因此，在没有全国统一的官方城镇贫困标准的条件下使用各地的城镇居民低保标准估计城镇贫困状况，也是一种可行的替代性办法。

根据上述情况，我们在研究中使用了国家统计局的贫困标准，从收入和消费两个视角估计农村贫困状况，也利用各地的城镇居民低保标准估计城镇的贫困状况。

为了解决缺乏统一的全国贫困标准的问题，我们在研究中选择世界银行每人每天 3.1 美元购买力平价的贫困标准作为城乡居民（包括农民工）统一的绝对贫困标准，同时将城乡居民各自收入中位数的 50% 作为相对贫困标准。选择 3.1 美元贫困标准主要有两个方面的考虑：一是 3.1 美元贫困标准是世界银行为中等收入国家确定的贫困标准，基本反映中国当前的发展水平；二是世界银行公布了按照这个标准中国城乡不同时期的贫困人口，可以用以进行历史变化比较。在使用国际贫困标准时，考虑了城乡之间价格水平的差异，按照最新一轮购买力平价中城乡价格水平差异将城市贫困标准确定为农村的1.32倍。按照购买力平价3.1美元每人每天标准，相当于2015年中国农村人均纯收入3838元，城镇居民人均5081元。

（二）城乡多维贫困指标和临界值

由于采用单一维度来识别贫困的传统方法存在较大局限性，因此，为全面地反映贫困地区农户生活状况，学界逐渐把研究目光聚焦到贫困的多维性，其核心思想是选取多个福利指标作为多维贫困测量的维度，每个维度均设立临界值，假如第 i 个个体的福利指标水平低于维度临界值，则视第 i 个个体在此维度上受到了剥夺。从多维贫困的研究历程来看，Hagenaars（1987）首次将闲暇时间纳入贫困测量维度，构成了第一个多维贫困指数。Sen（1992）则将能力、社会排斥和参与性引入贫困测量，创建了多维贫困理论。此后，Bourguignon 和 Chakravarty（2003）等提出了 MPI 的测算方法。Alkire 和 Foster（2011）在上述研究的基础上通过借鉴 FGT 指数的构建思路，提出了相对完善的多维贫困测量方法。联合国开发计划署（UNDP）发布的《人类发展报告2013》已将多维贫困指数作为衡量国家发展水平的指标之一（UNDP，2013）。国内现有多维贫困研究多使用中国营养健康调查（CHNS）数据来测量中国农村住户的多维贫困状况。研究结果大部分认为中国农村贫困程度高于使用传统收入方法测量的结果，利用多维贫困方法能给扶贫政策选择的优先序提供依据。

多维贫困的维度和对应指标选取并不固定，MPI 指数中包含了比较成熟和有参考价值的指标体系，细分为教育、健康和生活条件3个维度（高艳云，2012；张全红，2015；张全红等，2017；支俊立等，2017）。在借鉴牛津大学贫困与人类发展研究中心开发的 MPI 指数基础上，本研究确定受教育情况、健康状况、住房条件、饮用水、卫生厕所、炊用能源、资产数量、通信、户外路面、沐浴设施10个二级指标，如表2-1所示。在测算多维贫困时，采用3个维度均等权重的方法，指标权重等分各个维度权重。具体的指标及临界值选择考虑了可用数据的指标选项，部分指标临界值的设定考虑了城乡之间的差异。此外，多维贫困测算方法见表 2-2。

表 2-1 多维贫困测量指标、权重及剥夺临界值

维度	二级指标	剥夺临界值
教育 (1/3)	受教育情况 (1/3)	①农村：家中至少有 1 人未上过小学且没有人上过高中、专科、本科或研究生 =1，否则 =0；②城镇：家中至少有 1 人未上过小学且没有人上过专科、本科或研究生 =1，否则 =0
健康 (1/3)	健康状况 (1/3)	家中有 1 个及以上生活不能自理或不健康但生活能自理的人 =1，无 =0
生活条件 (1/3)	住房条件 (1/24)	主要建筑材料是竹草土坯或其他材料（不包括钢筋混凝土、砖混材料和砖瓦砖木）=1，否则 =0
	饮用水 (1/24)	无安全性（不存在"经过净化处理的自来水、受保护的井水和泉水、桶装水、饮用水经过集中净化处理或主要饮用水水源没有化学污染"等情况）或者无便利性（存在"单次取水往返时间超过半小时；间断或定时供水；当年连续缺水时间超过 16 天"等情况）=1，否则 =0
	卫生厕所 (1/24)	无水冲式卫生厕所和卫生旱厕或者本户不能独用厕所 =1，否则 =0
	炊用能源 (1/24)	①农村：柴草 =1，否则 =0；②城镇：柴草或煤炭 =1，否则（如液化石油气、煤气、天然气、电等清洁能源）=0
	资产数量 (1/24)	无家用汽车且家用电器（彩色电视机、空调、热水器、计算机）最多拥有一项 =1，否则 =0
	通信 (1/24)	未接入有线电视、互联网移动电话和计算机 =1，否则 =0
	户外路面 (1/24)	无水泥或柏油路面、沙石或石板等硬质路面 =1，否则 =0
	沐浴设施 (1/24)	无洗澡设施 =1，否则 =0

表 2-2 多维贫困测算变量释义与说明

变量名	符号	释义与说明
剥夺临界值	z	$z(1 \times d)$ 是测定各指标是否被剥夺的阈值
剥夺矩阵	g^0	$g^0(n \times d)$ 是用来存储贫困个体被剥夺的情况。如果贫困个体在某一指标下是被剥夺的，赋值为 1，否则，赋值为 0
已删减矩阵	$g^0(k)$	用于存储贫困个体被剥夺的情况。与剥夺矩阵的区别在于已删减矩阵对剥夺矩阵中非贫困个体被剥夺的指标进行了归零处理
多维贫困发生率	H	$H=q/n$，其中，q 表示多维贫困人口，n 表示研究区域总人口

续表

变量名	符号	释义与说明
平均剥夺份额	A	$A = \sum_{i=1}^{n} C_i(k)/q$，其中 $C_i(k)$ 表示在贫困临界值为 k 的情况，个体 i 被剥夺的指标数量
多维贫困指数	MPI	表示一个地方贫困状况的综合性指标，公式为 $MPI = HA = \sum_{i=1}^{n} C_i(k)/n$
指标贡献度	ICD	$ICD = \omega_i CH_i/MPI$，其中 ω_i 表示第 i 个指标的权重值；CH_i 表示第 i 个指标被剥夺的人口率

二　数据来源

本研究中除了使用公开的中国农村贫困统计数据、民政部公布的低保数据和世界银行发布的中国城乡贫困数据之外，还专门申请使用了国家统计局 2015 年部分城乡居民样本调查数据。样本省和样本户，由国家统计局按照保证对全国和大区（东部、中部、西部、东北）在 3% 的统计误差以内的要求从 2015 年全国城乡居民住户调查样本中抽取。最后形成的样本选自天津、江苏、江西、湖南、内蒙古、云南、陕西和辽宁，实际样本为12739 个，其中农村居民样本 6145 个，城镇居民样本 4632 个、农民工样本 1962 个。具体的样本分布见表 2 – 3。

表 2 – 3　研究采用的样本构成

单位：个

省份	农村	农民工	城镇	合计
天津	236	139	145	520
江苏	855	491	818	2164
江西	1009	126	334	1469
湖南	1015	226	544	1785
内蒙古	531	323	942	1796
云南	904	195	384	1483
陕西	832	117	383	1332
辽宁	763	345	1082	2190
总计	6145	1962	4632	12739

第二节　中国城乡贫困现状研究

一、中国农村贫困的现状和特点

（一）改革开放以来中国农村贫困变化状况

按照官方现行贫困标准（每人 2300 元/年）[①]，1978 年，中国农村贫困人口 7.70 亿人，贫困发生率为 97.5%；到 1995 年，中国农村贫困人口减少至 5.55 亿人，贫困发生率下降为 60.0%；2010 年贫困人口 1.66 亿人，贫困发生率为 17.2%；至 2016 年，贫困人口 4335 万人，贫困发生率为 4.5%[②]。可见，1978～2016 年，中国农村贫困人口数量累计减少了约 7.26 亿人，贫困发生率下降了 93 个百分点。按世界银行 1 天 1.9 美元购买力平价标准，中国农村贫困人口从 1981 年的 7.59 亿人减少到 2013 年的 2149 万人，贫困发生率下降了 92.21 个百分点（见图 2－1）。

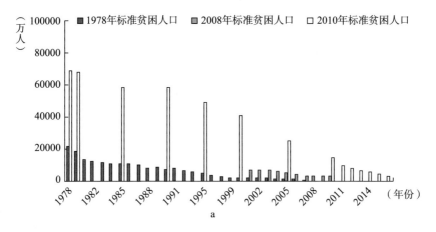

---

① 1998 年前，国家统计局对农村贫困人口的估计依据的是农民人均纯收入指标。1998 年开始，依据的是收入和消费双重指标，贫困人口需要满足两个条件中的一个，即收入低于贫困线同时消费支出也低于 1.5 倍贫困线，或者消费低于贫困线同时收入低于 1.5 倍贫困线。

② 中国的乡村人口有两种统计方式，一是根据户籍统计，二是根据常住地统计。由于存在大量的农村向城镇的人口流动，根据户籍统计的乡村人口数高于按常住地统计的乡村人口数。国家统计局估计的贫困发生率根据户籍人口计算。

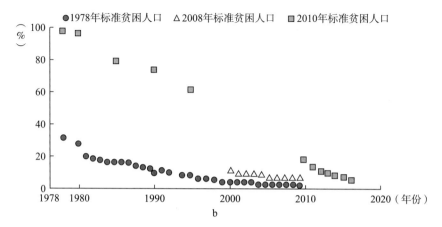

图 2 - 1 改革开放以来不同标准下中国农村贫困人口和贫困发生率变化趋势

当然，按官方现行贫困标准估计的贫困人口年均下降速度在不同时期、不同标准下差异较大。其中，贫困人口年均下降速度最低的仅有 0.65%，最高的达到 26.13%。而且由于许多地方政府财力有限，所定贫困标准很低，扶贫覆盖面不大，有相当一部分贫困人口得不到扶持。

（二）"十二五"期间中国农村居民贫困和不平等状况

（1）"十二五"期间中国农村居民贫困状况

"十二五"期间，中国现行标准下农村贫困人口从 2011 年的 1.22 亿人减少到 2015 年的 5600 万人，共减少 0.66 亿人；相应地，贫困发生率从 12.7% 下降至 5.7%，降幅达 7 个百分点。按照国际每人每天 1.9 美元（购买力平价）的贫困标准，中国农村贫困人口从 2011 年的 1.03 亿人（贫困发生率为 15.4%）减少到 2013 年的 2100 万人（贫困发生率为 3.4%），年均减少 4100 万人（贫困发生率平均下降 6 个百分点）；在国际每人每天 3.1 美元的贫困标准下，中国农村贫困人口从 2011 年的 2.73 亿人（贫困发生率为 41.1%）减少到 2013 年的 1.26 亿人（贫困发生率为 19.8%），年均减少 7350 万人（贫困发生率平均下降近 11 个百分点）。具体情况参见图 2 - 2。

（2）"十二五"期间中国农村居民不平等状况

"十二五"期间，中国农民人均可支配收入有较大幅度增长。按全

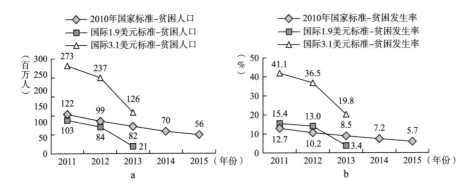

图 2 - 2 "十二五"期间不同标准下中国农村贫困人口及贫困
发生率变化状况

国农户收入五等分划分,高收入户人均可支配收入从 2011 年的 16783.1 元增至 2015 年的 26013.9 元,增幅为 9230.8 元,年均增长率约为 11.58%;中等偏上收入户人均可支配收入从 2011 年的 8893.6 元增至 2015 年的 14537.3 元,增幅为 5643.7 元,年均增长率约为 13.07%;中等收入户人均可支配收入从 2011 年的 6207.7 元增至 2015 年的 10310.6 元,增幅为 4102.9 元,年均增长率约为 13.52%;中等偏下收入户人均可支配收入从 2011 年的 4255.7 元增至 2015 年的 7220.9 元,增幅为 2965.2 元,年均增长率约为 14.13%;低收入户人均可支配收入从 2011 年的 2000.5 元增至 2015 年的 3085.6 元,增幅为 1085.1 元,年均增长率约为 11.44%(见图 2 - 3)。其中,高收入农户人均可支配收入增幅最大,中等偏上收入户次之,中等偏下收入户增幅最小;中等偏下收入户的人均可支配收入增速最快,中等收入户次之,中等偏上收入户第三,低收入户增速最慢。

然而与此同时,中国农村居民的收入不平等程度总体上呈现不断上升趋势。分不同群体两两比较来看:高收入户与低收入户间人均可支配收入差距扩大速度最快,高收入户与中等收入户间人均可支配收入差距次之,中等收入户与中等偏下收入户间人均可支配收入差距扩大速度最慢。此外,中等偏下收入户与低收入户、中等收入户与中等偏下收入户、中等偏上收入户与中等偏下收入户、中等偏上收入户与中等收入户以及高收入户与低收入户 5 对农户群体间人均可支配收入

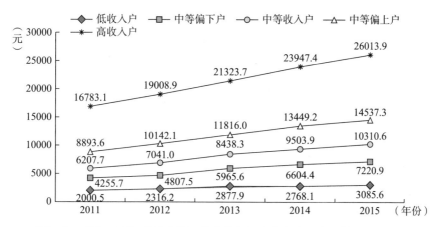

图 2 - 3　"十二五"期间中国五等分收入组农户人均可支配收入增长趋势

之比均呈缩小之势；与之相反，中等收入户与低收入户、中等偏上收入户与低收入户、高收入户与中等偏上收入户、高收入户与中等收入户以及高收入户与中等偏下收入户 5 对农户群体间人均可支配收入之比均呈扩大之势。

按东、中、西部及东北地区划分，东部地区农户人均可支配收入从 2011 年的 9585 元增至 2015 年的 14297.4 元，增幅为 4712.4 元，年均增长 10.55%；东北地区农户人均可支配收入从 2011 年的 7790.6 元增至 2015 年的 11490.1 元，增幅为 3699.5 元，年均增长 10.2%；中部地区农户人均可支配收入从 2011 年的 7435.2 元增至 2015 年的 10919 元，增幅为 3483.8 元，年均增长 10.08%；西部地区中等收入户人均可支配收入从 2011 年的 5246.7 元增至 2015 年的 9093.4 元，增幅为 3846.7 元，年均增长 6.8%。其中，西部地区农户人均可支配收入增速最快，东部地区农户次之，东北地区农户第三，中部地区农户增速最慢（见图 2 - 4）。

收入不平等不仅存在于群体之间，在区域层面的差异亦然。将地区作为分析对象是很多关于中国农村收入不平等的研究基础。从图 2 - 5 可知，2011～2015 年，西部地区与东北地区间农户人均可支配收入差距呈波动式变化（或拉大或缩小），但总体有缩小之势（差距从 2011 年的 2543.9 元缩小至 2015 的 2396.7 元）；中部地区与东北地区间农户人均可支配收入的差距呈波动上升趋势，即从 2011 年的 355.4 元扩大至 2015 的 571.1 元；

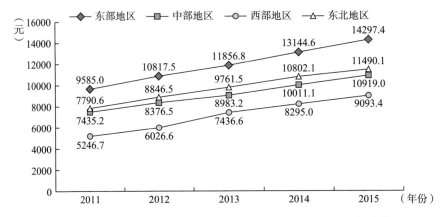

图 2-4　"十二五"期间不同地区农户人均可支配收入增长趋势

同样，东部地区与东北地区间农户人均可支配收入差距不断拉大，由 2011 年的 1794.4 元扩大至 2015 的 2807.3 元；中、西部地区间农户人均可支配收入差距呈波动式下降之势，即从 2011 年的 2188.5 元缩小至 2015 的 1825.6 元；相反，东、西部地区间农户人均可支配收入差距呈波动式上升之势，从 2011 年的 4338.3 元扩大至 2015 的 5204 元；东、中部地区间农户人均可支配收入差距逐年拉大，年均拉大 4.65%。

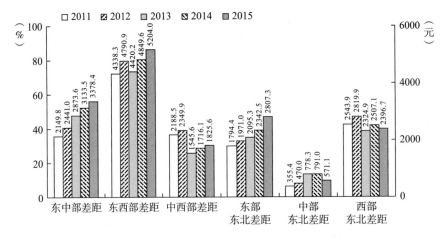

图 2-5　"十二五"期间不同地区农户人均可支配收入差距变化

（三）2015 年农村贫困状况——收入与消费视角

考虑到中国现行扶贫标准总体上偏低，本项研究分别选择了三个不同的贫困标准：一是国家扶贫标准（2015年每年人均2855元）；二是世界银行提出的每人每天消费3.1美元的国际贫困标准；三是农村相对贫困标准，以2015年农村居民人均可支配收入中位数（为10291元）的一半为标准，即 10291×0.5＝5145.5元。

（1）农村贫困人口的区域分布

①农村收入贫困或消费贫困单维视角分析

从收入单一维度考察，在国家扶贫标准下，中国农村收入贫困发生率为6.39%，其中，东北地区农村收入贫困发生率最高（达9.31%），西部地区次之（7.23%），中部地区再次之（4.94%），东部地区最低，仅为1.74%。在国际贫困标准下，中国农村收入贫困发生率为10.96%，其中，西部地区农村收入贫困发生率最高（达13.85%），东北地区次之（11.40%），中部地区再次之（8.00%），东部地区最低，为2.47%。在农村相对贫困标准下，中国农村收入贫困发生率为19.14%，其中，西部地区农村收入贫困发生率最高（达24.61%），东北地区次之（17.69%），中部地区再次之（12.99%），东部地区最低，为5.50%。就区域比较而言，中国西部地区和东北地区农村收入贫困发生率相对最高。

从消费单一维度分析，在国家扶贫标准下，中国农村消费贫困发生率为9.31%，其中，西部地区农村消费贫困发生率最高（达10.59%），中部地区次之（7.02%），东北地区再次之（5.50%），东部地区最低，仅为2.57%。在国际贫困标准下，中国农村消费贫困发生率为20.58%，其中，西部地区农村消费贫困发生率最高（达23.82%），中部地区次之（16.50%）；东北地区再次之（16.25%），东部地区最低，为6.42%。在农村相对贫困标准下，中国农村消费贫困发生率为37.66%，其中，西部地区农村消费贫困发生率最高（达41.73%）。东北地区次之（35.12%），中部地区再次之（32.76%），东部地区最低，为14.76%。同样，就区域比较而言，中国西部地区农村消费贫困发生率最高。

综上，就收入贫困与消费贫困比较而言（见表2-4），三种贫困标准下中国及其四大区域的农村消费贫困发生率基本都高于其收入贫困发生率。

表 2-4　不同贫困标准下中国农村贫困发生率的区域分布

单位：%

	全国	东部地区	中部地区	西部地区	东北地区
收入贫困发生率－国家扶贫标准	6.39	1.74	4.94	7.23	9.31
收入贫困发生率－国际贫困标准	10.96	2.47	8.00	13.85	11.40
收入贫困发生率－农村相对贫困标准	19.14	5.50	12.99	24.61	17.69
消费贫困发生率－国家扶贫标准	9.31	2.57	7.02	10.59	5.50
消费贫困发生率－国际贫困标准	20.58	6.42	16.50	23.82	16.25
消费贫困发生率－农村相对贫困标准	37.66	14.76	32.76	41.73	35.12

②农村收入与消费联合贫困二维视角分析

根据居民人均纯收入与人均生活消费支出是否同时低于贫困标准，可将贫困区分为选择性贫困、次级贫困和双重贫困。其中，选择性贫困（Selective Poverty）是指有少部分居民尽管有高于贫困标准的收入，但是出于对子女教育、建造新房、治病养老以及预防其他不确定性事件等多方面考虑而不得不选择将现有消费水平控制在贫困标准以下（李实等，2002；王增文等，2014）。这类贫困人口包括脆弱性农户（家庭收入水平在贫困线附近的低收入、易返贫群体）和非贫困户或假贫困户（高收入、低消费的农户）。次级贫困（Secondary Poverty）是指人们当期收入低于贫困标准但消费却高于贫困标准的情形（朗特里，1901），其原因主要是遭遇风险冲击，当然也可能出于消费惯性、有预期收入和为某特殊支出需要而借贷消费等其他原因，所以这种贫困的发生更大程度上取决于风险冲击的类型、大小和农户抵御风险的能力及其风险管理策略。双重贫困（Double Poverty）是指人们在某一特定时点上的收入与消费都低于预设贫困标准的状况，往往取决于农户家庭的可行能力，如资产与教育等。

以上三种贫困类型划分的意义在于辨别农村贫困的差异，以利于反贫政策"对症下药"。这是因为：次级贫困和选择性贫困都有可能是暂时贫困或"伪贫困"，人们可在短期内通过外部扶持和自身努力而快速摘去贫困帽子；双重贫困则是"真贫困"，属于这种贫困的居民，若无外力扶助，想走出贫困陷阱将困难重重。

基于以上分析，分别以国家扶贫标准、国际贫困标准、农村相对贫困标准对上述三种贫困类型贫困发生率进行测算。从表2-5中可看出，在不同贫困标准线下，农户的双重贫困发生率、次级贫困发生率、选择性贫困发生率及其区域差异性有所不同。

第一，在国家扶贫标准下，就贫困类型比较而言，中国农村选择性贫困发生率最高；就四大区域比较而言，中部地区农村双重贫困发生率最高，西部地区农村选择性贫困发生率最高，东北地区农村次级贫困发生率最高；就不同区域内贫困类型比较而言，东、中、西部地区均以选择性贫困为主，而东北地区以次级贫困为主。据统计，中国农村次级贫困发生率为4.07%，其中，东北地区农村次级贫困发生率最高（达8.26%），西部地区次之（5.38%），中部地区再次之（2.37%），东部地区最低，只有1.56%。中国农村选择性贫困发生率为5.66%，其中，西部地区农村选择性贫困发生率最高（达8.73%），东北、中部地区次之（分别为4.46%、4.45%），东部地区最低，仅为2.38%。中国农村双重贫困发生率为1.69%，其中，中部地区农村双重贫困发生率最高（达2.57%），西部地区次之（1.85%），东北地区再次之（1.05%），东部地区最低，只有0.18%。

第二，在国际贫困标准下，就贫困类型比较而言，中国农村选择性贫困发生率最高；就四大区域比较而言，西部地区农村双重贫困发生率和选择性贫困发生率均最高，东北地区农村次级贫困发生率最高；就不同区域内贫困类型比较而言，东、中、西部及东北地区农村均以选择性贫困为主。据统计，中国农村次级贫困发生率为5.39%，其中，东北地区农村次级贫困发生率最高（8.65%），西部地区次之（7.85%），中部地区再次之（3.21%），东部地区最低，只有2.02%。中国农村选择性贫困发生率为13.17%，其中，西部地区农村选择性贫困发生率最高（达17.82%），东北、中部地区次之（分别为13.50%、11.71%），东部地区最低，仅为5.96%。中国农村双重贫困发生率为4.21%，其中，西部地区农村双重贫困发生率最高（6.00%），中部地区次之（4.79%），东北地区再次之（2.75%），东部地区最低，只有0.46%。

第三，在农村相对贫困标准下，就贫困类型比较而言，中国农村选择性贫困发生率最高；就四大区域比较而言，西部地区农村双重贫困发生率、选择性贫困发生率和次级贫困发生率均最高；就不同区域内贫困类型比较而言，东、中、西部及东北地区农村均以选择性贫困为主。据统计，中国农村次级贫困发生率为 6.33%，其中，西部地区农村次级贫困发生率最高（9.66%），东北地区次之（7.99%），中部地区再次之（3.85%），东部地区最低，为 2.84%。中国农村选择性贫困发生率为22.96%，其中，西部地区农村选择性贫困发生率最高（达 26.78%），东北、中部地区次之（分别为 25.43%、23.62%），东部地区最低，为2.10%。中国农村双重贫困发生率为 10.20%，其中，西部地区农村双重贫困发生率最高（14.95%），东北、中部地区次之（分别为 9.70%、9.14%），东部地区最低，为 2.66%。

表 2-5 不同贫困标准下中国农村收入与消费交叉组合贫困发生率

单位：%

贫困标准	贫困类型	全国	东部地区	中部地区	西部地区	东北地区
国家扶贫标准	选择性贫困	5.66	2.38	4.45	8.73	4.46
	次级贫困	4.07	1.56	2.37	5.38	8.26
	双重贫困	1.69	0.18	2.57	1.85	1.05
国际贫困标准	选择性贫困	13.17	5.96	11.71	17.82	13.50
	次级贫困	5.39	2.02	3.21	7.85	8.65
	双重贫困	4.21	0.46	4.79	6.00	2.75
农村相对贫困标准	选择性贫困	22.96	2.10	23.62	26.78	25.43
	次级贫困	6.33	2.84	3.85	9.66	7.99
	双重贫困	10.20	2.66	9.14	14.95	9.70

注：选择性贫困是指消费贫困但收入不贫困；次级贫困是指收入贫困但消费不贫困；双重贫困是指收入、消费均贫困。

（2）农村贫困户的性别结构、扶养负担及成员健康

在不同区域和贫困标准下，中国农村贫困户在性别结构、扶养负担及成员健康等方面的表现特征各异，具体结果如表 2-6 所示。

表 2 - 6　中国农村贫困户的特殊人口特征

单位：%

贫困标准	区域	女性比例	16 岁及以下儿童比例	60 岁及以上老人比例	生活不能自理者比例
收入贫困－国家扶贫标准	全国	49.30	22.46	15.41	0.84
	东部地区	57.68	11.48	28.40	2.96
	中部地区	48.67	25.44	18.28	0.97
	西部地区	50.27	23.82	11.13	0.34
	东北地区	44.37	15.19	19.42	1.51
收入贫困－国际贫困标准	全国	49.92	21.94	17.68	0.81
	东部地区	58.58	17.26	28.84	1.78
	中部地区	48.84	26.68	22.25	0.82
	西部地区	50.20	21.33	13.48	0.65
	东北地区	47.17	14.18	22.79	1.25
收入贫困－农村相对贫困标准	全国	49.39	22.18	18.10	0.74
	东部地区	55.11	16.72	35.74	1.28
	中部地区	48.09	28.46	22.15	0.71
	西部地区	49.63	21.72	12.65	0.67
	东北地区	47.06	11.33	27.10	0.82
消费贫困－国家扶贫标准	全国	48.78	21.08	20.58	0.67
	东部地区	51.23	9.00	49.84	0.00
	中部地区	47.49	24.55	20.93	0.86
	西部地区	49.18	22.49	15.44	0.41
	东北地区	49.03	4.64	29.39	2.70
消费贫困－国际贫困标准	全国	49.03	20.78	20.89	0.67
	东部地区	50.63	16.44	37.93	0.48
	中部地区	48.04	25.19	23.59	0.60
	西部地区	49.35	20.68	15.39	0.55
	东北地区	49.04	9.00	29.35	1.86
消费贫困－农村相对贫困标准	全国	49.36	20.44	21.05	0.75
	东部地区	51.86	15.31	34.56	0.85
	中部地区	48.77	25.61	23.44	0.74
	西部地区	49.25	20.09	15.28	0.68
	东北地区	48.97	10.55	25.70	1.01

农村贫困户的性别结构。从收入视角考察，在三种贫困标准下，中国农村收入贫困户中女性比例在49.30%~49.92%。其中，东部地区农村收入贫困户中女性比例最高，在55.11%~58.58%；西部、中部地区次之，东北地区最低（44.37%~47.17%）。从消费视角分析，在三种贫困标准下，中国农村消费贫困户中女性比例在48.78%~49.36%。其中，东部地区农村消费贫困户中女性比例最高，在50.63%~51.86%，西部和东北地区次之，中部地区最低（47.49%~48.77%）。综合比较而言，农村收入贫困户中女性比例平均略高于消费贫困户，贫困农户中女性比例的区域差异性明显。

农村贫困户的扶养负担。从收入视角考察，在三种贫困标准下，中国农村收入贫困户中16岁及以下儿童比例、60岁及以上老人比例分别在21.94%~22.46%和15.41%~18.10%。其中，中部地区农村收入贫困户中16岁及以下儿童比例最高，在25.44%~28.46%；西部地区次之（21.33%~23.82%），东部和东北地区相对较低，分别在11.48%~17.26%和11.33%~15.19%；东部地区农村收入贫困户中60岁及以上老人比例最高，在28.40%~35.74%；东北、中部地区次之，西部地区最低（11.13%~13.48%）。由此可见，中国农村收入贫困户的儿童扶养负担重于其老人扶养负担；而且相较其他地区，中部地区农村收入贫困户的儿童扶养负担最重，东部地区农村收入贫困户的老人扶养负担最重（西部地区最轻）。从消费视角分析，在三种贫困标准下，中国农村消费贫困户中16岁及以下儿童比例、60岁及以上老人比例分别在20.44%~21.08%和20.58%~21.05%。其中，中部地区农村消费贫困户中16岁及以下儿童比例最高，在24.55%~25.61%，西部和东部地区次之，东北地区最低（4.64%~10.55%）；东部地区农村消费贫困户中60岁及以上老人比例最高，在34.56%~49.84%，东北和中部地区次之，西部地区最低（15.28%~15.44%）。据此可见，中国农村消费贫困户的儿童扶养负担与老人扶养负担相当；而且相较其他地区，中部地区农村消费贫困户的儿童扶养负担最重（东北地区最轻），东部地区农村消费贫困户的老人扶养负担最重（西部地区最轻）。此外，从收入与消费两维度比较可知，中国农村消费贫困户中老人扶养负担略重于农村收入贫困户。

农村贫困户的成员健康。从收入视角考察，在三种贫困标准下，中国农村收入贫困户中生活不能自理者比例在 0.74% ~0.84%。其中，东部地区农村收入贫困户中生活不能自理者比例最高，在 1.28% ~2.96%；东北、中部地区次之，西部地区最低（在 0.34% ~0.67%）。从消费视角分析，在三种贫困标准下，中国农村消费贫困户中生活不能自理者比例在 0.67% ~0.75%。其中，东北地区农村消费贫困户中生活不能自理者比例最大，在 1.01% ~2.70%；东部地区只在国家扶贫标准和国际贫困标准下的农村消费贫困户中生活不能自理者比例最小（分别为 0、0.48%）；而西部地区仅在农村相对贫困标准下的农村消费贫困户中生活不能自理者比例最小（为 0.68%）。以上说明相比其他地区，东部地区农村收入贫困户的健康负担最重，而东北地区农村消费贫困户的健康负担最重。

（3）农村贫困人口的年龄分布

①农村收入贫困人口的年龄分布

从收入视角考察，中国农村收入贫困在年龄维度上存在明显的区域差异性且在不同贫困标准下变动极小：中国农村收入贫困总体呈"少儿收入贫困"特征，东部地区农村收入贫困主要表现为"中老年收入贫困"，中部地区农村收入贫困主要表现为"老年、少儿收入贫困"，西部地区农村收入贫困主要表现为"少儿收入贫困"，东北地区农村收入贫困主要表现为"中老年收入贫困"。如表2-7所示。

表2-7　中国农村收入贫困人口年龄结构及区域分布

单位：%

贫困标准	区域	15 岁及以下	16~29 岁	30~40 岁	41~50 岁	51~60 岁	61 岁及以上
国家扶贫标准	全国	22.46	15.33	13.56	17.26	15.99	15.41
	东部地区	11.48	6.06	8.66	17.94	27.46	28.40
	中部地区	25.44	16.36	7.67	16.17	16.08	18.28
	西部地区	23.82	17.75	16.95	17.23	13.12	11.13
	东北地区	15.19	7.95	16.31	19.48	21.65	19.42

贫困标准	区域	15岁及以下	16~29岁	30~40岁	41~50岁	51~60岁	61岁及以上
国际贫困标准	全国	21.94	15.59	13.48	17.19	14.13	17.68
	东部地区	17.26	6.92	9.49	14.03	23.46	28.84
	中部地区	26.68	14.35	7.54	15.36	13.82	22.25
	西部地区	21.33	18.19	16.35	18.09	12.56	13.48
	东北地区	14.18	8.74	16.11	18.88	19.29	22.79
农村相对贫困标准	全国	22.18	16.05	13.32	15.94	14.40	18.10
	东部地区	16.72	12.65	8.57	15.02	11.30	35.74
	中部地区	28.46	13.69	8.06	14.39	13.25	22.15
	西部地区	21.72	18.43	16.13	16.66	14.41	12.65
	东北地区	11.33	10.48	14.35	16.58	20.15	27.10

总的来看，第一，在国家扶贫标准下，中国农村收入贫困人口中15岁及以下者所占比重最大，达22.46%，其次依序为41~50岁者（占17.26%）、51~60岁者、61岁及以上者和16~29岁者，30~40岁者所占比重最低（13.56%），这说明中国农村收入贫困总体呈"少儿收入贫困"特征。其中，东部地区农村收入贫困人口主要集中在51~60岁和61岁及以上，这两类群体所占比重分别为27.46%和28.40%，加总超过一半（55.86%），属于典型的"中老年收入贫困"；中部地区农村收入贫困人口中30~40岁者所占比重最小，仅为7.67%，远远低于其他五个年龄段的贫困群体，因此可视之为"老年、少儿收入贫困"；西部地区农村收入贫困人口中15岁及以下者所占比重远大于其他年龄段贫困群体，高达23.82%，这意味着该地区农村收入贫困主要表现为"少儿收入贫困"；东北地区农村收入贫困人口多集中在41~50岁、51~60岁和61岁及以上，这三类群体所占比重分别为19.48%、21.65%和19.42%，可见，该地区农村收入贫困主要表现为"中老年收入贫困"。

第二，在国际贫困标准下，中国农村收入贫困人口中15岁及以下者所占比重最大，达21.94%，其次依序为61岁及以上者（17.68%）、41~50岁者、16~29岁者和51~60岁者，30~40岁者所占比重最低（13.48%），这说明中国农村收入贫困总体仍表现为"少儿收入贫困"。其中，东部地区农村收入贫困人口同样集中在 51~60 岁和 61 岁及以上，这两类群体所占比重分别为 23.46% 和 28.84%，相加之和达 52.30%，亦属于"中老年收入贫困"；中部地区农村收入贫困人口中 15 岁及以下者和 61 岁及以上者所占比重最大，分别为 26.68% 和 22.25%，远高于其他四个年龄段的贫困群体，据此可称为"老年、少儿收入贫困"；西部地区农村收入贫困人口中 15 岁及以下者所占比重为 21.33%，均大于其他年龄段贫困群体，因而该地区农村收入贫困主要表现为"少儿收入贫困"；东北地区农村收入贫困人口中 41~50 岁、51~60 岁和 61 岁及以上者所占比重较大，分别高达 18.88%、19.29% 和 22.79%，表明该地区农村收入贫困主要表现为"中老年收入贫困"。

　　第三，在农村相对贫困标准下，中国农村收入贫困人口中 15 岁及以下者所占比重最大，达 22.18%，其次是 61 岁及以上者（18.10%），再次依序是 16~29 岁者、41~50 岁者和 51~60 岁者，30~40 岁者所占比重最低（13.32%），可见中国农村收入贫困总体虽仍表现为"少儿收入贫困"，但同时"老年收入贫困"凸显。其中，东部地区农村收入贫困人口中 61 岁及以上者所占比重为 35.74%，远远高于其他年龄段贫困群体，该地区农村"老年收入贫困"最为明显；中部地区农村收入贫困人口中 15 岁及以下者和 61 岁及以上者所占比重最大，分别为 28.46% 和 22.15%，同样高于其他四个年龄段的贫困群体，因而该地区农村收入贫困主要表现为"老年、少儿收入贫困"；西部地区农村收入贫困人口中 15 岁及以下者所占比重最大，为 21.72%，说明该地区农村收入贫困主要呈"少儿收入贫困"特征；东北地区农村收入贫困人口中 51~60 岁和 61 岁及以上者所占比重较大，分别高达 20.15% 和 27.10%，因此该地区农村收入贫困主要表现为"中老年收入贫困"。

　　②农村消费贫困人口的年龄分布

　　从消费视角分析，中国农村消费贫困在年龄维度上区域差异明显且在不同贫困标准下比较稳定：中国农村消费贫困总体呈"老年、少儿消费贫困"特征，东部地区农村消费贫困主要表现为"老年消费贫困"，中部地区农村消费贫困主要表现为"老年、少儿消费贫困",西部地区农村消费贫困主要表现为"青少儿消费贫困",东北地区农村消费贫困主要表现为"中老年消费贫困"。如表2-8所示。

表2-8　中国农村消费贫困人口年龄结构及区域分布

单位:%

贫困标准	区域	15岁及以下	16~29岁	30~40岁	41~50岁	51~60岁	61岁及以上
国家扶贫标准	全国	21.08	17.80	12.70	14.96	12.89	20.58
	东部地区	9.00	14.20	8.40	13.27	5.30	49.84
	中部地区	24.55	17.21	10.70	14.36	12.25	20.93
	西部地区	22.49	18.80	15.19	14.78	13.30	15.44
	东北地区	4.64	16.24	6.27	21.73	21.73	29.39
国际贫困标准	全国	20.78	15.89	12.55	14.98	14.91	20.89
	东部地区	16.44	13.16	8.44	10.57	13.45	37.93
	中部地区	25.19	13.89	9.28	13.63	14.42	23.59
	西部地区	20.68	18.27	15.40	15.94	14.31	15.39
	东北地区	9.00	10.65	10.46	18.36	22.17	29.35
农村相对贫困标准	全国	20.44	15.35	12.22	14.86	16.08	21.05
	东部地区	15.31	13.26	9.40	9.68	17.79	34.56
	中部地区	25.61	13.17	9.46	13.10	15.21	23.44
	西部地区	20.09	18.25	14.94	16.40	15.03	15.28
	东北地区	10.55	10.81	11.44	19.31	22.19	25.70

总的来看,其一,在国家扶贫标准下,中国农村消费贫困人口中15岁及以下者所占比重最大(21.08%),其次为61岁及以上者(20.58%),再次依序是16~29岁者(17.80%)和41~50岁者(14.96%),而51~60岁者和30~40岁者所占比重相当且相对最低(分别为12.89%、12.70%),这表明中国农村消费贫困总体呈"老年、少儿消费贫困"特征。其中,东部地区农村消费贫困人口中61岁及以上者所占比重高达49.84%,主要表现为重度"老年消费贫困";中部地区农村消费贫困人口中15岁及以下和61岁及以上者所占比重最大,依序为24.55%和20.93%,说明该地区农村

消费贫困主要表现为"老年、少儿消费贫困";西部地区农村消费贫困人口中15岁及以下和16~29岁者所占比重最大,分别为22.49%和18.80%,因此属于"青少儿消费贫困";东北地区农村消费贫困人口主要集中在41~50岁、51~60岁和61岁及以上,此三类群体所占比重依次为21.73%、21.73%、29.39%,由此可见该地区农村消费贫困主要表现为"中老年消费贫困"。

其二,在国际贫困标准下,中国农村消费贫困人口中61岁及以上者所占比重最大(20.89%),其次为15岁及以下者(20.78%),再次依序是16~29岁者(15.89%)、41~50岁者和51~60岁者,30~40岁所占比重最低(12.55%),可见中国农村消费贫困总体呈"老年、少儿消费贫困"特征。其中,东部地区农村消费贫困人口中61岁及以上者所占比重达37.93%,属于中度"老年消费贫困";中部地区农村消费贫困人口中15岁及以下和61岁及以上者所占比重最大,依序为25.19%和23.59%,这意味着该地区农村消费贫困主要表现为"老年、少儿消费贫困";西部地区农村消费贫困人口中15岁及以下和16~29岁者所占比重最大,依次为20.68%和18.27%,因此属于"青少儿消费贫困";东北地区农村消费贫困人口多集中在41~50岁、51~60岁和61岁及以上,以上群体所占比重依次为18.36%、22.17%以及29.35%,因而该地区农村消费贫困主要表现为"中老年消费贫困"。

其三,在农村相对贫困标准下,中国农村消费贫困人口中61岁及以上者所占比重最大(21.05%),其次为15岁及以下者(20.44%),再次依序是51~60岁者(16.08%)、16~29岁者和41~50岁者,30~40岁所占比重最低(12.22%),这说明中国农村消费贫困总体呈"老年、少儿消费贫困"。其中,东部地区农村消费贫困人口中61岁及以上者所占比重达34.56%,同样主要表现为中度"老年消费贫困";中部地区农村消费贫困人口中15岁及以下和61岁及以上者所占比重最大,依序为25.61%和23.44%,这表明该地区农村消费贫困主要表现为"老年、少儿消费贫困";西部地区农村消费贫困人口中15岁及以下和16~29岁者所占比重最大,依次为20.09%和18.25%,可见该地区农村消费贫困主要表现为"青少儿消费贫困";东北地区农村消费贫困人口仍集中在 41~50 岁、51~60 岁和 61 岁及以上,这些群体所占比重分别为 19.31%、22.19%、25.70%,由此说明该地区农村消费贫困主要表现为"中老年消费贫困"。

(四) 2015 年农村多维贫困状况

(1) 农村多维贫困指标中单一维度下的贫困状况

从多维视角来看,中国农村贫困主要体现在卫生厕所、炊用能源、沐浴设施、资产数量以及通信等方面(按贫困程度由重至轻排序,下同)。其中,东部地区农村贫困主要体现在卫生厕所、炊用能源、资产数量和通信等方面,中部地区农村贫困主要体现在炊用能源、卫生厕所、资产数量、沐浴设施以及通信等方面,西部地区农村贫困主要体现在卫生厕所、炊用能源、通信以及沐浴设施等方面;东北地区农村贫困主要体现在卫生厕所、炊用能源、沐浴设施以及资产数量等方面。具体如表 2-9 所示。

总的来看,第一,在国家扶贫标准、国际贫困标准以及农村相对贫困标准下,从教育、健康和生活条件三个维度考察,中国农村收入或消费贫困人口中卫生厕所贫困者所占比重最大,在 71.76%~77.74%,其次为炊用能源贫困者(60.92%~72.76%),再次依序为沐浴设施贫困者(49.15%~57.46%)、通信贫困者(46.50%~60.43%)以及资产数量贫困者(46.24%~52.24%)等,此外,住房条件贫困者所占比重最低(10.20%~15.85%),这说明中国农村收入或消费贫困在多个维度上主要体现在卫生厕所、炊用能源、沐浴设施、资产数量以及通信等方面。

第二,在前述三种贫困标准和教育、健康和生活条件三个维度下,东部地区农村收入或消费贫困人口中卫生厕所贫困者(28.02%~62.49%)、炊用能源贫困者(32.41%~58.74%)、资产数量贫困者(16.69%~33.74%)、通信贫困者(11.16%~28.88%)以及户外路面贫困者(11.82%~22.18%)等所占比重相对最大,而住房条件贫困者所占比重最低(0~0.32%),这说明东部地区农村收入或消费贫困在多个维度上主要体现在卫生厕所、炊用能源、资产数量和通信等方面。

第三,同理,中部地区农村收入或消费贫困人口中炊用能源贫困者(58.94%~74.54%)、卫生厕所贫困者(58.01%~67.52%)、资产数量贫困者（50.24%～61.35%）、沐浴设施贫困者（49.20%～59.87%）以及通信贫困者（41.60%～50.01%）等所占比重相对较大，而住房条件贫困者所占比重最低（0～2.00%），这意味着中部地区农村收入或消费贫困在多个维度上主要体现在炊用能源、卫生厕所、资产数量、沐浴设施以及通信等方面。

第四，同上，西部地区农村收入或消费贫困人口中卫生厕所贫困者（82.75%～84.83%）、炊用能源贫困者（64.81%～73.73%）、通信贫困者（58.89%～74.04%）以及沐浴设施贫困者（53.10%～60.14%）等所占比重相对较大，而住房条件贫困者所占比重最低（20.26%～29.19%），这意味着西部地区农村收入或消费贫困在多个维度上主要体现在卫生厕所、炊用能源、通信以及沐浴设施等方面。

第五，东北地区农村收入或消费贫困人口中卫生厕所贫困者（83.34%～96.00%）、炊用能源贫困者（75.83%～89.63%）、沐浴设施贫困者（65.35%～89.26%）以及资产数量贫困者（43.85%～71.40%）等所占比重相对较大，而住房条件贫困者所占比重最低（0～1.01%），这表明东北地区农村收入或消费贫困在多个维度上主要体现在卫生厕所、炊用能源、沐浴设施以及资产数量等方面。

表 2－9　多维贫困指标中单维贫困者占农村收入或消费贫困人口的比重

单位：%

贫困标准	维度	指标	全国	东部地区	中部地区	西部地区	东北地区
收入贫困－国家扶贫标准	教育	受教育情况	16.71	18.20	13.51	22.30	3.81
	健康	健康状况	13.13	2.96	19.33	10.49	12.40
	生活条件	住房条件	12.85	0.00	1.65	24.91	0.00
		户外路面	32.11	12.65	22.50	45.82	12.43
		饮用水	18.54	6.37	7.30	26.02	21.33
		卫生厕所	75.14	28.02	64.87	83.97	83.34
		沐浴设施	57.46	6.09	57.83	60.14	65.35
		炊用能源	66.28	58.74	64.64	64.81	77.57
		资产数量	51.87	31.73	61.35	50.30	43.85
		通信	46.50	28.88	46.35	58.89	10.27

续表

贫困标准	维度	指标	全国	东部地区	中部地区	西部地区	东北地区
收入贫困－国际贫困标准	教育	受教育情况	19.33	21.57	12.51	25.27	4.38
	健康	健康状况	14.73	1.78	17.93	14.47	13.43
	生活条件	住房条件	15.10	0.00	2.00	25.74	0.00
		户外路面	32.35	22.18	21.33	42.37	12.46
		饮用水	20.41	10.42	5.94	28.44	21.29
		卫生厕所	76.59	35.04	64.81	84.83	84.00
		沐浴设施	55.28	7.30	56.54	56.85	66.15
		炊用能源	65.66	53.46	60.89	67.13	76.80
		资产数量	49.06	29.27	54.14	48.39	48.01
		通信	51.83	20.95	45.61	64.66	12.70
收入贫困－农村相对贫困标准	教育	受教育情况	18.68	20.16	16.19	21.31	7.99
	健康	健康状况	13.35	5.94	18.41	12.19	12.07
	生活条件	住房条件	15.74	0.00	1.53	26.62	0.00
		户外路面	32.71	17.28	20.91	42.97	13.74
		饮用水	19.63	16.40	8.57	25.36	17.65
		卫生厕所	76.46	56.54	61.77	84.09	86.11
		沐浴设施	53.67	11.31	53.30	57.18	66.08
		炊用能源	64.43	48.76	62.34	65.51	76.07
		资产数量	47.01	22.36	52.05	47.05	51.84
		通信	53.00	23.53	45.72	65.82	15.91
消费贫困－国家扶贫标准	教育	受教育情况	22.52	25.33	13.97	28.88	7.73
	健康	健康状况	17.05	2.63	22.24	15.56	20.26
	生活条件	住房条件	15.85	0.00	0.00	29.19	0.00
		户外路面	32.87	12.31	20.86	45.37	9.90
		饮用水	21.99	7.12	10.60	30.64	23.24
		卫生厕所	77.74	55.65	67.52	84.81	95.69
		沐浴设施	55.97	27.18	59.87	53.81	89.26
		炊用能源	72.76	43.80	74.54	73.73	89.63
		资产数量	52.24	33.74	57.79	49.29	71.40
		通信	60.43	26.57	50.01	74.04	34.99

续表

贫困标准	维度	指标	全国	东部地区	中部地区	西部地区	东北地区
消费贫困 – 国际贫困标准	教育	受教育情况	20.50	22.34	16.79	24.67	5.46
	健康	健康状况	13.43	6.86	15.79	12.95	14.20
	生活条件	住房条件	12.08	0.00	1.30	21.91	1.01
		户外路面	31.00	13.98	23.06	41.09	12.33
		饮用水	21.51	9.34	13.69	28.25	19.52
		卫生厕所	75.65	62.49	59.65	83.88	96.00
		沐浴设施	52.58	18.61	54.73	53.35	73.78
		炊用能源	66.07	33.40	68.04	67.09	84.93
		资产数量	49.91	23.93	54.36	49.12	64.42
		通信	56.00	13.74	44.78	72.28	34.83
消费贫困 – 农村相对贫困标准	教育	受教育情况	19.32	19.07	17.28	23.50	5.89
	健康	健康状况	13.47	10.80	14.49	12.80	16.38
	生活条件	住房条件	10.20	0.32	1.81	20.26	0.47
		户外路面	27.24	11.82	20.90	37.74	14.77
		饮用水	19.08	9.32	11.73	26.46	18.92
		卫生厕所	71.76	47.29	58.01	82.75	92.71
		沐浴设施	49.15	13.13	49.20	53.10	71.36
		炊用能源	60.92	32.41	58.94	65.98	75.83
		资产数量	46.24	16.69	50.24	47.69	59.86
		通信	50.90	11.16	41.60	71.53	26.73

（2）农村多维贫困指数测度及区域比较

按照国际学界一般研究经验，通常选取 0.4 作为测度多维贫困时的贫困剥夺临界值，另为节省篇幅，仅选择 0.5 为贫困剥夺临界值以便进行对照分析。

①在贫困剥夺临界值取 0.4 时，中国农村多维贫困指数（MPI）为 0.082，多维贫困发生率（H）为 14.9%，平均剥夺程度（A）为 0.551。分区域、类型考察可知，西部地区农村多维贫困指数最大（0.115）且多维贫困发生率最高（20.3%），中部、东北地区农村依序次之，东部地区最小、最低（分别为 0.039 和 7.3%）；西部地区农村平均剥夺程度最强

（0.568），东、中部地区相同（均为 0.537），东北地区最弱（0.525）。

②在贫困剥夺临界值取 0.5 时，中国农村多维贫困指数为 0.061，多维贫困发生率为 10.1%，平均剥夺程度为 0.605。同理，分区域、类型来看，西部地区农村多维贫困指数最大（为 0.093）且多维贫困发生率最高（15.3%），东北、中部地区农村依序次之，东部地区最小、最低（分别为 0.026 和 4.3%）；西部地区农村平均剥夺程度最强（0.611），东、中部地区相当（分别为 0.608、0.603），东北地区最弱（0.572）。

此外，综合比较而言（见表 2-10），随着贫困剥夺临界值的增加，中国及其东部、中部、西部、东北地区农村的多维贫困指数、多维贫困发生率均在减少，而平均剥夺程度在变强。

表 2-10　中国农村多维贫困估计结果

剥夺临界值	类别	全国	东部地区	中部地区	西部地区	东北地区
0.4	多维贫困指数（MPI）	0.082	0.039	0.072	0.115	0.069
	贫困发生率（H）	14.9%	7.3%	13.5%	20.3%	13.2%
	平均剥夺程度（A）	0.551	0.537	0.537	0.568	0.525
0.5	多维贫困指数（MPI）	0.061	0.026	0.048	0.093	0.049
	贫困发生率（H）	10.1%	4.3%	8.0%	15.3%	8.5%
	平均剥夺程度（A）	0.605	0.608	0.603	0.611	0.572

（3）农村多维贫困指数分解及区域比较

中国农村多维贫困指数按具体指标和区域分解（如东、中、西部与东北地区），得到如表 2-11 所示结果。

①教育维度指标对农村多维贫困指数的贡献率。在分别取 0.4 与 0.5 作为贫困剥夺临界值的情况下，农户家庭成员受教育情况对中国农村多维贫困指数的贡献率为 38.7%~39.4%。其中，东部地区农户家庭成员受教育情况对农村多维贫困指数的贡献率最大（47.8%~49.7%），中、西部地区次之，东北地区最小（20.1%~20.6%）。

②健康维度指标对农村多维贫困指数的贡献率。在分别取 0.4 与 0.5 作为贫困剥夺临界值的情况下，农户家庭成员健康状况对中国农村多维贫困指数的贡献率为 29.3%~30.6%。其中，东北地区农户家庭成员健康状

况指标对农村多维贫困指数的贡献率最大（45.7% ~ 49.1%），中、东部地区次之，西部地区最小（25.2% ~ 26.2%）。

③生活条件维度指标对农村多维贫困指数的贡献率。在分别取 0.4 与 0.5 作为贫困剥夺临界值的情况下，农民生活指标总体上对中国农村多维贫困指数的贡献率为 30.0% ~ 32.1%。其中，西部地区农民生活指标总体上对农村多维贫困指数的贡献率最大（32.8% ~ 34.8%），东北、中部地区次之，东部地区最小（21.8% ~ 22.3%）。不仅如此，在生活条件维度的 8 个指标中，卫生厕所指标对中国及其四大区域农村多维贫困指数的贡献均最大，住房条件的贡献都最小。

此外，在以上三个维度中，教育维度指标对中国及其东、中、西部地区农村多维贫困指数的贡献率都最大，但对东北地区农村多维贫困指数的贡献率最小；健康维度指标对东北地区农村多维贫困指数的贡献率最大，但对西部地区农村多维贫困指数的贡献率最小；生活条件维度指标对东、中部地区农村多维贫困指数的贡献率最小。

表 2-11 中国不同区域农村多维贫困指数（MPI）按指标分解及其贡献

单位：%

区域		全国		东部地区		中部地区		西部地区		东北地区	
剥夺临界值		0.4	0.5	0.4	0.5	0.4	0.5	0.4	0.5	0.4	0.5
维度	指标	对M0的贡献率	对M0的贡献率	对M0的贡献率	对M0的贡献率	对M0的贡献率	对M0的贡献率	对M0的贡献率	对M0的贡献率	对M0的贡献率	对M0的贡献率
教育	受教育情况	39.4	38.7	49.7	47.8	40.2	40.3	41.1	39.9	20.1	20.6
健康	健康状况	30.6	29.3	27.9	30.3	32.7	31.4	26.2	25.2	49.1	45.7
生活条件	住房条件	0.9	1.1	0.1	0.1	0.2	0.3	1.6	1.8	0.0	0.0
	户外路面	2.5	3.0	2.1	2.5	1.9	2.3	3.1	3.5	1.6	2.0
	饮用水	1.7	2.0	1.9	1.9	1.2	1.2	2.1	2.4	1.4	1.9
	卫生厕所	6.2	6.2	5.9	5.1	5.6	5.7	6.5	6.4	7.1	6.9
	沐浴设施	4.8	5.1	2.8	2.9	4.8	5.0	4.7	5.0	6.9	6.8
	炊用能源	5.2	5.0	4.3	3.8	4.8	4.5	5.2	5.2	6.4	6.7

续表

区域		全国		东部地区		中部地区		西部地区		东北地区	
剥夺临界值		0.4	0.5	0.4	0.5	0.4	0.5	0.4	0.5	0.4	0.5
维度	指标	对M0的贡献率	对M0的贡献率	对M0的贡献率	对M0的贡献率	对M0的贡献率	对M0的贡献率	对M0的贡献率	对M0的贡献率	对M0的贡献率	对M0的贡献率
生活条件	资产数量	4.4	5.0	3.2	3.5	4.8	5.5	4.2	4.8	5.2	6.4
	通信	4.3	4.7	2.0	2.0	3.8	4.0	5.4	5.7	2.3	2.9
	合计	30.0	32.1	22.3	21.8	27.1	28.5	32.8	34.8	30.9	33.6

（4）不同维度下农村贫困发生率及区域比较

中国农村在10个指标上均脱贫人口占16.28%，其中，东部地区农村多维脱贫人口比重最大（43.1%），中、西部地区依序次之，东北地区最小（1.55%）。

由表2-12可知，中国农村的多维贫困可到十维。具体而言：①中国农村一维贫困（即10个指标中只有1指标处于贫困状态，以下同理）发生率为17.71%，其中，东部地区农村一维贫困发生率最高（32.29%），中、西部地区依序次之，东北地区最低（6.29%）。②中国农村二维贫困发生率为15.56%，其中，东北地区农村二维贫困发生率最高（21.21%），中、西部地区依序次之，东部地区最低（12.43%）。③中国农村三维贫困发生率为14.30%，其中，东北地区农村三维贫困发生率最高（24.78%），西、中部地区依序次之，东部地区最低（5.91%）。④中国农村四维贫困发生率为13.45%，其中，东北地区农村四维贫困发生率最高（22.09%），西、中部地区依序次之，东部地区最低（3.23%）。⑤中国农村五维贫困发生率为10.8%，其中，东北地区农村五维贫困发生率最高（16.72%），西、中部地区依序次之，东部地区最低（2.06%）。⑥中国农村六维贫困发生率为7.27%，其中，西部地区农村六维贫困发生率最高（14.15%），东北、中部地区依序次之，东部地区最低（0.76%）。⑦中国农村七维贫困发生率为3.33%，其中，西部地区农村七维贫困发生率最高（7.39%），中部、东北地区依序次之，东部地区最低（0.16%）。⑧中国农村八维贫困发生率为0.92%，其中，西部地区农村八维贫困发生率最高（2.26%），东北、中部地区依序次之，东部地区最低（0.06%）。⑨中国农村九维贫困发生率为0.30%，其中，西部地区农村九维贫困发生率为0.83%，而东部、中部及东北地区农村九维贫困发生率均为0。⑩中国农村十维贫困发生率为0.10%，其中，西部地区农村十维贫困发生率为0.27%，而东部、中部及东北地区农村十维贫困发生率均为0。

由此可见，第一，总体上中国农村"零维"贫困户占比较低，且区域差异性显著，其中东北地区农村"零维"贫困户占比不到2%；第二，贫困维数越高，中国农村贫困人口越少，相应维数的贫困发生率越低；第三，中国农村多维贫困到达的贫困维数具有一定区域差异性，其中，东、中部地区和东北地区农村的多维贫困最高均到八维，而西部地区农村的多维贫困最高到十维。

表2-12 中国农村N维贫困下人口及其比重

单位：人，%

N维贫困	全国		东部地区		中部地区		西部地区		东北地区	
	人口	比重	人口	比重	人口	比重	人口	比重	人口	比重
0	970	16.28	559	43.10	336	16.49	97	4.37	9	1.55
1	1055	17.71	419	32.29	430	21.11	202	9.13	37	6.29
2	927	15.55	161	12.43	363	17.83	305	13.77	126	21.21
3	852	14.30	77	5.91	302	14.83	353	15.9	148	24.78
4	801	13.45	42	3.23	287	14.08	366	16.51	132	22.09
5	644	10.80	27	2.06	195	9.59	342	15.42	100	16.72
6	433	7.26	10	0.76	88	4.33	314	14.15	35	5.87
7	198	3.33	2	0.16	31	1.52	164	7.39	7	1.26
8	55	0.92	1	0.06	4	0.22	50	2.26	1	0.23
9	18	0.30	0	0	0	0	18	0.83	0	0
10	6	0.10	0	0	0	0	6	0.27	0	0
合计	5959	100	1298	100	2036	100	2217	100	595	100

综上分析可知如下内容。

第一，从收入与消费单维视角对比来看，在设定的三种贫困标准下，中国及其四大区域的农村消费贫困发生率均高于农村收入贫困发生率。

第二，从收入与消费二维视角来考察，在设定的三种贫困标准下，中国及其四大区域的农村选择性贫困发生率基本都高于农村次级贫困发生率和双重贫困发生率。

第三，从多维视角来看，中国农村贫困主要体现在卫生厕所、炊用能源、沐浴设施、资产数量以及通信等方面，在不同区域以上不同维度的贫困程度略有差异。

（五）中国农村贫困人口区域分布和深度贫困地区问题

中国按官方贫困表统计的农村贫困人口，在地区间的分布很不均衡，部分地区的贫困程度还比较深。

（1）贫困人口的区域分布

过去5年中国农村贫困人口的区域分布相对比较稳定。除了东部的江苏、浙江和广东的贫困人口发生率逐渐降到0.5%以下不再公布以外，其他省的贫困人口所占份额在2012~2016年的变化不甚显著。贵州、云南和河南是全国贫困人口占比最大的三个省，见表2-13。

另外，连片特困地区是中国农村贫困人口比较集中的区域，其在全国所占比重一直在50%左右。14个片区中，贫困人口占全国比重最高的3个分别是滇黔桂石漠化区、武陵山区和乌蒙山区（见表2-14）。

表 2-13 各省（区、市）贫困人口占比

单位：%

省份	2012 年	2013 年	2014 年	2015 年	2016 年
河北省	4.41	4.44	4.56	4.32	4.34
山西省	3.63	3.62	3.83	4.00	4.29
内蒙古自治区	1.40	1.38	1.40	1.36	1.22
辽宁省	1.47	1.53	1.67	1.54	1.36
吉林省	1.04	1.08	1.15	1.24	1.31
黑龙江省	1.31	1.35	1.37	1.54	1.59
江苏省	1.07	1.15	0.87		
浙江省	0.84	0.87	0.64		

续表

省份	2012 年	2013 年	2014 年	2015 年	2016 年
安徽省	5.49	5.33	5.29	5.54	5.47
福建省	0.88	0.88	0.71	0.65	0.53
江西省	3.89	3.98	3.93	3.73	3.58
山东省	3.16	3.20	3.29	3.09	3.23
河南省	7.72	7.75	8.05	8.30	8.56
湖北省	3.99	3.92	3.86	3.87	4.06
湖南省	7.75	7.76	7.58	7.78	7.91
广东省	1.29	1.39	1.17	0.84	
广西壮族自治区	7.63	7.69	7.70	8.11	7.87
海南省	0.66	0.73	0.71	0.74	0.74
重庆市	1.64	1.69	1.70	1.58	1.04
四川省	7.31	7.30	7.25	7.17	7.06
贵州省	9.32	9.03	8.88	9.09	9.27
云南省	8.12	8.01	8.18	8.45	8.60
西藏自治区	0.86	0.87	0.87	0.86	0.78
陕西省	4.88	4.97	4.99	5.17	5.21
甘肃省	6.02	6.01	5.94	5.83	6.04
青海省	0.83	0.76	0.74	0.75	0.72
宁夏回族自治区	0.61	0.62	0.64	0.66	0.69
新疆维吾尔自治区	2.8	2.7	3.0	3.2	3.4

资料来源：国家统计局住户调查办公室：《中国农村贫困监测报告 2016》，中国统计出版社，2016。

表 2 - 14　片区贫困人口占全国比重

单位：%

片区	2011 年	2012 年	2013 年	2014 年	2015 年	2016 年
全部区	49.31	51.19	50.20	50.14	51.57	50.36
六盘山区	5.25	5.37	5.32	4.97	5.02	4.96
秦巴山区	6.66	6.91	6.78	6.33	6.21	5.91
武陵山区	6.48	6.78	6.58	6.77	6.80	6.57

片区	2011 年	2012 年	2013 年	2014 年	2015 年	2016 年
乌蒙山区	6.26	6.71	6.15	6.30	6.69	6.27
滇黔桂石漠化区	6.67	6.92	6.96	6.95	7.14	7.20
滇西边境山区	3.46	3.38	3.32	3.42	3.44	3.51
大兴安岭南麓山区	1.05	1.09	1.03	1.05	1.06	1.06
燕山 - 太行山区	1.82	1.94	2.00	2.14	2.19	2.28
吕梁山区	0.85	0.88	0.92	0.95	1.02	1.08
大别山区	5.29	5.72	5.78	5.59	6.12	5.81
罗霄山区	1.68	1.77	1.81	1.91	1.83	1.68
西藏区	0.87	0.86	0.87	0.87	0.86	0.78
四省藏区	1.68	1.63	1.42	1.47	1.58	1.57
南疆三地州	1.30	1.23	1.26	1.41	1.61	1.68

（2）深度贫困地区贫困和致贫原因的特点

由于自然、历史和社会经济条件等方面的原因，长期以来中国有部分地区的贫困程度和深度大于一般贫困地区。如 20 世纪 80 年代中期后确定的全国 18 片贫困地区、《八七扶贫攻坚计划》和《中国农村扶贫开发纲要（2001—2010 年）》中要求重点支持的老、少、边地区和《中国农村扶贫开发纲要（2011—2020 年）》确定的 14 个连片特困地区，都曾经是所在时期的深度贫困地区。在多数省（自治区、直辖市）、市、县内也都有数量不等、程度不一的相对深度贫困地区。随着中国工业化、城镇化进程的持续推进，国家区域性基础设施与社会服务的大规模改善和 30 多年扶贫开发的积极实施以及最近几年精准扶贫的攻坚拔寨，大多数原来的相对深度贫困地区的发展水平、贫困程度都得到了显著的改善。如 14 个片区的贫困发生率，从 2011 年的 29% 下降到 2016 年的 10.5%，下降的幅度与全国持平①。但是，如前一部分的分析所示，这些地区仅仅保持与全国相同或者自己过去一样的脱贫速度，无法如期实现脱贫攻坚的目标。

① 2011 年和 2016 年片区和全国平均贫困发生率之比同为 2.3∶1。

根据国家统计局的数据，到 2016 年全国 14 个片区中，还有西藏、四省藏区、南疆三地州、吕梁山区、六盘山区、乌蒙山区和滇西边境山区 7 个片区的贫困发生率高于 12%。全国建档立卡贫困监测系统数据统计，"三区三州"的 24 个市州、209 个县，2016 年底仍有贫困人口 318.54 万人，贫困发生率高达 16.7%，有 146 个县贫困发生率高于 10%，其中最高的福贡县高达 34.8%。

在多数省区内部同样有贫困深度比较高、脱贫难度比较大的地区。如贵州省①的望谟、册亨、晴隆、剑河、榕江、从江、紫云、纳雍、赫章、威宁、沿河、水城、三都、正安等 14 个县，威宁自治县石门乡、晴隆县三宝乡、从江县加勉乡、赫章县河镇乡、望谟县郊纳镇等 20 个极贫困乡镇和 2760 个贫困发生率 20% 以上的贫困村，属于其省内深度贫困地区；山东省的菏泽、临沂两个市和 20 个县、200 个乡镇、2000 个村，属于其省内脱贫难度较大的深度贫困地区。

根据部分贫困地区贫困程度比较深、脱贫难度比较大的形势，在 2017 年 6 月 23 日习近平总书记在山西太原主持召开深度贫困地区脱贫攻坚座谈会并发表重要讲话之后，党中央和国务院又发布了《关于支持深度贫困地区脱贫攻坚的实施意见》，要求各地综合考虑贫困人口规模、贫困发生率、脱贫难度等因素，评估确定深度贫困的县、乡、村，将"三区三州"以及贫困发生率超过 18% 的贫困县和贫困发生率超过 20% 的贫困村作为深度贫困地区；实行分级负责的深度贫困地区脱贫攻坚责任分工，中央政府重点支持"三区三州"的脱贫攻坚。

深度贫困地区的贫困状态，虽有一定的地区差异，但总体上来说，具有一些共同的特点，即贫困发生率明显高于全国和区域内其他地区，贫困人口的平均可支配收入较低，收入贫困与教育、健康、住房等非收入贫困并存，农户贫困与区域贫困共生②。深度贫困地区的致贫原因有其差异，也有一些相同之处。大多数深度贫困地区区位条件差，交通和通信基础设

① 《贵州出台深度贫困地区脱贫攻坚行动方案》，《贵州日报》2017 年 8 月 7 日。
② 吴国宝：《中国扶贫开发和全面小康社会建设》，载李培林、魏后凯主编《中国扶贫开发报告（2016）》，社会科学文献出版社，2016。

施制约较大，人流、物流的交易成本高；自然条件大多比较恶劣，多地位于高寒山区、深山区，农业生产条件差、生产结构比较单一、生产效率低；区域内工业化、城市化程度较低，就地就业机会少，对当地农产品和生态文化旅游服务的需求较小，区域内需求拉动能力弱；部分深度贫困地区社会发育程度较低，农村人口受教育程度低、专业技术人才不足，部分地区甚至使用汉语沟通交流都存在一定的困难；部分地区受宗教和民族文化传统等因素影响，少数思想和行为习惯与主流的发展理念和目标存在一定的差异；还有部分深度贫困地区脱贫攻坚需要与民族、宗教和边境安全等复杂问题协调起来解决，对扶贫政策和方式设计和实施的要求更高。总之，深度贫困地区致贫因素复杂，脱贫成本高、难度大，要如期实现脱贫攻坚目标，需要增大投入的数量、强度和组合性，更需要大胆探索适合不同深度贫困地区特点的新的扶贫方式。

二 中国农民工贫困现状与特点

农民工是中国贫困研究中长期被忽视的群体。迄今为止，很少有基于大样本数据对农民工贫困全面系统的研究。亚洲开发银行在 2008 年完成的一项以农民工为对象的城市贫困研究，利用国家统计局 2004 年住户调查数据，建立了农民工贫困线，分别估计了当年全国农民工以收入和消费支出衡量的贫困发生率。该研究估计 2004 年中国农民工收入贫困发生率为 5.15%，消费支出贫困发生率则高达 52.33%（ADB，2008）。Du、Gregory、Meng（2006）估计发现，在设定的低位贫困线下流动人口贫困发生率为 10%，城市居民贫困发生率为 3%；在设定的高位贫困线下流动人口贫困发生率为 16%，城市居民贫困发生率为 6%。

显然，研究农民工贫困问题不应仅从收入角度分析，而应从多维视角考察。目前，学界大多数研究只是提出应从多维视角分析农民工贫困，但鲜有研究对农民工的多维贫困状况进行细致剖析（王美艳，2014）。

我们利用国家统计局 2015 年住户调查数据，分别从收入和消费及多维贫困等方面对农民工贫困状况进行研究。农民工收入与消费贫困测度采用两个贫困标准：一是世界银行提出的国际贫困标准；二是城镇相对贫困标准，以 2015 年城镇居民人均可支配收入中位数（为 29129 元）的一半为标准，即 $29129 \times 0.5 = 14564.5$ 元。

（一）2015 年中国农民工贫困状况——收入与消费视角

（1）中国农民工贫困发生率

从收入、消费及两者联合视角分析，所得结果如下：

①农民工收入或消费单维贫困。从收入单一维度考察，在国际贫困标准下，中国农民工收入贫困发生率为 2.07%；在城镇相对贫困标准下，中国农民工收入贫困发生率为 26.33%。从消费单一维度分析，在国际贫困标准下，中国农民工消费贫困发生率为 12.33%；在城镇相对贫困标准下，中国农民工消费贫困发生率为 65.61%。就收入贫困与消费贫困比较而言（见表 2－15），两种贫困标准下中国农民工消费贫困发生率远远高于其收入贫困发生率，前者是后者的 2～6 倍，说明当前中国农民工以消费贫困为主。

表 2－15　不同标准下中国农民工贫困发生率

单位：%

	收入贫困发生率 －国际贫困标准	收入贫困发生率 －城镇相对贫困标准	消费贫困发生率 －国际贫困标准	消费贫困发生率 －城镇相对贫困标准
全国	2.07	26.33	12.33	65.61

②农民工收入与消费二维贫困。从收入与消费联合视角，农民工贫困可划分为选择性贫困、次级贫困和双重贫困，基于此，分别根据国际贫困标准和城镇相对贫困标准测算上述贫困类型的发生率。具体结果如表 2－16 所示。第一，在国际贫困标准下，中国农民工以选择性贫困为主。据统计，中国农民工次级贫困发生率为 1.53%，选择性贫困发生率为 12.64%，双重贫困发生率为 1.48%，三种贫困类型发生率共计 15.65%。第二，在城镇相对贫困标准下，中国农民工仍以选择性贫困和双重贫困为主。据统计，中国农民工次级贫困发生率为 2.40%，选择性贫困发生率为 38.02%，双重贫困发生率为 28.64%，三种贫困类型发生

率高达 69.06%。

表 2-16 中国农民工收入与消费交叉组合贫困发生率

单位：%

贫困标准	选择性贫困发生率	次级贫困发生率	双重贫困发生率	三种贫困类型发生率
国际贫困标准	12.64	1.53	1.48	15.65
城镇相对贫困标准	38.02	2.40	28.64	69.06

（2）贫困农民工家庭的性别结构、扶养负担及成员健康

在不同区域和贫困标准下，贫困农民工家庭在性别结构、扶养负担及成员健康等方面的表现特征不同，具体结果如表 2-17 所示。

表 2-17 中国贫困农民工家庭的特殊人口特征

单位：%

贫困标准	区域	女性比例	16 岁及以下儿童比例	60 岁及以上老人比例	生活不能自理者比例
收入贫困 - 国际贫困标准	全国	48.23	14.20	28.50	2.29
	东部地区	44.69	18.24	41.03	0.00
	中部地区	41.47	19.83	43.28	0.00
	西部地区	51.41	17.13	18.02	0.19
	东北地区	50.01	3.31	23.53	8.86
收入贫困 - 城镇相对贫困标准	全国	50.91	18.72	22.27	0.36
	东部地区	52.46	18.47	36.95	0.49
	中部地区	48.39	22.66	18.64	0.00
	西部地区	49.71	18.52	12.61	0.13
	东北地区	54.71	14.54	26.74	1.25
消费贫困 - 国际贫困标准	全国	50.37	16.47	22.85	0.42
	东部地区	49.84	14.51	33.57	0.00
	中部地区	50.56	22.39	14.51	0.00
	西部地区	50.13	18.41	15.19	0.13
	东北地区	53.27	2.75	30.71	4.42

贫困标准	区域	女性比例	16 岁及以下儿童比例	60 岁及以上老人比例	生活不能自理者比例
消费贫困 –城镇相对贫困标准	全国	50.81	17.23	17.33	0.58
	东部地区	50.57	14.97	24.10	0.30
	中部地区	52.10	20.89	13.86	0.66
	西部地区	49.53	17.99	10.91	0.68
	东北地区	51.73	15.02	18.44	1.01

①贫困农民工家庭的性别结构。从收入视角考察，在两种贫困标准下，中国收入贫困农民工家庭的女性比例在48.23%～50.91%。其中，中部地区收入贫困农民工家庭的女性比例最低（41.47%～48.39%），其他地区因贫困标准不同而有所差异。从消费视角分析，在两种贫困标准下，中国消费贫困农民工家庭的女性比例在50.37%～50.81%。其中，西部地区消费贫困农民工家庭的女性比例最低（49.53%～50.13%），其他地区因贫困标准不同而各异。区域比较而言，中部地区收入贫困农民工家庭的女性比例、西部地区消费贫困农民工家庭的女性比例均小于全国及其他区域。

②贫困农民工家庭的扶养负担。从收入视角考察，在两种贫困标准下，中国收入贫困农民工家庭中16 岁及以下儿童比例、60 岁及以上老人比例分别在14.20%～18.72%和22.27%～28.50%。其中，中部地区收入贫困农民工家庭中16 岁及以下儿童比例最高，在19.83%～22.66%；东、西部地区次之，东北地区最低（3.31%～14.54%）；西部地区收入贫困农民工家庭中60 岁及以上老人比例最低（12.61%～18.02%），其他地区因贫困标准不同而存在差异性。据此可见，中国收入贫困农民工家庭的老人扶养负担远重于其儿童扶养负担；而且相较其他地区，中部地区收入贫困农民工家庭的儿童扶养负担最重（东北地区最轻），西部地区收入贫困农民工家庭的老人扶养负担最重。从消费视角分析，在两种贫困标准下，中国消费贫困农民工家庭中16 岁及以下儿童比例、60 岁及以上老人比例分别在16.47%～17.23%和17.33%～22.85%。其中，中部地区消费贫困农民工家庭中16 岁及以下儿童比例

最高，在 20.89% ~ 22.39%，西部和东部地区次之，东北地区最低（2.75% ~ 15.02%）；东部地区消费贫困农民工家庭中 60 岁及以上老人比例最高，在 24.10% ~ 33.57%，东北地区次之（18.44% ~ 30.71%），中、西部地区相对最低。同理，由此可知，中国消费贫困农民工家庭的老人扶养负担略重于儿童扶养负担；而且相较其他地区，中部地区消费贫困农民工家庭的儿童扶养负担最重（东北地区最轻），东部地区消费贫困农民工家庭的老人扶养负担最重。

此外，从收入与消费两维度比较来看，中国收入贫困农民工家庭的老人扶养负担略重于消费贫困农民工家庭。

③贫困农民工家庭的成员健康。从收入视角考察，在两种贫困标准下，中国收入贫困农民工家庭中生活不能自理者比例在 0.36% ~ 2.29%。其中，东北地区收入贫困农民工家庭中生活不能自理者比例最大，在 1.25% ~ 8.86%；东、西部地区次之，中部地区最小（不存在）。从消费视角分析，在两种贫困标准下，中国消费贫困农民工家庭中生活不能自理者比例在 0.42% ~ 0.58%。其中，东北地区消费贫困农民工家庭中生活不能自理者比例最大，在 1.01% ~ 4.42%；西部、中部地区次之；东部地区最小（0 ~ 0.30%）。以上表明相比其他三大地区，东北地区收入与消费贫困农民工家庭的健康负担均最重。

（3）贫困农民工的年龄分布

一方面，从收入视角考察，中国农民工收入贫困在年龄维度上存在明显的区域差异性，但在不同贫困标准下有所变动。详细结果如表 2 - 18 所示。

①在国际贫困标准下，中国农民工收入贫困人口中 61 岁及以上者和 51 ~ 60 岁者所占比重最大，分别为 28.50% 和 25.20%，其次依序是 15 岁及以下者、30 ~ 40 岁者和 16 ~ 29 岁者，41 ~ 50 岁者所占比重最小（9.34%），这说明中国农民工收入贫困总体表现为"中老年收入贫困"。其中，东部地区农民工收入贫困人口中 61 岁及以上者所占比重最大，高达 41.03%，说明该地区农民工收入贫困主要表现为"老年收入贫困"；中部地区农民工收入贫困人口中 61 岁及以上者所占比重最大，为

43.28%，远高于其他五个年龄段的贫困群体，据此可称为"老年收入贫困"；西部地区农民工收入贫困人口中51~60岁和61岁及以上者所占比重最大，分别为22.20%和18.02%，因而该地区农民工收入贫困主要表现为"中老年收入贫困"；东北地区农民工收入贫困人口中51~60岁者所占比重最大，高达49.80%，表明该地区农民工收入贫困主要表现为"中年收入贫困"。

②在城镇相对贫困标准下，中国农民工收入贫困人口中61岁及以上者所占比重最大（22.27%），其次依序为15岁及以下者（18.72%）、30~40岁者、16~29岁者和41~50岁者，51~60岁者所占比重最低（13.53%），这说明中国农民工总体表现为"老年收入贫困"。其中，东部地区农民工收入贫困人口中61岁及以上者所占比重最大，高达36.95%，这意味着该地区农民工收入贫困主要表现为"老年收入贫困"；中部地区农民工收入贫困人口中15岁及以下者和61岁及以上者所占比重最大，依序为22.66%和18.64%，可见该地区农民工收入贫困主要表现为"老年、少儿收入贫困"；西部地区农民工收入贫困人口中50岁及以下者（其中四个年龄段群体比重相当）所占比重远高于51岁及以上者（其中两个年龄段群体比重也相近），因而该地区农民工收入贫困主要表现为"中、青、少儿收入贫困"；东北地区农民工收入贫困人口中61岁及以上者所占比重最大，高达26.74%，表明该地区农民工收入贫困主要表现为"老年收入贫困"。

表2-18 中国农民工贫困人口年龄结构及区域分布

单位：%

	区域	15岁及以下	16~29岁	30~40岁	41~50岁	51~60岁	61岁及以上
收入贫困-国际贫困标准	全国	14.20	11.25	11.51	9.34	25.20	28.50
	东部地区	18.24	14.51	6.08	5.54	14.60	41.03
	中部地区	19.83	0.00	36.89	0.00	0.00	43.28
	西部地区	17.13	14.83	17.56	10.26	22.20	18.02
	东北地区	3.31	4.81	3.18	15.37	49.80	23.53

续表

	区域	15 岁及以下	16~29 岁	30~40 岁	41~50 岁	51~60 岁	61 岁及以上
收入贫困-城镇相对贫困标准	全国	18.72	15.23	15.28	14.98	13.53	22.27
	东部地区	18.47	12.18	10.73	10.62	11.05	36.95
	中部地区	22.66	14.72	15.54	15.32	13.13	18.64
	西部地区	18.52	18.94	18.20	18.22	13.51	12.61
	东北地区	14.54	11.22	15.23	13.56	18.70	26.74
消费贫困-国际贫困标准	全国	16.47	15.99	12.22	15.37	17.10	22.85
	东部地区	14.51	10.48	8.58	16.32	16.55	33.57
	中部地区	22.39	15.14	19.65	10.96	17.35	14.51
	西部地区	18.41	22.80	13.50	17.74	12.36	15.19
	东北地区	2.75	10.86	5.06	10.83	39.78	30.71
消费贫困-城镇相对贫困标准	全国	17.23	15.51	15.87	18.53	15.53	17.33
	东部地区	14.97	14.02	12.73	18.63	15.56	24.10
	中部地区	20.89	14.90	17.34	18.15	14.86	13.86
	西部地区	17.99	18.81	18.89	19.99	13.42	10.91
	东北地区	15.02	13.96	15.53	15.96	21.09	18.44

另一方面，从消费视角分析，中国农民工消费贫困在年龄维度上的区域差异明显且在不同贫困标准下表现各异。主要包括以下两点。

a. 在国际贫困标准下，中国农民工消费贫困人口中 61 岁及以上者所占比重最大（22.85%），其次依序 51~60 岁者（17.10%）、15 岁及以下者、16~29 岁者和 41~50 岁者，30~40 岁者所占比重最小（12.22%），这说明中国农民工总体表现为"老年消费贫困"。其中，东部地区农民工消费贫困人口中 61 岁及以上者所占比重最大，高达 33.57%，说明该地区农民工消费贫困主要表现为"老年消费贫困"；中部地区农民工消费贫困人口中 15 岁及以下者所占比重最大，为 22.39%，据此可称为"少儿消费贫困"；西部地区农民工消费贫困人口中 15 岁及以下和 16~29 岁者所占比重最大，分别为 18.41% 和 22.80%，因而该地区农民工消费贫困主要表现为"青少儿消费贫困"；东北地区农民工消费贫困人口中 51~60 岁和 61 岁及以上者所占比重最大，分别高达 39.78% 和 30.71%，表明该地区农民工消费贫困主要表现为"中老年消费贫困"。

b. 在城镇相对贫困标准下，中国农民工消费贫困人口中各个年龄段的群体所占比重相差无几，基本在 15.5% ~ 18.6%，说明中国农民工消费贫困在年龄维度上的群体差异不明显。其中，东部地区农民工消费贫困人口中 61 岁及以上者所占比重最大，为 24.10%，这意味着该地区农民工消费贫困主要表现为"老年消费贫困"；中部地区农民工消费贫困人口中 15 岁及以下者所占比重最大，为 20.89%，可见该地区农民工消费贫困主要表现为"少儿消费贫困"；西部地区农民工消费贫困人口中 50 岁及以下者（其中四个年龄段群体比重相当）所占比重远高于 51 岁及以上者（其中两个年龄段群体比重也相近），因而该地区农民工消费贫困主要表现为"中、青、少儿消费贫困"；东北地区农民工消费贫困人口中 51 ~ 60 岁和 61 岁及以上者所占比重最大，分别为 21.09% 和 18.44%，表明该地区农民工消费贫困主要表现为"中老年消费贫困"。

（二）2015 年中国农民工多维贫困状况

在剖析传统以收入与消费支出为核心的单维、二维贫困基础上，进一步探究在城市非正规部门就业的农民工群体"多维"贫困程度。

（1）农民工多维贫困指标中单一维度下的贫困状况

由表 2 - 19 可知，从收入单一维度考察，在国际贫困标准和城镇相对贫困标准下，中国农民工收入贫困人口中卫生厕所贫困者（47.35% ~ 66.89%）、沐浴设施贫困者（34.50% ~ 51.08%）、资产数量贫困者（25.13% ~ 50.39%）以及炊用能源贫困者（29.55% ~ 49.07%）等所占比重相对较大，而住房条件贫困者所占比重最低（4.47% ~ 5.86%）。从消费单一维度分析，在前述两种贫困标准下，中国农民工消费贫困人口中卫生厕所贫困者（33.09% ~ 55.22%）、沐浴设施贫困者（24.72% ~ 25.05%）和炊用能源贫困者（19.60% ~ 28.33%）等所占比重相对较大且稳定，而住房条件贫困者所占比重同样最低（2.76% ~ 5.20%）。由此可见，中国农民工收入或消费贫困在多个维度上主要体现在卫生厕所、沐浴设施、炊用能源、资产数量等方面。

表 2-19　多维贫困指标中单维贫困者占农民工收入或消费贫困人口的比重

单位：%

贫困标准	维度	指标	比重	贫困标准	维度	指标	比重
收入贫困－国际贫困标准	教育	受教育情况	14.19	消费贫困－国际贫困标准	教育	受教育情况	21.32
	健康	健康状况	20.12		健康	健康状况	10.43
	生活条件	住房条件	5.86		生活条件	住房条件	5.20
		户外路面	22.22			户外路面	11.46
		饮用水	10.55			饮用水	8.15
		卫生厕所	66.89			卫生厕所	55.22
		沐浴设施	51.08			沐浴设施	24.72
		炊用能源	49.07			炊用能源	28.33
		资产数量	50.39			资产数量	21.26
		通信	26.54			通信	28.10
收入贫困－城镇相对贫困标准	教育	受教育情况	15.42	消费贫困－城镇相对贫困标准	教育	受教育情况	14.92
	健康	健康状况	8.43		健康	健康状况	7.29
	生活条件	住房条件	4.47		生活条件	住房条件	2.76
		户外路面	11.85			户外路面	6.86
		饮用水	7.42			饮用水	4.65
		卫生厕所	47.35			卫生厕所	33.09
		沐浴设施	34.50			沐浴设施	25.05
		炊用能源	29.55			炊用能源	19.60
		资产数量	25.13			资产数量	17.51
		通信	21.06			通信	13.93

（2）农民工多维贫困指数测度及区域比较

在贫困剥夺临界值取 0.4 时，中国农民工多维贫困指数（MPI）为 0.043，多维贫困发生率（H）为 7.8%，平均剥夺程度（A）为 0.552。分区域、类型考察可知，西部地区农民工多维贫困指数最大（0.067）且多维贫困发生率最高（11.8%），东北、东部地区农民工依序次之，中部地区最小、最低（分别为 0.016 和 3.1%）；东北、西部地区农民工平均剥夺程度相当且相对较强（依序为 0.570、0.565），东、中部地区相当但相对较弱（分别为 0.525 和 0.523）。

在贫困剥夺临界值取 0.5 时，中国农民工多维贫困指数为 0.029，多维贫困发生率为 4.6%，平均剥夺程度为 0.634。分区域、类型来看，西部地区农民工多维贫困指数最大（0.049）且多维贫困发生率最高（7.9%），东北、东部地区农民工依序次之，中部地区最小、最低（分别为0.008和1.1%）；中部地区农民工平均剥夺程度最强（0.677），东部地区次之（0.644），东北、西部地区相当且相对较弱（0.632、0.628）。

综合对比来看（见表2-20），随着贫困剥夺临界值的增加，中国及其东部、中部、西部、东北地区农民工的多维贫困指数、多维贫困发生率均在减少，而平均剥夺程度在变强。

表2-20　中国农民工多维贫困估计结果

剥夺临界值	类别	全国	东部地区	中部地区	西部地区	东北地区
0.4	多维贫困指数（MPI）	0.043	0.033	0.016	0.067	0.046
	贫困发生率（H）	7.8%	6.3%	3.1%	11.8%	8.1%
	平均剥夺程度（A）	0.552	0.525	0.523	0.565	0.570
0.5	多维贫困指数（MPI）	0.029	0.018	0.008	0.049	0.035
	贫困发生率（H）	4.6%	2.9%	1.1%	7.9%	5.5%
	平均剥夺程度（A）	0.634	0.644	0.677	0.628	0.632

（3）农民工多维贫困指数分解及区域比较

中国农民工多维贫困指数按十个具体指标和四大区域分解，得到如表2-21所示结果。

其一，教育维度指标对农民工多维贫困指数的贡献率。在分别取0.4与0.5作为贫困剥夺临界值的情况下，受教育情况指标对中国农民工多维贫困指数的贡献率为43.1%～43.9%。从区域比较来看，受教育情况指标对中部地区农民工多维贫困指数的贡献率最大（47.8%～48.0%），对中、西部地区次之，对东北地区农民工多维贫困指数的贡献率最小（25.1%～30.6%）。

其二，健康维度指标对农民工多维贫困指数的贡献率。在分别取0.4与0.5作为贫困剥夺临界值的情况下，健康状况指标对中国农民工多维贫困指数的贡献率为30.6%～32.1%。从区域比较来看，健康状况指标对东北地区农民工多维贫困指数的贡献率最大（38.9%～46.0%），对中、东部地区次之，对西部地区农民工多维贫困指数的贡献率最小（24.4%～25.2%）。

其三，生活条件维度指标对农民工多维贫困指数的贡献率。在分别取0.4

与0.5作为贫困剥夺临界值的情况下，生活条件指标总体上对中国农民工多维贫困指数的贡献率为24.8%~25.3%。从区域比较来看，生活条件指标总体上对东北地区农民工多维贫困指数的贡献率最大（29.0%~30.6%），对西部、东部地区依序次之，对中部地区农民工多维贫困指数的贡献率最小（13.7%~18.7%）。不仅如此，在生活维度的8个指标中，卫生厕所指标对中国及其四大区域农民工多维贫困指数的贡献率均最大，住房条件的贡献率都最小。

此外，在以上三个维度中，教育维度指标对中国及其东部、中部、西部地区农民工多维贫困指数的贡献率都最大，且对东北地区农民工多维贫困指数的贡献率最小；健康维度指标对东北地区农民工多维贫困指数的贡献率最大，且对西部地区农民工多维贫困指数的贡献率最小；生活条件维度指标对中国及其东、中部地区农民工多维贫困指数的贡献率都最小。

表2-21　中国不同区域农民工多维贫困指数（MPI）按指标分解及其贡献

单位：%

区域		全国		东部地区		中部地区		西部地区		东北地区	
剥夺临界值		0.4	0.5	0.4	0.5	0.4	0.5	0.4	0.5	0.4	0.5
维度	指标	对M0的贡献率	对M0的贡献率	对M0的贡献率	对M0的贡献率	对M0的贡献率	对M0的贡献率	对M0的贡献率	对M0的贡献率	对M0的贡献率	对M0的贡献率
教育	受教育情况	43.1	43.9	47.6	46.0	40.6	49.2	48.0	47.8	25.1	30.6
健康	健康状况	32.1	30.6	33.3	37.4	40.6	36.9	25.2	24.4	46.0	38.9
生活条件	住房条件	0.5	0.5	0.0	0.0	0.7	0.0	0.9	0.9	0.0	0.0
	户外路面	2.0	2.4	1.2	1.1	2.2	1.5	2.4	2.8	2.1	2.8
	饮用水	1.3	1.4	0.2	0.0	1.4	1.5	1.7	1.7	1.8	2.1
	卫生厕所	6.0	5.6	6.2	4.7	3.6	3.1	6.2	6.0	6.2	6.2
	沐浴设施	4.7	4.6	3.0	2.9	2.9	1.5	4.9	4.8	6.8	6.6
	炊用能源	3.9	3.8	3.8	2.9	3.6	4.6	3.9	3.9	3.9	4.5
	资产数量	3.7	3.9	2.8	2.5	3.6	1.5	3.5	4.0	5.5	5.6
	通信	2.7	3.1	2.0	2.5	0.7	0.0	3.3	3.7	2.6	2.8
	合计	24.8	25.3	19.2	16.6	18.7	13.7	26.8	27.8	29.0	30.6

（4）不同维度下农民工贫困发生率及区域比较

中国农民工"零维"贫困（即在 10 个指标上均脱贫）的人口占 50.45%，其中，东部地区农民工多维"脱贫"人口比重最大（占 59.54%），中部、东北地区依序次之，西部地区最小（33.98%）。

由表 2-22 可知，中国农民工的多维贫困最高只到八维。具体而言：①中国农民工一维贫困（即 10 个指标中只有 1 指标处于贫困状态，以下同理）发生率为 18.64%，其中，东北地区农民工一维贫困发生率最高（21.09%），中部、东部地区依序次之，西部地区最低（15.67%）。②中国农民工二维贫困发生率为 13.08%，其中，西部地区农民工二维贫困发生率最高（16.63%），中部、东部地区依序次之，东北地区最低（11.72%）。③中国农民工三维贫困发生率为 7.26%，其中，西部地区农民工三维贫困发生率最高（8.62%），东部、东北地区依序次之，中部地区最低（4.54%）。④中国农民工四维贫困发生率为 5.66%，其中，西部地区农民工四维贫困发生率最高（13.79%），东北、中部地区依序次之，东部地区最低（1.34%）。⑤中国农民工五维贫困发生率为 3.00%，其中，东北地区农民工五维贫困发生率最高（7.90%），西、中部地区依序次之，东部地区最低（0.49%）。⑥中国农民工六维贫困发生率为 1.36%，其中，西部地区农民工六维贫困发生率最高（4.00%），东北、东部地区依序次之，中部地区农民工六维贫困发生率为 0。⑦中国农民工七维贫困发生率为 0.46%，其中，西部地区农民工七维贫困发生率最高（1.52%），东北、东部地区依序次之，中部地区农民工七维贫困发生率为 0。⑧中国农民工八维贫困发生率为 0.08%，其中，东北地区农民工八维贫困发生率最高（0.26%），西部地区依序次之，东、中部地区农民工八维贫困发生率均为 0。

表 2-22　中国农民工 N 维贫困下人口及其比重

单位：万人，%

N 维贫困	全国		东部地区		中部地区		西部地区		东北地区	
	人口	比重	人口	比重	人口	比重	人口	比重	人口	比重
0	733	50.45	420	59.54	286	59.17	169	33.98	115	41.53
1	271	18.64	129	18.28	101	20.82	78	15.67	58	21.09

N维贫困	全国		东部地区		中部地区		西部地区		东北地区	
	人口	比重	人口	比重	人口	比重	人口	比重	人口	比重
2	190	13.08	83	11.82	58	12.07	82	16.63	32	11.72
3	105	7.26	59	8.31	22	4.54	43	8.62	19	6.92
4	82	5.66	9	1.34	11	2.22	68	13.79	23	8.13
5	44	3.00	3	0.49	6	1.19	28	5.61	22	7.90
6	20	1.36	1	0.13	0	0	20	4.00	6	2.09
7	7	0.46	1	0.09	0	0	8	1.52	1	0.35
8	1	0.08	0	0	0	0	1	0.18	1	0.26
合计	1453	100	705	100	484	100	497	100	277	100

综上所述，可得如下结论：第一，总体上，中国农民工中"零维"贫困户约占一半，但存在明显的区域差异性，其中东中部地区农民工中"零维"贫困户占比略高于50%，而西部地区和东北地区农民工中"零维"贫困户占比不到一半；第二，贫困维数越高，中国农民工贫困人口越少，相应维数的贫困发生率越低；第三，中国农民工多维贫困到达的贫困维数存在明显的区域差异性，其中，东部地区农民工的多维贫困最高到七维，中部地区农民工的多维贫困最高只到五维，而西部、东北地区城镇的多维贫困最高均到八维。

（三）中国农民工贫困现状讨论

前面使用中国国家统计局2015年住户调查样本中户籍为农业人口的城镇常住户样本的数据，描述和分析了中国农民工这个特殊群体的收入/消费支出贫困和多维贫困状况。分析的结果基本上可以反映在城镇常住农民工的贫困特点和水平。但是分析所用的农民工样本存在一定的偏差，可能排除了居住在业主提供的集体宿舍、建筑工棚的农民工以及在同一个地方居住时间不满6个月的农民工。因此，我们有理由相信，前面估计的农民工贫困状况会低估农民工的实际贫困水平，尤其是农民工的非收入贫困水平。下面利用其他的间接研究结果，进一步讨论农民工在住房、子女教育、社会保障等方面面临的剥夺情况。

①农民工住房

据国家统计局 2014 年《全国农民工监测调查报告》，全国外出农民工中，在单位宿舍居住的占 28.3%，在工地工棚和生产经营场所居住的占 17.2%，租赁住房的占 36.9%，乡外从业回家居住的农民工占 13.3%，在务工地自购房的农民工占 1%。在自购房农民工中，在小城镇购房的农民工占 49.1%。据最近的农民工市民化监测调查初步结果，农民工住房方面存在的问题主要有 3 个方面：一是只有不到 20% 的进城农民工拥有自己的住房，城镇住房价格和住房政策对农民工的生活影响很大；二是还有一定比例的农民工人均住房面积不到 5 平方米，生活处于十分拥挤的状态；三是有 20% 左右的进城农民工厕所、沐浴方面存在不方便的情况。

②农民工子女教育

中国农民工随迁子女教育机会不平等一直是一个备受关注的问题。2003 年中国国务院妇儿工委办公室、中国儿童中心与联合国儿童基金会合作开展的"中国九城市流动儿童状况调查"结果表明，中国 7~18 周岁以下流动儿童失学率为 9.3%，而且在大城市就业农民工的子女主要在简易农民工学校就读。后来中国实行了一些改善农民工随迁子女入学的政策，在较大程度上改善了农民工随迁子女的就学环境和条件。据教育部统计，到 2014 年底全国 80% 以上的农民工随迁子女已经进入了公办学校就学。不过农民工随迁子女进入公办学校的情况存在较大的差异。据《中国流动儿童教育发展报告（2016）》研究，北京、上海、广州等特大城市，由于对减少人口数量的控制，出现所谓"以教控人"、高筑入学门槛的现象，影响农民工随迁子女的就学。2014 年之后，特大城市开始实施居住证制度，并设定积分入学、积分入户条件，从实践情况看，主要受益对象是高学历、高收入的优势人群，低学历、低收入的农民工阶层尚难以受惠。北京市义务教育阶段非京籍学生入学"五证"门槛不断提高，小学阶段非京籍学生招生人数持续大幅下降，加上中考、高考仍然未向非京籍学生开放，超过四成的非京籍初中在校学生无法在京完成初中学业，只能选择在初中的最后阶段离开北京，返回户籍所在地继续就读；长三角城市群积分制政策难以化解公办学校学位供给不足与民办学校发展困难的双重矛盾；

珠三角随迁子女就读公办学校比例不到五成，同样面临民办学校教育质量
参差不齐等困境。

　　与流动儿童遭遇的情况相比，留守儿童的情况更加糟糕。2016 年 3 月
民政部、教育部、公安部在全国范围内联合开展农村留守儿童摸底排查工
作，结果表明全国有 9025 万不满十六周岁的农村留守儿童，其中由（外）
祖父母监护的占 89.3%，由亲戚朋友监护的占 3.3%，一方外出务工另一
方无监护能力的占 3.4%，另有 36 万农村留守儿童（占农村留守儿童的
4%）完全无人监护。有研究发现有近 40% 的农村完全留守儿童与父母一
年见面 1～2 次，有 15.6% 的农村完全留守儿童与父母一年都不能见面；
由于缺乏父母的关爱，相当大比例的留守儿童身心发育受到不利的影响，
调查发现 67.8% 的留守儿童有"学习成绩明显退步"的经历，明显高于非
留守儿童①。

　　③农民工社会保障参与率

　　农民工参加和享受社会保障对于减轻其受到各种意外的伤害和影响程
度至关重要。然而，至今有关农民工参与社会保障的统计存在较大的混
乱。如国家统计局《2014 年全国农民工监测调查报告》统计，2014 年全
国农民工参加医疗保险、养老保险、失业保险和生育保险的比例分别只有
17.6%、16.7%、10.5% 和 7.8%，享受住房公积金的农民工仅占 5.5%，
参加工伤保险的也只有 26.2%。意味着只有一小部分农民工享受到了"五
险一金"保险。这一结果与国家统计局对全国城乡居民医疗、养老等社会
保险的参与统计存在很大的差异。如国家统计局统计全国新型农村合作医
疗参加的比重 2014 年达到了 99%，同年全国参加城镇职工养老、离退人
员参加保险和城乡居民基本养老保险人数合计达到 8.42 亿，全国职工和城
乡居民基本养老保险总体覆盖率达到 80%。结合上面两方面的统计，可以
判断国家统计局对 2014 年全国农民工参加社会保险比例的统计是基于农民
工参加城镇居民医疗、养老等保障的标准进行的。陕西省对 2016 年农民工

---

① 《全国农村留守儿童精准摸排数量 902 万人　九成以上在中西部省份》，新华网，http://
www.xinhuanet.com/politics/2016 - 11/09/c_1119882491.htm。

情况的调查结果①也证明了这一判断。2016 年陕西省 99.6% 的农民工参加了医疗保险，但 94.7% 的农民工参加的是新型农村合作医疗保险，只有 4.8% 参加了城镇职工医疗保险或城镇居民基本医疗保险；陕西省 2016 年 89.7% 的农民工参加了各种养老保险，但 82.4% 的农民工参加的是新型农村社会养老保险，只有 6.3% 参加城镇职工基本养老保险或城镇居民社会养老保险。综合以上情况推断，中国大多数农民工参加了面向农民居民的社会保险，还有部分农民工依然没有参加社会保险。因此，主要时间生活和工作在城镇的农民工面临的主要问题是如何真正有效地享受他们所购买的农村医疗和养老保险，这必然在一定程度上影响农民工的生活和受保障程度。

三 中国城镇居民贫困现状与特点

（一）中国城镇贫困的变化

由于中国官方从来没有设立城镇贫困标准，也从来没有公布过统一的城镇贫困数据，因此对城镇贫困的历史变化只能借助于其他来源的数量进行考察。世界银行利用国家统计局住户抽样调查分组数据，按照可比的贫困标准，估计并公布了 1981 年以来中国城镇贫困方面的数据。据世界银行统计（表 2-23），在国际贫困标准下，1981 年，中国城镇贫困发生率高达 96.32%，属于整体性贫困状态，贫困深度指数、贫困强度指数以及瓦特贫困指数依序为 41.19%、20.24 和 58；到 1987 年，中国城镇贫困发生率、贫困深度指数、贫困强度指数以及瓦特贫困指数分别下降至 76.8%、23.22%、9.39 和 30.57；至 1990 年，情况有所反转，中国城镇贫困发生率虽下降为 73.94%，但其贫困深度指数、贫困强度指数和瓦特贫困指数依次提高至 25.78%、11.69 及 36.23；此后连续数十年，中国城镇贫困发生率、贫困深度指数、贫困强度指数以及瓦特贫困指数逐年递减，至 2013 年，分别降至 3.44%、0.72%、0.27 和 0.88。

---

① 《2016 年陕西农民工现状分析》，http://www.sei.gov.cn/ShowArticle.asp? ArticleID = 285641。

表 2 - 23　1981～2013 年中国城镇贫困测度及其变化状况

年份	国际贫困标准			
	贫困发生率 Headcount（%）	贫困深度指数 Pov. gap（%）	贫困强度指数 Squaredpov. gap	瓦特贫困指数 Watts index
1981	96.32	41.19	20.24	58
1984	92.13	33.28	14.5	44.53
1987	76.8	23.22	9.39	30.57
1990	73.94	25.78	11.69	36.23
1993	57.35	18.19	7.79	24.43
1996	45.36	13.04	5.14	17.42
1999	36.86	10.58	4.28	13.89
2002	22.91	5.76	2.18	7.45
2005	14.3	3.38	1.28	4.14
2008	7.86	1.76	0.69	2.07
2010	4.97	1.05	0.4	1.32
2011	3.8	0.78	0.29	0.98
2012	2.91	0.6	0.23	0.69
2013	3.44	0.72	0.27	0.88

注：2013 年城镇贫困指标出现异常的变化是由于从 2013 年开始中国国家统计局将以前一直按城乡分开进行的住户调查改为城乡一体的抽样和调查方案，相应地调整了城镇住户的口径。

资料来源：World Bank. Povcal Net：the on-line tool for poverty measurement developed by the Development Research Group of the World Bank。

中国城镇低保标准的内涵、标准以及确定方法均与贫困标准非常接近，可用以分析过去 10 多年中国城镇贫困的变化。按照城镇居民最低生活保障标准，2007～2016 年，中国城镇低保人口从 2007 年的 2242.7 万人，变为 2016 年的 1650.5 万人，相应地，同期城镇低保人口比重从 3.70% 下降至 2.08%，降幅为 1.62 个百分点（见表 2 - 24）。

表 2 - 24　2007～2016 年中国城镇低保人口、低保人口比重及其变化状况

单位：万人，%

时间	城镇最低生活保障人数	城镇低保人口比重
2007 年 1 月	2242.7335	3.70
2008 年 1 月	2280.4091	3.65

时间	城镇最低生活保障人数	城镇低保人口比重
2009 年 1 月	2340.5197	3.63
2010 年 1 月	2335.2236	3.49
2011 年 1 月	2305.4383	3.34
2012 年 1 月	2214.0964	3.11
2013 年 1 月	2123.0626	2.90
2014 年 1 月	2027.7036	2.71
2015 年 1 月	1842.8633	2.39
2016 年 1 月	1650.4967	2.08

（二）2015 年中国城镇贫困状况——收入与消费视角

接下来我们利用国家统计局 2015 年 8 个省的城镇住户抽样调查数据，分析中国城镇贫困的特点。

（1）中国城镇贫困人口的区域分布

①城镇收入贫困或消费贫困单维视角分析

从收入单一维度考察，在国际贫困标准下，中国城镇收入贫困发生率为 0.45%，其中，西部地区城镇收入贫困发生率最高（1.11%），东北地区次之（0.74%），东部地区再次之（0.31%），中部地区最低，为 0.11%。在城镇相对贫困标准下，中国城镇收入贫困发生率为 11.78%，其中，西部地区城镇收入贫困发生率最高（14.57%），东北地区次之（10.81%），中部地区再次之（10.48%），东部地区最低，为 5.71%。比较不同区域而言，中国西部地区的城镇收入贫困发生率最高。

从消费单一维度分析，在国际贫困标准下，中国城镇消费贫困发生率为 4.87%，其中，西部地区城镇消费贫困发生率最高（5.09%），中部地区次之（3.76%），东北地区再次之（3.42%），东部地区最低，为 2.70%。在城镇相对贫困标准下，中国城镇消费贫困发生率为 45.87%，其中，中部地区城镇消费贫困发生率最高（48.52%），东北地区次之（44.92%），西部地区再次之（43.36%），东部地区最低，为 35.20%。不同区域比较而言，中国中部地区城镇的消费贫困发生率最高。

综上，就收入贫困与消费贫困比较而言，两种贫困标准下中国及其四大区域的城镇消费贫困发生率均远远高于其收入贫困发生率，说明当前中国城镇以消费贫困为主，收入贫困有极大改观（见表2－25）。

表2－25　中国城镇贫困发生率区域分布

单位：%

	全国	东部地区	中部地区	西部地区	东北地区
收入贫困－国际贫困标准	0.45	0.31	0.11	1.11	0.74
收入贫困－城镇相对贫困标准	11.78	5.71	10.48	14.57	10.81
消费贫困－国际贫困标准	4.87	2.70	3.76	5.09	3.42
消费贫困－城镇相对贫困标准	45.87	35.20	48.52	43.36	44.92

②城镇收入与消费联合贫困二维视角分析

从收入与消费联合视角分析，城镇居民贫困可划分为选择性贫困、次级贫困和双重贫困，据此，在国际贫困标准和城镇相对贫困标准下，可测算、比较上述贫困类型的发生率及其区域差异性。具体结果如表2－26所示。

第一，在国际贫困标准下，就贫困类型比较而言，中国城镇选择性贫困发生率最高；就四大区域比较而言，西部地区城镇双重贫困发生率、次级贫困发生率和选择性贫困发生率均最高；就不同区域内贫困类型比较而言，东、中、西部及东北地区城镇均以选择性贫困为主。据统计，中国城镇次级贫困发生率为0.41%，其中，西部地区城镇次级贫困发生率最高（0.59%），东北地区次之（0.55%），东部地区再次之（0.31%），中部地区最低，为0（不存在次级贫困）。中国城镇选择性贫困发生率为3.69%，其中，西部地区城镇选择性贫困发生率最高（4.56%），中部、东北地区次之（分别为3.64%、3.23%），东部地区最低，为2.70%。中国城镇双重贫困发生率为0.26%，其中，西部地区城镇双重贫困发生率最高（0.53%），东北地区次之（0.18%），中部地区再次之（0.11%），东部地区最低，为0（不存在双重贫困）。

第二，在城镇相对贫困标准下，就贫困类型比较而言，中国城镇选择性贫困发生率最高；就四大区域比较而言，西部地区城镇双重贫困发生率和次级贫困发生率均最高，中部地区城镇选择性贫困发生率最高；就不同区域内贫困类型比较而言，东、中、西部及东北地区城镇均以选择性贫困为主。据统计，中国城镇次级贫困发生率为 1.34%，其中，西部地区城镇次级贫困发生率最高（1.58%），中部地区次之（1.37%），东北地区再次之（1.20%），东部地区最低，为 1.04%。中国城镇选择性贫困发生率为 33.27%，其中，中部地区城镇选择性贫困发生率最高（达 39.41%），东北、东部地区次之（分别为 35.30%、30.53%），西部地区最低，为 30.37%。中国城镇双重贫困发生率为 9.74%，其中，西部地区城镇双重贫困发生率最高（达 12.99%），东北、中部地区次之（分别为 9.61%、9.11%），东部地区最低，为 4.67%。

表 2 - 26　中国城镇收入与消费交叉组合贫困发生率

单位：%

贫困标准	贫困类型	全国	东部地区	中部地区	西部地区	东北地区
国际贫困标准	选择性贫困	3.69	2.70	3.64	4.56	3.23
	次级贫困	0.41	0.31	0.00	0.59	0.55
	双重贫困	0.26	0.00	0.11	0.53	0.18
城镇相对贫困标准	选择性贫困	33.27	30.53	39.41	30.37	35.30
	次级贫困	1.34	1.04	1.37	1.58	1.20
	双重贫困	9.74	4.67	9.11	12.99	9.61

（2）城镇贫困户的性别结构、扶养负担及成员健康

在不同区域和贫困标准下，城镇贫困户在性别结构、扶养负担及成员健康等方面表现各异，具体如表 2 - 27 所示。

表 2 - 27　中国城镇贫困户的特殊人口特征

单位：%

贫困标准	区域	女性比例	16 岁及以下儿童比例	60 岁及以上老人比例	生活不能自理者比例
收入贫困 - 国际贫困标准	全国	44.88	12.18	9.37	0.10
	东部地区	27.44	0.00	5.14	0.00
	中部地区	33.33	16.67	0.00	0.00
	西部地区	47.42	12.47	13.49	0.00
	东北地区	50.46	14.41	3.17	0.49

贫困标准	区域	女性比例	16岁及以下儿童比例	60岁及以上老人比例	生活不能自理者比例
收入贫困 – 城镇相对贫困标准	全国	50.84	17.02	12.93	0.87
	东部地区	53.83	14.36	20.62	1.19
	中部地区	52.5	20.92	15.70	0.32
	西部地区	49.47	16.14	10.12	1.25
	东北地区	48.74	14.76	8.32	0.54
消费贫困 – 国际贫困标准	全国	49.17	13.92	15.76	0.86
	东部地区	48.43	11.16	22.03	1.06
	中部地区	52.95	16.83	14.54	0.00
	西部地区	49.18	14.58	13.51	1.78
	东北地区	41.47	10.05	13.98	0.00
消费贫困 – 城镇相对贫困标准	全国	50.02	12.87	19.68	0.67
	东部地区	51.41	13.27	21.05	0.69
	中部地区	49.71	14.60	20.22	0.50
	西部地区	49.51	12.87	16.08	0.83
	东北地区	49.63	9.40	22.92	0.69

①城镇贫困户的性别结构。从收入视角考察，在两种贫困标准下，中国城镇收入贫困户的女性比例在44.88%~50.84%。其中，四大区域城镇收入贫困户的女性比例排名因贫困标准不同而无明显规律。从消费视角分析，在两种贫困标准下，中国城镇消费贫困户的女性比例在49.17%~50.02%。其中，四大区域城镇消费贫困户的女性比例排名同样无明显规律。就收入与消费视角比较而言，在相对较低贫困标准下中国城镇收入贫困户的女性比例远低于城镇消费贫困户，在相对较高贫困标准下中国城镇收入贫困户的女性比例与城镇消费贫困户相当。

②城镇贫困户的扶养负担。从收入视角考察，在两种贫困标准下，中国城镇收入贫困户中16岁及以下儿童比例、60岁及以上老人比例分别在12.18%~17.02%和9.37%~12.93%。其中，中部地区城镇收入贫困户中16岁及以下儿童比例最高，在16.67%~20.92%；东北、西部地区次

之，东部地区最低（0~14.36%）；不过，四大区域城镇收入贫困户中60岁及以上老人比例最低排名因贫困标准不同而无明显规律。据此可见，中国城镇收入贫困户的儿童扶养负担远重于其老人扶养负担；而且相较其他地区，中部地区城镇收入贫困户的儿童扶养负担最重（东北地区最轻）。从消费视角分析，在两种贫困标准下，中国城镇消费贫困户中16岁及以下儿童比例、60岁及以上老人比例分别在12.87%~13.92%和15.76%~19.68%。其中，中部地区城镇消费贫困户中16岁及以下儿童比例最高，在14.60%~16.83%，东、西部地区次之，东北地区最低（9.40%~10.05%）；此外，西部地区城镇消费贫困户中60岁及以上老人比例最低（13.51%~16.08%），其他区域排名在不同贫困标准下无明显规律。由此可知，中国城镇消费贫困户的老人扶养负担略重于儿童扶养负担；而且相较其他地区，中部地区城镇消费贫困户的儿童扶养负担最重（东北地区最轻），西部地区城镇消费贫困户的老人扶养负担最小。

综合从收入与消费两维度比较来看，中国城镇消费贫困户的老人扶养负担重于城镇收入贫困户。

③城镇贫困户的成员健康。从收入视角考察，在两种贫困标准下，中国城镇收入贫困户中生活不能自理者比例在0.10%~0.87%。其中，中部地区城镇收入贫困户中生活不能自理者比例最小，在0~0.32%，其他区域排名在不同贫困标准下规律不明显。从消费视角分析，在两种贫困标准下，中国城镇消费贫困户中生活不能自理者比例在0.67%~0.86%。其中，西部地区城镇消费贫困户中生活不能自理者比例最大，在0.83%~1.78%；东部、东北地区次之；中部地区最小（0~0.50%）。以上表明相比其他三大地区，中部地区城镇收入贫困户与消费贫困户的健康负担均最小，而西部地区城镇消费贫困户的健康负担最重。

（3）中国城镇贫困人口的年龄分布

一方面，从收入视角考察，中国城镇收入贫困人口在年龄维度上存在较大区域差异，而且在两种贫困标准下略有变化。具体如表2-28所示。

①在国际贫困标准下，全国城镇收入贫困人口中41~50岁者所占比重最大（26.02%），其次为16~29岁者（24.83%），再次依序为51~60岁

者（15.40%）、30~40岁者和15岁及以下者，61岁及以上者所占比重最低（9.37%），这说明全国城镇收入贫困总体表现为"中、青年收入贫困"。其中，东部地区城镇收入贫困人口中41~50岁和51~60岁者所占比重最大，分别高达44.60%、22.81%，说明该地区城镇收入贫困主要表现为"中年收入贫困"；中部地区城镇收入贫困人口中41~50岁者所占比重最大（33.33%），据此可称为"中年收入贫困"；西部地区城镇收入贫困人口中16~29岁、41~50岁和51~60岁者所占比重最大，分别为21.85%、24.04%、20.21%，因而该地区城镇收入贫困主要表现为"中青年收入贫困"；东北地区城镇收入贫困人口中30~40岁者所占比重最大，为34.60%，表明该地区城镇收入贫困主要表现为"青年收入贫困"。

②在城镇相对贫困标准下，全国城镇收入贫困人口中41~50岁者所占比重最大（25.70%），其次依序是16~29岁者（17.80%）、15岁及以下者、51~60岁者和61岁及以上者，30~40岁者所占比重最低（12.63%），这说明全国城镇收入贫困总体表现为"中年收入贫困"。其中，东部地区城镇收入贫困人口中41~50岁和61岁及以上者所占比重最大，分别为23.27%、20.62%，说明该地区城镇收入贫困主要表现为"中老年收入贫困"；中部地区城镇收入贫困人口中15岁及以下和41~50岁者所占比重最大，分别为20.92%、23.72%，据此可称为"中年、少儿收入贫困"；西部地区城镇收入贫困人口中41~50岁者所占比重最大，为27.49%，因而该地区城镇收入贫困主要表现为"中年收入贫困"；与之相似，东北地区城镇收入贫困人口中41~50岁者所占比重最大，为26.81%，表明该地区城镇收入贫困主要表现为"中年收入贫困"。

表2-28 中国城镇贫困人口年龄结构及区域分布

单位：%

	区域	15岁及以下	16~29岁	30~40岁	41~50岁	51~60岁	61岁及以上
收入贫困－国际贫困标准	全国	12.18	24.83	12.20	26.02	15.40	9.37
	东部地区	0.00	22.30	5.14	44.60	22.81	5.14
	中部地区	16.67	50.00	0.00	33.33	0.00	0.00
	西部地区	12.47	21.85	7.93	24.04	20.21	13.49
	东北地区	14.41	22.61	34.60	20.29	4.93	3.17

续表

	区域	15岁及以下	16~29岁	30~40岁	41~50岁	51~60岁	61岁及以上
收入贫困-城镇相对贫困标准	全国	17.02	17.80	12.63	25.70	13.92	12.93
	东部地区	14.36	19.73	10.70	23.27	11.33	20.62
	中部地区	20.92	15.72	9.35	23.72	14.59	15.70
	西部地区	16.14	19.62	12.79	27.49	13.83	10.12
	东北地区	14.76	15.08	19.73	26.81	15.29	8.32
消费贫困-国际贫困标准	全国	13.92	19.05	14.75	23.53	12.99	15.76
	东部地区	11.16	13.90	20.23	13.14	19.55	22.03
	中部地区	16.83	22.59	8.97	30.88	6.20	14.54
	西部地区	14.58	21.31	15.10	21.50	14.01	13.51
	东北地区	10.05	13.28	17.88	30.09	14.72	13.98
消费贫困-城镇相对贫困标准	全国	12.87	14.72	15.36	20.18	17.20	19.68
	东部地区	13.27	14.21	17.82	16.96	16.69	21.05
	中部地区	14.60	14.27	14.39	21.57	14.95	20.22
	西部地区	12.87	17.43	14.32	22.67	16.63	16.08
	东北地区	9.40	11.65	15.56	17.81	22.66	22.92

另一方面，从消费视角分析，中国城镇消费贫困在年龄维度上的区域差异较大且在两种贫困标准下表现所有不同。具体如上表所示。

①在国际贫困标准下，中国城镇消费贫困人口中41~50岁者所占比重最大（23.53%），其次依序为16~29岁者（19.05%）、61岁及以上者、30~40岁者和15岁及以下者，51~60岁者所占比重最低（12.99%），这说明中国城镇消费贫困总体表现为"中年消费贫困"。其中，东部地区城镇消费贫困人口中61岁及以上者所占比重最大，达22.03%，说明该地区城镇主要表现为"老年消费贫困"；中部地区城镇消费贫困人口中41~50岁者所占比重最大，为30.88%，据此可称为"中年消费贫困"；西部地区城镇消费贫困人口中16~29岁和41~50岁者所占比重最大，分别为21.31%、21.50%，因而该地区城镇主要表现为"中青年消费贫困"；东北地区城镇消费贫困人口中41~50岁者所占比重最大，达30.09%，表明该地区城镇主要表现为"中年消费贫困"。

②在城镇相对贫困标准下，中国城镇消费贫困人口中41~50岁和61

岁及以上者所占比重相差不大，分别为 20.18% 和 19.68%，其次依序为 51 ~ 60 岁者（17.20%）、30 ~ 40 岁者和 16 ~ 29 岁者，15 岁及以下者所占比重最低（12.87%），说明中国城镇消费贫困总体表现为"中老年消费贫困"。其中，东部地区城镇消费贫困人口中 61 岁及以上者所占比重最大，为 21.05%，这意味着该地区城镇消费贫困主要表现为"老年消费贫困"；中部地区城镇消费贫困人口中 41 ~ 50 岁和 61 岁及以上者所占比重最大，分别为 21.57%、20.22%，可见该地区城镇消费贫困主要表现为"中老年消费贫困"；西部地区城镇消费贫困人口中 41 ~ 50 岁者所占比重最大，为 22.67%，因而该地区城镇消费贫困主要表现为"中年消费贫困"；东北地区城镇消费贫困人口中 51 ~ 60 岁和 61 岁及以上者所占比重最大，分别为 22.66% 和 22.92%，表明该地区城镇消费贫困主要表现为"中老年消费贫困"。

（三）2015 年中国城镇多维贫困状况

（1）城镇多维贫困指标中单一维度下的贫困状况

总体上，中国及其四大区域城镇多维贫困在不同贫困标准下和收入、消费角度上的主要表现各异（详见表 2 - 29）。

第一，不同贫困标准下，中国城镇收入或消费贫困在多个维度上的主要表现各异。从收入角度考察，在国际贫困标准下，中国城镇收入贫困在多个维度上主要体现在资产数量（相关贫困者占 48.17%）、健康状况（相关贫困者占 40.20%）、通信（相关贫困者占 36.77%）以及沐浴设施（相关贫困者占 31.37%）等方面；在城镇相对贫困标准下，中国城镇收入贫困在多个维度上主要体现在沐浴设施（相关贫困者占 27.53%）、卫生厕所（相关贫困者占 24.35%）、资产数量（相关贫困者占 21.56%）、炊用能源（相关贫困者占 19.48%）等方面。同理，从消费角度分析，在国际贫困标准下，中国城镇消费贫困在多个维度上主要体现在卫生厕所（相关贫困者占 31.44%）、资产数量（相关贫困者占 27.39%）、通信（相关贫困者占 20.88%）、炊用能源（相关贫困者占 20.83%）以及沐浴设施（相关贫困者占 20.73%）等方面；在城镇相对贫困标准下，中国城镇消费贫困在多个维度上主要体现在健康状况（相关贫困者占 10.31%）、卫生厕所（相关贫困者占 14.02%）、沐浴设施（相关贫困者占 15.28%）、资产数量（相关贫困者占 11.44%）等方面。

第二，不同贫困标准下，东部地区城镇收入或消费贫困在多个维度上的主要表现不同。从收入角度考察，在国际贫困标准下，中国城镇收入贫困在多个维度上主要体现在炊用能源（相关贫困者占 10.29%）和通信（相关贫困者占 10.29%）两方面，其他八个方面均处于脱贫状态；在城镇相对贫困标准下，中国城镇收入贫困在多个维度上主要体现在健康状况（相关贫困者占 26.77%）和受教育情况（相关贫困者占 15.77%）。类似，从消费角度分析，在国际贫困标准和城镇相对贫困标准下，中国城镇消费贫困在多个维度上主要体现在卫生厕所（8.23% ~ 27.51%）、健康状况（11.62% ~ 15.32%）和受教育情况（7.78% ~ 25.02%）方面。

第三，不同贫困标准下，中部地区城镇收入或消费贫困在多个维度上的主要表现不同。从收入角度考察，在国际贫困标准下，中国城镇收入贫困在多个维度上集中体现在通信（相关贫困者占 100%）方面，其他九个方面均处于脱贫状态；在城镇相对贫困标准下，中国城镇收入贫困在多个维度上主要体现在炊用能源（相关贫困者占 25.56%）、资产数量（相关贫困者占 18.49%）和卫生厕所（相关贫困者占 13.43%）。此外，从消费角度分析，在国际贫困标准下，中国城镇消费贫困在多个维度上主要体现在通信（相关贫困者占 35.60%）、炊用能源（相关贫困者占 32.76%）、资产数量（相关贫困者占 31.88%）以及卫生厕所（相关贫困者占 29.44%）等方面；在城镇相对贫困标准下，中国城镇消费贫困在多个维度上主要体现在炊用能源（相关贫困者占 13.09%）和卫生厕所（相关贫困者占 10.81%）等方面。

第四，在不同贫困标准下，西部地区城镇收入或消费贫困人口中资产数量贫困者（16.45% ~ 65.60%）、沐浴设施贫困者（23.03% ~ 40.27%）和卫生厕所贫困者（22.17% ~ 37.79%）等所占比重相对较大且稳定，而住房条件贫困者所占比重最低（2.45% ~ 8.22%），这意味着中部地区城镇收入或消费贫困在多个维度上主要体现在资产数量、沐浴设施和卫生厕所等方面。

第五，东北地区城镇收入或消费贫困人口中沐浴设施贫困者（33.32%~69.65%）、资产数量贫困者（18.64%~47.92%）、卫生厕所贫困者（13.46%~45.30%）以及健康状况贫困者（12.83%~31.22%）等所占比重相对较大，而住房条件贫困者不存在（所占比重最低为0），这表明东北地区城镇收入或消费贫困在多个维度上主要体现在沐浴设施、资产数量、卫生厕所以及健康状况等方面。

表2-29 多维贫困指标中单维贫困者占城镇收入或消费贫困人口的比重

单位：%

贫困标准	维度	指标	全国	东部地区	中部地区	西部地区	东北地区
收入贫困－国际贫困标准	教育	受教育情况	6.68	0.00	0.00	10.40	1.47
	健康	健康状况	40.20	0.00	0.00	58.94	20.01
	生活条件	住房条件	5.05	0.00	0.00	8.22	0.00
		户外路面	7.94	0.00	0.00	12.92	0.00
		饮用水	1.35	0.00	0.00	2.20	0.00
		卫生厕所	26.07	0.00	0.00	32.84	29.61
		沐浴设施	31.37	0.00	0.00	40.27	33.32
		炊用能源	8.84	10.29	0.00	12.92	0.00
		资产数量	48.17	0.00	0.00	65.60	39.47
		通信	36.77	10.29	100.00	42.24	0.00
收入贫困－城镇相对贫困标准	教育	受教育情况	7.67	15.77	4.47	9.10	2.33
	健康	健康状况	15.88	26.77	10.58	14.56	18.83
	生活条件	住房条件	1.85	0.00	0.00	4.50	0.00
		户外路面	3.96	1.46	0.75	8.59	0.00
		饮用水	3.94	0.00	3.31	4.57	7.00
		卫生厕所	24.35	7.86	13.43	37.79	24.02
		沐浴设施	27.53	1.86	12.94	37.21	51.52
		炊用能源	19.48	2.55	25.56	24.06	12.29
		资产数量	21.56	3.03	18.49	29.17	24.17
		通信	11.11	6.96	12.19	14.32	4.72

续表

贫困标准	维度	指标	全国	东部地区	中部地区	西部地区	东北地区
消费贫困 - 国际贫困 标准	教育	受教育情况	11.19	25.02	9.41	6.97	2.99
	健康	健康状况	17.85	15.32	9.65	21.59	31.22
	生活 条件	住房条件	1.28	0.00	0.00	3.62	0.00
		户外路面	4.81	5.27	0.00	10.22	0.19
		饮用水	4.13	0.00	0.00	5.78	16.53
		卫生厕所	31.44	27.51	29.44	30.67	45.30
		沐浴设施	20.73	5.27	3.33	27.69	69.65
		炊用能源	20.83	3.11	32.76	16.96	34.57
		资产数量	27.39	1.85	31.88	32.27	47.92
		通信	20.88	7.71	35.60	16.94	20.13
消费贫困 - 城镇相对 贫困标准	教育	受教育情况	5.38	7.78	4.46	6.19	2.55
	健康	健康状况	10.31	11.62	8.75	9.39	12.83
	生活 条件	住房条件	0.78	0.02	0.18	2.45	0.00
		户外路面	1.99	1.10	0.33	4.90	1.19
		饮用水	2.54	0.30	1.39	3.46	5.88
		卫生厕所	14.02	8.23	10.81	22.17	13.46
		沐浴设施	15.28	2.21	6.94	23.03	33.48
		炊用能源	9.84	1.96	13.09	14.44	6.84
		资产数量	11.44	1.55	9.82	16.45	18.64
		通信	6.29	2.70	7.33	8.57	5.40

（2）城镇多维贫困指数测度及区域比较

在贫困剥夺临界值取 0.4 时，中国城镇多维贫困指数（MPI）为 0.016，多维贫困发生率（H）为 3.1%，平均剥夺程度（A）为 0.528。分区域、类型考察可知，东北地区城镇多维贫困指数最大（0.022）且多维贫困发生率最高（4.4%），西部地区城镇次之（0.020 和 3.7%），东、中部地区城镇相对最小、最低；东部地区城镇平均剥夺程度最强（0.638），西部、东北地区城镇依序次之（0.537 和 0.499），中部地区城镇最弱（为 0.471）。

在贫困剥夺临界值取 0.5 时，中国城镇多维贫困指数为 0.010，多维贫困发生率为 1.6%，平均剥夺程度为 0.618。分区域、类型来看，西部地区城镇多维贫困指数最大（0.014）且多维贫困发生率最高（2.3%），东北、东部地区城镇依序次之，中部地区城镇最小、最低（0.002 和 0.3%）；中部地区城镇平均剥夺程度最强（0.694），东部、东北地区城镇依序次之（0.686 和 0.610），西部地区城镇最弱（0.594）。

综合对比来看，随着贫困剥夺临界值的增加，中国及其东部、中部、西部、东北地区城镇多维贫困指数、多维贫困发生率均在减少，而平均剥夺程度在增强（见表 2 - 30）。

表 2 - 30　中国城镇多维贫困估计结果

剥夺临界值	类别	全国	东部地区	中部地区	西部地区	东北地区
0.4	多维贫困指数（MPI）	0.016	0.011	0.009	0.020	0.022
	贫困发生率（H）	3.1%	1.7%	1.8%	3.7%	4.4%
	平均剥夺程度（A）	0.528	0.638	0.471	0.537	0.499
0.5	多维贫困指数（MPI）	0.010	0.009	0.002	0.014	0.010
	贫困发生率（H）	1.6%	1.3%	0.3%	2.3%	1.6%
	平均剥夺程度（A）	0.618	0.686	0.694	0.594	0.610

（3）城镇多维贫困指数分解及区域比较

中国城镇多维贫困指数按具体指标和区域分解（如东、中、西部与东北地区），得到如表 2 - 31 所示结果。

其一，教育维度指标对城镇多维贫困指数的贡献率。在分别取 0.4 与 0.5 作为贫困剥夺临界值的情况下，受教育情况指标对中国城镇多维贫困指数的贡献率分别为 26.7% ~35.5%。从区域比较来看，受教育情况指标对东部地区城镇多维贫困指数的贡献率最大（45.7% ~48.6%），远高于中部、西部及东北地区。

其二，健康维度指标对城镇多维贫困指数的贡献率。在分别取 0.4 与 0.5 作为贫困剥夺临界值的情况下，健康状况指标对中国城镇多维贫困指数的贡献率分别为 45.1% 和 52.1%。从区域比较来看，健康状况指标对西部地区城镇多维贫困指数的贡献率最小（43.5% ~46.5%），而对中部地区城镇多维贫困指数的贡献率相对最大（48.0% ~70.7%）。

其三，生活条件维度指标对城镇多维贫困指数的贡献率。在分别取 0.4 与 0.5 作为贫困剥夺临界值的情况下，生活条件指标总体上对中国城镇多维贫困指数的贡献率分别为 21.1% 和 19.5%。从区域比较来看，生活指标总体上对西部地区城镇多维贫困指数的贡献率最大（25.3% ~ 25.8%），对东北、中部地区依序次之，对东部地区城镇多维贫困指数的贡献率最小（2.8% ~ 5.2%）。不仅如此，在生活条件维度的 8 个指标中，卫生厕所和沐浴设施对中国城镇多维贫困指数的贡献相当且相对最大，卫生厕所指标对东部、西部地区城镇多维贫困指数的贡献均最大，沐浴设施指标对东北地区城镇多维贫困指数的贡献最大，住房条件指标对东部和东北地区城镇多维贫困指数的贡献均为 0，户外路面指标对东部地区城镇多维贫困指数的贡献为 0，饮用水指标对中部地区城镇多维贫困指数的贡献为 0，资产数量指标对中部地区城镇多维贫困指数的贡献最大。

总体而言，在以上三个维度中，健康维度指标对中国及其四大区域城镇多维贫困指数的贡献率都最大；生活条件维度指标对中国及东、西部地区城镇多维贫困指数的贡献率都最小。

表 2 - 31　中国与不同区域城镇多维贫困指数（MPI）按指标分解及其贡献

单位：%

区域		全国		东部地区		中部地区		西部地区		东北地区	
剥夺临界值		0.4	0.5	0.4	0.5	0.4	0.5	0.4	0.5	0.4	0.5
维度	指标	对M0的贡献率	对M0的贡献率	对M0的贡献率	对M0的贡献率	对M0的贡献率	对M0的贡献率	对M0的贡献率	对M0的贡献率	对M0的贡献率	对M0的贡献率
教育	受教育情况	26.7	35.5	45.7	48.6	13.3	48.0	28.1	30.9	20.9	32.1
健康	健康状况	52.1	45.1	49.0	48.6	70.7	48.0	46.5	43.5	55.7	45.0
生活条件	住房条件	0.4	0.5	0.0	0.0	0.6	0.0	0.8	0.9	0.0	0.0
	户外路面	0.9	1.3	0.0	0.0	0.6	0.0	1.5	1.8	0.7	1.6
	饮用水	0.9	1.0	0.8	0.9	0.0	0.0	0.8	0.9	1.4	1.6
	卫生厕所	4.6	4.4	2.4	1.4	3.3	0.0	6.1	6.0	3.8	4.4

续表

区域		全国		东部地区		中部地区		西部地区		东北地区	
剥夺临界值		0.4	0.5	0.4	0.5	0.4	0.5	0.4	0.5	0.4	0.5
维度	指标	对 M0 的贡献率	对 M0 的贡献率	对 M0 的贡献率	对 M0 的贡献率	对 M0 的贡献率	对 M0 的贡献率	对 M0 的贡献率	对 M0 的贡献率	对 M0 的贡献率	对 M0 的贡献率
生活条件	沐浴设施	5.3	3.9	0.4	0.0	2.8	0.0	5.7	5.1	7.5	5.2
	炊用能源	3.1	3.6	0.4	0.0	1.7	0.0	4.5	5.3	2.6	3.6
	资产数量	4.5	3.5	0.4	0.0	5.0	2.0	4.2	4.2	6.4	5.2
	通信	1.4	1.3	0.8	0.5	2.2	2.0	1.7	1.6	1.0	1.2
	合计	21.1	19.5	5.2	2.8	16.2	4.0	25.3	25.8	23.4	22.8

（4）不同维度下城镇贫困发生率及区域比较

中国城镇"零维"贫困的人口占 73.39%，其中，东部地区城镇多维"脱贫"人口比重最大（86.28%），中部、东北地区依序次之，西部地区最小（64.13%）。

由表 2-32 可知，中国城镇的多维贫困最高只到七维。具体考察如下：①中国城镇一维贫困（即 10 个指标中只有 1 指标处于贫困状态，以下同理）发生率为 14.65%，其中，东北地区城镇一维贫困发生率最高（17.70%），中、西部地区依序次之，东部地区最低（9.96%）。②中国城镇二维贫困发生率为 4.99%，其中，东北地区城镇二维贫困发生率最高（7.06%），西部、中部地区依序次之，东部地区最低（1.93%）。③中国城镇三维贫困发生率为 3.26%，其中，西部地区城镇三维贫困发生率最高（5.47%），东北、中部地区依序次之，东部地区最低（1.35%）。④中国城镇四维贫困发生率为 2.43%，其中，西部地区城镇四维贫困发生率最高（4.07%），东北、中部地区依序次之，东部地区最低（0.46%）。⑤中国城镇五维贫困发生率为 0.87%，其中，西部地区城镇五维贫困发生率最高（2.49%），东北地区依序次之，中部、东部地区城镇五维贫困发生率均为 0。⑥中国城镇六维贫困发生率为 0.33%，其中，西部地区城镇六维贫困发生率最高（1.09%），东北地区依序次之，东、中部地区城镇六维贫困发生率均为 0。⑦中国城镇七维贫困发生率为 0.08%，其中，西部地区城镇七维贫困发生率最高（0.23%），东北地区依序次之，东、中部地区城镇七维贫困发生率均为 0。

表 2 – 32　中国城镇 N 维贫困下人口及其比重

单位：万人，%

N 维贫困	全国		东部地区		中部地区		西部地区		东北地区	
	人口	比重	人口	比重	人口	比重	人口	比重	人口	比重
0	3909	73.39	1078	86.28	899	74.49	816	64.13	606	67.14
1	780	14.65	124	9.96	193	15.98	201	15.82	160	17.70
2	266	4.99	24	1.94	58	4.79	85	6.70	64	7.06
3	174	3.26	17	1.36	32	2.66	70	5.47	32	3.59
4	129	2.43	6	0.46	25	2.08	52	4.07	30	3.3
5	46	0.87	0	0	0	0	32	2.49	9	0.95
6	18	0.33	0	0	0	0	14	1.09	1	0.17
7	4	0.08	0	0	0	0	3	0.23	1	0.10
合计	5326	100	1249	100	1207	100	1273	100	903	100

基于以上分析，经进一步归纳可得如下结论：第一，总体上，中国城镇居民中"零维"贫困户占绝大多数，但存在明显的区域差异性；第二，贫困维数越高，中国城镇贫困人口越少，相应维数的贫困发生率越低；第三，中国城镇多维贫困到达的贫困维数存在明显的区域差异性，其中，东、中部地区城镇的多维贫困最高均只到四维，而西部、东北地区城镇的多维贫困最高均到七维。

四　中国城乡特殊群体贫困现状与特点

对于妇女、儿童和老年人口的"贫困"测量，下文用 FGT 指数方法测量收入贫困和消费贫困。FGT 指数，即 Foster-Greer-Thorbecke 指数，由 Foster、Greer、Thorbecke 三位学者于 1984 年提出，是计算社会内部贫困深度和贫困广度的指数。

$$FGT_\alpha = \frac{1}{N} \sum_{i=1}^{H} \left(\frac{z - y_i}{z} \right)^\alpha$$

FGT 指数的值属于区间 [0，1]。y_i 表示个人收入，z 是贫困线，$FGT_0 = H/N$，H 为 z 贫困线下确定的贫困人口数量，N 为人口总数。参数 α 具有重要的经济意义，对于同一收入分配与相同的贫困线，参数 α 用来反映贫困回避程度，α 越大，贫困回避程度越高，或对极端贫困所赋予的权重将越大，对贫困人口中的收入分布也将更为敏感。当 α = 0 时，表示贫困发生率，是测量贫困广度的最常用指标，当 α = 1、α = 2 时，分别表示贫困距和平方贫困距，是测量贫困强度常用的两个指标。

（一）城乡妇女贫困状况——收入与消费视角

贫困女性化是对贫困家庭中"女户主家庭"增多、贫困人口中女性越来越多这个现象的一个概括，已逐渐成为发展中国家城市化进程中面临的巨大挑战。联合国妇女发展基金将贫困女性化描述为"贫困带给女性尤其是发展中国家女性的负担"。此定义说明贫困女性化既是缺乏收入的结果，也是社会和政府存在对其能力剥夺和性别偏见的结果。

（1）2015 年农村妇女贫困状况

从收入视角考察，在国家扶贫标准下，中国农村妇女的收入贫困发生率为 6.3%，而收入贫困深度和贫困强度分别为 0.069、0.917。其中，西部、东北地区农村妇女收入贫困发生率相对较高（分别为 8.8%、8.5%），中部地区次之，东部地区最低，仅为 1.7%；东北地区农村妇女的收入贫困深度和贫困强度均最大（0.295、6.731），西部、中部地区依序次之，东部地区均最小（0.014、0.054）。在国际贫困标准下，中国农村妇女收入贫困发生率为 11.0%，而收入贫困深度和贫困强度分别为 0.073、0.536。其中，西部地区农村妇女收入贫困发生率最高（17.3%），东北、中部地区次之，东部地区最低，为 3.0%；东北地区农村妇女的收入贫困深度和贫困强度均最大（0.244、3.824），西部、中部地区依序次之，东部地区均最小（0.017、0.036）。在农村相对贫困标准下，中国农村妇女收入贫困发生率为 19.0%，而收入贫困深度和贫困强度分别为 0.092、0.336。其中，西部地区农村收入贫困发生率最高（30.5%），东北、中部地区次之，东部地区最低，为 7.1%；东北地区农村妇女的收入贫困深度和贫困强度均最大（0.217、2.239），西部、中部地区依序次之，东部地区均最小（0.024、0.029）。就区域比较而言，西部地区农村妇女的收入贫困发生率最高，而东北地区农村妇女的收入贫困深度和贫困强度最大。

　　从消费视角分析，在国家扶贫标准下，中国农村妇女的消费贫困发生率为 9.1%，而消费贫困深度和贫困强度分别为 0.019、0.006。其中，西部地区农村妇女消费贫困发生率最高（13.8%），中部、东北地区次之，东部地区最低，仅为 3.3%；不仅如此，西部地区农村妇女的消费贫困深度和贫困强度均最大（0.029、0.010），中部、东北地区依序次之，东部地区均最小（0.005、0.001）。在国际贫困标准下，中国农村妇女的消费贫困发生率为 20.3%，而消费贫困深度和贫困强度分别为 0.051、0.019。其中，西部地区农村妇女消费贫困发生率最高（30.0%），中部、东北地区次之，东部地区最低，为 8.0%；而且，西部地区农村妇女的消费贫困深度和贫困强度均最大（0.079、0.030），中部、东北地区依序次之，东部地区均最小（0.018、0.006）。在农村相对贫困标准下，中国农村妇女消费贫困发生率为 37.4%，而消费贫困深度和贫困强度分别为 0.111、0.046。其中，西部地区农村妇女的消费贫困发生率最高（48.7%），中部、东北地区次之，东部地区最低，为 20.2%；而且，西部地区农村妇女的消费贫困深度和贫困强度均最大（0.159、0.070），中部、东北地区依序次之，东部地区均最小（0.046、0.017）。同样，就区域比较而言，西部地区农村妇女的消费贫困发生率最高且消费贫困深度和贫困强度均最大。

　　此外，从收入视角与消费视角比较来看（见表 2-33），三种贫困标准下中国及其四大区域的农村妇女消费贫困发生率基本都高于其收入贫困发生率，但其消费贫困深度与强度总体上均小于收入贫困深度与强度。

表 2-33　农村妇女贫困 FGT(α) 指数测度及分解

贫困标准	地区分布	贫困发生率 (α=0)			贫困深度 (α=1)			贫困强度 (α=2)		
		FGT(α)	S_k	S_k/v_k	FGT(α)	S_k	S_k/v_k	FGT(α)	S_k	S_k/v_k
收入贫困－国家扶贫标准	全国	0.063			0.069			0.917		
	东部地区	0.017	0.058	0.270	0.014	0.043	0.197	0.054	0.013	0.059
	中部地区	0.059	0.306	0.937	0.027	0.130	0.399	0.120	0.043	0.131
	西部地区	0.088	0.506	1.399	0.079	0.416	1.150	0.612	0.241	0.668
	东北地区	0.085	0.130	1.353	0.295	0.411	4.291	6.731	0.703	7.340

贫困标准	地区分布	贫困发生率（α=0）			贫困深度（α=1）			贫困强度（α=2）		
		FGT(α)	S_k	S_k/v_k	FGT(α)	S_k	S_k/v_k	FGT(α)	S_k	S_k/v_k
收入贫困－国际贫困标准	全国	0.110			0.073			0.536		
	东部地区	0.030	0.058	0.268	0.017	0.049	0.228	0.036	0.015	0.068
	中部地区	0.094	0.279	0.855	0.040	0.179	0.548	0.081	0.049	0.151
	西部地区	0.173	0.568	1.571	0.092	0.453	1.252	0.375	0.253	0.699
	东北地区	0.109	0.095	0.989	0.244	0.319	3.334	3.824	0.683	7.130
收入贫困－农村相对贫困标准	全国	0.190			0.092			0.336		
	东部地区	0.071	0.081	0.376	0.024	0.057	0.266	0.029	0.019	0.087
	中部地区	0.148	0.254	0.777	0.060	0.212	0.650	0.068	0.066	0.201
	西部地区	0.305	0.579	1.602	0.129	0.505	1.396	0.258	0.278	0.767
	东北地区	0.170	0.086	0.894	0.217	0.226	2.356	2.239	0.638	6.661
消费贫困－国家扶贫标准	全国	0.091			0.019			0.006		
	东部地区	0.033	0.078	0.359	0.005	0.062	0.289	0.001	0.041	0.190
	中部地区	0.088	0.315	0.965	0.019	0.326	0.999	0.006	0.347	1.062
	西部地区	0.138	0.547	1.512	0.029	0.567	1.569	0.010	0.580	1.603
	东北地区	0.058	0.060	0.631	0.009	0.044	0.459	0.002	0.033	0.340
消费贫困－国际贫困标准	全国	0.203			0.051			0.019		
	东部地区	0.080	0.085	0.393	0.018	0.075	0.347	0.006	0.066	0.304
	中部地区	0.187	0.302	0.924	0.048	0.305	0.934	0.018	0.317	0.970
	西部地区	0.300	0.534	1.478	0.079	0.558	1.543	0.030	0.567	1.568
	东北地区	0.167	0.079	0.823	0.033	0.062	0.648	0.010	0.050	0.526
消费贫困－农村相对贫困标准	全国	0.374			0.111			0.046		
	东部地区	0.202	0.117	0.541	0.046	0.090	0.415	0.017	0.078	0.363
	中部地区	0.366	0.319	0.978	0.105	0.311	0.954	0.044	0.310	0.950
	西部地区	0.487	0.470	1.301	0.159	0.520	1.438	0.070	0.544	1.503
	东北地区	0.364	0.093	0.974	0.091	0.079	0.823	0.033	0.068	0.708

（2）2015 年城镇妇女贫困状况

从收入视角考察，在国际贫困标准下，中国城镇妇女的收入贫困发生率为 0.4%，而收入贫困深度和贫困强度分别为 0.003、0.006。进一步从不同区域来看，西部地区城镇妇女收入贫困发生率最高（为 0.9%），东北地区次之，东、中部地区最低，均为 0.1%；西部地区城镇妇女的收入贫困深度和贫困强度均最大（0.006、0.017），东北、中部地区依序次之，东部地区城镇妇女的收入贫困深度和贫困强度均为 0。在城镇相对贫困标准下，中国城镇妇女收入贫困发生率为 11.8%，而收入贫困深度和贫困强度分别为 0.030、0.013。其中，西部、中部地区城镇妇女收入贫困发生率相对较高（17.3%、13.4%），东北地区次之，东部地区最低，为 6.7%；西部地区城镇妇女的收入贫困深度和贫困强度均最大（0.049、0.024），东北、中部地区依序次之，东部地区均最小（0.015、0.005）。相比其他三大区域，西部地区城镇妇女的收入贫困发生率最高，且收入贫困深度和贫困强度均最大。

从消费视角分析，在国际贫困标准下，中国城镇妇女的消费贫困发生率为 4.8%，而消费贫困深度和贫困强度分别为 0.011、0.004。具体分不同区域来考察，中、西部地区城镇妇女消费贫困发生率最高（均为 6.1%），东部地区次之，东北地区最低，为 2.5%；而且，中、西部地区城镇妇女的消费贫困深度和贫困强度相当且相对较大，东北地区次之，东部地区均最小（0.008、0.003）。在城镇相对贫困标准下，中国城镇妇女消费贫困发生率为 45.5%，而消费贫困深度和贫困强度分别为 0.158、0.077。其中，中部地区城镇妇女的消费贫困发生率最高（53.5%），西部、东北地区次之，东部地区最低，为 39.1%；而且，中部地区城镇妇女的消费贫困深度和贫困强度均最大（0.194、0.095），西部、东部地区依序次之，东北地区均最小（0.124、0.055）。同样，就区域比较而言，中、西部地区城镇妇女的消费贫困发生率相对较高，且消费贫困深度和贫困强度均相对较大。

此外，从收入视角与消费视角比较来看（见表 2-34），两种贫困标准下中国及其四大区域的城镇妇女消费贫困发生率都高于其收入贫困发生率，而且其消费贫困深度与强度总体上均大于收入贫困深度与强度。

表 2-34 城镇妇女贫困 FGT (α) 指数测度及分解

贫困标准	地区分布	贫困发生率 (α=0)			贫困深度 (α=1)			贫困强度 (α=2)		
		FGT(α)	S_k	S_k/v_k	FGT(α)	S_k	S_k/v_k	FGT(α)	S_k	S_k/v_k
收入贫困－国际贫困标准	全国	0.004			0.003			0.006		
	东部地区	0.001	0.054	0.197	0.000	0.017	0.061	0.000	0.006	0.023
	中部地区	0.001	0.074	0.288	0.001	0.084	0.327	0.001	0.029	0.115
	西部地区	0.009	0.649	2.360	0.006	0.621	2.256	0.017	0.748	2.721
	东北地区	0.005	0.224	1.139	0.004	0.279	1.421	0.007	0.216	1.100
收入贫困－城镇相对贫困标准	全国	0.118			0.030			0.013		
	东部地区	0.067	0.153	0.562	0.015	0.141	0.516	0.005	0.106	0.390
	中部地区	0.134	0.290	1.135	0.026	0.226	0.884	0.009	0.186	0.725
	西部地区	0.173	0.403	1.466	0.049	0.455	1.655	0.024	0.510	1.855
	东北地区	0.092	0.153	0.780	0.027	0.178	0.906	0.013	0.198	1.007
消费贫困－国际贫困标准	全国	0.048			0.011			0.004		
	东部地区	0.038	0.217	0.795	0.008	0.204	0.748	0.003	0.181	0.663
	中部地区	0.061	0.327	1.279	0.012	0.292	1.141	0.005	0.307	1.199
	西部地区	0.061	0.352	1.280	0.015	0.386	1.402	0.006	0.369	1.341
	东北地区	0.025	0.104	0.530	0.007	0.118	0.603	0.003	0.144	0.731
消费贫困－城镇相对贫困标准	全国	0.455			0.158			0.077		
	东部地区	0.391	0.234	0.858	0.129	0.222	0.815	0.062	0.219	0.802
	中部地区	0.535	0.300	1.174	0.194	0.314	1.227	0.095	0.318	1.241
	西部地区	0.480	0.290	1.055	0.178	0.310	1.127	0.090	0.322	1.170
	东北地区	0.407	0.176	0.894	0.124	0.154	0.785	0.055	0.142	0.723

（二）城乡儿童贫困状况——收入与消费视角

儿童是一个在心理、生理上比成人特殊的弱势群体，贫困则是儿童健康成长与日后全面发展的重要威胁因素。作为中国未来的重要人力资本基础，儿童尤应得到重视并免于贫困的影响。在世界范围内消除贫困和促进发展的进程中，儿童贫困问题在过去数十年中得到广泛关注，当前已成为社会面临的最紧迫问题之一。

在学术界，"儿童贫困"这个概念有广义和狭义之分。其中，狭义上，儿童贫困是指其家庭收入低于当地最低生活保障标准的所有儿童，聚焦于城乡低保家庭中的儿童、孤儿和受艾滋病影响的儿童（张时飞、唐钧，2009）；广义上，贫困儿童是指包括具有城市户籍的在城市社会生活中处于绝对贫困和相对贫困家庭的儿童，又含有长期至少六个月以上，含六个月在城市务工的进城务工家庭的儿童（冯晓杭、于冬，2008）；也有学者认为儿童贫困包括经济匮乏、剥夺、虐待、社会排斥等多个方面（栾文敬，2010）。

（1）2015 年农村儿童贫困状况

从收入视角考察，在国家扶贫标准下，中国农村儿童的收入贫困发生率为 7.9%，而收入贫困深度与贫困强度分别为 0.042、0.165。其中，东北地区农村儿童收入贫困发生率最高（为 12.2%），西部、中部地区次之，东部地区最低，仅为 1.4%；东北地区农村儿童的收入贫困深度和贫困强度均最大（0.225、2.120），西部、中部地区依序次之，东部地区均最小（0.007、0.005）。在国际贫困标准下，中国农村儿童收入贫困发生率为 13.4%，而收入贫困深度和贫困强度分别为 0.059、0.114。其中，西部地区农村儿童收入贫困发生率最高（达 20.4%），东北、中部地区次之，东部地区最低，为 3.5%；东北地区农村儿童的收入贫困深度和贫困强度均最大（0.201、1.262），西部、中部地区依序次之，东部地区均最小（0.013、0.007）。在农村相对贫困标准下，中国农村儿童收入贫困发生率为 23.5%，而收入贫困深度和贫困强度分别为 0.090、0.096。其中，西部地区农村收入贫困发生率最高（36.7%），中部、东北地区次之，东部地区最低，为 8.6%；东北地区农村儿童的收入贫困深度和贫困强度均最大（0.189、0.791），西部、中部地区依序次之，东部地区均最小（0.023、0.011）。就区域比较而言，西部地区农村儿童的收入贫困发生率相对最高（仅国家扶贫标准下除外），而东北地区农村儿童的收入贫困深度和贫困强度最大。

从消费视角分析，在国家扶贫标准下，中国农村儿童的消费贫困发生率为 10.9%，而消费贫困深度和贫困强度分别为 0.022、0.007。其中，西部地区农村儿童消费贫困发生率最高（17.6%），中部地区次之，东北、东部地区相当且相对较低，分别为 2.4%、2.3%；不仅如此，西部地区农村儿童的消费贫困深度和贫困强度均最大（0.037、0.012），中部、东部地区依序次之，东北地区均最小（0.003、0.001）。在国际贫困标准下，中国农村儿童的消费贫困发生率为23.7%，而消费贫困深度和贫困强度分别为0.061、0.022。其中，西部地区农村儿童消费贫困发生率最高（34.7%），中部、东北地区次之，东部地区最低，为10.2%；而且，西部地区农村儿童的消费贫困深度和贫困强度均最大（0.096、0.036），中部、东北地区依序次之，东部地区均最小（0.020、0.006）。在农村相对贫困标准下，中国农村儿童消费贫困发生率为42.8%，而消费贫困深度和贫困强度分别为0.130、0.055。其中，西部地区农村儿童的消费贫困发生率最高（54.8%），中部、东北地区次之，东部地区最低，为23.6%；而且，西部地区农村儿童的消费贫困深度和贫困强度均最大（0.185、0.083），中部、东北地区依序次之，东部地区均最小（0.055、0.019）。同样，就区域比较而言，西部地区农村儿童的消费贫困发生率最高，且消费贫困深度和贫困强度均最大。

综上，从收入视角与消费视角比较来看（见表2-35），三种贫困标准下中国及其四大区域的农村儿童消费贫困发生率都高于其收入贫困发生率，但消费贫困深度与强度基本小于收入贫困深度与强度。

表 2-35　农村儿童贫困 FGT（α）指数测度及分解

贫困标准	地区分布	贫困发生率（α=0）			贫困深度（α=1）			贫困强度（α=2）		
		FGT(α)	S_k	S_k/v_k	FGT(α)	S_k	S_k/v_k	FGT(α)	S_k	S_k/v_k
收入贫困-国家扶贫标准	全国	0.079			0.042			0.165		
	东部地区	0.014	0.026	0.170	0.007	0.024	0.158	0.005	0.004	0.028
	中部地区	0.065	0.344	0.815	0.014	0.140	0.333	0.006	0.015	0.035
	西部地区	0.117	0.531	1.469	0.058	0.493	1.364	0.071	0.155	0.428
	东北地区	0.122	0.099	1.541	0.225	0.343	5.328	2.120	0.826	12.848
收入贫困-国际贫困标准	全国	0.134			0.059			0.114		
	东部地区	0.035	0.040	0.260	0.013	0.033	0.214	0.007	0.009	0.060
	中部地区	0.109	0.342	0.812	0.033	0.239	0.566	0.014	0.052	0.124
	西部地区	0.204	0.552	1.526	0.083	0.509	1.408	0.070	0.224	0.619
	东北地区	0.138	0.066	1.028	0.201	0.220	3.415	1.262	0.715	11.113

续表

贫困标准	地区分布	贫困发生率（α=0）			贫困深度（α=1）			贫困强度（α=2）		
		FGT(α)	S_k	S_k/v_k	FGT(α)	S_k	S_k/v_k	FGT(α)	S_k	S_k/v_k
收入贫困－农村相对贫困标准	全国	0.235			0.090			0.096		
	东部地区	0.086	0.056	0.365	0.023	0.039	0.255	0.011	0.018	0.118
	中部地区	0.185	0.332	0.787	0.061	0.286	0.679	0.029	0.126	0.300
	西部地区	0.367	0.566	1.564	0.134	0.540	1.492	0.087	0.327	0.905
	东北地区	0.171	0.047	0.728	0.189	0.135	2.104	0.791	0.528	8.217
消费贫困－国家扶贫标准	全国	0.109			0.022			0.007		
	东部地区	0.023	0.031	0.206	0.004	0.029	0.191	0.001	0.020	0.132
	中部地区	0.097	0.374	0.888	0.019	0.360	0.854	0.006	0.359	0.852
	西部地区	0.176	0.581	1.606	0.037	0.602	1.665	0.012	0.614	1.699
	东北地区	0.024	0.014	0.215	0.003	0.009	0.141	0.001	0.006	0.094
消费贫困－国际贫困标准	全国	0.237			0.061			0.022		
	东部地区	0.102	0.065	0.428	0.020	0.050	0.326	0.006	0.039	0.256
	中部地区	0.209	0.371	0.880	0.052	0.359	0.852	0.019	0.357	0.848
	西部地区	0.347	0.528	1.459	0.096	0.569	1.574	0.036	0.589	1.630
	东北地区	0.132	0.036	0.558	0.021	0.022	0.339	0.005	0.014	0.221
消费贫困－农村相对贫困标准	全国	0.428			0.130			0.055		
	东部地区	0.236	0.084	0.552	0.055	0.064	0.421	0.019	0.053	0.350
	中部地区	0.409	0.403	0.955	0.117	0.380	0.902	0.048	0.368	0.874
	西部地区	0.548	0.464	1.282	0.185	0.517	1.431	0.083	0.550	1.522
	东北地区	0.331	0.050	0.773	0.077	0.038	0.592	0.024	0.028	0.438

（2）2015 年城镇儿童贫困状况

从收入视角考察，在国际贫困标准下，中国城镇儿童的收入贫困发生率为 0.4%，而收入贫困深度和贫困强度分别为 0.005、0.021。其中，西部地区城镇儿童收入贫困发生率最高（1.0%），东北、中部地区依序次之，东部地区城镇儿童收入贫困发生率为 0；西部地区城镇儿童的收入贫困深度和贫困强度均最大（0.013、0.061），东北、中部地区依序次之，东部地区城镇儿童的收入贫困深度和贫困强度均为 0。在城镇相对贫困标准下，中国城镇儿童收入贫困发生率为 15.7%，而收入贫困深度和贫困强度分别为

0.042 和 0.020。其中,西部地区城镇儿童收入贫困发生率最高（22.7%）,中部、东北地区依序次之,东部地区最低,为 6.5%；西部地区城镇儿童的收入贫困深度和贫困强度均最大（0.068、0.039）,东北、中部地区依序次之,东部地区均最小（0.013、0.003）。相比其他三大区域,西部地区城镇儿童的收入贫困发生率最高,且收入贫困深度和贫困强度均最大。

从消费视角分析,在国际贫困标准下,中国城镇儿童的消费贫困发生率为 5.4%,而消费贫困深度和贫困强度分别为 0.013、0.006。其中,西部地区城镇儿童消费贫困发生率最高（为 7.3%）,中部、东北地区次之,东部地区最低,为 3.2%；而且,中部地区城镇儿童的消费贫困深度和贫困强度最大（0.022、0.010）,西部、东北地区次之,东部地区均最小（0.005、0.001）。在城镇相对贫困标准下,中国城镇儿童消费贫困发生率为 46.5%,而消费贫困深度和贫困强度分别为 0.171、0.084。其中,中部地区城镇儿童的消费贫困发生率最高（56.4%）,西部、东北地区次之,东部地区最低,为 36.8%；而且,中部地区城镇儿童的消费贫困深度和贫困强度均最大（0.217、0.110）,西部地区依序次之,东部、东北地区相当且相对较小。同样,相比其他两大区域,中、西部地区城镇儿童的消费贫困发生率相对更高,且消费贫困深度和贫困强度均相对更大。

此外,从收入视角与消费视角比较来看（见表 2-36）,两种贫困标准下中国及其四大区域的城镇儿童消费贫困发生率都高于其收入贫困发生率,而且其消费贫困深度与强度总体上均大于收入贫困深度与强度。

表 2-36 城镇儿童贫困 FGT（α）指数测度及分解

贫困标准	地区分布	贫困发生率（α=0）			贫困深度（α=1）			贫困强度（α=2）		
		FGT(α)	S_k	S_k/v_k	FGT(α)	S_k	S_k/v_k	FGT(α)	S_k	S_k/v_k
收入贫困–国际贫困标准	全国	0.004			0.005			0.021		
	东部地区	0.000	0.000	0.000	0.000	0.000	0.000	0.000	0.000	0.000
	中部地区	0.002	0.136	0.481	0.002	0.086	0.305	0.001	0.018	0.063
	西部地区	0.010	0.628	2.307	0.013	0.631	2.319	0.061	0.786	2.887
	东北地区	0.007	0.236	1.596	0.010	0.282	1.911	0.028	0.197	1.329

续表

贫困标准	地区分布	贫困发生率 ($\alpha = 0$)			贫困深度 ($\alpha = 1$)			贫困强度 ($\alpha = 2$)		
		FGT(α)	S_k	S_k/v_k	FGT(α)	S_k	S_k/v_k	FGT(α)	S_k	S_k/v_k
收入贫困－城镇相对贫困标准	全国	0.157			0.042			0.020		
	东部地区	0.065	0.123	0.413	0.013	0.090	0.302	0.003	0.049	0.164
	中部地区	0.193	0.347	1.226	0.045	0.308	1.088	0.017	0.246	0.870
	西部地区	0.227	0.393	1.443	0.068	0.444	1.633	0.039	0.526	1.931
	东北地区	0.146	0.138	0.933	0.045	0.158	1.070	0.024	0.180	1.216
消费贫困－国际贫困标准	全国	0.054			0.013			0.006		
	东部地区	0.032	0.177	0.595	0.005	0.108	0.362	0.001	0.072	0.242
	中部地区	0.069	0.364	1.288	0.022	0.471	1.666	0.010	0.515	1.821
	西部地区	0.073	0.369	1.357	0.016	0.332	1.221	0.006	0.275	1.012
	东北地区	0.033	0.090	0.607	0.008	0.089	0.602	0.005	0.138	0.932
消费贫困－城镇相对贫困标准	全国	0.465			0.171			0.084		
	东部地区	0.368	0.235	0.792	0.123	0.214	0.721	0.058	0.203	0.684
	中部地区	0.564	0.343	1.213	0.217	0.360	1.272	0.110	0.370	1.309
	西部地区	0.500	0.293	1.076	0.200	0.319	1.173	0.102	0.330	1.214
	东北地区	0.405	0.129	0.872	0.123	0.107	0.722	0.055	0.096	0.650

　　基于以上分析，从城乡贫困儿童贫困状况比较来看，可知：第一，从收入贫困视角来看，在相同贫困标准下，中国及其四大区域农村儿童的收入贫困发生率、贫困深度及贫困强度基本都大于城镇儿童。第二，从消费贫困视角来看，在国际贫困标准下，中国及其四大区域农村儿童的消费贫困发生率、贫困深度及贫困强度基本都大于城镇儿童；与之相反，在城镇相对贫困标准下，中国及其四大区域城镇儿童的消费贫困发生率、贫困深度及贫困强度基本都大于农村儿童。

（三）中国老年贫困状况及特点

（1）老年贫困率

随着人口老龄化的加剧，老年贫困问题逐步显化。目前，中国老年人贫困的发生率较高，贫困人口规模巨大，贫困状况令人担忧。北京大学国家发展研究院 2013 年《中国健康与养老追踪调查》的数据显示，在 60 岁以上的老年人中，有 22.9% 的人（4240 万人）的消费水平位于贫困线以下。如果考虑到老年人的健康贫困、精神贫困等多维贫困问题，老年人的福利状况可能更差。由于老年群体贫困的发生率较高，并且成为新贫困人口中一个快速增长的群体，近年来老年人贫困问题备受学界和社会的关注。

如表 2-37 所示，以国际贫困标准衡量，城镇老年人的收入贫困发生率为 0.9%，但消费贫困发生率高达 13.3%，农村老年人的收入贫困发生率为 10.4%，消费贫困发生率高达 23%。若以相对贫困标准衡量，城镇老年人的收入贫困发生率为 6.6%，消费贫困发生率高达 52.2%，农村老年人的收入贫困发生率为 18.6%，消费贫困发生率为 42.6%。消费贫困的深度和强度都要大于收入贫困，西部地区的老年贫困发生率更高。

（2）老年贫困人口的特点

在城市老年贫困人群中，东部地区的比例较高；农村老年贫困人群主要集中在中、西部地区。分年龄看，无论城市还是农村，66 岁及以上人群占据三分之二。以收入贫困为例，在国际贫困标准下，城市贫困老人家庭中，超过 50% 有养老金，农村有养老金的比例却不到 30%，意味着农村家庭养老面临更重的负担。从消费支出结构来看，城市贫困老人家庭的食品消费支出比例略低于农村老人，医疗支出比例两者较为接近。

在居住条件方面，城市老年贫困的家庭主要表现为没有独用的卫生厕所、没有沐浴设施、主要炊用燃料为柴草、家庭资产数量少，农村贫困老人的居住条件则更差，住房、饮水、卫生等方面贫困的比例更高（见表 2-38）。

第三节 中国农村精准扶贫阶段扶贫取得的成效

2013 年中国进入精准扶贫、精准脱贫阶段以后，虽然面临不利的宏观经济环境，但是由于一系列精准扶贫政策和干预措施的实施，中国在减少农村贫困人口、改善贫困地区的基本公共服务等方面仍取得了显著的进展。

表2-37　老年贫困状态

	城市						农村					
	收入贫困			消费贫困			收入贫困			消费贫困		
	$\alpha=0$	$\alpha=1$	$\alpha=2$	$\alpha=0$	$\alpha=1$	$\alpha=2$	$\alpha=0$	$\alpha=1$	$\alpha=2$	$\alpha=0$	$\alpha=1$	$\alpha=2$
国际贫困标准												
全国	0.009	0.004	0.011	0.133	0.039	0.019	0.104	0.068	1.289	0.230	0.058	0.021
东	0.011	0.002	0.001	0.149	0.044	0.020	0.030	0.013	0.009	0.125	0.032	0.011
中	0.003	0.001	0.000	0.133	0.032	0.012	0.108	0.033	0.016	0.231	0.055	0.020
西	0.013	0.012	0.041	0.152	0.048	0.029	0.165	0.047	0.024	0.333	0.088	0.032
东北地区	0.007	0.003	0.002	0.088	0.030	0.015	0.127	0.381	11.942	0.236	0.052	0.018
相对贫困标准												
全国	0.066	0.017	0.006	0.522	0.191	0.097	0.186	0.087	0.755	0.426	0.125	0.052
东	0.090	0.019	0.006	0.529	0.198	0.103	0.096	0.024	0.013	0.282	0.071	0.029
中	0.055	0.015	0.006	0.599	0.213	0.103	0.170	0.059	0.029	0.445	0.127	0.051
西	0.075	0.023	0.009	0.481	0.190	0.100	0.276	0.091	0.044	0.536	0.177	0.077
东北地区	0.034	0.010	0.003	0.472	0.157	0.076	0.235	0.329	6.832	0.452	0.124	0.049
国家扶贫标准												
全国							0.053	0.065	2.288	0.103	0.020	0.006
东							0.017	0.008	0.007	0.067	0.012	0.003
中							0.056	0.015	0.009	0.098	0.019	0.006
西							0.070	0.024	0.015	0.154	0.031	0.010
东北地区							0.092	0.477	21.350	0.082	0.018	0.006

资料来源：笔者根据国家统计局2015年抽样调查数据计算得到。

表2-38 老年贫困人口的特点

地区	收入贫困				消费贫困			
	国际贫困标准		相对贫困标准		国际贫困标准		相对贫困标准	
	城市	农村	城市	农村	城市	农村	城市	农村
地区								
东（%）	38.06	7.98	34.01	14.27	41.27	14.94	30.73	18.21
中（%）	7.92	35.79	24.62	31.61	20.6	34.65	28.22	36.06
西（%）	36.12	43.25	27.46	40.62	27.37	39.48	22.08	34.41
东北（%）	17.9	12.98	13.91	13.50	10.76	10.93	18.97	11.33
年龄								
61~65岁（%）	34.9	36.1	41.4	33.7	37.0	36.1	39.8	38.8
66岁及以上（%）	65.1	63.9	58.6	66.3	63.0	63.9	60.2	61.2
收入								
家庭人均收入（元）	2658.4	1326.8	10268.4	2731.3	14286.5	6872.4	23740.3	7869.2
养老金（%）	54.9	29.3	40.0	22.3	28.1	18.7	52.5	15.6
消费								
家庭人均消费（元）	6951.9	4664.7	9279.9	4991.6	5352.1	4371.2	12310.6	5109.8
食品（%）	38.2	39.9	35.1	38.0	36.8	39.0	32.8	37.7
医疗（%）	16.3	8.1	8.8	9.5	8.4	9.9	10.2	10.3
居住条件								
无管道供水（%）	15.3	39.3	8.0	35.0	8.0	36.5	3.6	32.5

续表

	收入贫困				消费贫困			
	国际贫困标准		相对贫困标准		国际贫困标准		相对贫困标准	
	城市	农村	城市	农村	城市	农村	城市	农村
饮水不安全（%）	0.2	1.7	0.1	1.9	0.0	2.4	0.1	2.2
饮水困难（%）	6.5	20.2	4.7	17.0	5.5	15.1	3.1	14.1
建筑材料为竹草土坯（%）	2.8	13.5	1.2	11.0	2.1	8.4	0.7	7.7
住宅外路面非水泥柏油（%）	11.2	28.3	9.7	25.3	11.2	24.6	3.9	22.8
饮水不安全或不方便（%）	6.7	21.9	4.8	18.6	5.5	17.4	3.1	16.0
无独用的卫生厕所（%）	53.9	77.7	37.7	75.5	48.6	73.7	20.1	69.8
无沐浴设施（%）	46.3	62.7	30.1	57.7	26.9	55.8	18.7	52.4
主要炊用燃料为柴草或煤炭（%）	32.7	63.3	31.2	63.0	30.4	63.5	14.7	59.7
资产数量不超过1件（%）	48.6	62.0	30.8	57.3	25.3	56.2	16.4	53.2
无联网的电话或计算机（%）	36.6	53.5	16.4	50.1	22.3	52.3	9.1	46.1

资料来源：笔者根据国家统计局2015年抽样调查数据计算得到。

一 贫困人口连续较大规模减少

2012 年以后受国际经济形势变化和国内增长方式调整的影响，中国经济进入了新常态。从 2012 年至 2016 年中国人均 GDP 年增长速度为 6.1%，比前 4 年（2008~2011 年）平均增速下降了 3 个百分点，降低了 31%。经济增速大幅下降，使经济增长对减贫的自动拉动作用明显降低。

在经济增长速度下降给减贫带来不利影响的同时，经过前 30 多年快速减贫的过程，中国减贫的势能也在减弱，剩余贫困人口脱贫的难度越来越大。在这样严峻的宏观经济形势和脱贫形势下，2013 年至 2017 年，全国农村贫困人口减少了 6600 万人。这充分说明最近几年中国实施的精准扶贫、精准脱贫系列措施，通过政府和社会多方面的努力，有效冲抵了经济增速放缓和减贫难度加大对脱贫进程的不利影响。中国继过去 30 多年创造出通过有效管理发展过程实现持续减贫的中国经验之后，现在又在试验和探索在宏观经济环境不利条件下对剩余少量贫困人口进行脱贫攻坚的做法。最近 5 年的脱贫进程表明，中国在脱贫攻坚方面取得了符合预期的效果。

二 全国贫困农村社区农户基础设施和基本公共服务明显改善

改善贫困地区农户的基础设施、公共服务和基本生活条件，既是中国脱贫攻坚的重要任务和必要内容，又是支持和保证脱贫攻坚效果可持续的重要物质基础。虽然近几年社会和媒体关注的重点一直放在贫困人口脱贫方面，但是相较于贫困人口数量的减少，其实基础设施和公共服务改善无论是对所在社区还是对扶贫对象自我发展能力的持续提升都毫不逊色。

据国家统计局贫困监测调查结果，2013 年至 2016 年，贫困村农户的住房、饮水、厕所和炊用燃料等生活条件方面都取得了长足的改善。与住房安全相关的居住竹草土坯房农户比重，在此期间下降了 3.2 个百分点（见表 2 - 39），大体上与中国贫困地区危房改造的进展一致。从不同角度表征贫困村农户用水困难和安全性进步的 3 个指标，从 2013 年至 2016 年取得了明显的改善。如饮水无困难的农户比重，从 80.4% 提高到

87.9%，提高了7.5个百分点；使用管道供水的农户比重，从53.1%提高到67.4%，上升了14.3个百分点；使用经过净化处理自来水的农户比重此间提高了近10个百分点。中国在农村饮水方面所取得的进步，贡献了世界上同期饮用改良水源人口增加量的近50%。2013年至2016年，中国贫困地区炊用燃料主要使用柴草的农户比重下降了近10个百分点，考虑到中国多数贫困地区地处山区且可替代燃料不多，这一变化的取得实属不易。

表2-39 2013~2016年全国贫困农村社区基础设施和公共服务改善情况

单位：%

指标	2013年	2014年	2015年	2016年
居住竹草土坯房的农户比重	7.7	7	5.7	4.5
使用照明电的农户比重	99.2	99.5	99.8	99.3
使用管道供水的农户比重	53.1	55.5	61.5	67.4
使用经过净化处理自来水的农户比重	30.9	33.4	36.4	40.8
饮水无困难的农户比重	80.4	82.3	85.3	87.9
独用厕所的农户比重	92.3	93.3	93.6	94.2
炊用柴草的农户比重	61.1	59.4	54.9	51.4
所在自然村通公路的农户比重	97.8	99.1	99.7	99.8
所在自然村主干道路硬化的农户比重	88.9	90.8	94.1	96
所在自然村能便利乘坐公共汽车的农户比重	56.1	58.5	60.9	63.9
所在自然村通电话的农户比重	98.3	99.2	99.7	99.9
所在自然村能接收有线电视信号的农户比重	79.6	88.7	92.2	94.2
所在自然村通宽带的农户比重			71.8	79.8
所在自然村垃圾能集中处理的农户比重	29.9	35.2	43.3	50.9
所在自然村有卫生站的农户比重	84.4	86.8	90.4	91.4
所在自然村上幼儿园便利的农户比重	71.4	74.5	76.1	79.7
所在自然村上小学便利的农户比重	79.8	81.2	81.7	84.9

资料来源：国家统计局住户调查办公室：《中国农村贫困监测报告2017》，中国统计出版社，2017。

过去几年中国贫困农村社区的交通、通信基础设施可及性显著改善。2016年所在自然村通公路的农户比重达到了99.8%，几乎所有监测贫困社区都通了公路；在可达性改善的同时，社区主干公路道路硬化的农户比重从 2013 年的 88.9% 提高到 2016 年的 96%，绝大多数农村社区公路晴通雨阻的状况得到了根本性的改观；到 2016 年有近 64% 的农户在自然村就可以便利地乘坐公共汽车，提高了交通的便利性，降低了交通的交易成本。贫困农村社区的通信尤其是互联网的可及性的改善速度更甚于交通可及性和通畅性的改善。到 2016 年几乎贫困地区所有监测农户都实现了电话/手机的可及性；贫困农村社区可接收有线电视信号的农户比重从 2013 年的不到 80% 提高到 2016 年的 94.2%，基本实现了有线电视信号对贫困社区农户的全覆盖；贫困农村社区宽带使用，从无到有，在过去两年实现了飞跃式发展，到 2016 年贫困村通宽带的农户比重达到了 79.8%，为贫困地区突破与外地联系的自然障碍、电商发展等提供了基础通信设施的支持。

2013 年以来，贫困农村社区的基本公共服务得到了改善，使其与全国农村之间的差距缩小了。2013 年至 2016 年，贫困农村社区垃圾能集中处理的农户比重从 29.9% 提高到 50.9%，改善速度远远超过全国农村平均水平。贫困农村社区医疗服务的可及性有了一定的改善，所在自然村有卫生站的农户比重，从 2013 年的 84.4% 提高到 2016 年的 91.4%，提高了 7 个百分点；贫困农村社区农民小孩上幼儿园和小学便利性得到改善，所在自然村小孩上幼儿园和上小学便利的农户比重，从 2013 年到 2016 年分别提高了 8.3 个百分点和 5.1 个百分点。

第四节　结论

改革开放以来，中国农村贫困人口持续减少，农民人均可支配收入有较大幅度增长，生活条件与各项公共服务状况也有所改善。但与全国农村平均水平相比，农村贫困人口收入依然处于劣势，且地区间与农村内部收入差距依然存在，深度贫困地区仍是脱贫攻坚工作的重点。从多维贫困的角度来看，教育是中国及各地区农村多维贫困中被剥夺最严重的维度。城镇贫困方面，贫困人口的收入水平足以支持生存所需，但落后于城镇社会整体发展水平。从多维贫困来看，健康是城镇贫困中受剥夺最严重的维度。农民工的贫困程度在各种测量方法和标准下均高于城镇居民平均水平，教育是其在多维贫困中受剥夺最严重的维度。此外，妇女、儿童和老人等特殊群体的贫困是城乡减贫工作需要共同关注的问题。

第三章

中国扶贫政策演变、现状及挑战

第一节　中国城乡扶贫现状

受城乡二元体制和城乡间发展差异的影响，中国迄今为止一直实行城乡分割的碎片化的扶贫体系。其主要特点是：以户籍为基础的城乡扶贫体系各自独立，户籍在农村、生活在城镇的进城农民工的扶贫存在制度性缺失；中央扶贫政策和资源向农村倾斜，在农村建立了包括开发式扶贫、社会保障和惠农政策在内的比较完备的扶贫治理和干预体系；城镇户籍人口的扶贫，主要通过公共就业支持和社会保障来提供。

一　中国城镇扶贫体系

中国城镇贫困问题大规模显现是在20世纪90年代国有企业改制之后。在此之前，中国城镇贫困总体上表现为所有城市居民的生活水平都相对低下的整体性特征，那段时期城镇扶贫主要以临时性救济来应对。从1984年底开始，中央开始了城市体制改革，希望通过深化国有企业的经营体制改革促进城镇经济的发展，但直到20世纪90年代中期前仍通过补贴困难甚至亏损企业的方式来支撑以国有企业就业为基础的城镇民生体系。20世纪90年代中期以后尤其是2000年以后，随着国有企业体制改革的深入，大批国有企业破产和大量企业职工下岗失业，迫使中国政府放弃原来以临时性救济为主的城镇扶贫方式，开始探索建立适应市场化条件的新的城镇扶贫体系。

中国的城镇扶贫体系，主要以就业和再就业支持与社会保障两部分内容组成。有关社会保障的政策及其实施情况，将在本部分第三章进行专题讨论。这里先分析城镇失业人员和困难就业人员救助和再就业支持的扶贫情况。

（一）城镇下岗失业人员救助和再就业援助

1994 年，当时的劳动部组织上海、沈阳、青岛、成都、杭州等 30 个城市进行再就业工程试点。1995 年 4 月，国务院办公厅转发了劳动部关于实施再就业工程的报告，中国城镇下岗失业人员再就业工程正式启动。随后逐渐建立了城镇下岗失业人员救助和就业援助政策体系。根据现行政策，在法定劳动年龄内，有劳动能力且符合要求，处于无业状态的城镇常住人员，可在常住地的公共就业服务机构进行失业登记。只有登记失业人员才能享受相关就业扶持政策和服务。政府对失业人员的救助和支持，主要包括：领取失业保险、享受就业服务、创业支持三个方面。

第一，满足条件的失业人员可领取失业保险金，标准不低于所在城镇的城镇居民最低生活保障标准。失业人员失业前用人单位和本人累计缴费满一年不足 5 年的，领取失业保险金的期限最长为 12 个月；累计缴费满 5 年不足 10 年的，领取失业保险金的期限最长为 18 个月；累计缴费 10 年以上的，领取失业保险金的期限最长为 24 个月。重新就业后，再次失业的，缴费时间重新计算，领取失业保险金的期限与前次失业应当领取而尚未领取的失业保险金的期限合并计算，最长不超过 24 个月。

第二，享受公共就业服务。登记失业人员可以免费享受政策咨询、职业指导、职业介绍等公共就业服务；参加职业培训和技能鉴定的，可享受职业培训补贴、职业技能鉴定补贴；可以免费享受政府指定机构的创业培训和创业指导、专家服务等。

第三，鼓励失业人员创业，具体包括以下 5 项举措。

①提供个人创业担保贷款。城镇登记失业人员从事个体经营（国家限制的行业除外，且为微利项目）、网络创业或创办小微企业的，可申请额度不超过 10 万元的创业担保贷款；对合伙经营与组织起来就业的，可按人

均不超过 10 万元、总额度不超过 40 万元确定贷款规模。对通过创业担保贷款扶持实现成功创业、信用记录好、贷款按期归还、贷款使用效益好、项目规模进一步扩大且带动就业 3 人以上的个体经营项目，可给予二次贷款。贷款期间，可在中国人民银行公布的贷款基准利率的基础上上浮 3 个百分点给予贴息。贷款和贴息期限不超过 2 年，展期和逾期不贴息。通常要求创业担保贷款申请人及其家庭成员（以户为单位）没有商业银行的其他贷款历史记录。

②场地租金补贴或创业孵化基地房租物业水电费补贴。部分地区对城镇登记失业人员初次创办的小微型企业，创办 3 年内租用经营场地和店铺，给予一定比例的租金补贴；对入驻创业园区和创业孵化基地的创业项目，以及入驻高层次人才、高技能人才创业园的科技型小微企业，可给予最长不超过 3 年的房租物业补贴和一定数额的水电费补贴。

③初次创业社会保险补贴。部分地区对符合条件的失业人员初次从事个体经营或创办小微企业，按其实际缴纳的社会保险费给予一定年限的社会保险补贴。

④免收行政事业性收费。对登记失业人员从事个体经营，自取得营业执照起 3 年内免收管理类、登记类和证明类等有关行政事业性收费。

⑤自主创业税收优惠。登记失业人员创办个体工商户、个人独资企业，3 年内按每户每年 9600 元为限额依次扣减其当年实际应缴纳的营业税、城市维护建设税、教育费附加、地方教育附加和个人所得税。纳税人年度应缴税款小于上述扣减额的，以其实际缴纳的税款为限；大于上述扣减限额的，应以上述扣减额为限。

（二）就业困难人员救助和就业创业支持

中国政府针对城镇就业困难人员制定了专门的救助和就业创业支持政策。就业困难人员是指因身体状况、技能水平、家庭因素、失去土地等原因难以实现就业，以及连续失业一定时间仍未能实现就业的人员。法定劳动年龄内的家庭人员均处于失业状况的城市居民家庭，即所谓零就业家庭，通常被作为一种特殊的就业困难人员对待。中国政府对就业困难人员的救助和支持，首先要求其到所在地登记，并经街道、社区公共就业服务机构确认属实的，纳入就业援助范围才能享受。对援助对象的认定办法，由省级劳动保障行政部门依据当地人民政府规定的就业援助对象范围制定。

困难就业人员可享受登记失业人员上述的所有待遇。政府要求公共就业服务机构建立就业困难人员帮扶制度，通过落实各项就业扶持政策、提供就业岗位信息、组织技能培训等有针对性的就业服务和公益性岗位援助，对就业困难人员实施优先扶持和重点帮助。政府在规范认定程序的基础上，对就业困难人员实行实名制动态管理和分类帮扶。在原则上坚持市场导向，鼓励其到企业就业、自主创业或灵活就业。对用人单位招用就业困难人员，签订劳动合同并缴纳社会保险费的，在一定期限内给予社会保险补贴。对就业困难人员灵活就业并缴纳社会保险费的，给予一定比例的社会保险补贴。

对通过市场渠道确实难以实现就业的，可通过公益性岗位予以托底安置，并给予社会保险补贴及适当岗位补贴。社会保险补贴和岗位补贴期限最长不超过3年，对初次核定享受补贴政策时距退休年龄不足5年的人员，可延长至退休。

对最低生活保障家庭中有劳动能力并处于失业状态的成员，通过贷款贴息、社会保险补贴、岗位补贴、培训补贴、费用减免、公益性岗位安置等办法，给予就业救助。同时要求最低生活保障家庭中有劳动能力但未就业的成员，应当接受人力资源和社会保障等有关部门介绍的工作；无正当理由，连续3次拒绝接受介绍的与其健康状况、劳动能力等相适应的工作的，县级人民政府民政部门应当决定减发或者停发其本人的最低生活保障金。在实践中，各地探索出了综合性的城镇就业困难人员救助和帮扶办法。

案例：山东济宁市任城区坚持城乡统筹一体推进精准扶贫

任城区是济宁市的中心城区，农村贫困人口相对较少，在脱贫攻坚中，任城区通盘考虑，坚持用精准扶贫的理念为城乡困难群众服务。该区实施"精准扶贫+"系列计划，将政府救助类政策从农村扩大到城区，凡是农村贫困人口享受的扶贫政策，城区同样享受，上级有政策无资金的该区自筹解决，区财政专门设立3000万元扶贫基金。对城区困难群众，充分借助辖区企业多、就业机会多的优势，开展"一对一"就业推介和服务，并优先安置到城管、环卫等公益性岗位。印发了《关于对特困家庭实行临时救助的意见》，区财政每年列支100万元临时救助金和"慈善捐款"70%的资金，对城乡特困家庭因大病、车祸、火灾等突发事故造成生活困难的，实行动态救助，并提高救助标准，可一次性给予5000元至50000元的临时救助；救助后仍无法摆脱困境的，实行连续救助。积极推进社会慈善救助，构建起区级慈善总会、镇街慈善分会、村级慈善联络工作站三级慈善救助网络，动员社会力量募集救助资金，对贫困群众实施最贴身、最贴心的救助。目前，全区15个镇街全部建立慈善分会，70%以上的村居（社区）建立了慈善联络站，筹集各类慈善救助金9000多万元，设立冠名基金超过1000万元的企业达到18家，"微基金"达到80多家；农村乡镇、城区街道均组织开展了慈善募捐、爱心救助等多种多样的活动，救助困难家庭2150户困难群众9000多人次。这一做法起到了多重积极效应：①帮扶更能帮到"点子"上。募集的善款，由村或社区实施帮扶，最了解贫困户需要帮什么、怎么帮，帮扶效果更明显。②促进了社会风气的好转。"守望相助、扶贫济困"的传统美德得到弘扬，乡亲近邻的援助之手，也让贫困群众得到更多的精神慰藉。③提升了基层治理水平。"社会捐助的良心钱，干部群众一起管"，对每一笔资金帮谁，怎么花，都征求意见、公开公示，基层财务政务管理得到了进一步规范。

（三）城镇就业支持扶贫的成效

从中国人力资源和社会保障部统计数据来看，中国通过支持再就业和救助困难就业人员等措施，帮助相当部分城镇失业人员和困难就业人员实现了就业。据统计，"十二五"期间，中国失业人员再就业2770万人，就业困难人员就业890万人。这意味着只有60%左右的城镇登记失业人员实现了再就业。考虑到大量的城镇流动人口和本地在非正规部门就业的城镇失业人员很少去进行失业登记，城镇失业人员通过再就业救助和支持来解决生计的比例要远低于60%（见图3-1）。

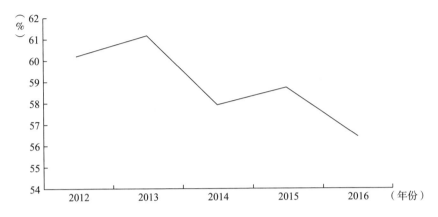

图3-1　2012～2016年中国城镇登记失业人员再就业率

资料来源：根据《2016年度人力资源和社会保障事业发展统计公报》，中华人民共和国人力资源和社会保障部网站，http://www.mohrss.gov.cn/SYrlzyh-shbzb/zwgk/szrs/tjgb/201805/t20180521_294286.html 整理。

二　中国改善农民工生计的政策与实践

长期以来，中国扶贫体系中没有赋予农民工以应有的地位，农民工贫困在体制和政策层面都没有得到足够的重视。原因主要有如下三点：第一，农民工在以户籍为基础的扶贫体系中被划归为农村居民，但是他们多数时间生活在城镇，户籍所在地不能清楚掌握农民工的收入和支出情况，因此很少有农民工能被列为农村扶贫对象；第二，农村扶贫对象识别时，通常先验地假定农民工在城镇待着就一定能够获得收入，否则他们会返回农村，因此容易被排除在农村扶贫对象之外；第三，农民工多数为城镇常住人口，但国家政策和各地城镇扶贫工作中长期以来都很少将其视为城镇居民，导致农民工很少有机会享受到城镇扶贫政策的照顾。农民工被城乡扶贫和社会支持政策都排除在外的情况，最近几年有了比较明显的改观。尤其是2014年《国务院关于进一步做好为农民工服务工作的意见》和2016年《国务院关于实施支持农业转移人口市民化若干财政政策的通知》发

布之后，中央部门和地方都出台了相关的政策来改善农民工的生计和社会
服务。

（一）就业培训和社会救助

2014 年以来，中国部分城镇将农民工纳入城镇就业培训和社会救助等
城镇常规扶贫政策受益对象的范围。如《大连市新型城镇化规划（2016 –
2020)》明确提出将符合条件的农业转移人口纳入城镇最低生活保障范围，
并计划到 2020 年使其域内城镇失业人员、农民工、新成长劳动力接受基本
职业技术培训覆盖率提高到 95% 以上。

但是，农民工作为一个群体在多数城镇还不能依法享受就业培训和就
业救助，尤其是在大型和特大型城市面临就业困难的农民工更是难以获得
政府的必要援助。农民工在城镇享受低保救助的情况总体上比较少，主要
由于中国城镇低保以地方财政投入为主。如果城镇低保向农民工开放，造
成大量的以享受低保为目的的农业人口转移，则是目前的财政能力和配套
设施等所无力承担的。

（二）住房保障

近年来部分省市出台了新的住房保证政策，使符合条件的农民工可以
享受原来只属于城镇居民的住房保障政策。如四川省政府出台了相关的政
策，将向农民工定向分配公共租赁住房纳入地方政府公共租赁住房保障体
系，对农民工逐步消除户籍差别，按照城镇本地户籍居民同等准入条件、
同等审核流程、同等保障标准申请享受同品质的住房保障；并提出具体的
计划，2015 年将当年竣工的公共租赁住房的 30% 定向供应农民工，并且要
求向农民工供应的公共租赁住房平均租金按市场租金的 50% 左右确定。广
西、湖北恩施等地也都出台了将一定比例的城镇公租房分配给农民工的政
策。2014 年恩施州正式出台了《恩施州公共租赁住房管理办法》，将符合
条件的外来务工人员（含农民工）纳入公共租赁住房供应范围，到 2016
年 11 月底全州共为农民工配租配售公租房 2701 套。

但是，现行农民工享受城镇住房保障的政策事实上都设定了比较严格
的条件。在多数地区只有具有稳定工作的农民工才可能享受到住房保障政
策，而多数农民工尤其是农民工中比较脆弱的部分人群既享受不到也享受

不起目前以公租房和经适房为主的住房保障政策。

(三) 随迁子女教育

农民工随迁子女教育一直是农民工支持政策中的一个重点和难点问题。2001 年《国务院关于基础教育改革和发展的决定》首次明确提出了流动儿童义务教育应以流入地政府为主，以公办学校为主（即后来的"两为主"政策）。从此以后各地都先后出台了一系列改善农民工随迁子女就学的政策和措施，农民工随迁子女上学的困难得到了一定程度的缓解。但困扰农民工子女上学面临的增加的经费负担和与在地城镇居民争夺教育资源两大问题长期没有得到有效的解决。2015 年《国务院关于进一步完善城乡义务教育经费保障机制的通知》明确了要推动实现财政转移支付同农业转移人口市民化挂钩，创新义务教育转移支付与学生流动相适应的管理机制，实现相关教育经费可携带，增强学生就读学校的可选择性。该通知要求从 2016 年春季学期开始统一城乡义务教育学生均公用经费基准定额，从 2017 年春季学期开始，统一城乡义务教育学生"两免一补"政策。这一新政策的出台和落实，有可能部分解决农民工子女教育经费负担的问题。

目前各地对农民工随迁子女参加义务教育的政策大同小异。基本上都是要求申请的农民工具有在当地的合法稳定职业、合法稳定住所（含租赁）和一定的社会保险年限，差别在于一些中小城市对就业时间和居住时间的限制放得更开。如石家庄市要求在市内连续居住 3 年以上且参加社会保险 2 年以上才能在公办学校申请入学，但对在当地参加小升初和中考的要求随迁子女小学 6 年之内、初中 3 年之内要保持家庭住址相对稳定。一些中小城市的要求相对更低，如广西钦州市虽然也要求农民工提供户口簿（如果法定监护人与适龄儿童少年不在同一户口簿，则须提供双方户口簿）、广西壮族自治区居住证、住所证明（法定监护人的房屋所有权、购房合同、房屋租赁证明等 3 项材料中的任何一项）、务工证明（国家规定的劳动合同、纳税证明、营业执照等 3 项材料中的任何一项），但在年限和证明材料方面的要求已经很宽松。

（四）医疗和养老保障

近年来中国政府逐步推动医疗保险异地就医和结算、城乡居民社会养老保险统筹和异地转移。这两方面的政策如果能够得到有效的实施，将有可能突破制约农民工享受医疗和养老保险政策的关键瓶颈。但是，从各地实施的情况来看，除了全国统一的社保信息系统建设滞后和具体操作政策不够细化之外，医疗保险报销比例偏低、城乡居民最低社会养老保险补助标准低是存在的主要问题。如果没有医疗救助政策的城乡统筹，农民工因病致贫的情况将难以有实质性的改变；以现在的城乡居民社会养老保障标准，农民工尤其是没有稳定收入来源的农民工在城镇养老，同样举步维艰。

三 中国农村区域开发扶贫历程回顾和讨论

从1984年开始，中国的体制改革重心从农村转入城市。在不断地试验和总结经验教训的基础上，中国逐步探索并初步建立起有中国特色的社会主义市场经济体制，确立了以改革、开放和发展为主线的国家整体战略，快速推进了国家的工业化和城镇化。在这个体制和发展双重转型的过程中，国家经济实现了长时间的高速发展，为中国的减贫创造了前所未有的良好机遇。与此同时，针对农村从全面的制度约束导致的贫困向区域性条件约束贫困和农户能力约束贫困转变的特点，中国政府从1986年开始启动了中国历史上规模最大的农村专项反贫困计划。此计划的目标是采取特殊的政策和措施，促进贫困人口和贫困地区自我发展能力的提高和推动区域经济发展来稳定减缓和消除贫困。

中国政府从1986年开始持续30多年组织和实施的农村扶贫开发，经历了多个连续但具有不同阶段性目标、政策和干预措施的扶贫开发规划期。从战略目标和关键干预来看，1986年以来中国农村扶贫开发，可以以2013年为界线划分为两个大的阶段。前一阶段可称为区域开发扶贫阶段，以改善贫困地区的发展条件、提升贫困人口利用经济增长所创造机会能力为重点政策和干预目标；后一阶段为精准扶贫阶段，以全过程精准扶贫和精准脱贫为特点。其中区域开发扶贫阶段，根据其政策目标、干预措施的不同，又可以划分为 1986～1993 年、"八七"扶贫攻坚计划时期（1994～2000 年）、第一个 10 年扶贫开发规划期（2001～2010 年）和 2011～2013 年 4 个时期。本部分将重点介绍 1986～2013 年中国农村扶贫开发在 4 个时期的目标、主要政策和干预及取得的效果。精准扶贫阶段的政策、干预和效果将在后面 3 个部分进行讨论。

（一）1986～1993 年中国农村扶贫开发

（1）主要政策和措施

1986～1993 年中国农村扶贫采取的主要措施包括：

第一，建立从中央到县一级的扶贫开发专门机构，即贫困地区经济开发领导小组（1993 年 12 月 28 日改为"扶贫开发领导小组"）及其办公室，负责制定扶贫政策、确定扶贫对象、制订中期和年度扶贫计划、分配扶贫资金和项目、协调与相关部门的关系、对扶贫项目进行监督检查等工作。

第二，确定了开发式扶贫的基本方针，从以救济式扶贫为主改为以扶持贫困地区发展的开发式扶贫为主。

第三，确定了扶贫开发的主要对象，1986 年中央划分了 18 个片区，确定了 331 个国家级贫困县，各省区另外确定了 368 个省级贫困县。制定国家贫困标准，明确以 1985 年农民人均纯收入 200 元为贫困标准。

第四，安排专项扶贫资金，增加对贫困地区的资金投入，在此期间中央政府主要安排了 3 项扶贫专项资金，分别是支援不发达地区发展资金（简称发展资金）、以工代赈资金和扶贫贴息专项贷款，八年中央政府累计安排专项扶贫资金 416 亿元，其中财政无偿资金（包括发展资金和以工代赈资金）170 亿元，扶贫贴息贷款 246 亿元。

第五，出台了一系列其他的优惠措施，包括：核减粮食合同定购任务、酌量减免农业税、免征贫困地区新办开发性企业所得税、对贫困县实行财政定额、专项和困难补助、开展定点扶贫等。①

---

① 国务院贫困地区经济开发领导小组办公室：《中国贫困地区经济开发概要》，中国农业出版社，1989。

总体来看，在这一时期实行的农村扶贫开发措施，基本上属于区域扶贫开发的战略。但在具体的扶贫方式上，尚处于摸索前行的阶段。在这期间不少地方尝试过扶贫贷款给经济实体的间接扶贫方式，也尝试过直接贷款到农户的方式，但始终未能解决贷款到达农户的比重低和还款率低并存的问题。扶贫的内容上主要包括支持农户发展种养业、改善农村基础设施、农田水利设施。

（2）取得的主要成效

经过八年的扶贫开发，农村绝对贫困人口数量有了较大规模的减少。按 1984 年贫困标准，中国农村未解决温饱的人口①从 1985 年的 1.25 亿人减少到 1993 年的 7500 万人，平均每年减少了 625 万人。

（二）1994～2000 年"八七"扶贫攻坚计划时期的农村扶贫开发

经过前八年的扶贫开发，中国农村贫困人口的数量进一步减少，但同时扶贫减贫的难度也在不断加大。中国政府意识到如果不采取特别措施，就可能难以实现国家"七五"计划提出的到 20 世纪末基本解决温饱问题的目标。1994 年，中国政府出台了旨在到 2000 年基本解决剩余农村贫困人口温饱问题的《国家八七扶贫攻坚计划》，力争用七年左右的时间（1994～2000 年），基本解决当时全国农村 8000 万贫困人口的温饱问题。这是中国历史上第一个具有明确目标的扶贫计划。

（1）主要政策和措施

在"八七"扶贫攻坚计划实施期间，为了如期完成计划设定的目标，中国政府采取了一系列新的扶贫政策和措施（国务院扶贫开发领导小组办公室，2006）。

第一，重新调整了贫困县。针对前一阶段确定的部分贫困县经过八年扶持后贫困状况有明显减缓，同时又存在部分未纳入国家扶持的县（市）农民依然比较贫困的现实，中国政府在 1994 年重新确定了选择贫困县的标准，并按新的标准在全国确定了 592 个贫困县。

---

① 中国政府用于测量 1978 年至 2008 年农村人口贫困的标准很低，在这个标准上，农户食品消费支出占其家庭消费支出的 85%，属于严格意义上的温饱标准。

第二，较大幅度地增加国家的扶贫投入。从 1994 年到 2000 年，中央政府通过发展资金、以工代赈资金和扶贫贴息贷款形式提供的扶贫资金累计 1130 亿元，年均 161.4 亿元，比 1986 ～ 1993 年平均增加近 110 亿元，增长 2.1 倍，其中财政扶贫资金年均增加 55.3 亿元①，增长 3.4 倍。

第三，进一步加强科技扶贫的力度。通过制定《1996—2000 年全国科技扶贫规划纲要》、选派科技干部和人员到贫困地区任职、安排"星火计划"科技扶贫贷款、实施科技扶贫示范项目（温饱工程）、支持农业产业化等措施，向贫困地区推广农业实用技术，提高贫困地区农民的农业技术水平和科技在贫困地区农业发展中的贡献率。

第四，动员社会力量进行社会扶贫。通过组织政府部门、科研院校和大中型企业与贫困地区的对口扶贫、东西合作扶贫以及鼓励非政府组织和国际机构参与扶贫等方式，动员社会力量和社会资源参与和支持扶贫事业，一方面增加扶贫资源的投入，推进扶贫方式的创新，另一方面也让更多的机构和人民了解和支持贫困地区和扶贫。据不完全统计，从 1994 年至 2000 年社会扶贫投入约 300 亿元。

第五，逐步调整扶贫对象，在扶贫中更加关注对贫困户的直接扶持。为了帮助贫困农户增收、尽快摆脱贫困，从 1996 年以后中国农村扶贫资金的投入逐步向贫困农户倾斜，扶贫贷款的一半左右直接投向农户。

总的来看，在这一时期，中国政府除了出台上述专门的扶贫政策和措施以外，各有关部门还出台了其他让贫困地区和贫困农户受益的政策、措施。比如，"国家贫困地区义务教育工程"、交通扶贫、文化扶贫，以及受益范围包括贫困地区的农村交通、电力、广播、电视等行业发展政策，都在不同程度上对这一时期的农村扶贫开发起了重要的作用。从 1998 年开始实施的西部大开发战略、退耕还林政策，虽然不仅仅针对贫困地区和贫困农户，但由于其受益区域多数为贫困人口比较集中的区域，也在相当程度上发挥了减缓农村贫困的重要作用。

---

① 从 1994 年开始年均以工代赈资金为 40 亿元，比 1986 ～ 1993 年年均增长 27 亿元。

（2）取得的主要成效

第一，贫困地区经济实现较快增长，与全国农民平均收入的差距有所缩小。全国 592 个国定贫困县农民人均纯收入从 1993 年的 483.7 元增加到 2000 年的 1338 元，增长了 74%。贫困县农民人均纯收入相当于全国平均水平的比例从 1993 年的 48.8% 提高到 2000 年的 59.4%。贫困县人均财政收入从 1993 年的 70.15 元增加到 2000 年的 124.33 元，增长了 77.2%。地方财政收入的增长幅度高于农民收入和地区经济增长的幅度。

第二，贫困地区的基础设施条件得到了比较明显的改善。2000 年全国贫困县通电村、通电话村、通邮村、通公路村、安全饮水村所占比重分别达到 95.4%、72.2%、75.6%、91.9% 和 73.4%，都比 1993 年时有了比较明显的提高。

第三，贫困地区社会服务事业有了较大发展，贫困地区与全国平均水平之间在一些社会发展指标方面的差距有所缩小。1993 年之后，贫困地区的教育、医疗和文化落后状况有了一定的改善。到 2000 年底，贫困县内 89% 的行政村有小学，26% 的村开办了幼儿园，95% 的行政村能接收电视节目，93% 的行政村有医务室或乡村医生，都较七年前有了明显的改观。

第四，贫困人口的规模和贫困发生率缩小。从 1993 年到 2000 年全国未解决温饱的农村人口减少到 3209 万人。

（三）2001～2010 年的农村扶贫开发

在这一时期，中国经历了加入世贸组织、中国特色社会主义市场经济体制改革深化、对外开放的深度和广度不断加大的重大宏观经济环境变化。在区域政策上，上一时期出台的西部大开发政策进一步深化实施。在农村，中央出台了以"四减免、四补贴"[①] 为代表的一系列支农、惠农政策。在全国建立了农村最低生活保障制度、农村新型合作医疗、农村新型社会养老保险制度，实行了农村义务教育免交学费政策等。在扶贫开发方面，2001 年中共中央、国务院出台了《中国农村扶贫开发纲要（2001—

---

① 减免农业特产税、牧业税、农业税和屠宰税；提供粮食直补、综合直补、粮种补贴和农机具购置补贴。

2010 年)》(以下简称《纲要 1》),从而将中国农村扶贫开发推入一个新的阶段。

(1) 主要政策和措施

第一,调整扶贫开发的战略目标。《纲要 1》确定的中国农村扶贫开发的战略目标是:"尽快解决极少数贫困人口温饱问题;进一步改善贫困地区的基本生产生活条件,巩固温饱成果;提高贫困人口的生活质量和综合素质,加强贫困乡村的基础设施建设,改善生态环境,逐步改变贫困地区社会、经济、文化的落后状态,为达到小康水平创造条件。"

第二,调整贫困县和扶贫标准。2001 年中央将国家级重点县改称为国家扶贫开发重点县,还调整了重点县,将东部 6 省的 33 个县及西藏的贫困县指标收归中央,重新分配给中西部其他省区;西藏作为集中连片贫困地区给予整体扶持,东部 6 省则不再由国家统一进行减贫的工作部署。中国政府在 2008 年将扶贫标准从年人均纯收入 895 元提高到 1196 元,提高了 1/3 强。扶贫标准提高,使可享受扶贫政策优惠的扶贫对象增加了 3000 万人口。

第三,完善扶贫开发战略和方式。在此期间,中国政府仍将引导贫困地区农民在国家的帮助和扶持下,开发当地资源,发展生产力,提高贫困农户自我积累、自我发展能力,继续作为当时农村扶贫开发的战略方针。在总结 1986 年以来中国扶贫开发经验和教训的基础上,中国政府进一步完善了农村开发式扶贫的政策和战略,在《纲要 1》中确定了后来被概括为"政府主导、社会参与、自力更生、开发扶贫、全面发展"的农村扶贫开发方针。较之 1986~2000 年比较强调开发式扶贫的政策,这一方针更加全面和系统。最关键的是将社会参与和全面发展两个重要的理念纳入新的扶贫开发战略中来,从战略高度确定了社会参与在中国农村扶贫开发中的地位和作用,突破了单一的以增收为导向的扶贫思路,将贫困地区水利、交通、电力、通信等基础设施建设和科技、教育、卫生、文化等社会事业的发展,纳入开发式扶贫的范畴。

在延续"八七"扶贫攻坚计划时期主要扶贫开发政策和措施的基础上,2001 年以后,中国农村扶贫开发确定了整村推进、贫困地区劳动力转移培训和产业化扶贫三个重点扶贫方式。这三个重点扶贫方式与之前业已开始的移民扶贫、科技扶贫和社会扶贫共同构成了这一时期农村扶贫开发的基本干预框架。

第四，建立全国农村最低生活保障制度（简称"低保"），将低保标准以下的农村贫困人口纳入低保。2007年中国在全国范围内，建立了农村最低生活保障制度。到2010年底，全国有5214万农村人口享受了低保，占全国农村户籍人口的5.4%。2010年全国农村低保受益人口平均享受低保补助840元①，相当于当年国家农村扶贫标准的66%。农村低保制度的建立，为农村因丧失劳动能力或遭受意外事件而陷入极端贫困的农民，提供了最后的生活保障，同时也有力地促进了贫困人口的减少。

低保制度出台以后，中国政府积极开展农村最低生活保障制度和扶贫开发政策两项制度有效衔接的试点（即建档立卡工作）。2009年试点，2010年铺开，到2013年试点范围扩大到1000多个县。通过两项衔接试点，确定了近3000万贫困户和9000万贫困人口。

（2）取得的主要成效

在这10年，由于政府在扶贫开发方面进行的持续努力以及经济持续增长和一系列惠农政策实施的影响，中国农村扶贫开发取得了比较明显的成效。突出表现在以下四个方面：

第一，农村贫困人口减少。从2000年到2010年按2008年贫困标准，全国农村贫困人口从9422万人减少到2688万人，绝大多数具有劳动能力和生存条件的贫困人口解决了温饱问题；按2010年贫困标准（2010年价格农民人均纯收入2300元）全国农村贫困人口减少了29657万人，年均减少2965.7万人，是1978年以来中国减贫速度最快的一个时期（国家统计局农村社会经济调查总队，2003；国家统计局农村社会经济调查司，2008）。

第二，重点扶贫工作县的农民收入实现了较快增长。2001~2010年重点县农民人均纯收入增长了1.57倍和51.7%（未扣除物价因素），比同期

---

① 《2010年12月份全国县以上农村低保情况》，中华人民共和国民政部网站，http://files2.mca.gov.cn/cws/201107/20110711152301813.htm。

全国平均数高 6.5 个百分点。此间重点县农民家庭经营收入方面，比全国平均增长速度高得更多，这在一定程度上说明政府在推进扶贫工作尤其是农民收入增长方面取得了比较明显的效果。

第三，重点县外出务工劳动力数量有了一定的增长。从 2001 年到 2010 年重点县外出务工劳动力比重增长了 9 个百分点，只比同期全国农村平均少增 1 个百分点。表明此间贫困地区基本上同步分享了中国工业化城市化所增加的就业机会。

第四，重点县和重点村的基础设施和社会服务条件得到了比较明显的改善。与全国平均改善程度相比，2001～2010 年重点县在公路、供电、教育、卫生等方面的改善程度都要大得多。2001～2010 年重点县通公路、通电、通电话和通广播电视行政村所占比重分别提高了 7.5 个百分点、2.8 个百分点、25.9 个百分点和 2.9 个百分点，学龄儿童在校率提高了 4 个百分点。这些方面的指标基本接近了全国农村平均水平。这在一定程度上说明整村推进扶贫在改善受益重点村的基础设施和公共服务条件方面，产生了积极和显著的效果。

（四）2011～2013 年的农村扶贫开发

2011 年中国政府发布《中国农村扶贫开发纲要（2011—2020 年）》（简称《纲要 2》），提出了新的扶贫目标和扶贫战略，将中国农村扶贫推进到了一个新的阶段。在《纲要 2》实施的同时，2014 年 1 月 25 日中共中央办公厅、国务院办公厅印发《关于创新机制扎实推进农村扶贫开发工作的意见》，将中国农村扶贫推进到一个以"精准扶贫、精准脱贫"为中心的新的历史时期。有关精准扶贫政策及其效果，将在下一部分进行讨论。这里主要介绍 2011～2013 年中国农村扶贫开发的扶贫政策及其效果。

（1）主要扶贫战略和政策

第一，调整扶贫战略目标。《纲要 2》提出 2011～2020 年中国农村扶贫的战略目标是：到 2020 年，稳定实现扶贫对象不愁吃、不愁穿，保障其义务教育、基本医疗和住房。贫困地区农民人均纯收入增长幅度高于全国平均水平，基本公共服务主要领域指标接近全国平均水平，扭转发展差距扩大趋势。

第二，将连片特困地区作为扶贫开发的主战场。

根据区域发展环境对微观减贫制约增大、少数民族贫困人口所占比重上升的形势，《纲要2》将六盘山区等14片连片特困地区，确定为这10年全国农村扶贫开发的主战场。

虽然《纲要2》同时提出了"片为重点、工作到村、扶贫到户的工作机制"，但确定将连片特困地区作为扶贫开发的主战场的战略，表明中国的开发式扶贫再次回归到在1986年启动大规模开发式扶贫计划时所确定的区域开发扶贫的路上。这种战略调整，一方面表明中国政府进一步重视贫困人口所在区域发展的作用，另一方面也表明在扶贫开发中更加注重区域内跨县干预措施的规划和协调。

第三，增加和调整贫困县，扩大扶贫政策受益范围。

根据新的扶贫战略要求，国家确定了680个连片特困地区县（简称片区县），其中包括440个扶贫工作重点县。同时按照"高出低进、出一进一、自主调整、总量控制"的原则对原来的592个重点县进行了再一次大范围调整，调出38个，调进38个。680个片区县和152个片区外重点县总共832个贫困县成为国家农村扶贫开发的重点对象。

第四，适应扶贫开发战略目标调整需要，大幅度提高农村扶贫标准。

2011年中国政府将按2010年价格表示的扶贫标准从原来的1274元提高到2300元，提高了80.5%。扶贫标准提高以后，低保标准与扶贫标准之间收入距离拉大了，为开发式扶贫留出了必要的工作空间，同时也使可以享受扶贫政策的农村贫困人口增加了1亿人。

第五，明确实行专项扶贫、行业扶贫和社会扶贫相结合的政策，构筑综合扶贫的格局。

《纲要2》首次明确提出将行业扶贫与专业扶贫、社会扶贫一起，列为中国农村扶贫的三个基本方式，从而构筑起新的综合扶贫的大格局。在三大扶贫中，专项扶贫亦即专项开发式扶贫，自1986年以来就作为中国扶贫的一项重要创新和基本战略，一直在实施；社会扶贫，在从20世纪80年代定点扶贫开始，到"八七"扶贫攻坚计划时期，尤其是1996年以后，也一直被作为政府主导的开发扶贫的一个重要补充在发挥积极作用；行业扶贫在《纲要2》中首次被作为与专项扶贫、社会扶贫并列的重要扶贫战略明确提出来，对于引导和促进行业部门的投资和项目向贫困地区倾斜，具有积极的意义。

（2）取得的主要成效

《纲要2》出台以后，中央安排了各片区中央牵头部门，牵头部门会同相关中央部委和相关片区的地方政府，陆续制订并开始实施片区扶贫开发规划。按照《纲要2》确定的扶贫战略，除了中央增加了扶贫开发投入以外，中央部门的资金和项目也明显向片区倾斜，有力地推动了全国农村的扶贫开发工作。2011~2013年，中国在减少贫困人口、增加扶贫工作重点县的收入和改善贫困地区的基础设施等方面，取得了新的进展。

第一，农村贫困人口减少速度加快，低保的减贫作用初步显现。《纲要2》有关政策的有效实施，加上中央加强支农惠农政策力度、低保和养老等社保标准提高以及经济增长等因素的综合作用，2011~2013年中国农村贫困人口继续减少。2010年至2013年现行标准农村贫困人口减少了8318万人，每年减少农村贫困人口2727.7万人。

第二，贫困县农民收入增长较快，与全国平均水平的相对差距有所缩小。在此期间贫困县农民收入增长较快，其农民人均收入与全国平均水平的相对差距有明显缩小，贫困县与全国农民人均收入的比例（以全国为100），从2011年的53.7%提高到2013年的71%。[1]

第三，贫困地区的基础设施和社会服务条件得到进一步改善，全国农村之间在发展条件方面的差距有所减小。2011~2013年贫困地区的道路、供电、通信和文化基础设施条件得到了进一步改善，与全国农村平均水平的差距继续缩小。

四　中国当前农村精准扶贫政策体系及其评价

为了便于分析和讨论，我们简单、武断地将中国精准扶贫中"扶什

---

[1]　2011年以后扶贫工作重点县有所调整，但调整幅度不大，总体上具有可比性。另外，2013年开始，国家统计局公布的全国城乡居民收支调查和统计指标和口径发生了变化，农民可支配收入取代了农民纯收入。不过虽然两个指标的绝对量存在一定的差异，但计算的比值结果仍具有可比性。

么"视为精准扶贫的干预体系，而将"扶持谁、谁来扶"这类执行层面的问题视为精准扶贫的政策体系。严格来说，这种划分是不合适的。这是因为中国政府主导扶贫计划、实施和监督考评全过程，扶贫干预和扶贫政策经常是密不可分的，所有的干预中都包含支持和保障每项具体干预实施的政策。但是，以每项干预为对象进行分析，又难以避免遗漏或重复支撑和保障所有干预的基础性政策内容。因此，我们在研究中，选择将有关治理体系、问责、考核评估、扶贫资源投入和社会资源动员以及扶贫对象识别与动态调整 4 个方面的问题，置于精准扶贫政策体系下讨论，而将针对不同的贫困表现和致贫原因的干预单独作为一部分在后文进行分析。

（一）扶贫治理体系

2013 年以后，中国政府大幅度提高了扶贫开发在国家政治经济生活中的地位，将精准扶贫作为省级及以下各级党委、政府的最优先工作任务之一。为此，中国政府加强和部分重构了其扶贫治理体系，使之成为保障和实现精准扶贫最可靠的组织和制度基础。

（1）加强省级扶贫领导和工作机构

中国在 2001 年就明确了扶贫开发工作中省负总责的体制，然而支撑省级扶贫开发领导和工作的组织机构却一直比较弱。2015 年以前多数省级扶贫开发领导小组由分管农业的副省长或其他副职省级领导担任组长，部分省级扶贫办甚至还挂靠在省内其他部门之下，多数省扶贫办存在不同程度的专业人员短缺现象，使省在组织上难以承担起总揽全省扶贫开发任务的职责。2015 年以后，中、西部省（自治区、直辖市）都建立起了以省委书记担任组长的扶贫开发工作领导小组，省级扶贫办绝大多数都达到了正厅级标准，少数省甚至安排省委副秘书长或省政府副秘书长兼任省扶贫办主任，省级扶贫领导小组和扶贫办的组织、协调能力得到明显的提升，从而在组织上为扶贫开发工作省负总责提供了保障。

（2）明确行业部门和东部发达地区政府的扶贫责任

中国自 1996 年以来就明确将行业部门参与扶贫、东西协作扶贫、定点帮扶纳入大扶贫框架中，并在《中国农村扶贫开发纲要（2011—2020

年)》中确定了专业扶贫、行业扶贫和社会扶贫的格局。但是，行业部门、参与东西部协作扶贫东部地区政府的扶贫责任很少被明确界定，也鲜有行业部门和参与扶贫协作的政府制订具体的扶贫行动计划，他们的行为也一直游离于国家扶贫的监管体系之外。2013 年以后，尤其是《中共中央国务院关于打赢脱贫攻坚战的决定》出台以后，中央和国务院明确了各相关部门和东西扶贫协作参与政府的扶贫责任，绝大多数承担扶贫责任的部门都先后制订了本部门牵头扶贫任务的实施计划或行动计划，据统计，各部门出台了 173 个政策文件或实施方案；参与扶贫协作的东部地区有关省、市政府也拿出了具体的协作支持计划，从而使扶贫治理的广度得到了坚实的延伸。

（3）建立和加强基层扶贫治理体系

基层扶贫治理乏力，一直是阻碍中国扶贫政策和计划有效落实的重要因素。从 1986 年以来，中国在贫困县（后来的扶贫工作重点县和片区县）就建立了专事扶贫工作和管理的领导小组和办公室，1996 年《中共中央国务院关于尽快解决农村贫困人口温饱问题的决定》中要求"贫困地区的党政一把手，特别是贫困县的县委书记和县长，要以高度的责任感和使命感亲自抓扶贫开发，抓解决温饱问题"，并在 2001 年出台的《中国农村扶贫开发纲要（2001—2010 年）》中提出了"省负总责，县抓落实，工作到村，扶贫到户"的扶贫工作机制，要求"扶贫开发工作重点县，必须把扶贫开发作为党委和政府的中心任务，以扶贫开发工作统揽全局"。但是，2013 年以前贫困县的县级党委和政府很少把扶贫真正当作县的中心工作，多数县级扶贫管理机构（扶贫办）配备人数不足，只能对少数重点扶贫工作行使监督、检查之责，遑论对县域内所有贫困村和贫困户因地制宜采取针对性帮扶。2013 年以前，贫困县的乡镇政府多数只有一名左右的专职扶贫干部；贫困村党支部和村委会多数都不同程度存在干部不能足额配备且年龄和知识老化的情况，加上村干部工资低且得不到保障，村级组织在扶贫工作上大多只能起到组织开会和上传下达的作用。

2013 年以来，一系列创新性政策使基层扶贫治理软化和弱化的局面得到了很大的改变。首先，党委、政府扶贫绩效考核制度建立和考核指标调整以及相应的问责制的严格执行，使贫困县级党委和政府真正将扶贫开发作为县委和政府的中心工作来抓，县乡专职扶贫机构和人员得到了充实和加强，县级扶贫办的工作人员数量有了大幅度的增加，多数县扶贫办都配备了数十名甚至上百名专职扶贫工作人员，扶贫工作机制中确定的县抓落实有了基本的组织和人员保障。其次，乡镇扶贫工作机构和人员也得到了充实。多数有扶贫工作重点村的乡镇建立和加强了乡镇扶贫工作站，配备了更多的工作人员，一些乡镇扶贫工作站配备了10多个扶贫工作人员，使乡镇真正可以承担起应负的扶贫工作职责。最后，在加强贫困村村级党支部和村委会队伍能力建设的同时，所有贫困村都配备了扶贫第一书记和扶贫工作队员。据统计，全国共选派77.5万名干部驻村帮扶，其中中央组织部组织选派了19.5万名优秀干部到贫困村和基层党组织薄弱涣散村担任第一书记，实现了所有扶贫工作重点村驻村帮扶和第一书记全覆盖。贫困村第一书记和驻村扶贫工作队是在原有扶贫治理体系里面不存在的一种治理力量，这一治理力量的进入在某种程度上改善了过去在县和村、户之间扶贫管理比较薄弱的环节，使过去因为人少、工作忙或者其他原因，扶贫工作很难具体深入一家一户的情况得到了根本性的扭转。① 这些由上级下派的驻村干部既有县和有关组织部门的授权，又有时间和相应的条件来对一家一户的贫困状况和致贫原因进行摸底调查，并能在扶贫资金、扶贫项目的精准安排和帮扶措施的实施中起到重要的作用。

中国在精准扶贫时期对扶贫治理体系的改造，是以加强政府扶贫工作组织和实施的有效性为中心目标设计的。从实践结果来看，改造后的扶贫治理体系确实比以前更加有效地在政府的主导下运行。这种扶贫治理体系与中国目前的政治制度和国家治理体系是相适应的。但是，这种扶贫治理体系客观上进一步弱化了贫困地区基层组织和贫困人群在扶贫干预的计划、实施和管理中的作用，增加了基层扶贫工作对政府组织的依赖性。一旦为精准扶贫所构建的扶贫组织体系不再运行，尤其是每年下派的近百万

---

① 《创新扶贫治理体系　推动精准扶贫迈上新台阶》，光明网，http://theory.gmw.cn/2016-09/09/content_21904122.htm。

扶贫第一书记和驻村工作队员撤走后,贫困农村基层组织的能力将出现下降。

(二) 扶贫问责和监督考核制度

2013 年以来,中国逐步完善了扶贫的问责、考核和评估制度。扶贫开发目标和任务约束不力、考核和问责虚置,一直是中国扶贫治理中存在的问题。虽然中央早就确立了"中央统筹,省负总责,县抓落实"的扶贫工作机制,但由于没有建立有针对性和约束力的扶贫绩效考核制度,加之问责不力、信息不够公开等原因,中国扶贫治理工作进展缓慢,以致扶贫政策和计划难以得到有效执行,扶贫到村入户举步维艰,诸如扶贫资金违规违纪甚至违法使用的情况时有发生。有鉴于此,从 2013 年开始,中共中央和国务院将加强扶贫问责和考核评估作为实现脱贫攻坚的重点和主要抓手。

(1) 建立扶贫问责制

建立具有有法可依的扶贫工作问责制,实现扶贫工作体制和机制的制度化和可操作性。具体的措施包括:第一,制定《脱贫攻坚责任制实施办法》,明确规定各级党委和政府以及政府部门在脱贫攻坚中的职责,使"中央统筹,省负总责,县抓落实"的扶贫工作机制实现制度化,构建起各负其责、合力攻坚的扶贫责任体系;第二,将中央、国务院有关脱贫攻坚的重要政策举措落实的任务,明确分解到中央各个有关部门,使部门责任落实、督查和考核有据可依;第三,中、西部 22 个省(自治区、直辖市)党政主要负责同志与中央(国务院扶贫开发领导小组)签署脱贫攻坚责任书,立下军令状,使脱贫攻坚工作机制中省负总责的部分成为可核查、可追责的硬任务;第四,通过保持贫困县党政正职在脱贫攻坚期内的稳定,将贫困县脱贫攻坚的责任与县及党政主要领导直接捆绑起来,使县级党政领导有责任和压力去抓好脱贫攻坚任务的落实;第五,通过强化贫困村第一书记和扶贫工作队的责任和考核,使向农村基层延伸的扶贫治理可以通过问责制来加以实现。在扶贫治理中,中国充分利用了制度优势,来规范和落实各级治理主体的扶贫责任。

（2）建立脱贫攻坚监督、巡查和考核制度

督查、巡查制度

2015 年以来，中国通过建立全方位的脱贫攻坚督查、巡查制度，加强对各级扶贫开发工作责任和任务落实的监督。中央制定了《脱贫攻坚督查巡查工作办法》（下文简称《办法》），明确督查巡查主体的职责和任务。按照《办法》的规定，国务院扶贫开发领导小组负责"建立健全扶贫成效考核、贫困县约束、督查巡查、贫困退出等工作机制，组织实施对省级党委和政府扶贫开发工作成效考核，组织开展脱贫攻坚督查巡查和第三方评估"；中央纪委机关对脱贫攻坚进行监督执纪问责；最高人民检察院对扶贫领域职务犯罪进行集中整治和预防；审计署对脱贫攻坚政策落实和资金重点项目进行跟踪审计；各民主党派应当做好脱贫攻坚民主监督工作。自 2016 年开始国务院扶贫开发领导小组对各地落实中央决策，部署开展督查巡查；委托 8 个民主党派中央，分别对 8 个贫困人口多、贫困发生率高的省份在攻坚期内开展脱贫攻坚民主监督。国务院扶贫办通过设立"12317"扶贫监督举报电话接受媒体和社会的监督；通过加强与纪检监察、财政、审计等部门的专业监督的信息沟通和连接，把各方面的监督结果运用到考核评估和督查巡查中。

监督、巡查制度的建立，对于改善扶贫治理、完善扶贫管理发挥了积极的作用。以扶贫审计为例，审计署在 2013 年、2016 年分别组织了两次扶贫专项审计，2017 年 1 月至 3 月，对 20 个省区市的 158 个扶贫重点县和片区县开展了扶贫政策落实和财政专项资金管理和使用情况审计。审计结果显示，各地在落实国家精准扶贫、精准脱贫部署、探索脱贫攻坚的有效途径方面取得了显著的成效。审计也发现了一些问题。比如 2017 年的审计发现的问题有：精准识别的基础工作不够扎实，有 105 个县的 11.34 万名建档立卡贫困人口的基本信息不准确或未及时更新，其中甚至出现了个别建档立卡贫困户已置办高档轿车、商品房等情况，存在村干部在建档立卡中优亲厚友的现象，19 个县的脱贫人口中约有 1.7 万人未达到国家要求的脱贫条件；部门政策衔接不够或数据不共享，造成教育扶贫、健康扶贫、小额信贷、易地扶贫搬迁、以工代赈等政策落实不到位；扶贫资金阳光化管理要求仍未能得到有效落实，日常监管不够到位，骗取套取、违规使用、借机牟利的资金达到 3.81 亿元，而总体上问题金额的比例为 7.93%，涉及金额 26.65 亿元。[①]

扶贫考核、评估制度

2013 年以来，中国建立了一整套脱贫攻坚的考核评估制度，对保证国家精准扶贫政策和计划的有效执行提供了有力的支持。中国的扶贫考核、评估制度由多个相关的考核、评估制度和形式组成。

省级党委、政府扶贫成效考核。2016 年 2 月，中共中央办公厅、国务院办公厅印发了《省级党委和政府扶贫开发工作成效考核办法》，对中、西部 22 个省（自治区、直辖市）党委和政府扶贫开发工作成效的考核内容、方法和结果运用做出明确规范。考核的内容和指标有：减贫成效，包括建档立卡贫困人口数量减少和贫困县退出计划完成、贫困地区农村居民收入增长 3 个指标；精准识别，包括贫困人口识别、退出准确率 2 个指标精准帮扶，用群众对驻村工作队和帮扶责任人帮扶工作的满意度指标来评价；财政扶贫资金绩效考核结果。在考核方法上做了重大改进，将第三方评估进入省级党委、政府的考核中。

财政扶贫资金绩效考核。中国政府从 2008 年开始对财政专项扶贫资金绩效进行考评，2017 年中国政府修订发布了《财政专项扶贫资金绩效评价办法》。修改后的考核内容包括财政专项扶贫资金投入、拨付、监管和使用成效以及机制创新与违规违纪。财政扶贫资金绩效考核一个重要的突破是将扶贫对象、扶贫项目和资金计划的公开和公示列为其考核指标，使包括扶贫对象在内的社会监督内化为扶贫治理的内容。

贫困县脱贫摘帽评估。2016 年 4 月，中国政府出台《关于建立贫困退出机制的意见》，明确规定了贫困县退出考核的指标、程序和方法。按照规定，贫困县退出必须同时满足 4 项条件，即中、西部地区贫困县贫困发生率在 2%、3% 以下，脱贫人口错退率在 2% 以下，贫困人口漏评率在 2% 以下，群众认可度在 90% 以上；规定了贫困县退出的程序，贫困县脱

[①]　《2017 年第 6 号公告：158 个贫困县扶贫审计结果》，中华人民共和国审计署网站，http://www.audit.gov.cn/n4/n19/c97001/content.html。

贫摘帽需要通过市、省两级的审核审查和国家组织的专项检查及第三方评估。2017 年 11 月国务院扶贫办通过评估认定 2016 年申请退出的 28 个贫困县脱贫摘帽。

考核评估成果应用

通过强化对各级党委和政府扶贫开发工作成效的考核和成果应用，提升扶贫治理的强度和效果。2016 年国务院扶贫开发领导小组组织开展了 2016 年省级党委和政府扶贫工作成效正式考核。对综合评价结果位居前列的安徽、湖北、广西、重庆、四川、贵州、西藏、甘肃 8 个省（区、市）进行了通报表扬，并在 2017 年中央财政专项扶贫资金分配上给予每个省 4 亿元的资金奖励；对综合评价较差且发现突出问题的 4 个省，约谈了党政主要负责同志；对综合评价一般或发现某些方面问题突出的 4 个省，约谈分管负责同志；还将考核结果送中央组织部备案，作为对省级党委、政府主要负责人和领导班子综合考核评价的重要依据。

2013 年以后，中国建立了历史上最严苛的扶贫问责和监督考核制度，对于保证精准扶贫、精准脱贫政策和计划的落实发挥了积极的作用，在很大程度上减少了由于管理不当产生的扶贫资源流失和浪费的现象。但是现有监督、考核和评估等机制在不同程度上存在内容重叠和工作交叉、过于频繁等问题，导致基层扶贫工作者需花费一定的时间和精力来准备和陪同监督检查、考核评估，分散了地方扶贫工作的注意力，容易使基层扶贫工作者将工作重心转移到应付检查、考核上来，甚至被迫造假，出现所谓的数字考核、数字脱贫等奇怪的现象。此外，现有的扶贫监督考核总体上仍采用政府主导的扶贫工作管理的手段，然而，仅有基层组织和贫困人口参与考核评估是远远不够的，这些问题也在很大程度上影响了监督和考核评估的质量和结果应用。

（三）扶贫资源投入和动员

实现精准扶贫、精准脱贫，需要有充足的、多渠道的资源投入作为保障。在经济增长对减贫的自动拉动作用减弱的条件下，保证足够的扶贫资源投入和动员的强度和力度对实现脱贫攻坚目标具有更重要的作用。

1986 年中国实行开发式扶贫战略以来，截至 2012 年，中国中央财政扶贫资金累计投入约 2700 亿元①（未考虑通胀因素），年均 100 亿元，即大约财政投入 482 元就可减少一个贫困人口。毫无疑问，如此高的财政投入减贫效率与这期间中国快速工业化、城市化所提供的发展机会有关。进入脱贫攻坚和经济新常态重叠期后，一方面，经济增长对减贫的自动拉动作用明显减弱；另一方面，剩余贫困人口的脱贫难度和成本大幅攀升，外部扶贫资源的较大规模投入成为实现脱贫攻坚目标的关键。

2013 年以来，中国政府通过增加财政专项扶贫投入、整合现有涉农专项资金、撬动金融资源，初步建立起了能满足脱贫攻坚需要的扶贫资源投入和动员体系。

（1）财政扶贫资金投入

从 2013 年到 2017 年，中央财政投入专项扶贫资金从 394 亿元增加到 861 亿元，累计达到 2822 亿元，年均增长率达到 21.6%，相当于同期全国预算支出增长速度的 2.65 倍。不考虑通胀因素，这 4 年的中央财政资金投入就超过了 1986~2012 年 27 年投入的总和。仅 2017 年一年中央财政转向扶贫资金投入就相当于从 1986 年至 2002 年 16 年投入的总和，可见近年来中央财政扶贫资金投入增加力度之大。与此同时，近年来地方财政扶贫资金投入也大幅度增长。地方财政扶贫资金投入，从 2012 年的 163 亿元增加到 2017 年的 540 亿元，增长了 2.3 倍，年均增长率为 27.1%，基本与中央财政专项资金的增速持平。

在直接增加财政扶贫资金的同时，2013 年至 2017 年，中国政府还安排地方政府债务 1200 亿元用于改善贫困地区生产生活条件，安排地方政府债务 994 亿元和专项建设基金 500 亿元用于易地扶贫搬迁②。

在考察财政扶贫资金投入大幅度增加对脱贫攻坚的影响时，需要关注在财政收入增长速度大幅降低条件下，财政扶贫资金增加可能也会直接或间接影响与低收入人群收入相关的财政支出。

2013 年以来国家一般预算支出中与低收入人群（重点是农村低收入人

---

① 笔者据国务院扶贫办提供的财政投入数据估算。
② 《2017 年 8 月 29 日在第十二届全国人民代表大会常务委员会第二十九次会议上国务院关于脱贫攻坚工作情况的报告》，中国人大网。

群）福祉直接相关的项目，包括城乡居民基本养老保险补助、最低生活保障金支出、新型农村合作医疗支出、退耕还林、扶贫和农村危房改造 6 项，保持高于 10% 的年均增长率（见表 3－1）。但是，如果扣除扶贫支出，其他 5 项与低收入福祉相关的支出，在 2016 年实际上比前一年降低了 2 个百分点。这意味着国家财政扶贫资金的大规模投入，开始影响国家财政对其他低收入人群福利保障的稳定。

表 3－1　2012～2016 年中国与低收入人群福祉相关全国一般预算支出变化

支出项目	2013 年	2014 年	2015 年	2016 年
财政对城乡居民基本养老保险基金的补助（亿元）	1235	1349	1853	1908
最低生活保障（亿元）	1441	1558	1665	1657
其中：城市最低生活保障金支出（亿元）	686	714	754	716
农村最低生活保障金支出（亿元）	755	844	911	941
新型农村合作医疗（亿元）	2429	2732	3096	3025
退耕还林（亿元）	285	290	335	276
扶贫（亿元）	841	949	1227	2286
农村危房改造（亿元）	382	376	536	446
支持低收入人群财政支出合计（亿元）	6612	7254	8713	9598
支持低收入人群财政支出变化率（%）	112	110	120	110
扣除扶贫资金后支持低收入人群支出变化率（%）	111	109	119	98
扶贫资金变化率（%）	122	113	129	186

资料来源：《全国一般预算支出决算表》，中华人民共和国财政部网站，http://www. mof. gov. cn/zhengwuxinxi/caizhengshuju/。

（2）贫困地区涉农专项资金整合

在直接增加国家对扶贫的财政专项资金投入的同时，中国政府还通过整合贫困县涉农专项资金用于脱贫攻坚，进一步增加扶贫的投入。

2016 年 4 月国务院办公厅发布了《关于支持贫困县开展统筹整合使用财政涉农资金试点的意见》，要求财政部牵头支持贫困县开展统筹整合使用财政涉农资金试点，明确将中央和省市级相关财政涉农资金的配置权、使用权完全下放到试点贫困县，由贫困县依据当地脱贫攻坚规划安排相关涉农资金。据财政部统计，截至 2016 年底，全国共有 961 个贫困县开展了整合试点，其中，片区县和重点县 792 个（占全国 832 个片区县和重点县的 95%），纳入整合范围的各级财政涉农资金总规模超过 3200 亿元①。在短短 8 个月时间内，试点所整合的财政资金就相当于 2016 年当年全年全国财政扶贫投入的 3 倍多，较大地增加了脱贫攻坚的可用资源。不过，涉农资金整合本身并没有增加贫困地区的资金，所改变的只是资金的分配和使用方向。这些改变对贫困地区和扶贫的长期影响，还有赖于未来更深入的研究和观察。从短期来看，涉农资金整合可能会影响贫困人口分布不均匀的贫困县内非贫困村和农户获得政府财政支持的机会。

（3）金融扶贫

2015 年以来，中央和地方政府、金融部门在撬动金融资源支持脱贫攻坚方面做了许多新的努力，较大幅度增加了扶贫可用的金融资源和金融产品投入，也增加了扶贫对象获得金融服务的机会。主要措施包括：

第一，提供扶贫再贷款，增加了贫困地区的可用金融资源。从 2015 年底开始，中国人民银行以更优惠的贷款条件向贫困地区发放扶贫再贷款，短期内增加了贫困地区可用的金融资源。虽然目前尚没有全国扶贫再贷款的准确统计数据，但从部分公开的省市数据来看，扶贫再贷款政策增加了贫困地区的信贷资金投放和使用。例如 2016 年底，贵州省扶贫再贷款余额达到 193.6 亿元。

第二，扶贫小额信贷迅速发展，受益扶贫对象数量明显增加。为了应对精准扶贫增加的农户金融需求，最近两年中国金融监管部门牵头连续出台了多项支持建档立卡扶贫对象金融服务的政策。2016 年 4 月中国银监会发布《关于银行业金融机构积极投入脱贫攻坚战的指导意见》，要求对所有有贷款意愿和一定还款能力的建档立卡贫困户 5 万元以下、3 年以内的贷款，采取信用贷款方式，不设抵押担保门槛，以优惠利率提供。2017 年 7 月，中国银监会、财政部、中国人民银行、保监会和国务院扶贫办发出《关于促进扶贫小额信贷健康发展的通知》，进一步明确了扶贫小额信贷的

---

① 《中央财政安排 8 省市 2016 年贫困县涉农资金整合试点奖励资金 6.4 亿元》，中华人民共和国财政部网站，http://nys.mof.gov.cn/zhengfuxinxi/bgtGongZuoDongTai_1_1_1_1_3/201706/t20170605_2615272.html。

政策要点，将其概括为"5万元以下、3年期以内、免担保免抵押、基准利率放贷、财政贴息、县建风险补偿金"（俗称"530"扶贫小额贷款）。比较这两份相差15个月的金融扶贫政策文件中有关扶贫小额信贷的内容，关键的差异在于3个方面：①按基准利率发放扶贫小额贷款，这将明确降低贷款任何贷款实际使用人的利息负担；②财政对扶贫小额信贷进行贴息；③贫困县政府建立风险基金与放款的金融机构分担发放扶贫小额信贷的风险。2017年下发的通知中要求加快完善尽职免责制度，对于银行业金融机构投放扶贫小额信贷过程中达到尽职要求的出现还款风险将免予追究责任。综合来看，扶贫小额贷款已成为一种可达到小微企业贷款规模（最高5万元）、期限可达到3年、免抵押担保、基准利率用款的金融产品，地方财政负责贷款贴息并且分担还款风险。这样的贷款条件和政府保证，会极大地突破商业银行信用贷款上的诸多限制。但是，不可否认，这些新的贷款条件和保证，也将大幅度增加发放扶贫小额贷款金融机构和贫困地区地方政府的金融风险和债务风险，并且埋下政府为扶贫小额贷款风险埋单的隐患。

这些新政策的出台，极大地增加了扶贫对象获得贷款的机会。据统计，到2017年6月底，扶贫小额信贷累计发放3381亿元，共支持了855万贫困户[①]。其中中国农业银行2017年6月末精准扶贫贷款余额2583亿元，比年初增加548亿元[②]。农行发放的扶贫小额信贷余额占到同期全国的76%。过去两年建档立卡贫困户获得贷款的比例大幅度增加，据有关部门统计贫困户获得贷款比重由2014年底的2%提高到2016年底的29%。这意味着有60%的有劳动能力的贫困户获得了扶贫小额贷款，仅就其规模和增长速度而言可能是国际小额信贷发展史上的一大奇迹。当然，扶贫小额贷款的快速增长，也与地方政府介入龙头企业或专业合作社与贫困农户合作有关。据了解，相当部分贫困户所借到的扶贫小额贷款实际上都是转

---

① 《2017年8月29日在第十二届全国人民代表大会常务委员会第二十九次会议上国务院关于脱贫攻坚工作情况的报告》，中国人大网。

② 《中国农业银行精准扶贫贷款余额超2500亿元》，东方资讯，http://mini. eastday. com/mobile/171020083339846. html。

借给地方扶贫龙头企业或专业合作社使用，并每年从中获得一定数量的固定或浮动收益。作为对接受贫困户贷款的一种配套政策，扶贫龙头企业和专业合作社同时还能够从政策性银行获得贷款支持。2016年农业发展银行发放产业精准扶贫贷款1603亿元，估计其中的多数发放给贫困地区的扶贫龙头企业。因此，除了前述隐含的风险之外，还存在相关贷款的还款风险。当然，这种由金融扶贫政策支持的龙头企业或"合作社＋贫困户"的扶贫方式，对于促进地方资源开发和产业发展、增加贫困户就业和地方税收具有重要的作用。如果企业和产业选择合理、风险防控措施得当，这种方式可以产生多赢的结果。

第三，支持脱贫攻坚的其他金融服务近年来获得较快发展。除了产业扶贫贷款之外，中国农业发展银行和国家开发银行等发放了易地扶贫搬迁专项贷款和贫困地区基础设施贷款。2016年农发行发放易地扶贫搬迁贷款和基础设施贷款1202亿元和2026亿元。国开行以省级投融资主体为贷款对象，按照省级扶贫投融资主体"统一贷款、统一采购、统一还款"的融资模式，对22个省（区、市）承诺贷款4466亿元，到2017年9月底累计发放457亿元[①]。国开行已向全国23个省份承诺贫困地区农村基础设施建设贷款2662亿元，已发放848亿元。

第四，证券和保险扶贫取得一定的进展。2016年证监会对全国832个贫困县企业IPO、新三板挂牌、发行债券、并购重组等开辟绿色通道以来，据不完全统计，到2017年9月已有13家公司登上"扶贫"快车迅速上会，其中7家公司首发获通过。总体来看，证监会为贫困地区企业IPO开辟的绿色通道，到目前尚没有真正起到加快贫困地区企业IPO通过的作用。

在精准扶贫的过程中，各地保险扶贫创新取得了一些积极进展。2016年至今，全国已有6家保险公司在13个省份开展扶贫农业保险试点，开发特惠农险专属扶贫保险产品70个，涉及13省43种农作物，在一定程度上保障了农业产业发展，巩固了产业脱贫成效；山东等地探索在农村新型合作医疗保险的基础上加政府购买的商业医疗保险减小因病致贫的方式；中

---

① 《国开行精准扶贫贷款累计发放近5000亿元》，新华网，http://news.xinhuanet.com/money/2017-10/23/c_129725160.htm。

国保监会和银监会则在探索对扶贫小额贷款用户提供贷款保险，由保险公司与承贷金融机构、地方政府一起分担扶贫贷款的风险。

（4）利用土地政策助力脱贫攻坚

脱贫攻坚过程中，既在易地搬迁和产业发展方面产生对土地供给的新需求，又能通过搬迁和土地整治等置换和增加新的可用土地。土地政策在回应脱贫攻坚产生的土地需求并增加其土地收益方面发挥着重要的作用。2015 年以来国土资源部门利用土地政策等工具，满足脱贫攻坚的土地需求，增加贫困地区土地的收益。2015 年国土资源部对 592 个国家扶贫开发工作重点县，单独安排每县新增建设用地指标 300 亩专项用于扶贫开发；2016 年，这一指标增加到每县 600 亩；2017 年将专项安排用地计划指标的贫困县扩大到全部 832 个县①。同时，对宁夏、陕南的生态移民用地，山东、河南黄河滩区的移民搬迁等用地，在规划计划安排上给予先行和全力支持，保障了移民搬迁的用地需要。

2016 年国土资源部出台了针对贫困地区的增减挂钩"超常规政策"，允许贫困县将增减挂钩节余指标在省域范围内流转使用；同时将贫困地区增减挂钩指标交易价格，由县域范围内的每亩 5 万~10 万元提高到每亩 20 万~30 万元。据统计 2016 年 2 月至 2017 年 6 月，全国增减挂钩节余指标流转收益 335 亿元（不含重庆地票交易），增加了脱贫攻坚尤其是其中的易地搬迁扶贫可用资金。

（四）动员社会资源参加扶贫

在进一步发挥政府在扶贫资源投入增加中的主导作用的同时，中国也通过其政治制度所蕴含的强大的社会动员能力，整合和动员各方力量合力攻坚。

首先，根据脱贫攻坚时期脱贫重点和难点区域变化及精准扶贫实施的特点，中央政府调整了东、西部地区的结对关系，将东西扶贫协作的重点转向贫困深度较大的民族贫困地区，实现了对全国 30 个民族自治州帮扶全

---

① 《用好用活规划政策全力助推脱贫攻坚》，http://www.mlr.gov.cn/wszb/2017/fpydzclt/zhi-bozhaiyao/201710/t20171009_1609219.htm。

覆盖；同时结合京津冀协同发展战略的规划，确定北京、天津两市与河北省张家口、承德和保定三市的扶贫协作任务；进一步加强了东、西部地区县市一级的扶贫协作，实施东部 267 个经济较发达县（市、区）结对帮扶西部 434 个贫困县的"携手奔小康"行动。为了保证东西扶贫协作更有效地开展，中央修订了东西扶贫协作考核办法，将协作地区的脱贫任务完全纳入东部地区党委、政府扶贫成效考核中，相应地调整了东西扶贫协作考核的指标，增加东西扶贫协作结果考核的指标，以提高东西扶贫协作的效果。

其次，引导和支持民营企业参加精准扶贫，创新民营企业扶贫的模式。2015 年全国工商联、国务院扶贫办、中国光彩事业促进会联合启动"万企帮万村"精准扶贫行动，引导广大民营企业通过产业扶贫、就业扶贫、公益扶贫等形式精准帮扶建档立卡贫困村、贫困户，动员和支持中央企业设立贫困地区产业投资基金、开展"百县万村"扶贫行动。截至 2017 年 6 月底，进入"万企帮万村"精准扶贫行动台账管理的民营企业有 3.43 万家，精准帮扶 3.57 万个村（其中建档立卡贫困村 2.56 万个）的 538.72 万建档立卡贫困人口；投入产业发展资金 433.48 亿元、公益资金 91.2 亿元，安置 41.7 万扶贫对象就业，并为 44.2 万贫困劳动力提供了技能培训（谢经荣，2017）。在民营企业参加的扶贫过程中，中国出现了多种不同的企业扶贫模式。如恒大集团整体帮扶大方县脱贫攻坚。2015 年 12 月 1 日恒大集团决定对贵州大方县进行整体帮扶，无偿投入 30 亿元资金，派出 287 人的扶贫队伍，从产业扶贫、易地搬迁扶贫、吸纳就业扶贫、贫困家庭创业扶贫、发展教育扶贫、特困群体生活保障扶贫六个方面全面帮扶大方县的脱贫攻坚。到 2017 年 7 月六大帮扶措施覆盖了大方县 80% 的贫困人口，扶助 8.05 万人初步脱贫，完成了总脱贫任务的 45%。

除了前文提到的下派扶贫第一书记和驻村干部直接充实和加强贫困村脱贫攻坚组织力量以外，近年来中国政府和有关部门，根据脱贫攻坚任务的需要，动员和整合专业技术和人力资源，支持贫困地区的脱贫。如医疗卫生系统安排 889 家三级医院对口帮扶所有贫困县的 1149 家县级医院；教育系统实施乡村教师支持计划，2017 年全国招聘特岗教师约 8 万人，13 个省份实施了地方"特岗计划",其中云南招聘特岗教师 4987 名,占该省义务教育阶段专任教师近 20%(东北师范大学中国农村教育发展研究院,2017)。科技部门、科协、高校和民主党派,都相应地增加了向贫困地区下派专业科技人员的力度。

(五)扶贫对象识别和动态调整方法与制度

对于大规模的精准扶贫工作来说,找准并动态调整扶贫对象、准确找出各个扶贫对象的致贫原因,是一项事关全局的重要工作。而要从近 10 亿涉农户籍人口中准确识别出数千万扶贫对象,其难度几近于大海捞针。虽然像巴西、哥伦比亚、菲律宾、印尼等国家也曾做过贫困人口识别的尝试,但就其规模而言远不如中国所面临的这么大。中国从 2014 年开始,在全国开展扶贫对象建档立卡工作。虽然在 20 世纪 90 年代中后期中国部分省区也曾有过建档立卡的实践,摸索出少量的经验,但是全国性的建档立卡工作在中国历史上尚属首次,实践中也带有明显的"摸着石头过河"的性质。经过 3 年多的探索和总结,中国基本上建立起了扶贫对象识别和动态调整的制度和方法,也在中国扶贫开发历史上第一次实现全国贫困信息基本精准到户到人,第一次逐户初步分析了致贫原因和脱贫需求,第一次构建起全国统一的包括所有扶贫对象的扶贫开发信息系统,为精准扶贫、精准脱贫工作建立了重要的信息基础。

(1)扶贫对象精准识别的方法创新

国内外对扶贫对象精准识别方法的探索已有数十年的时间,迄今已总结出了多种不同的方法及其评价理论(Coady, D., M. Grosh and J. Hoddinott,2004)。但是已有的方法多数只在项目层面或者人口较少的国家或地区实行,如何在像中国这样的发展中人口大国,在缺乏全面的居民收支、税收基础信息的条件下进行全国性的贫困人口识别,现有的理论研究和经验都不能给出现成的答案和建议。

中国经过数年的反复探索和总结,创新了大国扶贫对象识别的方法。其基本内容包括三个相关的方面。

第一,以全国大样本居民收支抽样调查数据推断全国和分省的贫困人口数据,通过贫困人口数据的分解,启动扶贫对象的精准识别工作。使用大样本居民收支调查数据估算国家和地区的贫困人口是国际上通用的方法，其科学性与可靠性已获得理论和实证支持。在不进行居民收支普查的条件下，这样处理差不多是最合理的选择。

第二，自上而下、自下而上相结合，运用可观察的多维贫困指标和参与式方法，逐步使扶贫对象识别趋于精准。基于居民收入和支出抽样调查数据估计的贫困人口，受样本规模和抽样误差的影响，只对国家和省一级具有代表性。省以下的贫困人口分解主要参考辖区内市、县、乡镇和村的社会经济发展水平统计数据，而这些数据虽然与贫困人口规模有一定的相关性，但是据以进行贫困人口的分解显然是不充分的。通过贫困人口逐级往下分解的方法可以先初步匡算出各个村的贫困人口，在村一级再由村组干部按照他们对农户贫富情况的了解确定扶贫对象，从而完成了贫困识别自上而下的过程。到 2014 年底，全国共识别 2948 万贫困户 8962 万贫困人口。识别出来的贫困人口，比国家统计局估计的 2013 年底全国贫困人口总数多了 713 万或 8.6%。其原因是最初湖北、广西等地参照与其发展水平相似的省的贫困人口数据，认为国家统计局估计的自己所在省的贫困人口数量偏低，经上级研究同意这些省可以在国家统计局估计总数基础上上浮一定比例后往下分解。

第一轮建档立卡识别出来的扶贫对象，基本上是全国贫困人口总量自上而下分解和各村少数村组干部商量确定的结果。这一方法基本上是中国传统的指标分解计划方法与国外所谓的社区瞄准（community targeting）方法的混合。这种方法存在的问题，源自三个方面。一是省以下贫困人口分解的标准不统一且相关性未经过严格的分析；二是在村内贫困人口的识别更多的是依据财富或消费支出而非收入；三是村内的贫困识别只有少数村组干部参加，对农户的信息掌握得不充分且结果缺乏监督。正是由于上述种种方面的原因，第一轮建档立卡确定扶贫对象之后，有关结果和方法可靠性和可信性的质疑和诟病就持续不断。所以从 2015 年 8 月至 2016 年 6 月，在全国范围内组织开展了建档立卡"回头看"。"回头看"的过程实际上是完善扶贫对象精准识别制度和方法的过程。在这个过程中，各地结合所在地区的实际情况，探索出了多种以多维贫困为基础、以可观察到的指标为依据、指标核查和农户参与相结合的扶贫对象识别方法。通过"回头看",全国共补录贫困人口807万人,剔除识别不准人口929万人。

第三,实行建档立卡扶贫对象数据的动态调整。2017年6月,组织各地完善动态管理,把已经稳定脱贫的贫困户标注出去,把符合条件遗漏在外的贫困人口和返贫的人口纳进来。

(2)扶贫对象精准识别和动态调整的制度保障

中国通过一系列相关的制度安排,使扶贫对象的识别和调整逐步趋于精准。首先,"中央统筹,省负总责,县抓落实"的扶贫工作机制,使省、县等各级党委、政府能够且必须按照中央确定的方案和计划实施对扶贫对象的识别和调整,并承担责任。其次,建立扶贫对象识别和退出的公示和认定制度,使扶贫对象的确定和退出,既需要通过公示接受村民的监督,还需要通过扶贫对象与上级单位的认定,可从制度上避免扶贫对象识别的随意性。再次,通过扶贫工作督查、巡查和审计等制度,监督扶贫对象精准识别的结果和程序。如2014年国家审计总署对广西马山县审计发现的问题,就推动广西乃至全国扶贫对象精准识别进行了重大的制度性调整,引入了扶贫对象识别的大数据应用和排除法。最后,通过建立包括独立第三方参与的贫困退出评估检查制度,形成扶贫对象精准识别的倒逼机制。中国确定的贫困退出评估检查指标和程序,要求对申请退出的贫困县在贫困人口漏评率、贫困户错退率和受访农户满意率上达到国家确定的最低标准,这就从制度上倒逼地方政府尽量减小精准识别的误差,否则可能前功尽弃。

中国扶贫对象识别的方法和制度,既有其一般意义上的合理成分,如运用可观察的多维贫困指标和参与式方法相结合、通过制度设计逐步实现精准识别等,也含有与其特有的政治制度和治理制度相关的独特部分。

五 中国当前农村精准扶贫干预方式

2013年以来,中国调整了过去一直使用的区域开发扶贫思路,实行根据扶贫对象的条件、特点和需求确定扶贫方式的精准扶贫战略,各地结合实际摸索和试验出更多的、可包容多种不同贫困类型的精准扶贫干预措施及其组合。除了在适宜的条件下继续沿用过去帮助提高贫困人口能力去利用国家发展所创造的机会的方式之外，近年来逐渐探索出多种通过直接创造机会和有条件现金支付等形式来精准扶贫的方式。

（一）产业扶贫

产业扶贫自 1986 年以来一直是中国农村扶贫的主要方式。其实质是帮助贫困地区和贫困农户更好地利用当地资源，发展具有区域或小区比较优势的产业，实现在地或就地脱贫致富。广义上说，凡是利用当地具有比较优势的自然资源、劳动力资源、空间资源和生态环境资源以及政策资源[①]，在贫困地区发展的具有直接的扶贫功效的产业，都可以被视为扶贫产业。从这个意义上说，产业扶贫既是扶贫对象精准脱贫的主要形式，也是实现贫困县摘帽和解决区域性整体贫困问题的重要途径。2016 年，农业部联合国家发展改革委等其他 8 部委出台了《贫困地区发展特色产业促进精准脱贫指导意见》、农业部联合国家旅游局等其他 11 部委共同印发了《乡村旅游扶贫工程行动方案》。这些文件和其他相关的文件共同形成了中国产业扶贫的支持政策体系。总体来说，现阶段中国产业扶贫的主要目标包括：围绕建档立卡贫困人口增收脱贫，发挥新型经营主体和龙头企业带动作用，通过财政、金融等支持政策，加快培育能带动贫困户长期稳定增收的特色优势产业，促进贫困地区特色产业发展、贫困户自我发展能力提高，实现扶贫对象稳定脱贫。所采取的主要支持政策包括：制订以贫困地区资源禀赋、产业现状、市场空间、环境容量、新型主体带动能力和产业覆盖面为主要考量的产业扶贫计划；发展特色产品加工，拓展产业多种功能，大力发展休闲农业、乡村旅游和森林旅游休闲康养，拓宽贫困户就业增收渠道；发挥新型经营主体带动作用，鼓励开展股份合作，农村承包土地经营权、农民住房财产权等可以折价入股，集体经济组织成员享受集体收益分配权；有关财政资金在不改变用途的情况下，投入设施农业、养殖、光伏、水电、乡村旅游等项目形成的资产，具备条件的可折股量化给贫困村和贫困户；大力发展电子商务，积极培育特色产品品牌；加强贫困地区新

---

① 包括中央和地方政府出台的各项优惠政策。

型职业农民培育和农村实用人才带头人培养；利用财政、金融和保险工具，支持贫困地区产业发展等。

在多项扶持政策的支持下，中国贫困地区产业扶贫近几年获得了长足的发展。从扶贫对象收入形成方式来看，主要有两大类：一类以农户家庭经营为基础产业扶贫，通过地方政府和其他帮扶组织提供良种（畜、苗）、生产投入、生产技术、金融、社会化服务、产品销售等方面的支持，提高了农业产生经营效率和效益，增加了扶贫对象的收入；另一类通过政府支持和外部市场组织的介入，以股权、产品和就业连接等形式，将贫困农户纳入更大的生产经营体系中，重构贫困农户的资源配置，部分或全部改变农户在生产经营中决策和其他方面的地位，也相应地重建了贫困户的收入来源结构和保障体系。这类以股权、产品和就业连接为主的产业扶贫，包括三种基本类型：第一种是贫困户将其所承包的土地、政府提供或政府担保的扶贫贷款，入股或租借给其他专业农业生产经营主体（如涉农公司、专业合作社、家庭农户或农业生产大户），从中获得红利或租金，同时也会相应地承担风险；第二种是贫困农户通过合约的形式将自己所生产的产品卖给其他涉农公司，获得价格保护，据以分摊市场风险；第三种是其他产业化组织为扶贫对象提供常年或季节性的就业机会，增加贫困户的就业收入。实际中还有将其中两种或三种方式组合的情形。这类以股权、产品和就业连接的产业扶贫形式，是精准扶贫中各地政府高度重视和支持的方式。如贵州六盘水市开展的农村"三变"改革便是其中的一个典型。这类产业扶贫方式的主要优点是：①可以享受土地和资金入股的分红、获得当地就业的机会，增加收入；②部分突破了家庭生产经营能力的限制，借助专业化的生产经营组织，提高效率，从而增加收入；③通过借助外部力量分摊和转嫁风险，提高收入的稳定性。当然，这类产业扶贫形式，也隐含了一定的风险，包括入股经营主体的生产经营风险和土地使用权转让之后降低回归家庭农业机会的风险。

在产业形式上，产业扶贫除了常规的种养业，也包括近年来新兴的旅游扶贫、光伏产业扶贫、电商扶贫等形式。据国务院扶贫办提供的数据，2017年电商扶贫带动274万贫困户增收，光伏扶贫直接惠及80万贫困户，旅游扶贫覆盖2.3万个贫困村①。目前尚不清楚这些产业扶贫受益情况数据的来源及其可靠性，比较确定的是最近几年中国产业扶贫比以前有了更大的发展，短期内扶贫对象从产业扶贫项目中受益呈现增长态势。但是，对于产业扶贫效果的可持续性需要予以警惕和特别关注。第一，贫困地区产业发展存在很大的同构性（如果品、药材、畜禽等），大规模发展以后，如果没有差异化的品牌和经营策略，容易形成低价竞争，出现增产不增收的结果；第二，部分参与产业化扶贫的企业，在开始时为了获得地方政府财政资金、贷款或土地出让等方面的优惠接受了超出企业正常经营回报率的分红条件，有可能出现经营风险；第三，扶贫对象与参与产业扶贫的经营主体之间的利益联结和分配可能隐含着扶贫效果不可持续的风险等。

（二）就业扶贫

1978年以来，就业一直是中国大多数农民脱贫致富的主要途径。不过对于剩余的扶贫对象来说，之所以未能在过去像多数人那样通过就业摆脱贫困，大多存在各种各样的特殊困难。大体上说，剩余扶贫对象中以前未能通过就业脱贫的农户主要有四种类型：一是因为家庭或个人某些原因出不去的，如家中有老人、儿童、病人需要照料或主要劳动力患病，或者没有或借不到外出的路费；二是以前出去过但没有找到工作或没有找到能赚钱的工作，其原因可能是缺少技能、缺少可靠就业需求信息、不能适应外部的工作或生活环境等；三是扶贫对象自身不想出去的；四是由于家庭人口的年龄结构，家中没人可以出去，其中有部分子女在上中学不久将成为新生的劳动力。针对剩余扶贫对象中现实存在的和潜在的就业扶贫对象，中国政府分别采取了不同的就业服务和支持策略。

就业扶贫对于除了劳动力以外缺少其他资源且不会经营管理的扶贫对象来说，是一种可靠的重要的形式。自1986年以来一直是中国重要的扶贫干预政策。进入精准扶贫阶段，中国进一步完善了就业扶贫的支持政策。《"十三五"脱贫攻坚规划》设定了通过就业扶贫带动促进1000万贫困人

---

① 《全国扶贫开发工作会议强调牢记初心坚定信心　全面打好精准脱贫攻坚战》，国务院扶贫开发领导小组办公室网站，http://www.cpad.gov.cn/art/2017/12/29/art_624_75961.html。

口脱贫的目标。2016 年 12 月 2 日人力资源和社会保障部、财政部、国务院扶贫办发布《关于切实做好就业扶贫工作的指导意见》，针对就业扶贫工作确定了新的支持政策。

概括来说，中国就业扶贫的主要政策包括：积极开发就业岗位，拓宽贫困劳动力就地就近就业渠道，促进扶贫对象就地就近就业；东、中、西部省份经济发达地区依托对口协作机制，结合产业梯度转移，着力帮扶贫困县发展产业，引导劳动密集型行业企业到贫困县投资办厂或实施生产加工项目分包；积极支持贫困县承接和发展劳动密集型产业，支持企业在乡镇（村）创建扶贫车间、加工点，积极组织贫困劳动力从事居家就业和灵活就业；鼓励农民工返乡创业、当地能人就地创业、贫困劳动力自主创业，支持发展农村电商、乡村旅游等创业项目，切实落实各项创业扶持政策，优先提供创业服务；对大龄、有就业意愿和能力、确实难以通过市场渠道实现就业的贫困劳动力，可通过以工代赈等方式提供就业帮扶。除了直接促进就业创业的工作措施外，文件还同时强调注重"加强技能培训"和"促进稳定就业"的工作措施，从提高贫困户劳动力和未来进入劳动力的新生代的人力资本素质方面和在就业制度环境和社会保障政策上等方面对贫困农户的劳动力就业给予优惠和倾斜。

扶贫车间和提供公益岗位就业，是实现扶贫对象就近就地就业的两种主要方式。据不完全统计，截至 2017 年 10 月，有扶贫开发任务的中、西部 22 个省份已经建立了 2 万多个扶贫车间，吸纳贫困人口 14.9 万人①，实现贫困人口家门口就业，对促进贫困人口增收脱贫发挥了积极作用。

扶贫车间就业扶贫的做法始于山东省。从 2015 年起，山东省鄄城县就开始利用扶贫车间吸纳贫困群众就业。2016 年，山东全省开展了积极促进就地就近转移就业的工作，探索了以在贫困村开办扶贫车间为载体的就业扶贫新模式。据统计，到 2017 年 10 月山东全省建成"就业扶贫车间" 6126 个，吸纳贫困劳动力就业 12.6 万人。通过创办扶贫车间进行就业扶贫，确实能够解决部分无法外出就业扶贫对象的就业和脱贫问题。但是扶

---

① 《国务院扶贫办：将扶贫车间作为精准扶贫重中之重》，新华网，http://news.xinhuanet.com/politics/2017 - 11/10/c_1121938136.htm。

贫车间的发展受产品的技术要求、市场需求和主办企业的经营管理能力的限制比较大，尤其需要防止无视产品需求盲目发展来解决短期就业问题而造成财政和社会资金的浪费。

通过东西扶贫协作来实现就业扶贫，是西部地区就业扶贫的重要途径。据国务院扶贫办统计，"十二五"期间（2011~2015年）全国东西扶贫协作累计输出劳务240.3万人次。不过，从我们在青海化隆县一个贫困村的访谈情况来看，该村通过东西扶贫协作联系的贫困劳动力中有相当大部分出去很短时间后又因工作或生活不适应返回老家了。这种情况在少数民族人口比例大的西部贫困地区可能具有一定的普遍性。

（三）易地搬迁扶贫

易地搬迁是通过政府和外部其他力量多方面的帮助、解决生态脆弱和自然资源匮乏、基础设施建设极不经济地区贫困人口脱贫的一种综合性解决方案。自1983年以来，易地搬迁扶贫就作为中国扶贫开发的一种方式被沿袭下来。2016年9月，国家发展改革委会同有关部门编制并印发实施《全国"十三五"易地扶贫搬迁规划》，计划五年内对近1000万建档立卡贫困人口实施易地扶贫搬迁，解决居住在"一方水土养不起一方人"地区贫困人口的脱贫问题。该规划确定了"十三五"期间全国易地扶贫搬迁的搬迁对象、安置地点、建房标准、搬迁后脱贫途径、投融资模式等。

易地搬迁扶贫是一个牵涉到搬迁对象、迁入地区和原居民以及其他迁移相关者短期和长期权益关系的复杂系统工程，需要系统的、配套的、慎重的政策、经济、组织制度和工程技术设计，选择合适的安置方式和脱贫方式，避免贫困人口的异地转移甚至移民致贫和形成长期的社会经济问题。

移民安置方式既涉及移民后的住房、基础设施和公共服务，还涉及移民的就业和创收安排以及社会融合。目前采取的安置方式主要有自主安置、插花安置、整体有土安置或整体无土安置等方式，其中整体安置居于主要地位。生计安排有就近就业、异地就业和种地等方式。在实践中，不少地方探索出了一些能够比较有效地解决易地扶贫搬迁过程中问题的好的经验。比如贵州省惠水县探索出的"盘活三地、衔接三保、统筹三就、建好三所、用活三制"的"五个三"机制，助推易地扶贫搬迁后续发展。

案例：贵州惠水县"五个三"易地扶贫搬迁后续安排机制

1. 盘活"三地"，建立助民增收机制。一是盘活耕地，落实搬迁群众继续拥有土地承包经营权、所有权和享受原惠农补贴，土地流转收入归搬迁群众所有政策。成立移民后续扶持发展有限公司，按照"一兜五年、每亩300~400元"流转收储标准，对流转土地统一进行外包流转、开发经营和生态修复。用足"特惠贷"和政府小额贴息贷款等优惠政策，支持龙头企业和各类新型经营主体流转移民群众原承包地。将易地扶贫搬迁迁出点适宜退耕还林的耕地纳入新一轮退耕还林工程。二是盘活林地。按照国家相关政策继续落实国家公益林、集体林地、联户发证林地区划界定以及相关补偿基金分配政策。对有流转价值的林地，由移民后续扶持发展有限公司按每亩30元价格进行流转收储，鼓励搬迁群众流转公益林地用于经营和发展种养业。对易地扶贫搬迁迁出点周围的宜林荒山优先纳入林业生态工程项目，享受植树造林补助政策。三是盘活宅基地。兑现搬迁群众旧房拆除复垦后每户1.5万元奖励，对复垦的宅基地进行分类确权到户后流转，对不能流转的部分进行退耕还林。对形成的闲置、废弃农村集体建设用地及腾出的宅基地，通过土地增减挂钩，换取城市用地指标，产生的相关收益专项用于支持易地扶贫搬迁工作。

2. 衔接"三保"，建立助民增福机制。一是低保衔接。将搬迁到城镇区域安置点的农村低保对象全部转为城市最低生活保障。搬迁群众迁入安置点未实现就业前，按照城市最低生活保障标准给予3个月的临时生活救助；3个月后因客观原因家庭生活仍困难的，可申请城市最低生活保障救助。属于农村"五保"人员的转为城镇特困人员。二是医保衔接。搬迁群众自主选择参加新型农村合作医疗保险或城镇居民基本医疗保险，实现应保尽保。搬迁群众进入企业务工且有稳定劳动关系的，按国家相关法律法规参加城镇职工基本医疗保险。对建档立卡搬迁的"十二类"参合群众实行政策内费用全兜底。对同步搬迁的参合群众，在享受现行新农合补偿政策的基础上，自搬迁之日起3年内，门诊报销比例不足90%的按90%补足，住院报销比例不足85%的按85%补足，余下部分按政策解决。对未参保群众，由县内新型农村合作医疗定点机构实行挂账处理。三是养老保险衔接。搬迁群众可自愿选择参加城乡居民养老保险或城镇职工养老保险。60周岁以上的搬迁群众，采取一次性补缴养老保险费或由县财政在原基础养老金70元标准上再补助每人每月30元。对企业录用移民户且签订一年以上劳动合同并缴纳社会保险费的，按企业为务工人员实际缴纳的三险费用的1/2给予补贴，期限为3年。

3. 统筹"三就"，建立助民脱贫机制。一是统筹就学。合理调整安置点周边学校（幼儿园）布局，扩建或新建移民子女学校，满足就地入学需求，并根据入学规模，幼儿园按照1：10、中小学按1：17师生比配齐师资队伍。对就读公办幼儿园的，免除保育保教费，由县级财政补助幼儿园1800元/（生·年）、补助入园子女500元/（生·年）。对就读县内普通高中、中职学校的，享受国家"两助三免（补）"、国家助学金等政策，对移民普通高中生专项资助2000元/（生·年）。对在县内就读高中考取二本以上院校的应届毕业生，由县级教育基金一次性给予入学资助4000元/生。二是统筹就业。通过建立已就业台账、就业需求台账、岗位供给台账，绘制就业需求图和供给图，实现每户一人以上稳定就业。设立就业奖励基金，对吸纳建档立卡搬迁群众稳定就业一年以上的企业，给予10万元/人贷款并按基准利率贴息，并一次性给予2000元/人用工补贴。对创办微型企业的搬迁群众，除享受"3个15万元"政策，另可享受最高达10万元、贴息期至少3年的贷款，并减免3年相关税费。自主创业带动两人以上建档立卡搬迁群众稳定就业一年的，由县财政一次性补助创业基金3500元，并给予3年300元/月的场租补贴。用活"特惠贷"政策，鼓励开办搬迁群众有股份、能就业、有稳定收入的工业企业，每户可用5万元"特惠贷"入股，每年享受不低于3000元的入股分红。三是统筹就医。在移民安置点设置社区卫生服务站，按标准配备医疗办公场地、科室、医疗设备、医务人员。对搬迁户建立健康状况信息档案，建立医疗精准扶贫救助档案，逐人建立管理台账，根据不同病种制订"一人一策"靶向治疗方案，实行"贫进脱出、病进愈出"的动态管理和监测。定期组织县级医院医务骨干到安置点医疗卫生服务机构开展巡回医疗服务。对搬迁群众开设医疗"绿色通道"，提供先诊疗、后付费和"一站式"服务。

4. 建好"三所"，建立助民解忧机制。一是建好经营性场所。成立移民后续扶持发展有限公司，实行"两块牌子、一套人马"管理。公司下设土地经营、不动产经营、劳务服务中心，主导做好和引导搬迁群众后续发展。二是建好农耕场所。在安置点附近流转一定面积的土地，采取统一规划、政府补助方式，开办微田园、小菜园等农耕场所。以3年为过渡时限，吸纳和满足短时间内难以转型特别是45岁以上搬迁群众的日常生产生活基本需求。三是建好公共服务场所。建设社区服务中心，推行网格化管理，设立移民、人社、公安、民政、卫计等部门的便民服务窗口。在安置点建设集开放性、实用性、多功能性为一体的文化活动广场。建立关爱中心、老年活动中心、幼儿看护中心等综合性场所，对搬迁群众生活用水较一般居民执行下调20%优惠价格，免收两年有线电视收视费。

5. 用活"三制"，建立助民管理机制。一是用活集体经营机制。按照"政府主导、企业化管理、贫困户参与、公司保本微利"的模式建立易地扶贫搬迁耕地、宅基地、林地的经营管理机制，做好搬迁群众迁出地"三地"可利用资源的收储、流转、管理和投资开发利用，经营管理迁出地集体建设用地增减挂钩和安置点门面、停车场及政府性资产，落实搬迁群众劳动力就业培训、派出和劳务承接。二是用活社区管理机制。着眼于提升社区党组织和社区居民委员会服务群众和社区管理的能力，按照"区域规划、以房管人、重点监控、完善机制"原则，按100户至200户为单元划分，将移民社区内的交通设施、公共场所、消防设施、楼群院落、实有人口等全部纳入网格化管理。三是用活群众动员机制。在易地扶贫搬迁安置点建立"移民夜校"，

专门编制《"移民夜校"教育读本》，由教育部门牵头每季度至少组织
开展一次社会美德、话党情感党恩、社会法治等为主题的教育活动，
引导搬迁群众自发加入社会义务工作群团组织，有序组织搬迁群众力
所能及地参与安置点工程建设和社区环境整治，增强搬迁群众"人人
为我、我为人人"的主人翁意识。①

从近两年易地扶贫搬迁实施的情况来看，由于政府住房补贴标准大幅
度提高、易地扶贫资金保障比较到位，移民的住房安置和迁入地的基础设
施建设大多数都完成得比较好。但有相当部分迁移扶贫对象的稳定增收和
就业安排仍存在不同程度的问题，其中有部分移民还需要返回迁出地去
种地。

在易地扶贫搬迁过程中，基础设施建设、社会服务改善、移民住房建
设（购置）、移民创收和就业安置，需要大量的资金投入。除了政府安排
和整合的财政资金以外，银行贷款和地方公债是移民搬迁资金的主要来
源。但是，与财政扶贫资金不同，金融扶贫只是金融机构基于社会责任在
一定的政策环境下在资金使用区域和对象方面做出的特别调整和安排，贷
款仍需要承贷人提供可信的抵押或担保并且还本付息。如何既保证金融对
扶贫的有力支持又妥善预防和控制贷款风险，需要政府和各参与金融机构
一起设计和创新金融产品。

扶贫对象在迁出地的土地和其他资产收益处置，是一个敏感而又重要
的问题。它既关系到移民的切身利益，也会影响迁出地的后续开发和管
理。在30多年的移民扶贫实践中，各地探索出了不少解决移民在迁出地土
地和其他资产处置的办法。但是一些易地扶贫搬迁的评估结果也显示移民
在迁出地的土地和宅基地处置方面仍存在一些问题②，需要通过有关的创
新措施和政策来加以解决。

---

① 《惠水县"五个三"机制助推易地扶贫搬迁后续发展》，惠水县人民政府网站，http://
www.gzhs.gov.cn/doc/2017/01/10/664250.html。

② 中国人民大学最近完成的一份评估报告显示多数移民宅基地没有被复垦利用。参见中国
人民大学中国扶贫研究院《2017年易地扶贫搬迁调研报告》，2017年11月（未出版）。

（四）教育扶贫

中国政府将通过教育扶贫，让贫困家庭子女都能接受公平的、有质量的教育，阻断贫困代际传递，列为精准扶贫的重要任务。《教育脱贫攻坚"十三五"规划》提出：要采取超常规政策举措，精确瞄准教育最薄弱领域和最贫困群体，实现"人人有学上、个个有技能、家家有希望、县县有帮扶"，促进教育强民、技能富民、就业安民，坚决打赢教育脱贫攻坚战。

中国教育扶贫的措施包括：通过各种形式的扶助，包括稳步推进贫困地区农村义务教育阶段学生营养改善计划、加强和改善义务教育阶段学生寄宿条件、免除建档立卡扶贫对象子女高中和中等职业教育的学杂费、提供上大学补贴等配套措施，帮助扶贫对象子女能够接受从幼儿园开始到高中或职业中学完整的教育；综合运用多种措施和手段，如合理布局贫困地区农村中小学校、加快中小学标准化建设、整合教育资源支持贫困地区教育、利用"互联网＋"平台在贫困地区推广远程教育和"双师教学"① 方式等，改善贫困地区农村教育的条件和教学质量，整体提高贫困农村地区的教育水平和人口素质。

教育扶贫在较大程度上改善了贫困地区的教学条件，减轻了扶贫对象子女上学的支出，整体上提高了扶贫对象子女义务教育完成率。但是，在深度贫困地区，由于人口居住分散、部分儿童上学仍交通不便、教学质量偏低、家长对子女上学的积极性不高，还在不同程度上存在义务教育完成率比较低的情况。

（五）健康扶贫

健康扶贫是针对农村贫困人口因病致贫、因病返贫问题，在贫困地区重点针对患有重病和慢性病的扶贫对象，通过统筹协调和资源整合，采取有效措施提升农村贫困人口医疗保障水平和贫困地区医疗卫生服务能力，全面提高农村贫困人口健康水平，减少因患病和治病导致贫困。

---

① "双师教学"是友诚基金会与北京等各地学校合作开发的一种利用优质中学教师远程教学配合贫困地区本地老师辅导的一种教学方式，部分地区的试验结果表明在数学、英语等课程教学方面取得了良好的效果。

2016 年，国家卫生计生委会同国务院扶贫办等 15 个中央部门制定印发《关于实施健康扶贫工程的指导意见》。将因病致贫因病返贫作为扶贫硬骨头的主攻方向，实行"靶向治疗"，在调查核实农村贫困人口患病情况的基础上，按照"大病集中救治一批、慢病签约服务管理一批、重病兜底保障一批"的要求，组织对患有大病和长期慢性病的贫困人口实行分类分批救治，进一步推动健康扶贫落实到人、精准到病，实行挂图作战，做到应治尽治，应保尽保。据专项调查，在因病致贫因病返贫家庭中患大病、重病的约 330 万人，患长期慢性病的约 400 万人，其中 15～59 岁劳动力年龄段患者占 41%。实施健康扶贫工程"三个一批"行动计划，组织对患有大病和长期慢性病的农村贫困人口进行分类救治，帮助患者解除病痛，尽快恢复生活生产能力，帮助家庭减轻疾病的沉重负担，摆脱因病致贫、因贫病重的恶性循环困境，有效解决因病致贫因病返贫问题，使整个家庭重新燃起生活的希望。大病集中救治按照"确定定点医院、确定诊疗方案、确定单病种收费标准、加强医疗质量管理、加强责任落实"（"三定两加强"）原则开展工作。卫计委要求各地按照保证质量、方便患者、管理规范的原则确定大病集中救治定点医院，并根据国家卫生计生委已发布的相关诊疗指南规范和临床路径，制订符合当地诊疗服务能力、具体细化的诊疗方案和临床路径。参考既往实际发生费用等进行测算，制定病种收费标准，优先选择基本医保目录内的安全有效、经济适宜的诊疗技术、药品和耗材，严格控制费用；同时要求各地完善医疗质量管理与控制相关指标，对定点医院提供技术支持与指导；要求定点医院强化质量安全意识，完善各项制度和工作规范，开展单病种质量控制，按照相关病种临床路径要求，规范临床诊疗行为，保障医疗质量与安全。省级卫生计生委要切实落实责任，组织做好大病集中救治工作。地市、县两级卫生计生行政部门实行挂图作战，对患有大病的农村贫困人口实行分类分批集中救治。

2016 年，国家卫生计生委组织专家遴选了疾病负担较重、社会影响较大、疗效确切的食管癌、胃癌、结肠癌、直肠癌、终末期肾病、儿童白血病和儿童先天性心脏病等疾病，在贵州、四川、山西、陕西、安徽、河南、江西和宁夏 8 省区启动大病专项救治试点；2017 年大病专项救治试点覆盖所有贫困地区，2018 年覆盖所有农村贫困人口。到 2020 年，扩大到所有大病病种，并对患有大病的农村贫困人口实现救治全覆盖。

健康扶贫的政策要求对慢病签约服务管理。为每位农村贫困人口发放一张健康卡，置入健康状况和患病信息，与健康管理数据库保持同步更新。为符合条件的农村贫困人口每年开展 1 次健康体检。组织乡镇卫生院医生或村医与农村贫困家庭进行签约，按照高危人群和普通慢病患者分类管理，为贫困人口提供公共卫生、慢病管理、健康咨询和中医干预等综合服务。对已经核准的慢性疾病患者，签约医生或医生团队负责制订个性化健康管理方案，提供签约服务。每年按管理规范安排面对面随访，询问病情，检查并评估心率、血糖和血压等基础性健康指标，在饮食、运动、心理等方面提供健康指导。需住院治疗的，联系定点医院确定诊疗方案，实施有效治疗。

政府要求对重病兜底保障。具体措施包括：完善大病保险政策，对符合条件的农村贫困人口在起付线、报销比例等方面给予重点倾斜；加大医疗救助力度，将符合条件的贫困人口全部纳入救助范围；建立健康扶贫保障机制，统筹基本医保、大病保险、医疗救助、商业健康保险等保障措施，实行联动报销，加强综合保障；落实"一站式"结算，贫困人口县域内住院先诊疗后付费，贫困患者只需在出院时支付自负医疗费用，异地治疗的相关医保、救助政策在定点医院通过统一窗口、统一信息平台完成"一站式"结算。

健康扶贫政策实施以来，得到了广大贫困患者的拥护和欢迎，在缓解因病致贫、因病返贫方面初步取得了积极的效果。据国务院扶贫办提供的资料，2017 年全国健康扶贫救治 421 万大病和慢性病贫困患者，贫困人口医疗费用实际报销比例提高到 80% 以上。不过，健康扶贫政策的实施也面临两个比较大的问题：一是贫困人口医疗费用报销比例不断提高以后，部分地区合作医疗经费支出存在较大的压力；二是扶贫对象患者与其他患者（尤其是边缘贫困户中的患者）享受的治疗、报销比例差别拉大，容易产生不和谐。关于第一个的问题，有一些省正在试验通过政府财政出资或企业赞助为扶贫对象购买补充商业医疗保险的方式加以解决。如山东省政府

2017 年投入近 2.5 亿元的专项资金，为全省 242.4 万贫困人口购买了商业医疗补充保险，较好地解决了健康扶贫对新农合的压力。

（六）资产收益扶贫

资产收益扶贫，是通过一定的制度安排，让贫困人群尤其是丧失劳动能力的贫困人口，分享贫困地区自然资源开发和政府投入的扶贫资金形成的各种资产所产生的部分收益，增加其财产性收入来减轻贫困。开发贫困地区的自然资源、利用扶贫资金加大对贫困地区具有较高收益率的投资，然后让扶贫对象分享资产收益，是破解区域开发与扶贫之间僵局的一种新的尝试。与直接扶持技术和管理水平都比较低的扶贫对象发展生产相比，将扶贫资金用于支持贫困地区优势产业发展，除了扶贫对象可以分享资产收益以外，还可以增加就业、加强贫困农村的集体经济和促进地方经济发展，形成附加产出。在一定程度上说，自然资源开发型资产收益扶贫是对以前资源开发收益分配模式和格局的一种调整。

（七）生态保护脱贫

将加强贫困地区资源保护和生态治理修复、提升贫困地区可持续发展能力与帮助扶贫对象脱贫有机结合起来，打破生态环境破坏与贫困的恶性循环，实现生态环境改善和扶贫开发的双赢，是生态保护脱贫战略的内含目标。

生态保护脱贫，主要有 3 种实现形式。一是将生态保护和修复与贫困地区产业结构调整结合起来，通过生态环境保护和修复，在贫困地区形成新的经济增长点和农民收入新的来源，这包括经过实践证明成功的退耕还林、还草，各有关部门可以在实践中探索其他可以兼顾生态环境保护和改善、农民增收的方式；二是在贫困地区生态环境保护和修复中，为扶贫对象增加生态公益岗位，如护林员、清洁工、环境监测记录员等，使贫困群众通过参与生态保护实现就业脱贫；三是逐步扩大对贫困地区和贫困人口为国家生态环境保护做出的牺牲给予必要的补偿，增加扶贫对象的生态补偿收入。

（八）社会保障兜底精准脱贫

社会保障兜底精准脱贫，是指在其他帮扶措施不能或者不能完全及时、有效地实现扶贫对象脱贫时，将低保和其他社会救助作为最后一道安全防线，确保所有扶贫对象能如期脱贫。其中低保制度应成为兜底脱贫的主要政策工具。实行低保制度兜底精准脱贫，是全面、有效实现脱贫攻坚目标的重要内容和必要保障。其原因有二：一是最后难以通过其他方式脱贫的扶贫对象，如贫病交加人群、农村留守老人等，只有低保兜底才能脱贫；二是在2020年前最后一两年突发的因灾、因病而新增的扶贫对象，只能通过低保兜底才能脱贫。有关社会保障与精准扶贫衔接的政策及存在的问题将在下一节进行讨论。

六　东部经济发达地区扶贫体制和方式创新

在扶贫方面，中国一直存在较大的区域发展差异。与中、西部地区相比，部分东部经济发达地区已经完成了现行标准的脱贫攻坚任务，正在探索和试验适合其发展条件和水平的新的扶贫体制和方式。东部经济发达地区在扶贫体制和方式上的试验，无疑对设计和规划2020年全国的扶贫体制和方式具有重要的借鉴意义。当然，东部地区内部也存在一定的差异，各地在扶贫试验方面所选择的路径和态度也不相同，下面重点参考浙江和山东扶贫体制和方式试验的经验，分析东部经济发达地区的扶贫创新。

（一）探索从绝对贫困向相对贫困转变的扶贫政策

东部经济发达地区中浙江省较早开始了从绝对贫困向相对贫困过渡的扶贫政策调整。从2008年开始，浙江省每届政府首年，按照上年农民人均纯收入45%左右和不少于农村户籍人口10%的要求，制定扶贫标准，认定扶贫对象。扶贫工作成效主要考核低收入人口收入增长情况，不再考核贫困发生率下降情况。每届政府五年内的扶贫对象相对稳定，总体上摆脱了因调整扶贫标准造成的贫困人口"增了又减，减了又增"的循环和困惑。其他一些东部地区的省市，如北京、上海、山东等，虽然未如浙江省明确提出并实施以相对贫困为主的扶贫政策，但是大多采取参考各地农民收入水平变化，动态调整扶贫标准和对象的做法。

（二）减缓区域贫困与减缓人群贫困相结合

东部经济发达地区在开展的扶贫试验中，大多采取将减缓区域贫困和减缓人群贫困相结合的政策。一方面多数省市都确定了欠发达县（区）、乡镇和村，政府提供特别的支持。如浙江省对 12 个重点欠发达县，采取措施提升区域内公共服务水平、强化内生发展能力，实施金融服务支持、区域特别扶持、山海协作助推、社会帮扶关爱、改革创新促进五大行动；山东省确定了"4 个 2"（2 个地区、20 个欠发达县、200 个重点扶持乡镇、2000 个重点扶持行政村）的重点扶贫区域，在资金投入等方面给予特别支持。另一方面对扶贫对象采取精准扶持措施，帮助他们减缓贫困。如浙江省确定了低收入扶贫对象 176 万户、417 万人，先后实施了"低收入农户奔小康工程"和"低收入农户收入倍增计划"，其中的"收入倍增计划"主要通过产业开发帮扶、就业创业促进、农民异地搬迁、社会救助保障、公共服务提升 5 大工程，帮助低收入农户稳定增加收入。

（三）探索从农村扶贫向统筹城乡扶贫的体制转变

东部一些省市近年来在探索建立城乡统筹的扶贫体制方面取得了新的进展。除了实现比全国更快的社会保障城乡统筹体制以外，部分东部地区还在探索新的城乡统筹扶贫体制。比如浙江省主要探索了扶贫异地搬迁和农村人口城镇化结合的方式，通过扶贫异地搬迁促进农村人口向县城、中心镇、小城镇、中心村四个方向转移。山东青岛市黄岛区设立城市扶贫开发领导小组及其办公室，与农村扶贫开发领导小组及其办公室合署办公，统筹全区农村、城镇扶贫开发工作。而济南市任城区探索将政府救助类政策从农村扩大到城区，凡是农村贫困人口享受的扶贫政策，城区同样享受，上级无资金需要该区自筹解决的政策除外。

（四）产业扶贫方式的组织化

通过建立和加强贫困户与其他经济组织之间的联系来推动产业扶贫，是不少东部经济发达地区扶贫的重要形式。如浙江省在扶贫过程中，着力推动产业扶贫方式实现"三个组织化"：一是通过龙头企业、合作社和技术支持体系，把低收入农户组织起来，构建具有一定规模和品质优势的新型农业经营体系；二是通过来料加工经纪人、来料加工点（企业）和农村电子商务，把低收入农户组织到农村工业化体系中；三是通过扶贫资金互助会，把低收入农户组织起来，为低收入农户提供合作金融服务。

（五）利用市场和社会力量推动扶贫

东部地区在扶贫过程中，在加强政府扶贫力度的同时，积极利用市场方式和借助社会力量开展扶贫，形成政府、市场和社会合力扶贫的格局。山东、浙江等省都探索了通过金融创新和保险支持扶贫的经验；山东在养老和健康扶贫过程中，通过政府购买服务和志愿者行动等方式引入社会力量；浙江温州市从 2012 年开始，推行"领导＋机关单位＋企业＋乡镇"的组团式挂钩帮扶模式。

第二节　中国扶贫的成效、挑战及政策选择

一　中国农村精准扶贫政策相关问题讨论

对中国精准扶贫政策进行严格的评估，目前还很困难。主要原因有两个方面：一是 2013 年以来中国精准扶贫政策自身一直处于不断调整和完善的过程中，使政策评估的对象不易准确界定。中国扶贫治理、问责和考核评估、资源投入和动员以及扶贫对象精准识别等方面的政策，过去几年自身在不断变化和调整，当前的许多政策与 2013 年、2014 年的情况相比已经发生了不少变化，比如最初以指标分配为基础的精准识别被上下结合、多维贫困和参与式配合的政策所取代，多部门重复交叉考核评估的政策最近也正在被纠正。二是缺乏能够支撑对中国精准扶贫政策进行严格稳健评估的可控的数据。迄今为止几乎所有的评估，都是基于不能控制的小样本数据或案例研究，其科学性、可靠性不高。

有鉴于上述两个问题，我们认为更可行的选择是从政策设计和实施的特点方面，对中国现行精准扶贫政策相关的分配影响、可持续性和风险进行分析和讨论，以便为今后的政策调整提供一些参考。

（一）中国精准扶贫政策的分配影响

中国精准扶贫政策的一个重要特点是在计划的时期内集中政府可控制的资源来扶持确定的目标贫困人群（扶贫对象）并保证这部分人群如期脱贫。这就意味着在短期内国家需要投入和动员非常大量的资源，而只有建

档立卡的扶贫对象才能受益。精准扶贫政策这种投入资源量大而受益人数少的特点，虽然有利于在短期内实现脱贫攻坚的目标，但也必然通过改变存量和增量资源的分配对扶贫对象以外的其他农村人群产生不同程度的不利影响。下面主要从财政扶贫资金、金融扶贫、人力资源和组织资源、就业机会4个方面分析和讨论中国精准扶贫政策的分配影响。

（1）财政扶贫资金的分配影响

前面的分析中已经介绍过2013年以来中国财政专项扶贫资金投入一直保持超高速的增长，与此同时扶贫资金以外低收入人群可享受到的预算支出在2016年开始出现下降，在一定程度表明精准扶贫政策对低收入人群可享受的财政投入具有挤压作用。据国家统计局住户调查数据，2016年农村底层20%低收入农户人均可支配收入比前一年降低4.4%。虽然2016年低收入农户收入下降主要受农民工就业结构变化、初级农产品生产价格下行等经济增长因素的影响。

在贫困县通过整合涉农财政专项资金增加扶贫投入是近两年进行的一项重要的改革试点。试点取得了不错的资金整合效果，在不到一年的时间内整合资金3200亿元，相当于2016年财政专项扶贫资金的3倍多。但是，也应该看到涉农资金整合减少了贫困县内建档立卡扶贫对象（贫困户和贫困村）以外农户可以享受的国家财政投入，减少了他们改善农业生产生活条件的机会。

此外，扶贫所占用的地方政府债务计划指标增加，也相应地减少了其他地区和领域可用的地方政府债务资源，间接影响它们的发展机会。

（2）金融扶贫的分配影响

在脱贫攻坚期间，中国金融扶贫政策的力度达到了空前的程度。与财政扶贫的性质类似，金融扶贫所占用的资源会相应地减少非贫困地区和非扶贫对象可用的金融资源。扶贫再贷款的贷款条件（利率和期限）都优于支农再贷款，虽然没有明文规定各地扶贫再贷款额度与支农在贷款额度之间的替换关系，但从部分地区公布的数据来看，扶贫再贷款实际上占用了支农再贷款的指标，各地通过使用条件更优惠的扶贫再贷款支持精准扶贫，就会相应地减少其他地区和其他方面可用的支农再贷款；中国人民银行和银监会对政策性银行和部分商业银行规定了贷款净投放中精准扶贫贷款（包括个人精准扶贫贷款、产业精准扶贫贷款和项目精准扶贫贷款）的最低比例，对于满足精准扶贫的资金需要发挥了积极的作用。但是这样的规定，也直接减少了其他地区可用的金融资源。如中国农业发展银行要求精准扶贫贷款净投放不低于全行各项贷款净投放的 60%，有脱贫攻坚任务的省不低于 80%，这会大大减少非贫困地区和非扶贫对象从农发行获得贷款的机会。在农户层面，2014 年以来扶贫小额贷款的总规模和户均贷款规模都有了十分显著的提高，获得小额扶贫贷款贫困农户的比例从 2014 年的 2% 增加到 2016 年的 29%。无疑，贫困户获得小额贷款农户快速增加与政府提供的特殊贷款条件以及政府帮扶努力直接相关。但是，在贫困县内可用金融资源既定的条件下，信用贷款资源大量流向扶贫对象（或者以扶贫对象的名义流向扶贫经济实体），同样会减少扶贫对象以外的农户获得贷款的机会。遗憾的是目前还缺乏精准扶贫政策实施以来农户贷款分配的可信数据，无法准确判断金融扶贫的分配效应究竟有多大。

在直接融资、农业政策性保险、证券、期货等领域开展的金融扶贫，多数也具有与贷款类似的挤占非贫困地区和非扶贫对象资源使用机会的作用。

（3）人力资源和组织资源的分配影响

中国实行的精准扶贫是政府主导的大规模社会行动。在某种意义上说是举全国之力进行脱贫攻坚。在脱贫攻坚中投入的各级各地的政府工作人员目前尚没有全面准确的统计，据国务院扶贫办公布的最新数据，2013 年以来全国共选派 277.8 万人驻村帮扶[①]。结合此前公布的 2016 年全国驻村帮扶干部 77.5 万人的数据，可以推断最新公布的驻村帮扶干部人数应该是过去 5 年驻村帮扶干部人次（虽然中国政府强调驻村干部的稳定性，但因为种种原因驻村干部会进行一定比例的轮换）。即使官方公布的驻村帮扶干部以人次为单位的，可以估计常年驻村帮扶的干部会接近甚至超过原来公布的 2016 年 77.5 万人的规模，这相当于每个贫困县每年有 931 名干部

---

① 《国新办举行脱贫攻坚工作新闻发布会》，国务院扶贫开发领导小组办公室，http://www.cpad.gov.cn/art/2018/1/5/art_2241_101.html。

在驻村帮扶。下派干部驻村帮扶的积极作用在前面已有分析和讨论，但是不得不承认每个贫困县近千名干部将主要精力用于驻村帮扶肯定会在一定程度上影响对非扶贫对象的正常服务。

除了驻村帮扶占用了大量的人力资源以外，其他扶贫方面也会造成人力资源出现不利于非扶贫对象的分配。比如，健康扶贫政策要求对所有患病的扶贫对象进行签约服务和定期检查，同样可能影响农村基层医务人员时间的分配。据中国国家卫计委逐户、逐人、逐病的调查核实，全国有734万患病的建档立卡贫困人口。这部分建档立卡的患者集中分布在全国12.8个扶贫工作重点村，医生签约服务主要由村诊所的医生提供。不难想象，为建档立卡患病扶贫对象建立长期的签约服务将占用贫困村本就稀缺的医疗服务资源，这会不同程度地影响贫困村其他患者的就医行为和费用支出。

组织资源稀缺一直是中国贫困地区经济社会发展存在的一个短板。中国不少贫困地区缺乏具有规模和竞争能力的公司，具有带动能力的合规的农民专业合作组织也严重缺乏。为了完成政府确定的脱贫攻坚的任务，中国的不少贫困县的政府通过经济激励和行政方式把县内外有规模的农业产业化企业和具有带动能力的其他经济组织更多地吸引来扶贫，客观上也助推了组织资源形成不利于非贫困地区和非扶贫对象的分配。

（4）就业机会的分配影响

在正常的市场经济下，个人就业主要受就业供求关系的影响。在精准扶贫过程中，中国的一些地方政府通过经济激励和行政措施，人为地把部分就业机会分配给扶贫对象或者直接为扶贫对象创造工作岗位，借以增加贫困农户的就业机会和收入。这种带有定向分配性质的就业干预政策，确实增加了不易甚至不能在劳务市场上获得就业机会的贫困劳动力的就业机会，促进和支持了精准脱贫。政府帮助贫困劳动力就业主要有4种方式：一是政府通过向贫困地区的企业提供包括用地、融资和财政支持等手段支持企业的发展，要求企业安排一定数量的扶贫对象就业；二是支持在贫困乡村创办直接吸收扶贫对象就业的扶贫车间；三是要求参与东西扶贫协作的东部地区政府和企业为贫困劳动力安排就业；四是为扶贫对象设置公益岗位、安排就业。显然，这 4 种就业扶贫形式的性质及分配影响存在较大的依据。政府通过政策支持企业、兴办扶贫车间、增设公益岗位进行就业扶贫，在一定程度上带有创造就业机会、直接增加就业供给的性质，并没有直接挤占其他人的就业机会。不过，这 3 种就业扶贫形式是通过影响公共资源的配置来增加扶贫对象的就业机会的，所体现的是前面所述的财政资金和其他公权力的分配影响。通过东西扶贫协作开展的就业扶贫，则可能会造成不利于非贫困劳动力的就业机会的分配效应。

前文对精准扶贫政策分配影响的分析总体上是静态的、单向度的，没有充分考虑精准扶贫政策实施在挤占公共资源的同时也能够创造一些新的发展机会。而且部分精准扶贫政策设计的目标和效果是多向度的，除了帮助扶贫对象脱贫，还有其他一些积极的社会和政治目标。如资产收益扶贫、光伏扶贫、以区域资源禀赋为基础的产业扶贫等干预政策，都将短期脱贫和长期发展的综合目标考虑在内。资产收益扶贫，不仅是短期内增加扶贫对象的财产性收入，同时也是增加贫困村集体经济实力、增强村治理能力的一项举措；光伏扶贫，既可以增加贫困户的收入，达到一定规模后还能促进清洁能源的发展和对传统能源的替代；以区域优势资源为基础的产业化扶贫，如果规划和管理得当，除了短期内具有减贫效果之外，还可以促进贫困地区的资源开发和经济发展。总之，需要对精准扶贫政策的社会成本效益进行全面的、有数据支撑的分析，才能对其整体和动态效果进行严格的评估，这是其他研究的任务，本项目目前无法完成。

（二）中国现有精准扶贫政策的可持续性

中国现有的精准扶贫政策是基于中国特有的政治和治理制度，通过大规模的资源投入由政府主导实施的。仅从支撑精准扶贫政策的制度基础来看，只要中国特色的政治制度和治理制度存在，在中国仍然可以继续实行精准扶贫的政策。但是，从长期经济和技术层面考察，中国精准扶贫政策存在一些不可持续的因素。中国现行精准扶贫政策高度依赖政府大规模的扶贫资源投入，难以长期持续。在短期内投入大量的人力、财力和其他特惠政策资源来开展精准扶贫给国家财政所带来极大压力以中国目前的经济实力，是可以承受的，但是，将大量的资源集中、不成比例地投放到只占全国人口较小比例的贫困人口，在国家财力有限而社会保障、民生和经济发展资金缺口依然很大的条件下，势必要在精准扶贫和满足其他发展需求之间做出非此即彼的抉择。长期实行现有的精准扶贫政策，一方面会使其他重要的发展需要得不到满足，影响国家社会经济的协调发展；另一方面也会激化精准扶贫政策受益人群与社会多数民众之间的矛盾，影响社会的稳定与和谐。

中国现行精准扶贫政策主要依赖政府组织，农村基层组织发育和扶贫对象能力提高不足，长期难以持续下去。减贫短期内可以借助政府等外部力量的强力介入取得一定的效果，但没有使社区的自治能力和贫困人群的自我发展能力得到全面提升，一旦外部支持力量退出或减弱，其效果就难以持续。中国的精准扶贫政策，虽然直接或间接地提高了贫困地区和扶贫对象的自我发展能力，但总体上并没有将提高贫困农村基层组织的治理能力和扶贫对象的自我发展能力作为最终或者核心目标，而且扶贫对象很少参与扶贫项目的计划、实施和管理，其效果可持续性比较差。可喜的是中国政府最近意识到精准扶贫效果可持续性问题的重要性，也开始关注提高扶贫对象的内生动力问题。如果尽快采取切实的措施加以弥补，精准扶贫政策的可持续性将得到改善。

（三）中国精准扶贫政策潜在的风险

中国政府将打好脱贫攻坚战作为决战全面建成小康社会的关键战役，并为此制定了一整套的政策和措施，集中全国的资源实现到 2020 年现行标准下扶贫对象脱贫、贫困县摘帽和解决整体贫困问题的目标。可以相信，在正常条件下，中国可以依靠自己的政治和制度优势实现预定的脱贫攻坚目标。但是，也要看到实行现行的精准扶贫政策也潜伏着较高的经济和社会风险。

（1）潜在的金融风险

为了保证脱贫攻坚的资金需求，中国政府极大地放宽了精准扶贫贷款的安全标准，这将增加贷款的拖欠风险。现在实行的"530"扶贫小额贷款，在没有贷款抵押、担保条件下为所有有劳动能力的扶贫对象提供 5 万元以下、3 年期以内的低息贷款。在地方政府的干预和支持下，一些扶贫对象在没有任何还款计划的条件下接受了 3 万~5 万元扶贫小额信贷，而且有相当部分贷款甚至没有经过扶贫对象的手就直接转给了由地方政府安排的企业或合作社，可以想象一旦出现经营亏损或道德风险，扶贫对象有充分的理由拒绝还款，这从 1996 年至 2000 年政府扶贫小额贷款的高拖欠中已得到过证明。发放给企业的产业扶贫贷款，与扶贫小额贷款类似，企业获得贷款是以安排一定数量的扶贫对象就业或带动一定贫困户脱贫作为条件的，其中有相当部分贷款由地方政府融资平台提供担保，一旦出现还款风险，地方政府负有连带责任，而且由于这些企业为政府分担了脱贫的部分责任，遇到还款困难时也有道义上的理由进行拖欠。由地方政府融资平台担保发放的数千亿元易地扶贫贷款，一方面受地方财政能力的影响存在较大的还款风险；另一方面，在给同步搬迁的非贫困农户贷款时，非贫困农户可能以待遇不公平（扶贫对象可得到更多的建房补贴等）为由拒绝还款。此外，中央政府对于银行业金融机构投放扶贫小额信贷过程中达到尽职要求的出现还款风险将免予追究责任的政策，也为扶贫小额贷款拖欠埋下了政策性风险和道德性风险。

（2）市场风险

2016 年以来，中国贫困地区集中投入了超过 1 万亿元的资金用于产业扶贫。而贫困地区相似的自然条件，使大量的资金投向具有资源优势的果品、畜禽、药材、蔬菜等农产品的生产和加工，存在非常严重的产品同构情况。这些差不多时间的投入会在相同的时间进入收获期和上市期，如果没有差异化的品牌和经营策略支持，将形成低价竞争的局面，造成增产不增收，这对扶贫对象和贫困地区来说有可能是灾难性的，会进一步加剧其潜在的市场风险。

（3）社会风险

中国精准扶贫采取的以高强度投入标准精准扶持占人口比例越来越小的扶贫对象的做法，一直就潜伏可能导致农村社会不稳定的风险。但是中国政府通过经济增长和其他辅助政策加上其有效的行政治理能力，使这些潜在风险没有演变成实际问题。但是 2016 年出现了底层 20% 低收入组农户平均收入绝对下降的情况，如果低收入农户的状况继续恶化且得不到有效的改善，这部分贫困边缘人群与扶贫对象之间的潜在利益冲突有可能显露出来，引发局部地区的社会不稳定。这需要高度警惕和重视。

二 中国农民工扶贫面临的挑战

农民工是中国工业化和城市化在其特定的户籍体制下的产物。目前，农民工的扶贫政策目前仍基本处于空白状态。随着中国农民工年龄结构和就业结构的变化，农民工的贫困将成为中国扶贫政策不得不高度重视的问题。

（一）中国农民工特点的变化及其对扶贫政策的需求

中国农民工从 20 世纪 90 年代中期开始大规模出现以来，经过 20 多年的发展，其年龄结构和就业结构与之前已经发生了较大的变化。

据国家统计局全国农民工监测调查报告，2016 年全国农民工平均年龄为 39 岁，其中 40 岁及以上的占 46.1%，50 岁以上的占到 19.2%。这些 40 岁以上的农民工在就业、就医和养老方面面临与年轻农民工不同的挑战，特别需要在就业支持、社会保障政策方面得到政府的支持。尤其是其中与农村老家社会经济联系已经比较少的中老年农民工，将很有可能留在打工所在的城镇养老，如果没有相应的扶贫政策扶持，这部分农民工将成为一个数量较大的潜在贫困人群。

农民工就业结构在过去 20 年也发生了很大的变化。在制造业就业的农民工从最初的 60% 下降到现在的 30% 左右（2016 年为 30.6%），相应地，自主就业农民工的比例在不断提高。到 2016 年，自主就业农民工已占到进城农民工总数的 30%。这些被统计到自主就业的农民工中，相当部分在非正规部门从事不稳定的职业。其收入水平低且不稳定，面临很大的失业风险。如果没有相应的就业支持和社会救助政策的扶持，自主就业的农民工陷入贫困的风险会非常高。即使是在相对正规的制造业就业的农民工，受经济结构调整和技术进步的影响，他们中的相当部分人员也面临比较高的失业风险，同样需要政府和社会的帮助。

（二）农民工扶贫面临的挑战

农民工扶贫是中国现行扶贫体制中仍处于相对空白的状态。农民工扶贫面临的主要挑战来自与户籍制度相关的农民工市民化障碍。《国务院关于实施支持农业转移人口市民化若干财政政策的通知》中，提出了要积极推进城镇基本公共服务由主要对本地户籍人口提供向对常住人口提供转变，逐步解决在城镇就业居住但未落户的农业转移人口享有城镇基本公共服务问题；并提出了通过合理分担公共成本，构建政府主导、多方参与、成本共担、协同推进的农业转移人口市民化机制的政策。但是，在缺乏全国城乡统筹的扶贫政策条件下，农民工扶贫始终难以突破农民工扶贫成本分担和担心贫困人口从农村向城镇转移两个关键问题。

前面提到的《国务院关于实施支持农业转移人口市民化若干财政政策的通知》中虽然提出了合理分担成本的基本原则，但是没有具体的划分中央和地方政府之间、不同地区政府之间、政府与企业之间具体如何分担农民工扶贫的成本的政策和操作办法，农民工扶贫面临的成本分摊问题仍无法得到有效的解决。

农民工扶贫空白的问题，根源还是来自中国现行的城乡分割的管理体制和农民工的问题可以自己解决的固有观念。

三 中国扶贫政策选择讨论

2020 年之后，中国的社会经济发展政策目标将有所调整。相应地，贫困的特点和扶贫政策也需要做出必要的调整。

（一）中国农村扶贫政策选择问题

中国目前在农村实施的精准扶贫政策，是针对解决阶段性的脱贫攻坚任务而设计的。精准扶贫政策及其组合措施，既包含了解决部分经济社会发展中长期、重大问题的有效解决方案，也包括不少应急的扶贫举措。从前面的分析我们可以看出，精准扶贫政策实施在短期内比较有效地发挥了政策设计的脱贫攻坚作用，同时也注意到部分政策对其他人群具有挤压性的分配效应，部分政策隐含了较大的经济和社会风险，也存在一些政策不可持续的因素。

到脱贫攻坚任务完成以后，中国农村扶贫政策如何选择？现行的精准扶贫的政策是整体放弃、还是局部调整抑或继续延续下去？如果放弃或部分调整现行政策，扶贫政策调整的可能方向是什么？这些都是需要提前研究的问题。

首先，2020 年之后整体延续现行精准扶贫政策存在太高的成本和风险，是不可取的一个选项。除了前面分析到的挤压其他人群的分配影响、潜伏的不可持续因素和经济与社会风险之外，作为具有明确阶段性目标的精准扶贫政策，待其使命完成之后也没有整体延续下去的必要。因此，更重要的问题是讨论和研究中国的扶贫政策如何从脱贫攻坚阶段平稳过渡到正常的阶段。

其次，探讨通过合理设计的普惠政策和优化的社会保障制度配合必要的精准扶贫方式减贫的政策选择。脱贫攻坚任务完成以后，贫困人群的结构将发生一些新的变化，慢性贫困人口将主要是老年人口、患病家庭和部分深度贫困地区的贫困人群，受经济周期性变化、自然灾害、经营风险等因素影响的暂时性贫困人口所占比例会进一步增大。因此，整体上可以通过优化社会保障制度并配以必要的精准扶贫干预来解决大多数人群的贫困问题。对少部分区域性贫困，可以继续采用精准扶贫的解决方案，但所选择的政策应该更多地遵循市场经济原则，同时建立在事先充分讨论和论证后的社会成本效益可行性的基础上，并且尽可能地将减贫目标融合到中国目前正在开展的乡村振兴战略实施过程中。

再者，2020 年后中国的扶贫干预，需要调整政府作用的强度和方式，更多地发挥基层组织和贫困人群在计划、实施和管理中的作用。

（二）中国城镇和农民工扶贫政策问题

2020 年后中国城镇化的水平将进一步提高，城乡的社会经济将进一步融合，如何在新的条件下选择城镇居民和农民工的扶贫政策将成为中国政府必须直面的问题。

第一，中国需要更多地考虑建立城乡协调的扶贫政策体系和治理体系。即使在 2020 年之后的若干年还要维持现行的城乡分离的扶贫政策，中国政府也需要考虑城乡扶贫政策体系和治理体系之间的协调问题。从前面的分析可以看出，城乡扶贫政策之间缺乏协调性，直接导致农民工扶贫被空置或虚置。而随着农民工年龄结果和就业结构的变化，农民工将成为一个日益重要的贫困群体。

第二，需要根据农民工和城镇贫困特点的变化，调整城镇扶贫政策体系。除了前面所述的农民工贫困问题以外，随着人口老龄化的加速以及国家经济结构调整和技术进步，城镇贫困人群的结构和特点也将发生较大的变化。如何应对以老年人口、患病人口和失业人口为主体的农民工贫困和城镇贫困问题，需要中国政府在就业保障与支持、社会服务和社会保障等方面制定更协调的政策。

| 第四章 |
中国社会保障制度及减贫作用

第一节　中国社会保障制度的概述

党和政府重视社会保障在保障和改善民生、促进社会公平正义中的作用。中国共产党第十七次全国代表大会报告指出，必须在经济发展的基础上，更加注重社会建设，着力保障和改善民生，努力使全体人民学有所教、劳有所得、病有所医、老有所养、住有所居，推动建设和谐社会。党的十八大报告明确提出社会保障的基本方针和体系特征，即"要坚持全覆盖、保基本、多层次、可持续方针"，"以增强公平性、适应流动性、保证可持续性为重点，全面建成覆盖城乡居民的社会保障体系"。经过四十余年的改革和实践，中国已形成了由社会救助、社会保险和社会福利服务组成的社会保障制度。

习近平总书记在 2015 减贫与发展高层论坛上强调，增加扶贫投入，坚持中国制度优势，坚持分类施策，因人因地施策，因贫困原因施策，因贫困类型施策，确保贫困人口到 2020 年如期脱贫。基于此，在全面实施精准扶贫战略的背景下，研究社会保障对减贫的影响具有重要的现实意义。

一　综合型社会救助制度

社会救助是整个社会保障体系的基础性制度安排。改革开放以来，为适应社会主义市场经济体制的变迁，中国传统社会救助制度逐步发展为以最低生活保障、农村五保供养为核心，以医疗救助、住房救助、教育救助等专项救助为辅助，以临时救助、社会帮扶为补充的覆盖城乡的新型社会救助体系。

2014年2月，国务院颁布于同年5月1日开始实施的《社会救助暂行办法》，这是中国第一部统筹各项社会救助制度的行政法规，将最低生活保障、特困人员供养、受灾人员救助、医疗救助、教育救助、住房救助、就业救助和临时救助等八项制度以及社会力量参与作为基本内容，确立了完整清晰的社会救助制度体系，并且在打破部门分割、城乡分割等方面有了重大进展，标志着中国社会救助事业进入制度定型和规范发展的新阶段，实现了济贫理念由"救济"向"救助"的转变，是中国社会救助事业发展的一个里程碑。

2014年10月，国务院下发《关于全面建立临时救助制度的通知》，在全国范围内推行临时救助制度，部署进一步发挥社会救助托底线、救急难作用，解决城乡困难群众突发性、紧迫性、临时性生活困难。临时救助制度的建立，为城乡社会救助制度"打上最后一块补丁"，意味着任何公民，不管因何种原因陷入生存危机，都能够得到国家的帮助，进一步健全了综合型社会救助制度。

（一）最低生活保障制度的设计与实施

最低生活保障制度是改革开放以来中国政府在社会救助事业上最重大的制度创新。它是一种直接的现金救助制度，突破了传统社会救济资源分散、效率不高、缺乏公平、水平较低等缺陷，为城乡社会救助的统一奠定了基础。在社会救济体系中，低保发挥了主要的减贫作用。

（1）低保的建立和推广

1993年，城市居民最低生活保障制度（简称低保）在上海开始试点。民政部高度肯定上海的试点经验，积极推广并扩大试点，到1997年8月底，全国建立城市低保的城市达到206个，占全国建制市的1/3。1997年12月和1999年10月，中央政府分别发布了《国务院关于在全国建立城市居民最低社会保障制度的通知》和《城市居民最低生活保障条例》（以下简称《条例》），将社会救助制度推向全国。1999年10月，全国668个城市和 1689 个县都实施了低保制度。

在启动城市低保的同时，农村低保制度也开始在一些地区探索建立，但是发展缓慢。2003 年，在城市低保制度取得重大突破后，民政部开始重新部署农村低保制度的建设工作。2004 年之前，只有北京、天津、上海三个直辖市和浙江、广东两省建立了农村低保制度。2004 年，福建、辽宁、江苏 3 省出台了相关文件，至此农村低保制度覆盖 8 个省或直辖市的 1206 个县（市、区）；2005 年，新增了吉林、四川、河北、陕西、海南 5 省，建立此项制度的县（市、区）总数增加至 1534 个；2006 年，建制省份达到 23 个，建制县（市、区）数则达到了 2133 个。2007 年 8 月国务院发出《关于在全国建立农村最低生活保障制度的通知》，全国 31 个省（自治区、直辖市）的 2777 个涉农县（市、区）在 2007 年底全部建立了农村最低生活保障制度。

（2）低保对象的识别

根据 1999 年的《条例》，"持有非农业户口的城市居民，凡共同生活的家庭成员人均收入低于当地城市居民最低生活保障标准的，均有从当地人民政府获得基本生活物质帮助的权利"，其中，收入是指"共同生活的家庭成员的全部货币收入和实物收入"。享受城市低保待遇的主要是两类群体，一类是传统的"三无"家庭，另一类为城市新贫困群体。

为了更加充分地实现"应保尽保"的目标，2010 年 6 月，民政部要求各地政府进一步加强城市低保对象的认定工作，及时修改完善《条例》的实施细则，确保困难群众的基本生活真正得到保障。具体的程序是：首先，规范家庭财产的类别和条件，各地应将家庭财产作为认定城市低保对象的重要依据。其次，规范家庭收入的类别和计算方法，家庭人均月收入是否低于当地低保标准，是能否享受低保待遇的基本条件。实际操作中，由于家庭收入和财产的核查困难较大，家庭成员的就业特征、身体状态以及住房条件都会被考虑在内。

国务院于 2012 年印发《关于进一步加强和改进最低生活保障工作的意见》，2014 年又颁布施行《社会救助暂行办法》。具体来说，户籍状况、家庭收入和家庭财产是认定低保对象的三个基本条件，除了要核查户籍状况和家庭收入外,各地还要根据本地经济社会发展实际,制定相应的财产评估办法,并通过低保申请家庭经济状况核对机制,调取相关部门的户籍、车辆、房产、存款等信息进行核实。同时,基层民政部门还要通过入户调查、邻里访问、信函索证、社区评议等方法,对低保申请家庭的经济状况、人口状况进行核查,确保认定对象准确。因此,为准确认定低保对象,民政部门自上而下建立了完整的对象认定工作机构、工作机制和工作体系,初步建立了跨部门、多层次、信息共享的救助家庭经济状况核对机制,对象认定能力大大提升。

为使救助资金更准确地用到困难群众身上,在有关部门的大力支持下,民政部持续加强低保申请家庭经济状况核查能力建设。一方面,加快推进救助申请家庭经济状况核对机制建设,为准确识别低保对象打下坚实基础;另一方面,规范核查内容、核查方法和核查程序。为进一步提升社会救助信息化管理水平,民政部于 2015 年 3 月 9 日出台《民政部关于加快推广应用全国最低生活保障信息系统的通知》(民函〔2015〕83 号),要求各地全面应用业务系统,及时上传或交换数据,全力做好运行维护和系统完善。

为适应户籍制度改革和新农村建设需要,2015 年 3 月,民政部会同国家统计局印发《关于进一步加强农村最低生活保障申请家庭经济状况核查工作的意见》,要求健全农村低保申请家庭经济状况核查指标体系,完善核查认定方法,规范认定程序,做到核查办法科学、对象认定准确、管理运行高效,逐步变分档救助为补差救助,确保农村低保制度健康可持续运行。

(3)低保标准的制定

1999 年《条例》指出,"城市居民最低生活保障标准,按照当地维持城市居民基本生活所必需的衣、食、住费用,并适当考虑水电燃煤(燃气)费用以及未成年人的义务教育费用确定"。为了保持政策的长期有效性,低保标准应根据当地的生活水平变化、物价波动情况和经济增长现状等及时做出调整。农村低保制度建制初期,低保标准"由县级以上地方人民政府按照能够维持当地居民全年基本生活所必需的吃饭、穿衣、用水、用电等费用确定"，实际主要由县人民政府确定。

根据 2014 年《社会救助暂行办法》，低保标准由"省、自治区、直辖市或者设区的市级人民政府"确定。全国没有统一的低保标准，但有相对统一的测算方法，民政部、发改委、财政部、统计局于 2011 年联合发布《关于进一步规范城乡居民最低生活保障标准制定和调整工作的指导意见》。实际操作中，地区的经济发展水平、贫困人口数量及地方政府的财政能力都成为地方政府确定低保标准的考虑因素，低保标准存在很大的地区差异。

最低生活保障资金，主要来自地方政府，由省及以下财政负担，实行属地管理，中央财政对困难地区给予适当补助。

（二）低保制度的实施现状

（1）保障人数

1996~2016 年，低保制度取得了重大的进展。城市低保制度和农村低保制度在经历了快速扩张后，已经步入了稳定发展阶段。从低保保障人数来看，如图 4-1 所示，1996 年享受城市最低生活保障人数为 84.9 万人，2000 年上升到 402.6 万人，2002 年迅速增长到 2064.7 万人，2009 年达到最高的 2345.6 万人，之后逐步下降，2016 年的城市低保对象有 1480.2 万人。从低保人口占城镇人口的比例来看，这一比值从 2000 年的 0.88% 跃升到 2003 年的 4.29%，随后逐年下降到 2016 年的 1.87%。享受农村最低生活保障的人数，从 1999 年的 265.8 万人提高到 2007 年的 3566.3 万人，2013 年达到最高的 5388 万人，2016 年为 4586.5 万人。农村低保人口占乡村人口的比重从 1999 年的 0.32% 提高到 2007 年的 4.99%，2013 年达到 8.56%，2016 年下降至 7.78%。

城市和农村低保的覆盖存在明显的地区差异（见图 4-2）。2015 年城市低保覆盖率最低的是浙江省，约 0.20%，最高的是新疆，达到 7.76%；农村低保覆盖率最低的是上海，约 1.04%，最高的是甘肃，达到 22.81%。整体上，低保覆盖率较低的省份，经济发展水平较高，多集中在东部地区。中、西部地区农村低保的覆盖率明显高于东部地区，不过在东部的广东、山东和河北三省，仍存在较多数量的农村低保人口，甚至多于东北三省。

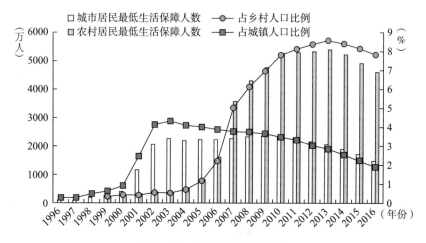

图4-1 最低生活保障人数

资料来源：国家统计局。

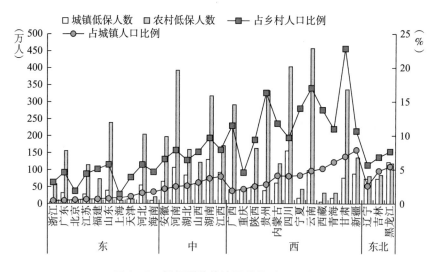

图4-2 低保覆盖的地区差异（2015年）

资料来源：国家统计局。

（2）保障标准

在低保人数有所下降的同时，保障标准的绝对水平不断提高。如图4-3所示，全国城市最低生活保障平均标准从1999年的1788元/（人·年）逐步上升到2016年的5935元/（人·年），城市低保平均支出水平相应从1999年的538元/（人·年）增长到2015年的3799元/（人·年）。全

国农村低保的平均标准从 2006 年的 851 元/（人·年）提高到 2016 年的
3744 元/（人·年），农村低保的平均支出水平从 2006 年的 414 元/（人·
年）上升到 2015 年的 1767 元/（人·年）。

但是从相对标准来看，城市低保平均标准相当于城镇家庭人均可支配
收入的比重是下降的。1999 年，城市低保平均标准相当于城镇家庭人均可
支配收入的比重超过 30%，之后不断下降到 2008 年最低的 15.6%，到
2016 年缓慢提高到 17.7%。农村低保平均标准相当于农村家庭人均可支配
收入的比重总体上在提高，从 2007 年的 20% 上升到了 2016 年的 30%。

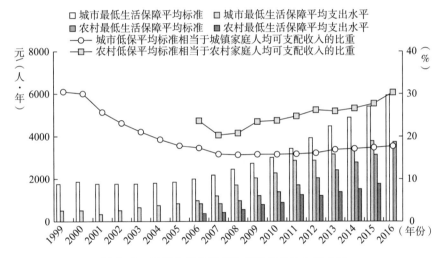

图 4 - 3　最低生活保障平均标准和平均支出水平

资料来源：民政部。

低保标准的地区差异非常显著，如图 4 - 4 所示，2017 年第二季度城
市和农村低保标准最高的均是上海，分别为 11168 元/（人·年）和 11160
元/（人·年）；城市低保标准最低的是新疆，为 4727 元/（人·年），不到
上海的一半；农村低保标准最低的是广西，为 3146 元/（人·年），不到
海的三分之一。整体而言，经济发达的沿海省份的低保标准普遍较高。

（3）保障资金

城乡低保资金的筹集以地方为主，中央财政城乡低保补助资金重点向
贫困程度深、保障任务重、工作绩效好的地区倾斜。各级财政支出的城市
低保资金从 1997 年的 2.9 亿元上升到 2002 年的 108.7 亿元，2013 年达到

最高的 756.7 亿元,之后有所下降,2016 年为 687.9 亿元(见图 4-5)。各级财政支出的农村低保资金从 2004 年的 16.2 亿元逐步提高到 2007 年的 109.1 亿元,2016 年达到 1014.5 亿元。虽然财政低保资金的绝对量在稳步提高,但是低保资金占国家整个财政支出的比重仍然很低,基本维持在

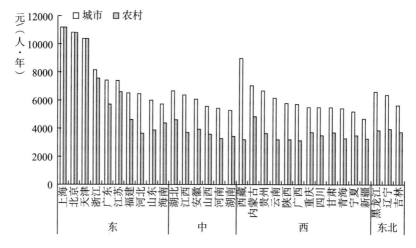

图 4-4 低保标准的地区差异 (2017 年第二季度)

资料来源:民政部。

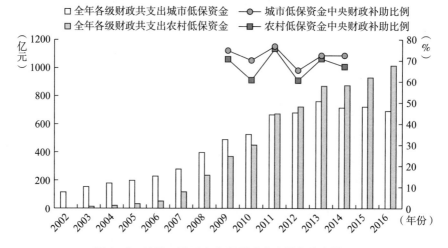

图 4-5 2002~2016 年各级财政支出低保资金情况

资料来源:民政部。

1%左右。2007年以来，中央财政城乡低保补助资金占全国城乡低保补助资金的比例呈上升趋势，2007年中央补助城市和农村低保资金的比例分别只有54.0%和27.5%。从2009年到2014年，中央财政补助城市资金的比例大致维持在65%～75%，中央财政补助的农村资金的比重维持在60%～75%。

（三）特困人员供养

保障城乡特困人员基本生活，是完善社会救助体系、编密织牢民生安全网的重要举措。长期以来，中国先后建立起农村五保供养、城市"三无"人员救济和福利院供养制度，城乡特困人员基本生活得到了保障。

为适应农村税费改革形势，切实保障五保对象的合法权益，新修订的《农村五保供养工作条例》于2006年3月实施。新条例把农村五保供养资金纳入财政预算，规定五保供养标准不得低于当地村民平均生活水平，并将五保供养服务机构建设纳入当地经济社会发展规划，从而建立起以财政供养为基础的新型农村五保供养制度，实现了农村五保由农村集体供养向国家财政供养的根本性转型。2008年，农村五保供养基本实现应保尽保。民政部于2012年12月出台关于贯彻落实《农村五保供养服务机构管理办法》的通知，对供养机构的规划建设、内部管理、工作人员和经费保障等方面，做出了全面系统的规定。

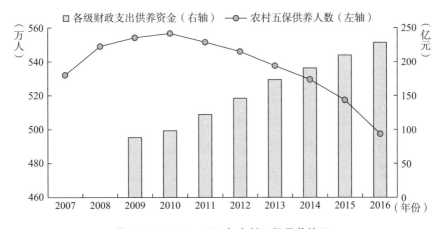

图4－6　2007～2016年农村五保供养情况

资料来源：民政部网站。

如图 4-6 所示，农村五保供养人数在 2010 年达到最高的 556.3 万人，之后逐年有所下降；而各级财政支出的供养资金逐年提高。至 2015 年底，全国救助供养农村特困人员 516.7 万人，全年各级财政共支出农村特困人员救助供养资金 210.0 亿元。其中：集中供养 162.3 万人，年平均供养标准为 6025.7 元/人；分散供养 354.4 万人，年平均供养标准为 4490.1 元/人。

2014 年《社会救助暂行办法》颁布以后，城乡"三无"人员保障制度统一为特困人员供养制度。为解决城乡发展不平衡、相关政策不衔接、工作机制不健全、资金渠道不通畅、管理服务不规范等问题，切实保障特困人员基本生活，根据《社会救助暂行办法》《农村五保供养工作条例》，2016 年 2 月，国务院发布《关于进一步健全特困人员救助供养制度的意见》，要求坚持城乡统筹，强化托底保障，优化服务供给，落实精准救助，将符合条件的特困人员全部纳入救助供养范围，切实维护好城乡特困人员的基本生活权益。

特困人员供养应当与城乡居民基本养老保险、基本医疗保障、最低生活保障、孤儿基本生活保障等制度相衔接。特困人员供养标准，由省、自治区、直辖市或者设区的市级人民政府确定、公布。至 2016 年底，全国农村特困人员救助供养 496.9 万人，全年各级财政共支出农村特困人员救助供养资金 228.9 亿元。[①]

（四）专项救助和临时救助

城乡低保和特困人员供养制度的实施初步解决了困难家庭吃饭、穿衣等日常生活问题，但仍无法满足他们在就医、就学以及住房方面的专门需求。为此，民政部努力推动医疗救助、教育救助、住房救助、就业救助、受灾人员救助等专项救助制度和临时救助制度，着力为困难群众打造一张能够保障其基本生活的社会安全网。

（1）医疗救助

城乡医疗救助是中国多层次医疗保障体系的兜底体系，主要是帮助困

---

① 《2016 年社会服务发展统计公报》，中华人民共和国民政部网站，http://www.mca.gov.cn/article/sj/tjgb/201708/20170815005382.html。

难人群参加基本医疗保险，并为他们个人无力承担的自付费用提供补助。2003 年 11 月，民政部、卫生部、财政部联合下发《关于实施农村医疗救助的意见》，揭开了医疗救助制度建设的序幕。2005 年 3 月，国务院办公厅转发民政部、财政部等《关于建立城市医疗救助制度试点工作的意见》，计划用 2 年时间进行试点，之后再用 2～3 年时间在全国建立起管理制度化、操作规范化的城市医疗救助制度。2008 年城市医疗救助制度从试点时期进入全面实施阶段，农村医疗救助制度进一步规范完善，中国城乡医疗救助模式基本确立。

城乡医疗救助主要采取两种方法：一是资助城乡低保对象及其他特殊困难群众参加城镇居民医疗保险和新型农村合作医疗；二是对新农合或城镇医保报销后，自付医疗费仍然困难的家庭，民政部门给予报销部分费用的二次救助。2016 年资助参加基本医疗保险 5560.4 万人，支出资助参加基本医疗保险资金 63.4 亿元，资助参加基本医疗保险人均补助水平 113.9元。2016 年实施住院和门诊医疗救助 2696.1 万人次，支出资金 232.7 亿元，住院和门诊人次均救助水平分别为 1709.1 元和 190.0 元。[①]

（2）教育救助

教育救助主要是指国家对义务教育阶段的家庭经济困难学生提供必要的学习、生活帮助；对家庭经济困难的寄宿生补助生活费。同时，各级政府还按照有关规定，对接受普通高中教育、普通高等教育和职业教育的家庭经济困难学生，通过减免学费、发放助学金、提供助学贷款、发放特殊困难补助、组织勤工助学等形式给予救助。

2015 年，全国累计资助学前教育、义务教育、中职学校、普通高中和普通高校学生（幼儿）8433.31 万人次（不包括义务教育免费教科书和营养膳食补助），累计资助金额 1560.25 亿元。自 2007 年中国着力构建国家学生资助政策体系以来，资助资金连续九年保持高速增长。[②]

---

① 《2016 年社会服务发展统计公报》，中华人民共和国民政部网站，http://www.mca.gov.cn/article/sj/tjgb/201708/20170815005382.html。
② 《2015 年中国学生资助发展报告》，中华人民共和国教育部网站，http://www.moe.edu.cn/s78/A05/moe_702/201609/t20160901_277355.html。

（3）住房救助

住房救助是指国家对符合规定标准的住房困难的最低生活保障家庭、分散供养的特困人员，给予住房救助。对城镇住房救助对象，采取优先配租公共租赁住房、发放低收入住房困难家庭租赁补贴实施住房救助，其中对配租公共租赁住房的，应给予租金减免。对农村住房救助对象，优先纳入当地农村危房改造计划，优先实施改造。

至 2014 年 9 月底，通过廉租住房、公共租赁住房、棚户区改造安置住房等实物方式及发放廉租住房租赁补贴的方式，全国累计解决了 4000 多万户城镇家庭的住房困难，其中包括了约 450 万户城镇低保家庭。

2015 年 6 月，国务院发布《关于进一步做好城镇棚户区和城乡危房改造及配套基础设施建设有关工作的意见》，该意见指出，至 2014 年底，全国共改造各类棚户区住房 2080 万套、农村危房 1565 万户，其中 2013 ~ 2014 年改造各类棚户区住房 820 万套、农村危房 532 万户，有效改善了困难群众的住房条件。同时制订了城镇棚户区和城乡危房改造及配套基础设施建设三年计划，即在 2015 ~ 2017 年，改造包括城市危房、城中村在内的各类棚户区住房 1800 万套（其中 2015 年 580 万套），农村危房 1060 万户（其中 2015 年 432 万户）。①

（4）其他专项救助和临时救助

就业救助是国家针对最低生活保障家庭中有劳动能力并处于失业状态的成员，通过贷款贴息、社会保险补贴、岗位补贴、培训补贴、费用减免、公益性岗位安置等办法，给予就业救助。

受灾人员救助是国家建立健全自然灾害救助制度，对基本生活受到自然灾害严重影响的人员，提供生活救助。

临时救助，是国家对因火灾、交通事故等意外事件，家庭成员突发重大疾病等原因，导致基本生活暂时出现严重困难的家庭，或者因生活必需支出突然增加超出家庭承受能力，导致基本生活暂时出现严重困难的最低

---

① 《国务院关于进一步做好城镇棚户区和城乡危房改造及配套基础设施建设有关工作的意见》，中华人民共和国中央人民政府网站，http://www.gov.cn/zhengce/content/2015 – 06/30/content_9991.htm。

生活保障家庭，以及遭遇其他特殊困难的家庭，给予临时救助。

2007 年 6 月，民政部下发《关于进一步建立健全临时救助制度的通知》，对临时救助的对象、标准、程序等进行了规范。2014 年 10 月，国务院下发《关于全面建立临时救助制度的通知》，在全国范围内推行临时救助制度，部署进一步发挥社会救助托底线、救急难作用，解决城乡困难群众突发性、紧迫性、临时性生活困难。

二 养老保险

（一）普遍性养老保险制度基本建立

养老保险是最重要的社会保障制度安排之一，也是中国社会保障改革中费力最多、费时最长的重大制度变革。目前，中国养老保障体系由职工基本养老保险、城乡居民基本养老保险和机关事业单位工作人员基本养老保险三大制度组成，基本能够覆盖所有适龄人口。

（1）职工基本养老保险

①制度框架

在养老保险制度改革以前，基本养老金也称退休金，是一种最主要的养老保险待遇，主要用于保障职工退休后的基本生活需要。1991 年 6 月国务院发布《关于企业职工养老保险制度改革的决定》，明确实行养老保险社会统筹，费用由国家、企业和职工三方负担，基金实行部分积累。1995 年 3 月国务院发布《关于深化企业职工养老保险制度改革的通知》，明确基本保险实行社会统筹和个人账户相结合的制度，并逐步形成基本保险，企业补充保险、个人储蓄保险的多层次养老保险制度。但是各地的实践中出现了缴费比例不同、养老待遇不同的现象，由此，1997 年国务院颁布了《关于建立统一的企业职工养老保险制度的决定》，从而使养老保险的统账结合模式走向统一。此外，养老保险制度管理不再是单一的单位管理，出现了多个部门的职工养老保险行业统筹。

2005 年 12 月，国务院发布《关于完善企业职工基本养老保险制度的决定》，要求扩大覆盖面、逐步做实个人账户，并改革了基本养老金的计发办法。从 2006 年 1 月 1 日起，养老金个人账户的规模统一由本人缴费工资的 11% 调整为 8%，全部由个人缴费形成，单位缴费不再划入个人账户。

为降低企业成本，增强企业活力，根据《中华人民共和国社会保险法》等有关规定，从 2016 年 5 月 1 日起，企业职工基本养老保险单位缴费比例超过 20% 的省（区、市），将单位缴费比例降至 20%；单位缴费比例为 20% 且 2015 年底企业职工基本养老保险基金累计结余可支付月数高于 9 个月的省（区、市），可以阶段性将单位缴费比例降低至 19%，降低费率的期限暂按两年执行。

②参保人数

如图 4 - 7 所示，随着职工基本养老保险改革的推进和覆盖面的扩大，参保人数逐年增长，2016 年城镇职工基本养老保险人数达到 37862 万人，其中参加养老保险的在职职工人数不断提高，占城镇就业人员的比例从 20 世纪 90 年代初的不到 40%，提高到 2015 年的 64%，体现了职工基本养老保险在整个养老保障体系中的主要地位。然而，参加职工基本养老保险的人数中，在职职工的比例从 1989 年的 84% 缓慢下降到 2015 年的 74%，也就是说离退休人员参加养老保险的比例上升了 10%，这与中国就业人口下降、人口老龄化趋势密切相关。

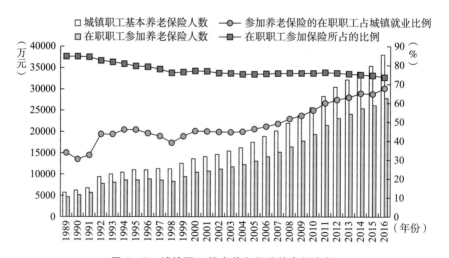

图 4 - 7　城镇职工基本养老保险的参保人数

资料来源：国家统计局。

③基金收支

城镇职工基本养老保险基金的收入和支出都在逐年上升，且收入大于支出，基金累计结余仍然在上升（如图4-8），但是，随着职工参保比例的下降，基金支出的增长率整体大于基金收入的增长率，特别是2012年以来，意味着基金累计结余的增长率在下降。《中国养老金发展报告2016》中提出，2015年城镇职工基本养老保险个人账户累计记账额（即"空账"）达到47144亿元，而当年城镇职工养老保险基金累计结余额只有35345亿元，这表明城镇职工基本养老保险制度资产和负债之间缺口会越来越大，预计基金累计结余不久后将被耗尽。

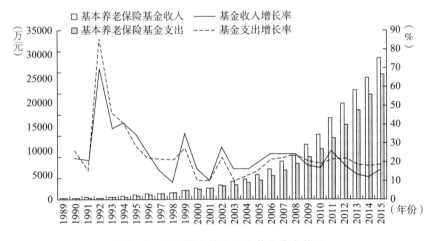

图4-8　职工基本养老保险基金收支状况

资料来源：国家统计局。

目前职工基本养老保险制度的重大缺陷在于地区分割统筹导致养老保险实际缴费率在不同地区之间存在显著差异，养老保险基金在不同地区之间呈现收支余缺两极分化，不利于职工基本养老保险制度的可持续发展。在地区分割统筹、缴费各异的情形下，广东、浙江、江苏、山东等省因养老负担相对较轻，即使缴费率低也出现基金结余不断增加的情况；黑龙江、吉林、辽宁等省因养老负担重，即使缴费率高也出现收不抵支的状况。这种基金余缺两极分化的现象，造成了原本不该结余的社会统筹基金在部分地区大量结余，而原本应当实账运行的个人账户基金却在另一些地区成为空账，从而严重地扭曲了统账结合的制度模式。《中国养老金发展报告 2016》显示，2015 年城镇职工基本养老保险累计结余最多的省份广东基金累计结余已经超过 6500 亿元，江苏、浙江超过 3000 亿元，北京、山东、四川也各有 2000 多亿元，这六个省份累计结余占到全国累计结余的 56.48%，而黑龙江省的养老保险基金收支缺口却高达 200 多亿元。

（2）城乡居民基本养老保险

新型农村社会养老保险于 2009 年开始试点，2010 年末全国有 27 个省、自治区的 838 个县（市、区、旗）和 4 个直辖市部分区县开展国家新型农村社会养老保险试点。2010 年末全国参加新型农村社会养老保险人数 10277 万人，其中领取待遇人数 2863 万人。

城镇居民社会养老保险于 2011 年 7 月开始启动试点工作，试点实施范围与新型农村社会养老保险试点基本一致，2011 年末全国有 27 个省、自治区的 1902 个县（市、区、旗）和 4 个直辖市部分区县及新疆生产建设兵团开展国家城镇居民社会养老保险试点。年末国家城镇居民社会养老保险试点地区参保人数 539 万人，其中实际领取待遇人数 235 万人。

2012 年末全国所有县级行政区全面开展国家城乡居民社会养老保险工作，基本实现城乡居民养老保险制度全覆盖。2014 年 2 月，国务院下发《关于建立统一的城乡居民基本养老保险制度的意见》，将新型农村社会养老保险和城镇居民社会养老保险合并实施，建立了全国统一的城乡居民社会基本养老保险制度。目前缴费标准有 12 档，分别是每年 100 元、200元、300 元、400 元、500 元、600 元、700 元、800 元、900 元、1000 元、1500 元、2000 元。参加城乡居民养老保险的个人，年满 60 周岁、累计缴费满 15 年，且未领取国家规定的基本养老保障待遇的，可以按月领取城乡居民养老保险待遇。

如图 4 - 9 所示，城乡居民养老社会保险的参保人数从 2012 年的 48370 万人缓慢增长到 2016 年的 50847 万人，实际领取待遇人数从 13382万提高到 15270 万。城乡居民社会养老保险的基金收支情况如图 4 - 10 所示，基金收入从 2012 年的 1829 亿元增长到 2016 年的 2933 亿元，基金支出从 1150 亿元增长到 2150 亿元，累计结余从 2302 亿元增长到 5385 亿元。

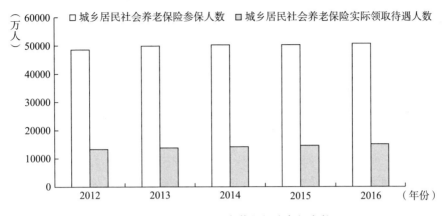

图 4 - 9 城乡居民社会养老保险参保人数

资料来源：国家统计局。

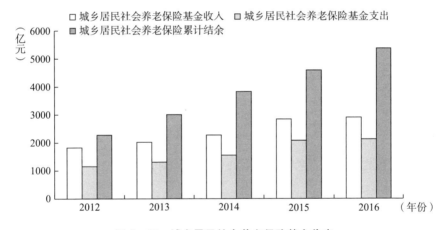

图 4 - 10 城乡居民社会养老保险基金收支

资料来源：国家统计局。

（3）机关事业单位工作人员基本养老保险

2015 年 1 月 14 日，国务院出台《关于机关事业单位工作人员养老保险制度改革的决定》文件，规定了机关事业单位养老保险改革方向和内容，即向社会养老保险制度转型，并与企业职工基本养老保险制度的原则、框架及实质内容保持一致。2015 年 3 月 19 日，人社部印发《人力资源和社会保障部、财政部关于贯彻落实〈国务院关于机关事业单位工作人员养老保险制度改革的决定〉的通知》文件，要求各地区抓紧研究制定实施办法，对各地政策衔接等提出具体意见。这一改革举措对于消除公职人员与企业职工养老金差距巨大的"双轨"制根源并最终形成统一的社会养老保险制度具有十分重大的进步意义。

（4）养老保险的转移衔接

2009 年 12 月，国务院办公厅在 29 日转发了人力资源和社会保障部、财政部《城镇企业职工基本养老保险关系转移接续暂行办法》（下文简称《办法》），《办法》规定，自 2010 年 1 月 1 日起，包括农民工在内所有参加城镇企业职工基本养老保险的人员，其基本养老保险关系可在跨省就业时随同转移，在转移个人账户储存额的同时，还可转移 12% 的统筹基金（单位缴费）。

2014 年 2 月，中国人力资源和社会保障部、财政部印发《城乡养老保险制度衔接暂行办法》。该《办法》共 11 条，自 2014 年 7 月 1 日起施行。《办法》规定，参加城镇职工养老保险和城乡居民养老保险人员，达到城镇职工养老保险法定退休年龄后，城镇职工养老保险缴费年限满 15 年（含延长缴费至 15 年）的，可以申请从城乡居民养老保险转入城镇职工养老保险，按照城镇职工养老保险办法计发相应待遇；城镇职工养老保险缴费年限不足 15 年的，可以申请从城镇职工养老保险转入城乡居民养老保险，待达到城乡居民养老保险规定的领取条件时，按照城乡居民养老保险办法计发相应待遇。

随着养老保险转移衔接办法的发布和实施，农民工参加城镇职工基本养老保险的人数从 2008 年的 2416 万人提高到 2016 年的 5940 万人，占农民工总数的比例从 10.7% 提高到 21.1%（见图 4-11）。

（二）全民医保体系基本建成

医疗保险是关乎全民切身利益的社会保障制度。经过多年的探索与改革，中国已经建立起有中国特色的"三横三纵"医疗保障，即横向上分为三个层次，包括基本医疗保险体系、城乡医疗救助体系和补充医疗保障体系；作为主体层次的基本医疗保险体系在纵向上分为三种主要制度，包括城镇职工基本医疗保险、城镇居民基本医疗保险和新型农村合作医疗，基本完成了从公费医疗、劳保医疗到社会医疗保障制度的转变，这三项基本

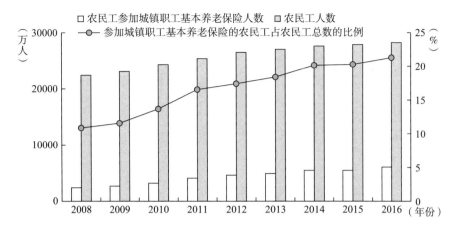

图 4 - 11　农民工参加城镇职工基本养老保险的情况

资料来源：人力资源和社会保障部历年统计公报。

医疗保险制度在"十二五"期间覆盖了全国 95% 以上的人口，实现了医疗保险制度覆盖全民的基本目标。

2016 年 1 月 12 日，国务院印发《关于整合城乡居民基本医疗保险制度的意见》要求，推进城镇居民医保和新农合制度整合，2017 年开始在全国范围内逐步建立起统一的城乡居民医保制度。

（1）城镇职工基本医疗保险制度

1993 年 10 月，劳动部发布《关于职工医疗保险制度改革试点的意见》，1994 年经国务院批准，在江苏镇江和江西九江进行职工医疗保险实行个人账户和社会统筹相结合的改革试点（即"两江试点"）。在两江试点的基础上，1996 年国务院转发《关于职工医疗保障制度改革扩大试点的意见》，将试点范围扩大到 58 个城市。1998 年 12 月，国务院召开全国医疗保险制度改革工作会议，发布了《国务院关于建立城镇职工基本医疗保险制度的决定》，明确了医疗保险制度改革的目标任务、基本原则和政策框架，要求 1999 年，在全国范围内建立覆盖全体城镇职工的基本医疗保险制度。这意味着中国城镇职工医疗保险制度的建立进入了全面发展阶段。

2002 年末全国绝大部分地级以上统筹地区组织实施了基本医疗保险制度，此后，中国职工医疗保险制度不断完善，覆盖范围也迅速扩大。2016

年，29532 万人参加城镇职工基本医疗保险，其中在岗职工有 21720 万人，退休人员 7812 万人。参加职工基本医疗保险的在岗职工占城镇就业人数的比重不断提高，2013 年达到最高的 53.6%，显示了职工基本医疗保险的主要地位。2016 年该比例略微下降到 52.4%。此外，2000 年以来，职工基本医疗保险的参保人员中，在岗职工的比重维持在 73% ~75%（见图 4 - 12）。目前还有 3 省的省直机关、中央在京的国家机关和事业单位没有参加职工医疗保险。

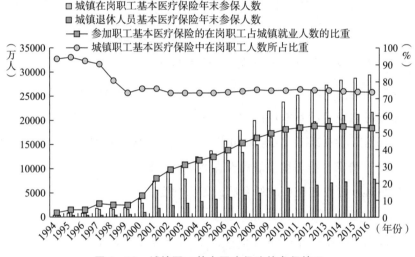

图 4 - 12　城镇职工基本医疗保险的参保情况

资料来源：作者根据国家统计局数据整理计算。

（2）城乡居民医疗保险制度

①新型农村合作医疗制度

中国农村合作医疗兴起于 20 世纪 50 年代，到 70 年代，传统农村合作医疗曾出现过短暂的繁荣，一度覆盖全国 90% 的行政村和 85% 的农村人口。1979 年 12 月卫生部、农业部、财政部、国家医药总局、全国供销合作总社联合颁布了《农村合作医疗章程（试行草案）》，这是对新中国成立 20 多年来农村合作医疗经验的总结，标志着合作医疗的制度化。

20 世纪 80 年代之后，随着家庭联产承包责任制的实施，以农村集体经济为依托的合作医疗制度开始解体，传统农村合作医疗覆盖面急剧下降。到 1985 年，继续坚持合作医疗的行政村占全国的比例不到 5%。到 80 年代末，曾经轰轰烈烈的农村合作医疗制度在全国绝大部分农村地区迅速消失。

进入 20 世纪 90 年代，农村缺医少药的问题越来越突出。面对农村医疗保障日趋严峻的形势，中国政府认识到了恢复与重建农村合作医疗的必要性，并制定和出台了一系列政策、文件，试图恢复和重建农村合作医疗制度。但由于种种原因，各种恢复和重建的努力总是归于失败，覆盖率始终在低位徘徊。直到 1998 年，全国也仅有 6.5% 的农村居民为合作医疗所覆盖。而与此同时，由于农民收入增长缓慢，无法跟上医疗费用的急剧上涨，致使农村"因病致贫、因病返贫"的比率明显上升，农民的健康问题面临越来越严峻的挑战。

2002 年 10 月，国务院下发了《关于进一步加强农村卫生工作的决定》，要求"到 2010 年，在全国农村基本建立起适应社会主义市场经济体制要求和农村经济社会发展水平的农村卫生服务体系和农村合作医疗制度"，明确指出要"逐步建立以大病统筹为主的新型农村合作医疗制度"。

2003 年 1 月，国务院办公厅转发了卫生部等部门《关于进一步做好新型农村合作医疗试点工作的指导意见》，新型农村合作医疗在全国迅速铺展开来。2006 年 1 月卫生部等七部委又联合下发了《关于加快推进新型农村合作医疗试点工作的通知》，对新型农村合作医疗制度做了充分肯定，提出"各省（区、市）要在认真总结试点经验的基础上，加大工作力度，完善相关政策，扩大新型农村合作医疗试点。2006 年，使全国试点县（市、区）数量达到全国县（市、区）总数的 40% 左右；2007 年扩大到 60% 左右；2008 年在全国基本推行；2010 年实现新型农村合作医疗制度基本覆盖农村居民的目标"。

2010 年，新农合的参保人数达到最高的 8.36 亿人，参保率达到 96%。2015 年，参保率接近 99%，人均筹资 490.3 元，当年基金支出 2993.5 亿元（见表 4 - 1）。

表4-1　新型农村合作医疗情况

年份	参加新农合人数（亿人）	参保率（%）	人均筹资（元）	当年基金支出（亿元）	补偿受益人次（亿人次）
2004	0.80	75.20		26.37	0.76
2005	1.79	75.66	42.10	61.75	1.22
2006	4.10	80.66	52.10	155.81	2.72
2007	7.26	86.20	58.90	346.63	4.53
2008	8.15	91.53	96.30	662.31	5.85
2009	8.33	94.19	113.36	922.92	7.59
2010	8.36	96.00	156.57	1187.84	10.87
2011	8.32	97.48	246.21	1710.19	13.15
2012	8.05	98.26	308.50	2408.00	17.45
2013	8.02	98.70	370.59	2909.20	19.42
2014	7.36	98.90	410.89	2890.40	16.52
2015	6.70	98.80	490.30	2993.50	

资料来源：卫生部。

②城镇居民基本医疗保险制度

为解决城镇非从业人员，特别是中小学生、少年儿童、老年人、残疾人等脆弱群体的医疗保险问题，国务院决定从2007年开始开展城镇居民基本医疗保险试点工作，并决定定期召开国务院城镇居民基本医疗保险部际联席会议。2007年7月，国务院下发了《关于开展城镇居民基本医疗保险试点的指导意见》（下文简称《指导意见》），首批确定79个试点城市，并计划用3年时间逐步在全国城镇全面推开。《指导意见》要求，通过试点探索和完善城镇居民基本医疗保险的政策体系，形成合理的筹资机制、健全的管理体制和规范的运行体系，逐步建立以大病统筹为主的城镇居民基本医疗保险制度。试点工作要求坚持"低水平，广覆盖，居民自愿，属地管理，统筹协调"的原则。2008年国务院决定将大学生纳入城镇居民基本医疗保险试点范围。

如图4-13所示，参加城镇居民基本医疗保险的人数从2007年的4291万人迅速增长到2016年的44860万人。

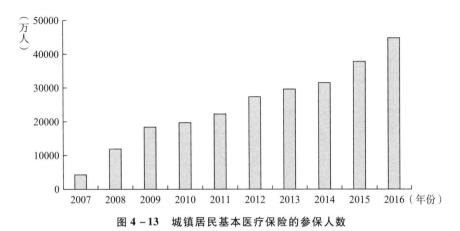

图 4 - 13　城镇居民基本医疗保险的参保人数

资料来源：国家统计局。

③城乡居民医保制度的统一

新型农村合作医疗制度和城镇居民医疗保险制度自建立以来，覆盖范围不断扩大，保障水平稳步提高，制度运行持续平稳，对于健全全民基本医保体系、满足群众基本医疗保障需求、提高人民群众健康水平发挥了重要作用。但是随着经济社会快速发展和人口流动的加强，居民医疗保险制度由于城乡分割引起的负面作用开始显现，存在重复参保、重复投入、待遇不够等问题。在总结城镇居民医保和新农合运行情况以及地方探索实践经验的基础上，党中央、国务院明确提出整合城镇居民医保和新农合两项制度，建立统一的城乡居民基本医疗保险（以下简称"城乡居民医保"）制度。

2016 年 1 月 12 日，国务院印发《关于整合城乡居民基本医疗保险制度的意见》要求，推进城镇居民医保和新农合制度整合，逐步在全国范围内建立起统一的城乡居民医保制度。该《意见》提出了"六统一"的政策整合要求，即统一覆盖范围、统一筹资政策、统一保障待遇、统一医保目录、统一定点管理、统一基金管理。要求各省（区、市）须在 2016 年 6 月底前对整合城乡居民医保工作做出规划和部署，各统筹地区须在 2016 年 12 月底前出台具体实施方案。

建立统一的城乡居民医保制度，有利于推动保障更加公平、管理服务更加规范、医疗资源利用更加有效，促进全民医保体系持续健康发展；是推进医药卫生体制改革、实现城乡居民公平享有基本医疗保险权益、促进社会公平正义、增进人民福祉的重大举措，对城乡经济社会协调发展、全面建成小康社会具有重要意义。

（3）覆盖城乡居民的多层次医疗保障体系

①基本医疗保险体系的扩容

自城镇基本医疗保险制度建立以来就不断扩容，增加了不少新的覆盖人群。劳动和社会保障部于 2003 年 5 月出台了《关于城镇职工灵活就业人员参加医疗保险的指导意见》，2004 年 5 月又出台《关于推进混合所有制企业和非公有制经济组织从业人员参加医疗保险的意见》，将灵活就业人员、混合所有制企业和非公有制经济组织从业人员以及农村进城务工人员纳入医疗保险范围。

2006 年 3 月 27 日国务院出台了《关于解决农民工问题的若干意见》，提出要积极稳妥地解决农民工社会保障问题。2006 年 5 月，劳动和社会保障部发布了《关于开展农民工参加医疗保险专项扩面行动的通知》，提出"以省会城市和大中城市为重点，以农民工比较集中的加工制造业、建筑业、采掘业和服务业等行业为重点，以与城镇用人单位建立劳动关系的农民工为重点，统筹规划，分类指导，分步实施，全面推进农民工参加医疗保险工作"。

如图 4 – 14 所示，参加城镇基本医疗保险的农民工数量从 2007 年的 3131 万人提高到 2014 年最高的 5229 万人，2016 年下降到 4825 万人。

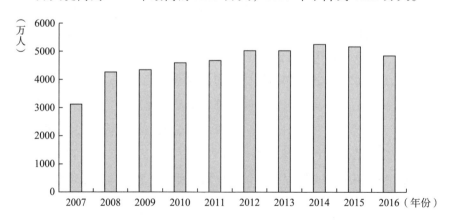

图 4 – 14　参加城镇基本医疗保险的农民工数量

资料来源：人力资源和社会保障部历年统计公报。

②医疗救助体系的建立

城乡医疗救助是中国多层次医疗保障体系的兜底体系，主要是帮助困难人群参加基本医疗保险，并为他们个人无力承担的自付费用提供补助。2003 年 11 月，民政部、卫生部、财政部联合下发《关于实施农村医疗救助的意见》。2005 年 3 月，国务院办公厅转发民政部、财政部等《关于建立城市医疗救助制度试点工作的意见》，计划用 2 年时间进行试点，之后再用 2 ~ 3 年时间在全国建立起管理制度化、操作规范化的城市医疗救助制度。2008 年城市医疗救助制度从试点时期进入全面实施阶段，农村医疗救助制度进一步规范完善，中国城乡医疗救助模式基本确立。

③城乡居民大病保险的实施

随着全民医保体系的初步建立，人民群众看病就医有了基本保障，但由于中国的基本医疗保障制度，特别是城镇居民基本医疗保险（以下简称"城镇居民医保"）、新型农村合作医疗（以下简称"新农合"）的保障水平还比较低，普通居民大病医疗费用负担仍然很重。

2012 年 8 月 24 日，国家发展改革委等六部门联合发布《关于开展城乡居民大病保险工作的指导意见》。2015 年 8 月，国务院办公厅印发《关于全面实施城乡居民大病保险的意见》。该文件明确提出，在 2015 年底大病保险覆盖所有城乡居民基本医保参保人群，大病保险支付比例应达到50％以上，到 2017 年，建立起比较完善的大病保险制度，与医疗救助等制度紧密衔接，共同发挥托底保障功能，有效防止发生家庭灾难性医疗支出。这是对全民医疗保险制度的完善，城乡居民医疗保障的公平性得到显著提升。

④补充医疗保障体系的完善

补充医疗保险主要是用于满足基本医疗保险之外的医疗需求，包括企业补充医疗保险、商业医疗保险、社会互助和社区医疗保险等多种形式，是基本医疗保险的有力补充，也是多层次医疗保障体系的重要组成部分。

（三）其他社会保险制度平稳发展

（1）失业保险

1986 年国务院颁布《国营企业职工待遇保险暂行规定》，标志着中国失业保险制度的建立。随着企业改革进入建立现代企业制度的新阶段，1993 年，国务院发布《国营企业职工待业保险规定》，进一步扩大了待业保险的覆盖范围，提出由企业缴费，建立待业保险基金，用于保障待业职工的基本生活；1999 年国务院颁布《失业保险条例》，将原来只适用于国有企业的"待业保险制度"扩展到所有城镇企事业单位及其职工，并将原来只由企业缴费改为由用人单位和职工个人共同缴费，调整完善了失业保险制度。

根据《失业保险条例》的规定，城镇企业事业单位应按照本单位工资总额的百分之一到百分之一点五缴纳失业保险费。单位职工按照本人工资的百分之零点五缴纳失业保险费。城镇企业事业单位招用的农民合同制工人本人不缴纳失业保险费。

为降低企业成本，增强企业活力，根据《中华人民共和国社会保险法》等有关规定，经国务院同意，从 2016 年 5 月 1 日起，失业保险总费率在 2015 年已降低 1 个百分点基础上可以阶段性降至 1.5%～1%，其中个人费率不超过 0.5%，降低费率的期限暂按两年执行。具体方案由各省（区、市）确定。2016 年参加失业保险人数 18089 万人，年末全国领取失业保险金人数 230 万人。

（2）工伤保险

20 世纪 80 年代中期之后，中国在部分地区开始了工伤保险改革试点。到 1995 年底，全国参加工伤保险试点的市县已有 1103 个，占市县总数的 33.8%。1996 年，原劳动部在总结各地经验的基础上，发布了《企业职工工伤保险试行办法》，对沿用了 40 多年的企业自我保障的工伤福利制度进行了改革，规范了工伤保险的认定条件、待遇标准和管理程序，决定建立工伤保险基金，形成规范的工伤保险制度。同年，国家技术监督局发布了劳动部、卫生部和全国总工会制定的《职工工伤与职业病致残程度鉴定标准》，实现了伤残职工劳动能力鉴定标准化和制度化。

2003 年 4 月，国务院颁布《工伤保险条例》，进一步完善了工伤保险制度。于 2004 年 1 月 1 日起施行《工伤保险条例》规定：工伤保险费由企业按时缴纳，职工个人不缴费。工伤保险缴费实行行业差别费率和企业浮动费率。根据不同行业的工伤事故风险和职业危害程度确定不同的行业费率；工伤保险基金在直辖市和设区的市实行全市统筹，其他地区的统筹层次由省、自治区人民政府确定。

为切实推进农民工的参保工作，2004 年 6 月，劳动和保障部发出了《关于农民工参加工伤保险有关问题的通知》，来维护农民工的工伤保险权益，改善农民工的就业环境。

2015 年 7 月，人力资源和社会保障部、财政部联合发布《关于调整工伤保险费率政策的通知》，明确将行业工伤风险类别划分为八类，并决定从 2015 年 10 月 1 日起，调整完善工伤保险费率政策，降低工伤保险费率。这是适应中国经济发展新常态，减轻用人单位负担的重要举措，有利于建立健全与行业工伤风险基本对应、风险档次适度的工伤保险费率标准，有利于落实工伤保险基金"以支定收、收支平衡"筹资原则，优化工伤保险基金管理，确保工伤保险基金可持续运行，更好地保障工伤职工的合法权益。

2016 年，参加工伤保险人数 21887 万人，其中参加工伤保险的农民工为 7510 万人。

（3）生育保险

劳动部于 1994 年颁布《企业职工生育保险试行办法》，将原由单位负担和管理的生育保障方式，转变为实行社会统筹，并对生育保险的实施范围、统筹层次、基金筹集和待遇支付等进行规范，进一步推动了各地生育保险制度改革。到 1995 年底，全国已有 1500.2 万职工参加生育保险社会统筹。

生育保险由单位缴费，个人不缴费。2015 年 7 月，人力资源和社会保障部、财政部联合印发《关于适当降低生育保险费率的通知》，决定 2015 年 10 月 1 日起，在生育保险基金结余超过合理结存的地区降低生育保险费率，生育保险费率从不超过 1% 降到不超过 0.5%。2016 年参加生育保险的人数为 18443 万人。

2017 年 2 月，国务院办公厅发布《关于印发生育保险和职工基本医疗保险合并实施试点方案的通知》，在河北省邯郸市、山西省晋中市、辽宁省沈阳市、江苏省泰州市、安徽省合肥市、山东省威海市、河南省郑州市、湖南省岳阳市、广东省珠海市、重庆市、四川省内江市、云南省昆明市开展两项保险合并实施试点，2017 年 6 月底前启动试点，试点期限为一年左右。

（四）社会福利事业逐步完善

（1）老年福利

中国已进入人口老龄化快速发展阶段，老年群体在经济收入、家庭养老、社会化养老和心理健康等方面面临越来越多的问题，其福利需求呈多样化趋势，空巢、留守、失能已成为中国养老服务的巨大挑战。面对老年人福利需求与供给的突出矛盾，完善老年人社会福利政策已成为中国社会福利改革的关键。

2013 年 9 月国务院发布《关于加快发展养老服务业的若干意见》，该意见明确提出了加快发展养老服务业的总体要求、主要任务和政策措施，对于积极应对人口老龄化，满足老年人多样化、多层次的养老服务需求，保证养老服务业持续健康发展具有重要意义，同时也标志着养老服务业将进入全面发展时期，老有所养制度体系中服务保障不足的短板有望逐步得到缓解。

2014 年 9 月 10 日，财政部、民政部、全国老龄工作委员会办公室发布《关于建立健全经济困难的高龄失能等老年人补贴制度的通知》，要求各地建立养老服务评估机制，建立健全经济困难的高龄、失能等老年人补贴制度，切实解决经济困难的高龄、失能等老年人的后顾之忧，推动实现基本养老服务均等化。2016 年 7 月，民政部办公厅发布《关于在全国省级层面建立老年人补贴制度情况的通报》，要求各地加快工作进度，逐步提高补贴标准和覆盖面，切实增强老年人获得感。民政部联合财政部发布《关于中央财政支持开展居家和社区养老服务改革试点工作的通知》，选择一批地区进行居家和社区养老服务改革试点，促进完善养老服务体系。同期，人力资源和社会保障部发布《关于开展长期护理保险制度试点的指导意见》，在全国范围启动了长期护理保险制度的试点。将用 1 年到 2 年的时间，探索为长期失能人员基本生活照料和医疗护理，提供保障的社会保险制度。首批包括上海、广州、山东青岛、河北承德、吉林长春等 15 个试点城市，试点期间，该制度主要覆盖职工基本医保参保人群，以长期失能的参保人群为主，重点解决重度失能人员的基本生活照料、医疗护理所需的费用。试点城市可通过优化职工医保统账结构、划转职工医保统筹基金结余、调剂职工医保费率等途径筹集资金，并逐步探索建立互助共济、责任共担的长期护理保险多渠道筹资机制。试点阶段，长期护理保险基金将根据参保人享受的护理等级、服务提供方式等，相应制定差别化的待遇保障政策，总体基金支付水平控制在 70% 左右。

2016 年 12 月，国务院办公厅进一步印发《关于全面放开养老服务市场提升养老服务质量的若干意见》，明确了重点任务分工进度安排，要求全面放开养老服务市场、大力提升居家养老生活品质、全力建设优质养老服务供给体系，并切实增强政策保障能力、加强监督和组织措施。

（2）儿童福利

为深入贯彻国务院《中国儿童发展纲要（2011—2020 年）》，切实履行联合国《儿童权利公约》，2013 年 6 月民政部发布《关于开展适度普惠型儿童福利制度建设试点工作的通知》，决定在江苏省昆山市、浙江省海宁市、河南省洛宁县、广东省深圳市等地开展适度普惠型儿童福利制度建设试点工作。2014 年 4 月，民政部发布《关于进一步开展适度普惠型儿童福利制度建设试点工作的通知》，决定在全国范围内的 46 个市（县、区）开展第二批试点工作。这为全面建立与中国经济社会发展状况相适应、与儿童发展需要相匹配、与社会福利制度相衔接的适度普惠型儿童福利制度提供了基本依据，并部署了试点工作的目标、内容和工作要求，这对于扩大儿童福利范围，推动儿童福利由补缺型向适度普惠型转变，建立健全惠及所有儿童的儿童福利制度和服务体系有重要意义。

2016 年 2 月，国务院发布《关于加强农村留守儿童关爱保护工作的意见》，为广大农村留守儿童健康成长创造更好的环境，确保农村留守儿童安全、健康、受教育等权益得到有效保障。2016 年 6 月，国务院印发《关于加强困境儿童保障工作的意见》，要求建立健全与中国经济社会发展水平相适应的困境儿童分类保障制度。

《中国儿童福利政策报告（2016）》指出，中国儿童福利制度仍滞后于经济社会发展，迫切需要加快建立与中国经济社会发展水平相适应的保护型现代儿童福利体系。随着生育政策调整后更多儿童的出生，社区托幼服务、早期教育培训、优质教育资源、儿童医疗保险、重特大疾病救助等儿童福利服务方面的基本需求将不断释放。目前，中国基层儿童福利服务支撑系统薄弱，儿童医疗资源严重不足，多项儿童补贴标准存在较大的地区与城乡差异。因此，中国亟待建立普惠型儿童福利制度体系，优先健全儿童大病救助机制，使全国所有儿童看病不再担忧；普及农村学生营养午餐制度；全面建立重残儿童津贴制度；建立完善未成年人监护制度，保障未成年人的权益不受侵害。

（3）残疾人福利

2015 年 8 月，中国残联等六部委联合发布《关于加强残疾人社会救助工作的意见》，要求保障残疾人基本生活、提高残疾人专项救助水平、健全残疾人社会救助长效机制。2015 年 9 月，国务院印发《关于全面建立困难残疾人生活补贴和重度残疾人护理补贴制度的意见》，决定自 2016 年 1 月 1 日起，在全国实施困难残疾人生活补贴和重度残疾人护理补贴制度，残疾人两项补贴制度是国家层面创建的残疾人专项福利补贴制度，它不仅有利于加强残疾人民生保障、补上全面建成小康社会中的"短板"，而且是建立面向残疾人的社会福利制度的重大进展。2017 年 9 月，民政部、中国残联联合下发了《民政部办公厅　中国残联办公厅关于贯彻落实困难残疾人生活补贴和重度残疾人护理补贴制度有关情况的通报》，《通报》显示两项制度基本实现全覆盖，但仍存在一些问题。

（五）住房福利保障的发展

中国住房制度的发展大致经历了完全福利化阶段、商品化过渡阶段、高度市场化阶段、重提保障房阶段四个阶段。

传统的住房福利主要是面向城镇居民的福利分房。福利分房由国家和单位统包住房建设投资，对职工进行实物分配或低租金使用，具有明显的国家保障特征，是计划经济体制的重要组成部分。随着土地制度改革的深化，特别是 20 世纪 90 年代以后，中国的房地产市场逐步建立并且发展迅速，形成了商品房占绝对主体地位的住房体系，城镇居民的住房问题基本上依赖市场解决。城镇住房制度改革大幅推进了住房商品化的进程，中国城市居民的住房条件得到了较大改善，但由于政府住房保障的缺位使中低收入群体的住房需求问题也日益凸显。2007 年以来，保障性住房建设开始受到重视。2011 年 9 月，国务院办公厅发布《关于保障性安居工程建设和管理的指导意见》。提出应把住房保障作为政府公共服务的重要内容，建立健全中国特色的城镇住房保障体系，合理确定住房保障范围、保障方式和保障标准，完善住房保障支持政策，逐步形成可持续的保障性安居工程投资、建设、运营和管理机制。到"十二五"期末，全国保障性住房覆盖面达到 20% 左右，力争使城镇中等偏下和低收入家庭住房困难问题得到基本解决，新就业职工住房困难问题得到有效缓解，外来务工人员居住条件得到明显改善。

目前中国的住房体系包括商品房、限价房、经济适用房、廉租房、公共租赁房、其他拆迁安置房和集资房等。除了商品房，其他各类住房均有保障属性。此外，中国的保障性住房还包括纳入国家保障性安居工程的林区、垦区、煤矿棚户区改造住房和农村危房改住房。

（1）城镇保障性住房

2003 年 1 月，建设部、财政部、民政部等联合发布《城镇最低收入家庭廉租住房管理办法》，进一步明确和细化了城镇廉租住房制度的操作程序。这一时期的廉租住房主要提供给城镇低保家庭。为彻底解决城市低收入家庭住房困难，国务院于 2007 年 8 月发布《关于解决城市低收入家庭住房困难的若干意见》，将住房救助的范围扩大到城市低收入家庭，将住房救助的形式由单纯的实物配租扩大到发放租赁补贴和实物配租相结合。

2007 年 12 月，建设部等七部门联合发布《经济适用住房管理办法》，2010 年 4 月住建部发布《关于加强经济适用住房管理有关问题的通知》，要求加强管理并强化监督。

2010 年 6 月住建部等六部委联合发布《关于加快发展公共租赁住房的指导意见》，要求大力发展公共租赁住房，完善住房供应体系，培育住房租赁市场，从而满足城市中等偏下收入家庭基本住房需求。2013 年 12 月住建部联合财政部、发改委发布《关于公共租赁住房和廉租住房并轨运行的通知》，从 2014 年起各地公共租赁住房和廉租住房实行并轨，统称为公共租赁住房。

2014 年 11 月，住房和城乡建设部、民政部、财政部发布《关于做好住房救助有关工作的通知》，要求明确住房救助对象、规范住房救助形式、健全住房救助标准、完善住房救助实施程序。2015 年 6 月，国务院发布《关于进一步做好城镇棚户区和城乡危房改造及配套基础设施建设有关工作的意见》，切实解决群众住房困难问题。

2017 年 9 月，住建部发布《关于支持北京市、上海市开展共有产权住房试点的意见》，要求坚持"房子是用来住的、不是用来炒的"的定位，以满足新市民住房需求为主要出发点，以建立购租并举的住房制度为主要方向，以市场为主满足多层次需求，以政府为主提供基本保障，通过推进住房供给侧结构性改革，加快解决住房困难家庭的基本住房问题。

这些政策有助于优化保障性住房的资源配置，是改善住房保障公共服务质量、完善中国住房保障体系的重要举措。

（2）农村危房改造

中国农村危房改造工程于 2008 年开始实施，主要是针对农村建造时间较长、年久失修的危房进行改建或者改造危房改造方式分为拆除重建和修缮加固两种，补助标准按照各省的建设标准、改造成本及改造对象的资金筹集能力分类确定，改造资金主要来源于政府补助、银行贷款、社会捐助和农民自筹等渠道。农村危房改造工程由中央政府制定每年的危房改造任务，地方政府负责具体实施。

2015 年，住房和城乡建设部、国家发展改革委、财政部联合下发《关于做好 2015 年农村危房改造工作的通知》，明确 2015 年农村危房改造中央补助标准为每户平均 7500 元，在此基础上对贫困地区每户增加 1000 元补助，对建筑节能示范户每户增加 2500 元补助。2015 年，中央共下达农村危房改造补助资金 365 亿元，支持完成贫困农户危房改造任务 432 万户，分别比 2014 年增加 135 亿元和 166 万户。2016 年中央财政预算安排的农村危房改造补助资金 266.9 亿元，用于支持各地完成 314 万户贫困农户危房改造任务。

截至 2016 年，中央已累计支持 2300 多万贫困农户改造危房。2017年，农村建档立卡贫困户等四类重点贫困户的危房数量仍有 380 万户。2017 年 8 月，住房和城乡建设部、财政部和国务院扶贫办联合下发《关于加强和完善建档立卡贫困户等重点对象农村危房改造若干问题的通知》，要求加强完善四类重点对象农房危改工作，力争 2019 年基本完成、2020年扫尾。

农村危房改造工程对解决住房困难群体的住房问题发挥了重要作用。但是在危房改造实施过程中，由于负责危房改造的各部门之间协调力度不够、危房改造对象确定不清晰、危房改造的资金不足等原因，使危房改造偏离了政策目标，虽然农村居民危房改造意愿强烈，但满意度较低，实施的效果不佳。

第二节　中国社会保障制度的减贫效果与影响

一　中国最低生活保障制度的减贫效果

（一）城乡低保的瞄准及减贫效果分析

（1）低保的瞄准有效性

低保是否落实到了所有应保家庭，或者实际的低保户是否都是符合资格的？作为贫困群体的最后安全网，低保的瞄准有效性是评价这一政策的重要方面。政策制定者、学者以及公众都非常关心低保政策的瞄准有效性，即低保是否瞄准了真正困难的群体，同时低保户是否享受到了应得的待遇。

前文分析已表明，城市和农村低保的覆盖率均存在巨大的地区差异，东部地区经济发展水平高，低保覆盖率较低，而中、西部地区经济发展相对落后，低保覆盖率更高。由于低保实行属地管理，各地的低保标准不同，低保规模取决于地方财政能力和实际贫困人口，因此低保覆盖率只是反映了当地低保的实际救助率。

此外，各地区的低保瞄准效率也存在差异，按照低保的政策目标和对象认定标准，低保制度应该惠及最贫困的人口。通常一项社会救助项目的获取者来自低收入组的比例越高，表明该项目救助的瞄准效率越高。

国家统计局 2015 年抽样调查数据显示（见表 4-2），在城市低保参与者的分布中，超过 70% 的领取者处于收入最低 20% 的家庭，其中 47.47% 属于收入最低 10% 的家庭；有 2.3% 属于收入最高 10% 的家庭。分地区来看，在东部地区，超过 80% 的低保领取者处于收入最低 20% 的家庭，该比例在中、西部和东北地区分别为 58.97%、68.87% 和 62.5%，在中部和东北地区，处于收入中间 20% 和最高 10% 的家庭获得低保的比例明显较高。也就是说，城市低保在东部地区的瞄准相对较好，其次是西部，中部和东北地区较差。农村低保的瞄准效果显然不如城市低保。在农村低保户中，只有 21.04% 的领取者处于收入最低 10% 的家庭，有相当比例的中等收入和高收入群体也获得了农村低保。

表 4-2　按家庭人均可支配收入十等分分组的低保参与者分布

单位：%

	1	2	3	4	5	6	7	8	9	10	总计
城市	47.47	22.58	12.44	4.61	3.23	3.23	2.76	1.38	0.00	2.30	100
东	62.50	18.75	6.25	0.00	6.25	0.00	3.13	3.13	0.00	0.00	100
中	38.46	20.51	15.38	2.56	5.13	7.69	2.56	2.56	0.02	5.13	100
西	47.17	21.70	11.32	7.55	5.66	0.94	1.89	2.83	0.00	0.94	100
东北	42.50	20.00	17.50	7.50	5.00	2.50	0.00	0.00	0.00	5.00	100
农村	21.04	15.63	12.63	14.03	8.22	10.22	6.81	5.01	3.41	3.01	100
东	19.44	19.44	16.67	11.11	5.56	8.33	5.56	8.33	5.56	0.00	100
中	22.79	18.38	12.50	12.50	6.62	8.09	10.29	3.68	2.94	2.21	100
西	16.89	14.57	11.26	8.61	11.59	9.93	8.61	7.62	6.29	4.64	100
东北	16.00	8.00	16.00	4.00	8.00	24.00	8.00	8.00	0.00	0.00	100

资料来源：笔者根据国家统计局 2015 年抽样调查数据计算得到。

（2）低保的减贫效果

本研究通过比较低保收入转移前后的 FGT 贫困指数来分析低保的减贫作用。FGT 指数使用贫困率、贫困距和加权贫困距来衡量。贫困率指的是贫困人口占总人口的比例，贫困距衡量贫困的深度，是贫困人口的收入与贫困线差距的总和。在贫困率一定的情况下，贫困距越大，说明贫困人口的平均收入偏离贫困线越远，贫困程度越高。加权贫困距是贫困距的平方，更关注贫困人口的收入分配。

在多种社会救助制度中，低保的减贫作用比较突出，如表4-3所示，无论是城市还是农村，贫困发生率的大幅下降主要归功于低保收入，其他社会救济收入所发挥的作用较小。特别是在低保样本中，扶贫对象获得社会救济之前，城市的贫困发生率高达16.99%；获得低保后，贫困发生率下降到7.17%；获得其他救济后，贫困发生率下降到6.10%。农村低保的减贫作用小于城镇，扶贫对象获得社会救济之前，农村的贫困发生率为14.43%；获得低保后的贫困发生率下降到10.59%；获得其他救济后的贫困发生率下降到9.82%。

表4-3　社会救济的反贫困效果

	城市			农村		
	$\alpha=0$	$\alpha=1$	$\alpha=2$	$\alpha=0$	$\alpha=1$	$\alpha=2$
全样本						
救济前	0.0150	0.0078	0.0135	0.0671	0.0675	0.7464
低保后	0.0121	0.0063	0.0124	0.0639	0.0645	0.7426
扶贫后	0.0120	0.0063	0.0124	0.0637	0.0644	0.7424
其他救济后	0.0117	0.0061	0.0123	0.0622	0.0634	0.7417
低保样本						
救济前	0.1699	0.0704	0.0458	0.1443	0.0904	0.1318
低保后	0.0717	0.0218	0.0079	0.1059	0.0557	0.0876
扶贫后	0.0688	0.0218	0.0079	0.1041	0.0542	0.0859
其他救济后	0.0610	0.0188	0.0068	0.0982	0.0501	0.0830

资料来源：笔者根据国家统计局2015年抽样调查数据计算得到。

低保的反贫困效果也呈现明显的城乡差异和地区差异，如表4-4所示。从全样本来看，城市低保的减贫效果不如农村低保，这和城市低保覆盖人数少、比例低有关。但是对于低保样本，城市低保的减贫效果要强于农村低保，这和城市低保的保障标准比农村低保高有关。因此，为进一步发挥农村低保的兜底脱贫效果，需要进一步提高农村低保的瞄准有效性和资金使用效率。

分地区来看，城市低保在西部和东北地区的减贫效果更显著，中部效果较差；农村低保在西部的减贫效果较为明显，其次是东部和东北地区，中部最差。但是对于农村低保样本而言，东部和东北地区的减贫效果要好于西部，中部仍然最差。这也与东部省份农村低保的保障标准远高于西部有关。无论在城市还是农村，中部低保较高的漏保和误保现象都严重影响了低保的减贫效果。

表 4 - 4　低保反贫困效果的地区差异

	低保前			低保后			变化（后 - 前）		
	$\alpha = 0$	$\alpha = 1$	$\alpha = 2$	$\alpha = 0$	$\alpha = 1$	$\alpha = 2$	$\alpha = 0$	$\alpha = 1$	$\alpha = 2$
全样本									
城市	0.0146	0.0074	0.0132	0.0117	0.0061	0.0123	- 0.0029	- 0.0012	- 0.0009
东	0.0139	0.0047	0.0053	0.0125	0.0038	0.0046	- 0.0014	- 0.0009	- 0.0006
中	0.0049	0.0017	0.0012	0.0041	0.0017	0.0012	- 0.0008	- 0.0001	0.0000
西	0.0203	0.0123	0.0297	0.0151	0.0099	0.0277	- 0.0052	- 0.0024	- 0.0020
东北	0.0211	0.0121	0.0184	0.0160	0.0105	0.0173	- 0.0051	- 0.0016	- 0.0011
农村	0.0655	0.0661	0.7448	0.0622	0.0634	0.7417	- 0.0033	- 0.0027	- 0.0031
东	0.0621	0.0259	0.0232	0.0591	0.0238	0.0220	- 0.0030	- 0.0021	- 0.0013
中	0.0348	0.0270	0.1936	0.0339	0.0264	0.1934	- 0.0009	- 0.0006	- 0.0003
西	0.0834	0.0727	0.4925	0.0777	0.0673	0.4852	- 0.0058	- 0.0054	- 0.0073
东北	0.1175	0.2900	5.7512	0.1151	0.2894	5.7502	- 0.0024	- 0.0007	- 0.0009
低保样本									
城市	0.1602	0.0597	0.0380	0.0610	0.0188	0.0068	- 0.0992	- 0.0409	- 0.0312
东	0.1770	0.0755	0.0431	0.0998	0.0266	0.0078	- 0.0771	- 0.0489	- 0.0353
中	0.0267	0.0022	0.0002	0.0000	0.0000	0.0000	- 0.0267	- 0.0022	- 0.0002
西	0.1737	0.0704	0.0486	0.0714	0.0234	0.0091	- 0.1023	- 0.0470	- 0.0395
东北	0.3729	0.1165	0.0689	0.0906	0.0284	0.0105	- 0.2823	- 0.0881	- 0.0584
农村	0.1366	0.0815	0.1195	0.0982	0.0501	0.0830	- 0.0384	- 0.0314	- 0.0365
东	0.2835	0.1006	0.0522	0.1746	0.0240	0.0062	- 0.1089	- 0.0766	- 0.0459
中	0.0305	0.0093	0.0039	0.0172	0.0011	0.0001	- 0.0134	- 0.0082	- 0.0038
西	0.1629	0.1064	0.1693	0.1235	0.0694	0.1192	- 0.0394	- 0.0370	- 0.0501
东北	0.2538	0.2128	0.3485	0.1587	0.1859	0.3118	- 0.0951	- 0.0270	- 0.0368

资料来源：笔者根据国家统计局 2015 年抽样调查数据计算得到。

（二）农村低保与扶贫开发的衔接

（1）两项制度的衔接状态

在很长一段时期内，中国的扶贫开发政策主要聚焦贫困地区的区域经济发展、基础设施建设和产业扶持等，并没有准确认定贫困户和贫困对象。对中国贫困人口规模和贫困发生率的认定也主要基于扶贫标准和抽样推定。与扶贫开发不同，农村低保制度在建立之初就以贫困家庭为工作对象，以准确认定低保对象、给予直接的现金救助以及有进有出的动态管理为基本特征。随着扶贫工作的推进，中国扶贫开发已进入啃硬骨头、攻坚拔寨的冲刺期。当前的农村贫困表现出明显的家庭和个人缺陷特征，残疾患病和缺失劳动力已成为最显著的致贫因素。剩余贫困人口贫困程度较深，减贫成本更高，脱贫难度更大，因此瞄准贫困人口、因地因人实施扶贫的要求越来越突出。扶贫开发也由传统的区域性扶贫、整村推进、集体脱贫向瞄准扶贫对象、进一步关注贫困家庭转变。扶贫开发聚焦贫困对象和贫困家庭，使在对象认定和管理服务方面与农村低保产生了衔接需求。

2009 年 8 月，国务院扶贫办、民政部、财政部、国家统计局及中国残疾人联合会印发《关于做好农村最低生活保障制度和扶贫开发政策有效衔接试点工作的指导意见》，在河北、重庆等 11 省（区、市）开展试点；2010 年 5 月，国务院办公厅转发了扶贫办、民政部等部门《关于做好农村最低生活保障制度和扶贫开发政策有效衔接扩大试点工作的意见》，明确提出在程序、政策、管理三个方面做好衔接工作。《中国农村扶贫开发纲要（2011—2020 年）》，要求实行扶贫开发和农村低保有效衔接，把扶贫开发作为脱贫致富的主要途径，把低保作为解决温饱问题的基本手段。2013 年 12 月，中共中央办公厅、国务院办公厅发布《关于创新机制扎实推进农村扶贫开发工作的意见》，要求"建立精准扶贫工作机制"，"坚持扶贫开发和农村最低生活保障制度有效衔接"。2014 年 4 月，国务院扶贫办印发《扶贫开发建档立卡工作方案》，贫困人口建档立卡工作全面展开。

2016 年 9 月 17 日，国务院办公厅转发民政部等部门《关于做好农村最低生活保障制度与扶贫开发政策有效衔接指导意见的通知》（国办发〔2016〕70 号），要求通过农村低保制度与扶贫开发政策的有效衔接，形成政策合力，对符合低保标准的农村贫困人口实行政策性保障兜底，确保到 2020 年现行扶贫标准下农村贫困人口全部脱贫。意见指出要坚持应扶尽扶、应保尽保、动态管理、资源统筹的原则，明确了四项重点任务，即加强政策衔接、加强对象衔接、加强标准衔接、加强管理衔接，要求各地制订实施方案、开展摸底排查、建立沟通机制、强化考核监督，提出明确职责分工、加强资金统筹、提高工作能力、强化舆论引导的四项保障措施。

但在实际操作层面，目前两项制度的标准和人群瞄准仍存在差别，如表 4-5 所示。在标准衔接上，文件要求"确保所有地方农村低保标准逐步达到国家扶贫标准"，至 2017 年第二季度，仍然有 6 个省的农村低保平均标准低于国家扶贫标准。这 6 个省分别为广西、陕西、西藏、云南、河南和新疆，均处于经济发展较为落后的地区，中央和省级财政需要增加补助力度。另外，"农村低保标准已经达到国家扶贫标准的地方，要按照动态调整机制科学调整"。低保标准的提高，意味着会有更多的家庭符合救助条件，受地方财政能力和指标约束的限制，如果具备劳动能力的扶贫对象的收入不能持续稳定增加，或者出现脱贫后返贫的现象，则会出现甚至加剧"应保未保"的情况。因此，在逐步提高农村低保标准的同时，要密切关注脱贫人口及贫困边缘人口的情况，根据扶贫开发的成效，统筹使用各类扶贫政策和救助措施，及时调整救助规模及人员。

由于标准的不一致以及地方操作方式的不同，低保制度和扶贫政策所瞄准的人群也存在差别。到 2016 年底仍有 4335 万贫困人口，而享受低保的人数为 4587 万。在实际操作中，有的地区将低保人口同时纳入扶贫对象，有的地区将低保人口不纳入扶贫对象。国家统计局 2015 年抽样调查数据显示（见表 4-6），相当比例的低保户不是建档立卡户。因此在对象衔接上，基层操作部门仍需要进行大量的工作。从农村低保户和建档立卡户的特征比较来看，如表 4-7 所示，同时纳入低保户和建档立卡户的家庭，表现出以下特点：有残疾或不健康人口的比例较高、在校生人数的比例较高、就业比例较低、生活条件差（无管道供水、无独用的卫生厕所、无沐浴设施、主要炊用能源为柴草等）。而建档立卡户中没有纳入低保的家庭，可能主要是危房户，整体上建档立卡户中，住户建筑材料为柴草的比重较高。

表 4-5　农村低保与扶贫标准的比较

年份	农村贫困标准（元）	农村低保平均标准（元）	低保标准高于贫困标准的省数量（个）	贫困人口数（万人）	农村最低生活保障人数（万个）
2010	2300	1404	5	16567	5214
2011	2536	1718	6	12238	5306
2012	2625	2068	8	9899	5345
2013	2736	2434	9	8249	5388
2014	2800	2777	11	7017	5207
2015	2855	3178	15	5575	4903
2016	2952	3744	23	4335	4587

资料来源：笔者根据国家统计局和民政部相关数据整理得到。

表 4-6　农村低保与扶贫开发的衔接

单位：%

地区	低保户		非低保户		总计
	建档立卡户	非建档立卡户	建档立卡户	非建档立卡户	
全国	1.98	6.43	4.30	87.29	100
东	0.75	2.02	1.41	95.83	100
中	1.72	5.36	2.73	90.19	100
西	3.35	11.17	8.31	77.17	100
东北	0.41	2.08	1.02	96.49	100

资料来源：笔者根据国家统计局 2015 年抽样调查数据计算得到。

表 4-7　农村低保户与建档立卡户的特征比较

	低保户		非低保户	
	建档立卡户	非建档立卡户	建档立卡户	非建档立卡户
收入特征				
家庭人均可支配收入（元）	6169	7544	7881	12113
收入比重				
工资性（%）	28.2	26.4	25.1	38.5
经营性（%）	33.5	35.0	37.1	41.2
农业（%）	34.6	32.3	33.0	33.3
非农（%）	-1.0	2.7	4.2	7.9
财产收入（%）	-0.6	1.3	1.6	2.4

续表

	低保户		非低保户	
	建档立卡户	非建档立卡户	建档立卡户	非建档立卡户
净转移（%）	38.9	37.4	36.1	17.9
转移收入（%）	42.1	39.9	40.2	21.0
转移支出（%）	3.3	2.5	4.1	3.1
人口特征				
常住人口（亿人）	3.34	3.20	3.73	3.21
男性比例（%）	54.5	50.5	50.6	50.2
儿童比例（%）	17.0	15.3	24.0	17.9
老人比例（%）	24.2	24.6	17.6	18.2
不健康人口比例（%）	2.8	2.3	0.9	0.4
在校生比例（%）	20.4	16.6	21.3	17.8
就业比例（%）	49.3	60.0	57.5	63.7
居住条件				
无管道供水（%）	41.5	41.1	26.0	26.7
饮水不安全（%）	0.5	2.9	1.0	2.8
饮水困难（%）	25.7	19.2	26.3	11.5
建筑材料为竹草土坯（%）	7.1	24.2	14.4	4.9
住宅外路面（%）	35.2	37.1	33.3	18.2
饮水不安全或不方便（%）	26.2	21.5	27.1	13.4
无独用的卫生厕所（%）	84.4	76.5	81.5	56.0
无沐浴设施（%）	64.0	54.1	47.1	35.9
主要炊用燃料为柴草（%）	71.6	68.9	67.5	44.9
资产数量不超过1件（%）	63.7	57.1	43.5	28.5
无联网的电话或计算机（%）	62.4	57.6	58.2	32.3

资料来源：笔者根据国家统计局2015住户抽样调查数据计算得到。

（2）存在的主要问题及原因分析

农村低保和扶贫开发两项制度的实施，共同保障了农村困难群众的生存权和发展权，是中国应对农村贫困问题的重要制度安排，在减贫工作中均发挥了巨大作用。然而，经过六年多的实践，由于制度设计、管理体制、运行机制以及沟通协作等方面存在的问题，在实际操作层面，两项制度的衔接等方面仍然存在一些问题，主要表现在以下 3 个方面。

①制度和政策上的制约导致信息不共享以及部门间缺乏协调

从程序上，扶贫和低保工作同时从基层展开，但到县一级层面后归属不同部门分管，涉及扶贫部门、民政部门、统计部门、财政部门和残联等。但就其工作对象来说，农村低保对象与扶贫对象之间存在一定的交叉，即部分低保对象（主要是具有劳动能力的低保对象），应享受政府开发性扶贫政策的支持，另外，部分扶贫对象在其人均收入达不到当地的农村低保标准时，也应享受农村低保的救助。因此，衔接中存在的第一个问题是各个部门尚未实现信息共享。国务院扶贫办于 2014 年全面开展建档立卡以来，贫困户建档立卡信息系统已经基本建设完成并投入使用。民政部门于 2015 年底完成了低保信息管理系统数据采集工作，并实现全国联网。但两个系统还没有实现信息互通、资源共享，民政部门不掌握低保对象通过扶贫项目增收的情况，扶贫部门也不掌握贫困户获得低保救助的情况，造成救助资源浪费。一方面，当扶贫对象收入超过扶贫标准和低保标准后，低保身份不能随之调整；另一方面，具有扶贫潜力低保对象可能得不到有效支持，始终陷入贫困。这不仅不利于改善贫困状况，也增加了低保救助负担。

除了信息缺乏共享之外，部门间缺乏有效的协商机制。民政部门与扶贫开发部门在工作对象确定方式、统计口径、干预措施等方面存在很大差别，民政部门对低保对象采取的是直接补助的社会救助方式，扶贫部门则是通过为贫困人群提供帮助使其依靠自身的努力来脱贫，两个部门对同一人群重复采集数据、重复识别对象，不仅造成人力物力的浪费、降低工作效率，也带来数据误差等问题。

②对象认定的困难造成目标人群的偏离和溢漏

目前中国扶贫对象和低保对象的识别都是以农民收入为基础的。扶贫对象主要是在扶贫标准以下具备劳动能力的农村人口，低保对象是家庭年人均纯收入低于当地最低生活保障标准的农村居民，主要是因病残、年老体弱、丧失劳动能力以及生存条件恶劣等造成生活常年困难的农村居民。扶贫对象和低保对象的确定采取的是由户主向乡（镇）政府提出申请，经乡（镇）政府审核后由县级政府民政部门予以审批的办法。在制度层面，两者的认定都要求对申请家庭的收入财产情况、人口状况进行核查。

　　然而，在基层实际操作层面，农村家庭经济状况的核查难度较大，对象难以准确界定。一方面，农户的收入难以货币化且不稳定。农村居民收入中粮食等实物收入占相当比重，在价值转化过程中，存在较大的随意性。除农作物收成的季节性及受自然灾害的影响较大等因素外，外出务工人员的增加，也增大了收入的不稳定性。各种生产性补贴以及医疗、住房和教育等救助是否包含在内，各地做法不一。此外，农户的存款等财产信息难以获取。因此，在家庭收入和财产核算方面，没有一套准确的估算方法，如果全部采取统计局住户收支调查的方法来确定扶贫和低保对象，成本又非常昂贵。因此，各地大都采取简化的收入估算方法，或者是可观察到的生活消费水平，结合贫困的原因来确定工作对象，属于扶贫对象的，报扶贫部门；属于农村低保对象的，报民政部门。

　　另一方面，基层工作人员数量不足、专业素质不高，没有足够的时间和精力去核查评估农户的家庭收入和财产情况。农村居民居住地相对分散，而基层部门人员配备较少，随着户籍制度的放开和人口流动的日益频繁，由乡、村两级逐一调查核实的工作量较大。由于核查工作的困难，县、乡两级政府主要根据村上报材料决定，所以村级评议往往是低保或扶贫对象认定是否公正的决定因素。如在低保工作中，"优亲厚友""关系保""人情保""骗保"等现象时有发生，贫困人口通常受教育程度低、维权意识不强，而对于错保等的制裁仅限于发现之后停发低保金，违法成本低是造成基层低保工作弄虚作假的重要原因。

　　此外，由于制度本身的原因，如扶贫对象的规模自上而下确定，农村低保人口的数量受地方财政的约束，一些地区的扶贫和低保对象的确定采取按指标分配的办法，根据地区间发展水平、人口规模和可承担的财力在各地区分配扶贫或低保指标，然后根据估计的收入以及可观察到的标准确定扶贫或低保对象。由于扶贫或低保对象数量的限制，而同一村庄内部农户间的收入差异并不显著，为了避免农户的不满情绪，部分地区以人为单位确定低保对象或扶贫对象，以降低待遇的方式来扩大覆盖面。

　　因此，由于家庭经济状况统计的困难以及核查监督环节的薄弱，扶贫对象和低保对象都存在偏离和溢漏，也就是不属于扶贫或低保对象的得到了救助，而一些真正需要扶贫或低保支持的困难群众却没有得到应有的保障。同时，由于部分地区采取指标分配的办法，或者以人为单位确定低保或扶贫对象，使与统计部门按收入和户推算的扶贫人口或低保人口，在总量上存在差异。这不仅不利于扶贫对象和低保对象的瞄准及后期的管理，也不利于两项制度的衔接以及精准扶贫具体帮扶措施的实施。

③财政支持和资金筹集能力的约束限制了两项制度的脱贫效果

财政支持和资金筹集能力对农村低保与扶贫有效衔接的制约，主要表现在三个方面。第一，全国低保资金筹集主要依靠地方政府，中央财政的支持力度有限。虽然中央政府逐年加大了财政补助力度，但对于农村地区巨大的保障需求、现有的保障效果和资金缺口来说，犹如杯水车薪。由于低保实行属地管理，农村低保在各地的发展极不平衡，经济发达地区农村贫困人口数量少、保障水平高，中、西部欠发达地区则由于经济基础差、贫困人口数量多、保障水平低，资金筹措困难，供需矛盾突出，制约了"应保尽保"的实现及动态管理。

第二，资金管理制度的不完善。精准扶贫实施以来，中央不断加大扶贫资金投入，由于涉及面广、扶贫项目多、布局分散，资金使用的监管难度较大；一些项目资金拨付不及时，也影响了扶贫效益；资金的挪用套取现象依然存在；还没有充分发挥扶贫资金的整合管理机制的效益。

第三，用于支持扶贫开发和农村低保工作运行的经费不足。两项工作在基层的开展，包括从对象的识别、确定和动态调整，到选择和实施具体的帮扶措施，都需要根据各农户具体的情况安排周密、细致、耐心的工作。基层工作人员的工作强度较大，提供和保证必要的工作条件和经费对做好低保和扶贫工作十分重要。然而，基层部门的工作经费的不足，使基层工作人员不能全身心地投入工作，不可避免地影响两项制度的脱贫效果。

（三）社会保障兜底脱贫的地方政策

（1）青海省农村低保与扶贫开发的两项衔接

加快推进农村低保制度与扶贫开发政策有效衔接工作，切实发挥农村低保兜底脱贫作用，2017 年 5 月，青海省民政厅联合省财政厅、省扶贫办、省统计局、省残联报请省政府下发了《关于做好农村最低生活保障制度与扶贫开发政策有效衔接实施方案》。方案要求充分发挥社会救助联席会议的作用，主动加强与扶贫部门的衔接，建立了分工明确、定期协商、协同推进的工作机制。精准认定的 52 万农村低保对象可划分为三种类型，即丧失劳动能力的低保对象（约 12 万人），按照每人 2500 元/年发放低保金，由最低生活保障实行长期兜底保障；原低保对象中的有劳动能力者（约 11 万人），按照 2016 元/年发放低保金，同时享受扶贫扶持政策；新增建档立卡贫困对象（约 29 万人），在享受扶贫扶持政策的同时，每人每年发放 400 元低保金。同时，对低保对象中的老年人、未成年人、重度残疾人、患病卧床一年以上的人员还将另外发放分类施保金。

（2）贵州省社会保障兜底推进精准扶贫的实施

贵州省出台了《关于开展社会保障兜底推进精准扶贫的实施意见》，确保到 2020 年前"两无"贫困人口（无业可扶和无力脱贫）和暂时不能脱贫人口全部脱贫。①在农村低保方面，逐步提高低保标准，实现两线合一，并加大分类实施力度，对纳入低保的老年人、重度残疾人、重病患者、在校学生、单亲家庭等特殊困难群体，在发放基本保障金的基础上，按当地低保标准的 10%～30% 分类增发特殊困难补助金；对农村低保中的季节性缺粮户实施粮食救助。②对于特困人员供养，提高供养标准，并加强孤儿基本生活保障；完善农村五保供养设施，加强儿童福利机构建设。③提高医疗救助保障水平，基本住院救助年度限额达到 3 万元以上，特困供养人员、低保对象的长期保障户、80 岁以上老年人和建档立卡户中重大疾病患者等特殊困难群体，经相关医疗保障和医疗救助后，政策范围内医疗费用保障水平高达 100%，有效遏制因病致贫返贫。④加强住房救助，把"最危险的房屋、最困难的群众"作为危房改造的根本任务。2017 年贫困户（户主属于扶贫、民政、残联等部门评定的低保户，农村分散供养特困人员，贫困残疾人家庭，建档立卡贫困户）一级、二级、三级危房户均补助分别为 3.5 万元、1.5 万元和 1 万元，困难户（家庭人均收入低于当地农村人均水平的农村困难户）一级、二级、三级危房户均补助分别为 0.5 万元、0.3 万元和 0.2 万元。

二　中国社会的人口老龄化和养老保障制度的减贫效果

（一）中国社会人口老龄化状态及其变化特点

2000 年人口普查数据显示，中国 60 岁及以上人口比重占 10.46%，从此进入老龄社会，并成为世界上人口老龄化速度最快的国家之一。目前中国人口老龄化形势严峻，主要表现出以下五个特征。

一是规模大。如图 4 - 15 和图 4 - 16 所示，2010 年，中国 60 岁及以上人口比重达到了 13.32%，2015 年 65 岁及以上人口达到 14386 万人，占总人口的 10.47%，老年抚养比为 14.3%。

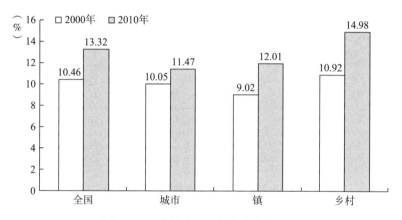

图 4 - 15　中国人口老龄化状态柱形图

资料来源：笔者根据国家统计局 2000 年和 2010 年人口普查数据计算整理得到。

二是增速快。如图 4 - 16 所示，2000 ~ 2009 年，中国 65 岁及以上的老年人口的增长率维持在 2% ~ 4%，2010 年达到 5.2%，2014 年和 2015 年也都超过了 4%。中国人口老龄化的速度是发展中国家最快的，也是世界上老龄化速度最快的国家之一。

三是未富先老。与发达国家在经济高度发展基础上步入老龄化社会不同，中国在社会经济发展水平较低的情况下被迫且快速地进入老龄化社会，呈现典型的未富先老特征。

四是城乡失衡。2000 年和 2010 年的人口普查数据显示（见图 4 - 15），中国农村 60 岁及以上的老年人口比重均高于城市和镇的老年人比重，且上升速度更快。随着农村非老年人口的大量外迁，农村老龄化的趋势会更加严重。

五是地区差异明显。如表 4 – 8 所示，东部和东北地区家庭中有 60 岁及以上老人的比例明显高于中部和西部，随着中、西部地区人口的流出，东部发达省份老龄化趋势会进一步加强。

中国是在家庭养老保障功能逐步弱化、社会养老保障制度尚不健全的情况下进入老龄社会的，目前的社会抚养压力已经比较沉重，随着人口老龄化的深入发展，未来中国社会养老保障制度将面临更为严峻的冲击。

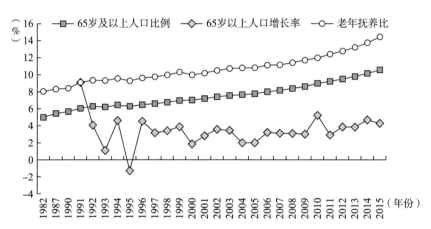

图 4 – 16 中国人口老龄化状态折线图

资料来源：笔者根据国家统计局年度数据计算整理得到。

表 4 – 8 家庭中 60 岁及以上老年人口的比例

单位：%

	东	中	西	东北	总计
总体	21.2	18.6	15.1	20.9	18.5
城市	19.2	17.6	16.3	21.0	18.3
农村	24.3	19.6	14.0	20.7	18.7

资料来源：作者根据国家统计局 2015 年抽样调查数据计算得到。

（二）中国养老保障对减贫的影响

（1）各项养老金收入的覆盖情况

国家统计局 2015 年住户抽样调查数据显示，在有 60 岁及以上老人的家庭中，城市养老金收入的覆盖率达到 89.5%，农村为 76.8%。分地区来

看，东北地区城市和农村的养老金收入覆盖率均最高，中部地区城市养老
金收入覆盖率最低，西部地区农村养老金收入覆盖率最低。

城市养老金主要是离退休金，收入覆盖率达到74.7%，城镇居民养老
金的覆盖率为14.5%。在东部地区，有相当一部分农业户籍的老年人在城
市居住生活，农村居民养老金的覆盖率为19.1%，明显高于其他地区。农
村的养老金收入主要来自农村居民社会养老保险，覆盖率为67.4%。在东
部和东北地区，有超过20%的农村家庭有老人享受离退休金待遇。无论在
城市还是农村，东部地区其他养老金收入的覆盖比例也高于其他地区，意
味着东部地区商业保险等补充养老保险的发展情况更好（见表4-9）。

表4-9　有60岁及以上老人家庭的养老金收入覆盖情况

单位：%

		东	中	西	东北	总体
城市	养老金	88.8	86.0	86.5	98.3	89.5
	离退休金	68.0	77.0	76.6	79.2	74.7
	城镇居民养老金	11.3	11.3	10.5	27.8	14.5
	农村居民养老金	19.1	8.8	9.0	9.0	12.0
	其他	17.7	3.0	5.8	5.9	8.7
农村	养老金	77.7	76.1	71.0	92.6	76.8
	离退休金	21.8	8.6	9.1	22.1	13.7
	城镇居民养老金	10.6	3.6	2.2	6.2	5.4
	农村居民养老金	61.1	71.0	65.6	77.5	67.4
	其他	14.8	4.8	9.4	8.2	9.2

资料来源：作者根据国家统计局2015年抽样调查数据计算得到。

（2）养老金收入的减贫效果

养老金在城市地区的收入水平和占比都要显著高于农村地区，因此养
老金收入在城市发挥了显著的减贫效果。在国际贫困标准下，养老金收入
使贫困发生率从0.107下降到0.008，下降了近10个百分点；在城镇相对
贫困标准下，贫困发生率从0.334下降到0.149，下降了18.5个百分点。
在农村，两条贫困标准的衡量下，贫困发生率分别只下降了2.7个百分点
和3.4个百分点（见表4-10）。

表 4 - 10　各项养老金收入的减贫效果

	加上养老金收入之前			加上离退休金之后			加上城镇居民养老之后			加上农村居民养老之后			加上其他养老金之后		
	α=0	α=1	α=2	α=0	α=1	α=2	α=0	α=1	α=2	α=0	α=1	α=2	α=0	α=1	α=2
国际贫困标准															
城市	0.107	0.070	0.083	0.015	0.010	0.028	0.011	0.007	0.017	0.009	0.006	0.017	0.008	0.006	0.017
东	0.067	0.034	0.027	0.014	0.005	0.006	0.012	0.005	0.006	0.011	0.004	0.006	0.006	0.002	0.005
中	0.097	0.062	0.062	0.005	0.002	0.002	0.004	0.002	0.001	0.002	0.002	0.001	0.002	0.002	0.001
西	0.118	0.078	0.096	0.015	0.011	0.040	0.014	0.011	0.040	0.014	0.010	0.039	0.014	0.010	0.039
东北地区	0.165	0.124	0.181	0.030	0.028	0.085	0.013	0.011	0.024	0.010	0.011	0.024	0.010	0.010	0.023
城镇相对贫困标准															
城市	0.334	0.160	0.114	0.161	0.050	0.028	0.151	0.044	0.023	0.150	0.043	0.022	0.149	0.042	0.021
东	0.251	0.108	0.068	0.104	0.032	0.017	0.102	0.031	0.016	0.102	0.030	0.015	0.098	0.026	0.012
中	0.303	0.139	0.098	0.150	0.036	0.015	0.143	0.032	0.013	0.143	0.031	0.012	0.143	0.031	0.012
西	0.403	0.188	0.132	0.230	0.071	0.038	0.226	0.070	0.037	0.225	0.069	0.037	0.225	0.069	0.037
东北地区	0.408	0.229	0.182	0.166	0.065	0.049	0.127	0.043	0.026	0.127	0.042	0.025	0.125	0.041	0.024
国际贫困标准															
农村	0.137	0.091	0.553	0.121	0.080	0.540	0.119	0.079	0.539	0.110	0.075	0.533	0.110	0.074	0.530
东	0.061	0.034	0.052	0.037	0.020	0.041	0.036	0.020	0.040	0.027	0.016	0.037	0.025	0.016	0.037
中	0.114	0.052	0.084	0.100	0.044	0.078	0.100	0.043	0.077	0.094	0.040	0.075	0.094	0.040	0.073
西	0.195	0.100	0.312	0.182	0.091	0.304	0.181	0.091	0.304	0.173	0.088	0.302	0.171	0.087	0.302
东北地区	0.166	0.312	4.139	0.144	0.290	4.087	0.134	0.285	4.079	0.115	0.276	4.037	0.114	0.272	4.015

续表

农村贫困标准	加上养老金收入之前			加上离退休金之后			加上城镇居民养老之后			加上农村居民养老之后			加上其他养老金之后		
	$\alpha=0$	$\alpha=1$	$\alpha=2$	$\alpha=0$	$\alpha=1$	$\alpha=2$	$\alpha=0$	$\alpha=1$	$\alpha=2$	$\alpha=0$	$\alpha=1$	$\alpha=2$	$\alpha=0$	$\alpha=1$	$\alpha=2$
农村	0.225	0.113	0.354	0.206	0.100	0.342	0.205	0.099	0.341	0.193	0.094	0.335	0.191	0.093	0.333
东	0.104	0.045	0.046	0.074	0.029	0.033	0.073	0.028	0.033	0.066	0.023	0.029	0.065	0.022	0.029
中	0.180	0.075	0.075	0.165	0.065	0.067	0.165	0.065	0.067	0.153	0.061	0.064	0.151	0.060	0.063
西	0.334	0.141	0.228	0.320	0.131	0.219	0.319	0.131	0.219	0.307	0.126	0.216	0.306	0.125	0.215
东北地区	0.236	0.283	2.444	0.210	0.260	2.405	0.201	0.254	2.399	0.182	0.243	2.370	0.179	0.240	2.356

资料来源：作者根据国家统计局 2015 年抽样调查数据计算得到。

以国际贫困标准衡量，城市养老金的减贫效果在东北地区最显著，贫困发生率下降了 15.5 个百分点，西部地区下降 10.4 个百分点，中部地区下降 9.5 个百分点，东部地区下降 6.1 个百分点。在加上养老金收入之前，东部地区的贫困发生率最低，只有 0.067，东北地区最高，为 0.165；养老金收入转移之后，中部地区的贫困发生率最低，为 0.002，西部地区最高，为 0.014。城市养老金的主要构成是离退休金，离退休金发挥主要的减贫效果，使贫困发生率下降了 9.2 个百分点。

在农村，养老金收入使东部地区的贫困发生率从 0.061 下降到 0.025，下降了 3.6 个百分点；中部地区从 0.114 下降到 0.094，下降了 2 个百分点；西部地区从 0.195 下降到 0.171，下降了 2.4 个百分点；东北地区从 0.166 下降到 0.114，下降了 5.2 个百分点。尽管农村居民养老金的覆盖较广，但由于农村居民养老金待遇水平低，其减贫效果并不显著。离退休金由于待遇相对较高，发挥了一定的减贫作用，且在东部和东北地区更为明显。

（3）其他经验研究的结果

一项利用 2006 年城乡老年人抽样调查数据的研究表明，城镇老年人养老保障（包括退休金、社会养老保险、企业养老补贴、人寿保险等其他养老保险）的覆盖率为 80.9%，远远高于农村老年人的 5.3%。在不同的贫困标准下，无养老保障的城镇老年人贫困发生率在 10.0%～44.9%，而有养老保障的城镇老年人贫困发生率在 0.2%～12.9%；无养老保障的农村老年人贫困发生率在 20.6%～31.7%，而有养老保障的农村老年人贫困发生率在 3.5%～63%。也就是说，被养老保障覆盖的城乡老年人贫困状况均有明显改善，贫困深度和贫困强度也相对更低。[①]

北京大学"中国健康与养老追踪调查"（CHARLS）2011～2012 年数据的研究显示，新型农村养老保险政策的实施显著提高了农村老年人的收入水平、减少了贫困的发生，提高了其主观福利，而且健康状况差的老年人受政策影响更大。同时较低的缴费水平限制了新农保的政策效果。[②]

---

① 程杰：《社会保障对城乡老年人的贫困削减效应》，《社会保障研究》2012 年第 3 期。

② 张川川、John Giles、赵耀辉：《新型农村社会养老保险政策效果评估——收入、贫困、消费、主观福利和劳动供给》，《经济学季刊》2014 年第 1 期。

北京大学"中国家庭动态跟踪调查"（CFPS）2010 年和 2012 年的面板调查数据的研究显示，城市老年人参加城镇居民养老保险和城乡居民养老保险的比例仅为 13% 左右，每月领取的养老金为 154 元，在城市价格水平较高的情况下，微薄的居民养老金对城市老年人贫困的缓解作用微乎其微；农村老年人养老金的年均领取额为 1140 元，但居民养老金使农村老年人的消费贫困下降 6% ~ 7%，健康贫困下降 4% ~ 6%（解垩，2015）。

中国人民大学"中国老年社会调查"（China Longitudinal Ageing Social Survey，CLASS）项目 2014 年数据的研究显示，城乡居民养老金覆盖下（不包括城镇职工养老金和机关事业单位养老金）的老年人收入贫困发生率比没有享受养老金待遇的老年人群低 8.7%（朱火云，2017）。

（三）人口老龄化对中国养老保障体系的挑战

中国是在家庭养老保障功能逐步弱化、社会养老保障制度尚不健全的情况下进入老龄社会的。中国社会养老保障制度改革初期的应对老龄化视角明显不足，尤其是由于没有充分考虑老龄化快速发展对于养老保障制度财务可持续性的影响，造成已有的制度安排难以适应老年人口规模快速增长和制度抚养比快速攀升的冲击。目前的社会抚养压力已经比较沉重，随着人口老龄化的深入发展，未来中国社会养老保障制度将面临更为严峻的冲击。

一方面，中国养老保障的需求快速增长。随着老年人口的增长、劳动力数量的减少，抚养负担会进一步加重。同时，随着中国基本养老保险覆盖面的扩大、保障水平的不断提高，中国的养老金支出压力不断增加。缴费人口的减少和领取待遇人口的增加对现收现付制的基本养老保险基金也造成了巨大的影响，给制度的可持续问题带来挑战。

另一方面，由个人收入、家庭保障、基本养老保险、补充养老保险、商业养老保险以及社会慈善等公益养老事业所构成的养老保障供给能力不足。尤其是中国的家庭规模趋于小型化和核心化，老年人家庭日益空巢化和独居化。家庭结构的这一变迁导致中国家庭养老功能逐渐弱化。此外，中、西部地区人口向东部地区迁移、农村人口向城镇迁移的态势，使中、西部地区和农村家庭的养老功能更加弱化。在此背景下，家庭养老保障需求加速外移，给社会保障制度建设带来的压力不断增加。

除了供需缺口将对养老保障的发展带来严峻挑战之外，现行养老保障体系也存在较多问题。第一，目前的养老保险制度在城乡之间、机关事业单位和城镇职工之间，存在悬殊的待遇水平。第二，企业和个人的缴费负担较重，政府转移支付规模有限。第三，养老保险基金的投资管理效率不高，缺乏风险控制机制。第四，补充养老保险发展不足，企业年金发展迟缓，商业养老保险的规模很小。这些都不利于多层次养老保障体系的发展和完善，不利于提升养老保险制度应对人口老龄化的能力。

因此，在未来的改革过程中，增强养老保障制度应对人口老龄化的改革导向，强化养老保障由政府、用人单位、家庭和个人共担责任的理念，整合养老保障体系，确保基金收支的平衡，提高制度的可持续性。

三　中国医疗保险制度的减贫影响

（一）医疗保险的减贫效果

（1）报销医疗费占医疗支出比重

根据国家住户调查方案，报销医疗费是指参加新型农村合作医疗、城镇职工基本医疗保险、（城镇）居民基本医疗保险、城乡居民大病保险的居民在购买药品、进行门诊治疗或住院治疗之后，从社保基金或单位报销的医疗费。报销医疗费属于一种实物收入，包括使用社保卡进行医疗服务付费时直接扣减的、由社保基金支付的部分，不包括从商业医疗保险获得报销的医疗费。

国家统计局 2015 年住户抽样调查数据显示，城市家庭报销医疗费占医疗总支出的比重为 22.44%，农村为 12.28%。分地区来看，城市中部地区家庭报销比重最高，接近 30%，东部和东北地区也超过了 20%，而西部地区仅为 12.27%。农村则是西部地区报销比重最高，超过 18%，东北地区接近 15%，而东部和中部地区不到 10%（见表 4 - 11）。这一结果似乎明显低估了医疗保险的报销比例。

表 4 - 11　报销医疗费占医疗支出比重

单位：%

	东	中	西	东北	总体
城市	26.05	29.57	12.27	22.72	22.44
农村	8.61	6.70	18.76	14.80	12.28
建档立卡户	5.65	11.59	22.13	8.06	18.29
农村低保户	16.38	12.54	12.11	20.04	12.77

资料来源：笔者根据国家统计局 2015 年抽样调查数据计算得到。

（2）报销医疗费收入的减贫效果

由于报销医疗费收入较少（报销医疗费收入占家庭可支配收入的比重非常低，城市不到 1%，农村约为 1.5%），其所发挥的减贫效果非常有限，城市不到 0.5 个百分点，农村均不到 1 个百分点。从 2015 年的数据来看，建档立卡户和低保户在医疗保障方面的受益也非常小（见表 4 - 12）。

（3）其他经验研究的结果

利用 2003~2006 年覆盖全国 30 个省区的微观面板数据，研究表明新型农村医疗保险的减贫效果明显，不仅能在农户层面上显著降低贫困发生的概率，而且能在省区层面上显著降低贫困发生率。平均而言，参加新农合能使农户的人均收入提高约 4%，当省区内新农合覆盖率约为 40% 时，新农合覆盖率每提高 1%，省区内农村贫困率就下降 0.29%（齐良书，2011）。

世界银行指出，消除灾难性医疗支出是造成贫困的重要原因。当家庭现金支付的医疗费用占家庭非食品生活支出达到或超过某一比例时，该家庭发生了灾难性医疗支出（CHE），世界卫生组织推荐的 CHE 标准是 40%。

利用中国健康与经营调查（CHNS）1989~2006 年数据的研究发现，发生灾难性卫生支出的城乡家庭比例较高，医疗保险补偿后，城乡患病家庭的贫困并没有减轻，意味着医疗保险的减贫作用很微弱。在城市，1989年医疗保险补偿的减贫效果为 2.89%，其后各年（1991 年、1993 年、1997年、2000 年、2004 年），医疗保险的减贫效果基本维持在 1%~3%，2006年仅为 0.4%；在农村，1989 年的减贫效果为 1.03%，其后各年的减贫效

表4-12 报销医疗费的减贫效果

	报销医药费前			报销后			变化（后-前）		
	α=0	α=1	α=2	α=0	α=1	α=2	α=0	α=1	α=2
国际贫困标准									
城市	0.0082	0.0058	0.0170	0.0080	0.0057	0.0166	-0.0003	-0.0002	-0.0004
东	0.0060	0.0022	0.0058	0.0060	0.0021	0.0049	0.0000	-0.0001	-0.0008
中	0.0036	0.0019	0.0014	0.0025	0.0018	0.0013	-0.0011	-0.0002	-0.0001
西	0.0139	0.0105	0.0396	0.0139	0.0102	0.0390	0.0000	-0.0003	-0.0006
东北地区	0.0099	0.0102	0.0235	0.0099	0.0102	0.0235	0.0000	0.0000	0.0000
城镇相对贫困标准									
城市	0.1516	0.0426	0.0213	0.1490	0.0418	0.0208	-0.0026	-0.0009	-0.0005
东	0.1019	0.0269	0.0122	0.0983	0.0263	0.0118	-0.0036	-0.0006	-0.0004
中	0.1443	0.0318	0.0125	0.1434	0.0313	0.0121	-0.0009	-0.0005	-0.0003
西	0.2289	0.0702	0.0374	0.2245	0.0688	0.0365	-0.0044	-0.0014	-0.0008
东北地区	0.1265	0.0420	0.0243	0.1255	0.0410	0.0237	-0.0011	-0.0010	-0.0006
国际贫困标准									
农村	0.1148	0.0763	0.5324	0.1096	0.0742	0.5302	-0.0053	-0.0021	-0.0022
东	0.0272	0.0159	0.0373	0.0254	0.0155	0.0372	-0.0018	-0.0004	-0.0001
中	0.0974	0.0401	0.0734	0.0945	0.0396	0.0730	-0.0029	-0.0005	-0.0003
西	0.1806	0.0909	0.3045	0.1714	0.0871	0.3018	-0.0092	-0.0037	-0.0027
东北地区	0.1204	0.2773	4.0261	0.1143	0.2723	4.0146	-0.0060	-0.0050	-0.0115

续表

	报销医药费前			报销后			变化（后－前）		
	α = 0	α = 1	α = 2	α = 0	α = 1	α = 2	α = 0	α = 1	α = 2
农村相对贫困标准									
农村	0.1982	0.0961	0.3355	0.1914	0.0930	0.3331	-0.0068	-0.0031	-0.0024
东	0.0670	0.0230	0.0292	0.0654	0.0223	0.0289	-0.0016	-0.0007	-0.0003
中	0.1565	0.0610	0.0634	0.1510	0.0599	0.0628	-0.0055	-0.0011	-0.0006
西	0.3162	0.1309	0.2190	0.3056	0.1252	0.2153	-0.0106	-0.0057	-0.0037
东北地区	0.1871	0.2454	2.3651	0.1788	0.2398	2.3563	-0.0083	-0.0056	-0.0087
国家扶贫标准									
农村	0.0675	0.0717	0.9073	0.0639	0.0700	0.9048	-0.0036	-0.0017	-0.0025
东	0.0162	0.0134	0.0558	0.0152	0.0134	0.0558	-0.0010	0.0000	0.0000
中	0.0631	0.0268	0.1057	0.0599	0.0263	0.1056	-0.0032	-0.0005	-0.0002
西	0.0937	0.0760	0.4859	0.0877	0.0733	0.4835	-0.0060	-0.0028	-0.0023
东北地区	0.0966	0.3356	7.0676	0.0946	0.3306	7.0507	-0.0020	-0.0050	-0.0169
建档立卡户									
国际贫困标准									
农村	0.2357	0.1049	0.1165	0.2298	0.1009	0.1109	-0.0058	-0.0040	-0.0056
东	0.1090	0.0197	0.0045	0.0779	0.0163	0.0034	-0.0311	-0.0034	-0.0011
中	0.2744	0.0800	0.0329	0.2590	0.0789	0.0324	-0.0153	-0.0012	-0.0004
西	0.2315	0.1117	0.1388	0.2315	0.1076	0.1343	0.0000	-0.0041	-0.0046

续表

	报销医药费前			报销后			变化（后－前）		
	α = 0	α = 1	α = 2	α = 0	α = 1	α = 2	α = 0	α = 1	α = 2
东北地区	0.3658	0.4411	0.6968	0.3658	0.4066	0.5892	0.0000	-0.0345	-0.1075
农村相对贫困标准									
农村	0.3597	0.1532	0.1224	0.3515	0.1479	0.1171	-0.0081	-0.0054	-0.0053
东	0.3612	0.0716	0.0218	0.3612	0.0613	0.0167	0.0000	-0.0102	-0.0050
中	0.3874	0.1362	0.0668	0.3683	0.1328	0.0653	-0.0191	-0.0034	-0.0015
西	0.3455	0.1585	0.1376	0.3400	0.1537	0.1331	-0.0055	-0.0048	-0.0045
东北地区	0.4901	0.4394	0.5818	0.4901	0.4136	0.5087	0.0000	-0.0258	-0.0732
国家扶贫标准									
农村	0.1233	0.0788	0.1374	0.1212	0.0743	0.1306	-0.0021	-0.0044	-0.0068
东	0.0000	0.0000	0.0000	0.0000	0.0000	0.0000	0.0000	0.0000	0.0000
中	0.1677	0.0323	0.0123	0.1677	0.0316	0.0122	0.0000	-0.0007	-0.0001
西	0.1160	0.0903	0.1711	0.1128	0.0855	0.1663	-0.0032	-0.0048	-0.0048
东北地区	0.2773	0.4793	0.8948	0.2773	0.4328	0.7318	0.0000	-0.0465	-0.1630

资料来源：笔者根据国家统计局 2015 年抽样调查数据计算得到。

果微乎其微，2006 年只有 0.16%（解垩，2008）。

最近一项利用国家卫生和计划生育委员会 2014 年的中国家庭追踪调查数据的研究显示，对发生灾难性医疗支出家庭给予补偿后，农村和城镇的贫困发生率会分别下降 3.06 个百分点和 0.72 个百分点；补偿越高，降幅越大。也就是说，消除灾难性医疗支出的致贫风险对减贫工作具有重要意义。因此，建议把发生灾难性医疗支出的贫困家庭作为扶贫对象，把消除贫困家庭的灾难性医疗支出作为重要的扶贫目标（王钦池，2016）。

（二）健康扶贫的实施

健康扶贫是精准扶贫的重要内容。在这样的背景下，目前中国贫困人口的健康问题日益突出，健康状况低下又加剧了贫困的发生，因病致贫、因病返贫现象严重。农村医疗保险保障水平依然较低、医疗救助制度尚不完善、县域内医疗机构服务能力较低、县域外转诊率高、贫困地区公共卫生问题较为突出。

2016 年 6 月，以卫生计生部门牵头的 15 部门联合发布了《关于实施健康扶贫工程的指导意见》，要求采取有效措施提升农村贫困人口医疗保障水平和贫困地区医疗卫生服务能力，全面提高农村贫困人口健康水平，为农村贫困人口与全国人民一道迈入全面小康社会提供健康保障。该意见明确了各部门的重点分工及进度安排表。

2017 年 4 月，国家卫生计生委、民政部、财政部、人力资源和社会保障部、保监会和国务院扶贫办联合制定了《健康扶贫工程"三个一批"行动计划》，按照"大病集中救治一批、慢病签约服务管理一批、重病兜底保障一批"的要求，组织对患有大病和长期慢性病的贫困人口实行分类分批救治，将健康扶贫落实到人、精准到病，推动健康扶贫工程深入实施。

（三）地方政策——安徽省健康脱贫的"351"和"180"政策

为有效解决"因病致贫、因病返贫"问题，安徽省于 2017 年开始实行贫困人口"三保障一兜底一补充"综合医疗保障政策，即提高基本医保、大病保险、医疗救助保障待遇水平，设定政府兜底保障线，实行慢性病门诊补充医疗保障。

按照基本医保、大病保险、医疗救助政策"两免两降四提高"等综合补偿后，农村建档立卡贫困人口在省内县域内、市级、省级医疗机构就诊的，个人年度自付封顶额分别为 0.3 万元、0.5 万元和 1.0 万元，年度个人自付合规费用累计超过个人自付封顶额时，超过部分的合规费用由政府兜底保障，该政策称为"351"健康脱贫工程。

"180"医疗保障政策是在"351"政策基础之上，进一步提高了贫困人口慢性病医疗保障待遇。贫困慢性病患者 1 个年度内门诊医疗费用，在经"三保障一兜底"补偿后，剩余合规医疗费用由补充医疗保险再报销 80%，简称"180"补充医保。

这些政策的实施，旨在最大限度减轻贫困对象的医疗支出负担，为同步迈入全面小康社会提供健康保障。截至 2017 年 7 月底，在合肥市有 11952 人获得健康兜底保障，其中住院 10758 人次，门诊 1194 人次，支出贫困人口兜底保障资金 794.57 万元，其中住院支出 711.96 万元，门诊支出 82.61 万元。

案例：山东健康扶贫相关政策

1. "八个一"工程：对全省患有 93 种疾病的 55.4 万贫困人口，全部实施"八个一"工程（确定一所定点医疗机构、明确一个家庭医生团队、签订一份服务协议书、制定一张健康卡、进行一次健康查体、建立一个健康档案、组织一次健康会诊、发放一张健康明白纸）。

2. "先诊疗后付费"政策：贫困人口在县域定点医疗机构看病就医全部实施"先诊疗后付费"制度，看病住院免交预付押金。

3. "两免两减半"政策：免收患病贫困人口个人自付的普通门诊挂号费、诊查费，减半收取专家门诊诊查费及大型设备检查费（截至目前，全省医疗卫生机构累计让利于民 5.6 亿元）。

4. 提高大病保险保障水平：贫困人口大病保险分段报销比例提高 5 个百分点，起付线由 12000 元降至 6000 元，年度最高支付限额提高到 50 万元。

5. 建立医疗商业补充保险制度：从扶贫专项资金中拿出近 2.42 亿元，按照每人不低于 100 元的标准，为全省 242.4 万贫困人口购买医疗商业补充保险，确保个人负担的住院医疗费用低于支出总费用的 10%。

6. 民政医疗救助：对纳入重特大疾病医疗救助范围的贫困人口，在经各种保险报销后的个人负担费用，按照不低于 70% 的比例给予救助，年度最高救助限额不低于 1 万元。

7. 大病集中救治：对患有大病的 35.5 万贫困人口实行集中救治。目前，已救治 25.9 万人，其中恢复劳动能力的占 60% 以上。

8. 白内障患者免费救治：对全省 1.2 万贫困白内障患者实施免费复明手术。截至目前，已免费救治 8203 名，减免费用 1969 万元。

|第五章|

国际贫困的现状、测量及瞄准

第一节　全球贫困状况

一　全球贫困现状

目前国际上从不同角度测量贫困的方法主要有世界银行的绝对贫困、联合国开发计划署与牛津大学的多维贫困指数、国际食物政策研究所的全球饥饿指数和联合国粮农组织的营养不足指标等。

按照世界银行每人每日生活费 1.9 美元（按 2011 年购买力平价计算）的极端贫困标准，2013 年全球极端贫困人口总计 7.46 亿人，其中非洲 3.83 亿人，占 51.3%，亚洲 3.27 亿人，占 43.8%，南美洲 1900 万人，占 2.5%，北美洲 1300 万人，占 1.7%，大洋洲 250 万人，占 0.3%，欧洲 70 万人，占比不足 0.1%（见图 5 - 1）。

世界极端贫困人口数量最多的 5 个国家分别是印度（2.18 亿人）、尼日利亚（8600 万人）、刚果（金）（5510 万人）、中国（2510 万人）和印度尼西亚（2470 万人）。从全球来看，极端贫困人口主要分布在农村地区，并集中在以农业为主要收入来源、受教育程度低的人群，且儿童贫困比重高（Castaneda，2016）。瞄准这些贫困人口，将有限的扶贫资源用于真正的贫困人口是减贫的关键。

根据联合国开发计划署与牛津大学对全球 103 个国家多维贫困指数的测算，2013 年测算的 103 个国家中有 14.5 亿多维贫困人口，占这些国家

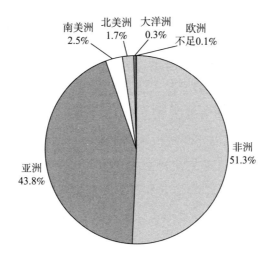

图 5 - 1　世界极端贫困分布图

资料来源：世界银行 PovcalNet 数据库，2017。

人口总数的 26.5%。从区域来看，48% 的多维贫困人口分布在南亚，其次是撒哈拉以南的非洲（36%），多维贫困人口主要分布在中等收入国家（72%），而不是低收入国家。从国家来看，多维贫困指数较高的国家主要是乍得、布基纳法索、尼日尔、埃塞俄比亚、南苏丹、尼日利亚、乌干达、阿富汗等。中国属于多维贫困指数较低国家。从人群来看，0～17 岁儿童和青少年占比较高（48%），近半的多维贫困人口面临营养不良等问题，属于深度多维贫困。

国际食物政策研究所依据人口营养不良比例、5 岁以下儿童体重不足比例、5 岁以下儿童发育迟缓比例、5 岁以下儿童死亡率四个指标加权计算全球饥饿指数，衡量国家的粮食安全与营养状况。根据测算，2016 年发展中国家饥饿指数为 21.3，整体属于严重饥饿水平，其中撒哈拉以南非洲为 30.1，南亚为 29.0，东亚和东南亚（12.8）以及近东和北非地区（11.7）为中度饥饿，东欧及独联体为 8.3，拉丁美洲和加勒比地区为 7.8，属于低饥饿水平。中国饥饿指数为 7.7，也属于低饥饿水平。

联合国粮农组织采用营养不足人数监测全球食物安全与营养状况。全球营养不足人口由 1990～1992 年的 10.11 亿人下降至 2014～2016 年的 7.93 亿人，下降显著，同期，中国的营养不足人口由 2.89 亿人下降至

1.34 亿人，占全球营养不足人口的比例由 28.6% 下降至 16.9%。但根据联合国粮农组织发布的 2017 世界粮食安全和营养状况报告，2016 年，全球长期营养不足人口数从 2015 年的 7.77 亿增至 8.15 亿，经过长时间减少后，这一人数最近的增加可能标志着趋势出现逆转（FAO，2017）。粮食安全形势在一些地方已经出现恶化，尤其是撒哈拉以南非洲、东南亚和西亚，受冲突影响和冲突与干旱或洪水交织在一起的情况下恶化尤为明显。与此同时，儿童发育迟缓发生率已从 2005 年的 29.5% 降至 2016 年的 22.9%，但世界上仍有 1.55 亿五岁以下儿童受到发育迟缓的困扰。2016 年，五岁以下儿童每 12 人中就有 1 人受发育不良困扰，其中半数以上生活在南亚（2760 万人）。多种形式营养不良并存，各国同时面临儿童营养不足、女性贫血和成人肥胖发生率高的问题。超重和肥胖率不断上升使情况变得愈加令人担忧。儿童超重和肥胖现象在多数区域不断增加，而成人超重和肥胖则在所有区域均有增加。2016 年，共有 4100 万五岁以下儿童超重。从国家来看，全球营养不足人口主要分布在印度、中国、巴基斯坦、埃塞俄比亚、孟加拉国、印度尼西亚、坦桑尼亚、菲律宾、尼日利亚、乌干达等国家。

二　全球贫困趋势

从全球减贫趋势来看，1820 年以来全球极端贫困人口出现了大幅下降，极端贫困发生率从 1820 年的 84% 下降到 1992 年的 24%。从发达国家来看，1850~1900 年发达国家经历了极端贫困的迅速减少，在 2000 年以前，主要发达国家美国、日本、澳大利亚、新西兰、加拿大、意大利等贫困发生率已低于 5%（见图 5-2）。

2000 年 189 个国家的政府首脑及高级官员在联合国总部通过了千年宣言，提出到 2015 年全球贫困人口减半，该目标在 2011 年提前实现，其中东亚极端贫困发生率由 1990 年的 61% 下降到 2015 年的 4%，其中中国贡献巨大。东南亚由 46% 下降到 7%，南亚由 52% 下降到 17%，拉丁美洲和加勒比地区由 13% 下降到 4%。

2015 年联合国 193 个成员国在联合国总部通过可持续发展目标，其中

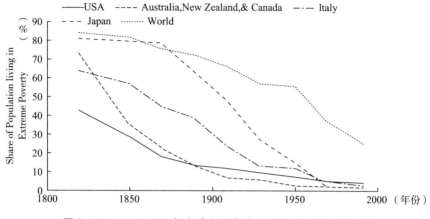

图 5 - 2 1820～2000 年全球主要发达国家极端贫困减少情况

首要目标即在世界各地消除一切形式的贫困。根据世界银行的预测，2030年全球极端贫困发生率将下降到 4.8%（SDG，2015），与可持续发展目标的首要目标——消除一切形式的贫困，仍有一定差距，尤其是对于极端贫困高发的撒哈拉以南非洲和南亚地区。

从贫困人口分布趋势来看，贫困人口由主要集中在低收入国家转变为主要分布在中等收入国家（73%）。这与中国、印度及其他亚洲国家持续的经济发展和从低收入国家逐渐迈入中等收入国家行列有关。目前，全球仅有 29 个低收入国家，其人口数仅占全球人口的 8%，以亚洲为例，1990年亚洲大部分地区为低收入国家，但目前仅阿富汗、朝鲜和尼泊尔属于低收入国家。

从城乡比较来看，全球 100 个有城市和农村统计数据的国家中，92 个国家的农村贫困发生率高于城市，平均来看城市贫困发生率约为农村的一半（World Bank，2017），但随着城市化进程的推进，贫穷向城市地区转移的趋势越发明显。

随着极端贫困人口的减少，国际社会对贫困的理解更为广泛和深刻。一个表现是前文提到的多样化的贫困测量方法，比如多维贫困测量的兴起。各国际机构不仅关注收入和支出等货币方面的贫困指标，也关注营养、健康、教育、居住条件、用水用电卫生等生活条件乃至资产等方面的贫困指标，中国的精准扶贫工作也采用了多维贫困测量的方法。

从人群来看，儿童贫困发生率一直居高不下，同时儿童的营养不良问题、健康问题、教育问题等在发展中国家日益突出。在发达国家，由于社会老龄化趋势显著，老年人的贫困问题越发突出，对国家的社会保障提出了新的要求。

三 全球减贫新挑战

在取得巨大减贫成效的同时，由于国际政治、经济、社会形势不断变化，全球减贫工作也面临一些新的挑战。

一个挑战是未来经济增长速度以及经济增长减贫效应的不确定性。据统计，全球平均每年4% GDP 增长的同时，全球贫困人数每年下降约 1 个百分点。然而即使从现在到 2030 年，GDP 增长率仍然保持年均 4% 的增长率，贫困发生率也难以持续每年下降 1 个百分点。家庭收入和消费的分配格局使较高比例的人口接近中等收入，或者使少部分人消费达到极限。世界银行 2017 年年度报告关注低收入人群收入的相对增长速度，发现 2008 ~ 2013 年全球 83 个公开人均消费或收入数据的国家中，8 个国家（主要是高收入国家，如冰岛、荷兰、葡萄牙、英国、美国等）低收入人群收入增速放缓但仍高于国家平均水平；34 个国家低收入人群收入增长速度低于国家平均水平，其中 15 个国家由于经济增长速度放缓，群众生活水平受到影响，而且低收入人群受到的影响更为显著。

在联合国千年发展目标尚未实现阶段，2012 年在给定的 GDP 分配中立增长以及全球贫困发生率为 12.8% 的条件下，经济增长带来贫困率的大幅下降，但同一 GDP 分配中立增长在未来的减贫效应将减弱。根据世界银行估计，当经济增长速度达到 3% 时，贫困对分配中立增长的效应将持续下降。这表明，利贫性的经济增长，不仅需要更高的收入增长率，而且需要增长分配对低收入者更有利。

此外，全球化与高速的经济发展在帮助部分人脱贫的同时，也会带来更多的经济冲击，导致部分人陷入新的贫困。在城镇化进程中，如果转移人口没有得到相应的教育和培训，不能顺利就业，住房、社会保障等基本生存条件不能得到满足，很容易成为新的城市贫困人口，而且将面临更大的社会压力。同时，科技的进步和生产自动化的普及导致劳动力密集型产业空间不断缩小，低端劳动力需求减少，贫困人群工作机会大幅缩减。这些变化都给减贫带来了新的挑战。

受经济增长速度制约，加之沉重的社会保障财政支出压力，发达国家在社会保障领域的公平与效率之争不断，同时发展中国家的社会保障体系尚不健全，在从低收入水平向高一级收入水平迈进过程中，社会保障体系并未相应完善，社会保障水平和社会化服务仍需进一步提升。

由于最贫困国家，特别是撒哈拉以南的非洲国家的政治、经济、资源禀赋等特点，消除贫困的任务非常严峻。在这些经济体中，经济增长带来的减贫效果反应较慢，一是因为工作机会的增长有限，而工作机会是经济增长惠及贫困人口的主要渠道，二是自然资源密集型部门可能会产生增长，但由于缺乏与其他经济部门的联系，在利益分配中很难惠及穷人，三是在脆弱和受冲突影响的国家，无论由于自然资源竞争还是政治原因产生冲突，都会不可避免地扰乱增长，而且冲突的影响会持续很久，因此复杂的国内外环境都对减贫带来了挑战。

第二节　国际贫困测量

中国取得了巨大的减贫成就，但与减贫成就不相协调的是，中国在贫困理论研究，尤其是贫困测量、识别与瞄准等方面的研究严重不足，难以满足需求。长期以来，中国的扶贫开发存在贫困人口数量不清、情况不明，政策措施针对性不强，扶贫资金和项目指向不准等问题（国务院扶贫办，2014）。为此，中国实施了精准扶贫工作机制，通过对贫困户和贫困村精准识别、精准帮扶、精准管理和精准考核，实现扶贫到村到户。但在实施精准扶贫过程中存在以下问题：第一，确定贫困人口数量时采用收入贫困的标准，但在实际识别时采用多维贫困的概念，两种方法可能导致贫困人口数量和人群的差异；第二，贫困人口识别越到基层，透明性越差，贫困户识别度降低，缺乏一套明确的贫困人口识别指标体系和明确的操作指导及监督机制；第三，部分贫困户帮扶措施与贫困户实际需求不一致；

第四，缺乏对贫困识别及帮扶的动态调整机制等问题（毕洁颖，2016）。针对这些问题，本部分梳理国际贫困测量和动态跟踪的经验，为探索确定新的贫困标准提供参考。

一　国际贫困测量方法

贫困本身是个复杂的现象，贫困测量必须反映贫困的多方面性。贫困测量力求识别合理的、准确的、与政策相关的人群之间的差异（Sabina，2014）。测量时既要考虑人的需求、主观意愿、客观福利、人类权利，又要考虑人的偏好等。按照不同的分类标准，贫困测量的方法有主观贫困与客观贫困，绝对贫困与相对贫困，单一贫困与多维贫困等。考虑到一国对贫困干预的可行性，目前贫困测量主要采用客观贫困标准，不同国家根据经济发展水平决定采用绝对贫困标准或相对贫困标准，随着贫困测量内容的不断丰富，在测量方法上有从单一贫困测量，如收入贫困测量、支出贫困测量到多维贫困测量的趋势。

（一）绝对贫困测量

绝对贫困测量维持最低基本生存、生活标准（如食物、衣服、医疗保健、住房等）的状态。测量绝对贫困的主要方法包括基本需求方法、恩格尔系数法、基尼系数法、收入法、基本消费支出法、固定费用比例法、支出比例法、人均国民生产总值法、实际生活质量指数法、线性支出系统模型法、参与式评估法（PPA）等。其中最常用的是基本需求法。

基本需求方法（Basic Needs Approach）是发展中国家比较常用的绝对贫困测量方法，其核心是尝试找出长期而言从消费角度维持个人健康福祉所需的最基本资源种类和数量，并相应地折换成收入/消费作为贫困标准。对于基本需求的定义，目前世界各国基本接受的是联合国千年发展目标所规定的7个人类发展的基本目标，即消除极端贫困和饥饿，普及小学教育，降低儿童死亡率，改善产妇保健，与艾滋病病毒/艾滋病、疟疾和其他疾病做斗争，确保环境的可持续能力。

（二）相对贫困测量

随着经济社会的发展，一些国家逐步消除了难以维持最低基本生活需求的绝对贫困，开始采用相对标准衡量贫困。相对贫困是指一部分人相对于另一部分人更加贫困，或者一部分人的收入远低于平均水平。Townsend（1979）提出相对贫困的概念，相对贫困主要用来测量贫困人口内部的差别和不平等，体现出特定时间、空间下一国对社会包容性和机会公平的重视。有时相对贫困还会被赋予"适度贫困（Moderate Poverty）"内涵，即那些满足基本需求（饮水、食物、衣着、住房、健康保健），却仍然显著低于社会整体平均生活水平的状态。使用相对贫困标准的国家经济发展水平都很高，故相对贫困标准又被称为"富裕国家中确定贫困率最有效的方法"。从实行相对贫困的发达国家经验上看，相对贫困标准的设置往往与覆盖范围广并且完善的社会保障机制相配合，再分配条件下的贫困状态以及再分配后的收入差距格局，才是更为关键的考察信息。

相对贫困标准的设定方式一是使用国际标准法。国际经济合作与发展组织（OECD）提出以一个国家或地区中等收入或社会中位收入的50%～60%作为这个国家或地区的相对贫困标准。二是使用FGT贫困测算方法（Foster，1984），根据贫困发生率（低于贫困线的人口占全部人口的比例）和贫困距（贫困人口收入与贫困线之间的差距的总和）分析贫困人口内部的贫困差异。

目前，使用相对贫困标准的国家主要有OECD国家，如日本、韩国、澳大利亚；欧盟国家，如英国、意大利、法国、德国、瑞典、奥地利、希腊、芬兰。此外，巴西也使用相对贫困标准。

（三）多维贫困测量

多维贫困测量基于阿玛蒂亚·森的可行能力理论，Amartya Sen在《自由与发展》中指出贫困是对人的基本可行能力的剥夺，而不仅仅是收入低下，减贫为贫困人口提供更广泛的自由。基本的可行能力包括贫困人口能够平等地享有教育资源、医疗健康设施、健康的饮用水、住房以及政治权利等。可行能力的改善既能直接帮助贫困人口，又能以间接的方式帮助丰富人的生活，使剥夺情况减少，剥夺程度减轻，获得更大自由。阿玛蒂亚·森认为收入或支出只是实现人的可行能力的工具，是在有限数据和测量能力下的估计方法，而贫困人口受到的剥夺是多方面的，每一个方面都很重要（Sen，A. K.，1992），任一单维度的贫困测量与贫困的多维度本身是不匹配的，而且采用收入单一指标衡量贫困是基于收入与贫困的其他维度相关的假设，但许多在健康、预期寿命等方面贫困的人群并不一定收入贫困（Charles I. Jones，2010）。此外，随着可获得数据的增多，数据处理能力的增强，单一指标向多维体系测量的可能性大大提高（Michel Aglietta，2011）。多维度测量贫困可以发现研究对象在各维度的被剥夺情况，因此能够使公共政策找到优先干预的领域，可操作性更强、更具有政策指导意义（王小林，2009）。

目前国际上常用的是联合国发展规划署与牛津大学联合开发的涵盖健康（营养、儿童死亡率）、教育（受教育年限、入学儿童）、生活条件（炊用燃料、厕所、电、耐用消费品、屋内地面、饮用水）三个维度十个指标的多维贫困测量体系。多维贫困指数（MPI）的测算依托于 Alkire 和 Foster（2007）的 AF 方法框架，采用"双重临界值"（Dual-Cutoff）识别个体是否处于多维贫困。第一重考察在单个指标上是否被剥夺，第二重结合指标权重，加总个体在所有指标上的未达标总得分，同时设置多维贫困判定标准判定个体是否处于多维贫困状态。

多维贫困指数可以反映不同群体的特征，例如来自某一地区、民族或性别的人；可以根据群体规模进行细分，允许在不同大小的国家之间进行有意义的国际比较；可以细分为各个维度，以向决策者揭示在任何特定地区或人口群体中，何种因素对多维贫困的贡献最大。此外，多维贫困还具有衍生应用价值，例如，可以被应用在瞄准性公共服务、有条件转移支付的表现监测等方面，但多维贫困方法应用的主要挑战在于贫困维度、具体指标以及权重选取具有一定程度的主观性。

2013 年，多维贫困高层同行网络（Multidimensional Poverty Peer Network，MPPN）正式建立，包括中国在内的 53 个国家以及 15 个国际组织成为其成员。

二 贫困标准确定的方法

不同国家、组织或机构所划定的贫困标准存在明显差异，取决于对绝对贫困、相对贫困和多维贫困的不同理解。

(一) 应用绝对贫困标准

世界银行是国际社会研究贫困问题的主要机构,国际贫困标准一般指世界银行发布的贫困标准。目前,世界银行采用每人每天支出 1.9 美元和每人每天支出 3.1 美元标准衡量发展中国家的贫困状况。该标准以 2011 年为价格基期,其中前者是国际极端贫困标准,为全球 15 个最穷国家(马拉维、马里、埃塞俄比亚、塞拉利昂、尼日尔、乌干达、冈比亚、卢旺达、坦桑尼亚、几内亚比绍、塔吉克斯坦、莫桑比克、乍得、尼泊尔、加纳)的国家标准的平均值;后者是所有有数据可查的低收入国家和中等收入国家的贫困线中位数。

由于价格基期不同,国际贫困标准也经历了多次调整。以国际极端贫困标准来看,世界银行在《1990 年世界发展报告》中采用了按 1985 的价格计算的标准,为每人每天 1.01 美元,即 "1 天 1 美元" 标准。世界银行后来更新了价格基期年份,按 1993 年价格为 1.08 美元,按 2005 年价格为 1.25 美元,按 2011 年价格为 1.9 美元,贫困标准在数值上逐渐提高,但其本质上仍为 "1 天 1 美元" 标准。从 2008 年开始,世界银行发布 "1 天 2 美元" 标准,这是用 2005 年价格计算,如用 2011 年价格计算则为 "1 天 3.1 美元"。为区别于极端贫困标准,有时也将此标准称为 "一般贫困标准"(见表 5-1)。

表 5-1 世界银行采用的国际贫困标准

单位:美元/(人·天)

极端贫困标准				一般贫困标准	
发布年份	数值	价格基期年份	测算方法	数值	测算方法
1990	1.01	1985	12 个最穷国的最高标准		
1994	1.08	1993	10 个最穷国的平均标准		
2008	1.25	2005	15 个最穷国的平均标准	2	发展中国家贫困标准中位数
2015	1.9	2011	15 个最穷国的平均标准	3.1	发展中国家贫困标准中位数

资料来源:《世界发展报告》。

世界上贫困人口最多的印度主要以绝对标准测量贫困，但贫困标准非常低。2007 年，印度农村官方贫困标准为 0.43 美元/（人·天），城镇贫困标准为 0.53 美元/（人·天），显著低于世行 1.25 美元/（人·天）的标准。在贫困标准计算上，历史上印度的贫困标准的确定方法是基于食物法，沿用 1978 年的卡路里换算谷物的标准，并随年份间物价水平浮动调整；2012 年印度政府在第十二个五年规划中提出调整官方贫困标准确定方式，选用基本需求方法，依据个体过去一个时段对一篮子指定产品的消费额度设定贫困标准，具有地区和城乡间的差异。

（二）应用相对贫困标准

经济合作与发展组织（OECD）在 1976 年提出国际相对贫困标准（International Standard of Poverty Line，ISPL），是以一个国家或地区社会中位收入或平均收入的 50% 作为这个国家或地区的贫困标准。整体来看，OECD 成员国的人均收入较高。

英国目前相对贫困的测算主要由第三方机构参考欧盟委员会的相对贫困标准测算。英国国家统计局曾经估算 2011 年陷入贫困风险或遭受社会排斥的人口数和处于严重物质资源匮乏状态的人口比例，英国就业和养老金部使用 60% 中位收入为低收入群体的识别标准，此外，财政研究中心、贫困与不平等研究中心也使用了相对贫困标准。另外，英国还提出未来阶段需要关注三个核心维度：家庭温暖、不潮湿、每天两顿饭以及"饮水贫困"和"炊事燃料贫困"，具有多维贫困的性质。

日本采用相对贫困标准确定贫困人口，以人均收入中间值的一半为贫困标准，收入低于该标准即为贫困人口。根据日本厚生劳动省 2015 年 7 月公布的统计数据，2012 年日本国民收入的中间值为 244 万日元，人均收入低于 122 万日元（约 10897 美元）的人群属于相对贫困人群。日本相对贫困发生率已达到 16.1%，即平均每 6 人当中就有 1 人为相对贫困者，全国的相对贫困人群近 2000 万人，相对贫困率较高。

（三）应用多维贫困标准

墨西哥是最早探索和使用多维贫困的国家。多维贫困指数（MPI）包括 3 个维度：健康、教育和生活条件，共 10 个指标。其中健康维度包括营

表5-2　OECD成员国及中国部分年份的GDP以及人均GDP情况

单位：现价亿美元，现价美元

国家	GDP					人均GDP				
	2000年	2005年	2010年	2015年	2016年	2000年	2005年	2010年	2015年	2016年
阿根廷	2842.04	1987.37	4236.27	5847.11	5458.66	7669.27	5076.88	10276.26	13467.10	12449.22
澳大利亚	4154.46	6937.64	11428.77	13453.83	12046.16	21690.92	34016.71	51874.08	56554.04	49927.82
奥地利	1964.22	3146.49	3902.12	3769.67	3864.28	24517.27	38242.04	46657.06	43665.01	44176.52
比利时	2379.05	3873.66	4835.49	4549.91	4663.66	23207.41	36967.28	44380.24	40356.88	41096.16
巴西	6554.21	8916.30	22088.72	18036.53	17961.87	3739.12	4770.18	11224.15	8757.21	8649.95
加拿大	7422.93	11693.58	16134.64	15528.08	15297.60	24124.17	36189.59	47447.48	43315.70	42157.93
智利	778.61	1229.65	2185.38	2425.18	2470.28	5101.37	7615.30	12860.18	13653.23	13792.93
中国	12113.46	22859.66	61006.20	110646.65	111991.45	959.37	1753.42	4560.51	8069.21	8123.18
哥伦比亚	998.87	1465.66	2870.18	2915.20	2824.63	2472.20	3386.03	6250.66	6044.53	5805.61
哥斯达黎加	149.50	199.52	372.69	548.40	574.36	3808.36	4697.01	8199.41	11406.36	11824.64
捷克	614.74	1359.90	2070.16	1851.56	1929.25	5994.53	13317.73	19764.02	17556.92	18266.55
丹麦	1641.59	2644.67	3219.95	3013.08	3061.43	30743.56	48799.82	58041.41	53014.64	53417.66
爱沙尼亚	56.86	140.06	194.91	224.60	231.37	4070.03	10338.31	14638.60	17074.92	17574.69
芬兰	1255.40	2044.36	2478.00	2323.62	2367.85	24253.25	38969.17	46202.42	42405.40	43090.25
法国	13684.38	22036.79	26468.37	24335.62	24654.54	22465.64	34879.73	40703.34	36526.77	36854.97
德国	19499.54	28614.10	34170.95	33636.00	34667.57	23718.75	34696.62	41785.56	41176.88	41936.06
希腊	1301.34	2477.83	2993.62	1948.60	1945.59	12042.95	22551.74	26917.76	18007.79	18103.97

续表

国家	GDP					人均 GDP				
	2000 年	2005 年	2010 年	2015 年	2016 年	2000 年	2005 年	2010 年	2015 年	2016 年
匈牙利	472.09	1125.89	1302.56	1217.15	1243.43	4623.41	11161.72	13025.53	12365.63	12664.85
冰岛	89.46	166.91	132.55	167.84	200.47	31813.37	56249.75	41676.45	50734.44	59976.94
印度	4621.47	8089.01	16566.17	21117.51	22635.23	438.86	707.01	1345.77	1613.19	1709.39
印度尼西亚	1650.21	2858.69	7550.94	8612.56	9322.59	780.09	1260.93	3113.48	3336.11	3570.29
爱尔兰	998.55	2116.85	2213.43	2837.16	2940.54	26241.92	50886.83	48538.59	60664.10	61606.48
以色列	1323.97	1428.38	2337.55	2994.16	3187.44	21052.10	20611.18	30661.99	35729.37	37292.61
意大利	11417.60	18526.62	21250.58	18249.02	18499.70	20051.24	31959.26	35849.37	30049.15	30527.27
日本	48875.20	47554.11	57000.98	43830.76	49393.84	38532.04	37217.65	44507.68	34474.14	38894.47
韩国	5616.33	8981.37	10944.99	13827.64	14112.46	11947.58	18639.52	22086.95	27105.08	27538.81
拉脱维亚	79.38	169.23	237.57	270.26	276.77	3352.73	7558.74	11326.22	13666.58	14118.06
立陶宛	115.39	261.26	371.21	414.02	427.39	3297.35	7863.16	11984.87	14252.43	14879.68
卢森堡	212.64	373.47	532.12	580.48	599.48	48736.00	80289.70	104965.31	101909.82	102831.32
墨西哥	6836.48	8663.46	10511.29	11510.37	10459.98	6720.90	7986.80	8959.58	9143.13	8201.31
荷兰	4128.07	6785.34	8363.90	7503.18	7708.45	25921.13	41577.16	50338.25	44292.88	45294.78
新西兰	526.23	1147.19	1465.81	1755.64	1850.17	13641.10	27750.90	33691.35	38201.89	39426.62
挪威	1713.16	3087.22	4285.27	3865.78	3705.57	38146.72	66775.39	87646.75	74505.25	70812.48
波兰	1718.86	3061.35	4793.21	4773.37	4695.09	4492.73	8021.25	12599.52	12565.99	12372.42
葡萄牙	1183.58	1973.05	2383.03	1990.82	2045.65	11502.40	18784.95	22538.65	19220.01	19813.31

续表

国家	GDP						人均 GDP					
	2000 年	2005 年	2010 年	2015 年	2016 年		2000 年	2005 年	2010 年	2015 年	2016 年	
俄罗斯	2597.08	7640.17	15249.16	13658.65	12831.62		1771.59	5323.47	10674.99	9329.30	8748.36	
斯洛伐克	291.15	626.98	895.01	872.68	895.52		5402.93	11669.42	16600.61	16089.75	16495.99	
斯洛文尼亚	203.42	363.47	480.14	427.77	439.91		10227.74	18169.18	23437.47	20729.86	21304.57	
南非	1363.62	2577.73	3753.49	3174.07	2948.41		3037.23	5414.63	7362.76	5769.77	5273.59	
西班牙	5954.03	11572.76	14315.88	11929.55	12320.88		14676.71	26510.72	30736.00	25683.85	26528.49	
瑞典	2598.02	3890.42	4883.78	4956.94	5110.00		29283.01	43085.35	52076.26	50585.26	51599.87	
瑞士	2716.60	4075.36	5812.09	6707.90	6598.27		37813.23	54797.55	74276.72	80989.84	78812.65	
土耳其	2729.79	5014.23	7718.77	8593.84	8577.49		4316.55	7384.35	10672.06	10979.53	10787.61	
英国	16354.41	25081.04	24296.80	28610.91	26188.86		27769.93	41524.07	38709.91	43929.69	39899.39	
美国	102847.72	130937.26	149643.72	180366.48	185691.00		36449.86	44307.92	48373.88	56207.04	57466.79	

数据来源：世界银行。

养和儿童死亡率2个指标；教育维度包括受教育年限和入学儿童2个指标；生活条件维度包括炊用燃料、厕所、饮用水、电、屋内地面、耐用消费品6个指标。这3个维度10个指标识别了家庭层面的叠加剥夺，反映了贫困人口平均受剥夺的人数以及贫困家庭中所遭受的剥夺维度。

在多维贫困测量中，首先需要确定每个维度的剥夺情况，然后进行加总，得到多维贫困指数。维度的剥夺情况需要先测算构成维度的指标的剥夺情况。

每个指标的剥夺情况，需要先确定一个阈值，或者贫困线，对于每一个维度，如果观察值低于该维度的阈值，则被认为这一指标被剥夺或贫困。例如，假定受教育年限的阈值为5年，如果一个人的受教育年限观察值为4年，则被识别为受教育年限受到了剥夺。

在汇总的过程中，需要确定各个维度和指标的权重。目前，在MPI计算中，对健康、教育和生活条件赋予相同的权重；在每个维度内部，各指标的权重也相同。由于以相同权重计算MPI，受到世界银行贫困测量专家Ravallion的批评，认为这种把每个指标平均赋予权重的方法太武断。

三 国际贫困动态研究的方法

贫困的复杂性还体现在贫困的动态性和长期性。根据贫困状态持续时间的长短将贫困分为长期贫困和暂时贫困，对贫困动态变化的研究和预测衍生出了贫困的脆弱性问题。研究暂时贫困与长期贫困的意义在于两者的成因不同、农户类型不同、解决方案也不同，制定更有针对性的干预措施需要区分不同的贫困状况，但目前对贫困的静态测量方法很难区分长期贫困与暂时贫困。另外，对贫困的动态分析需要长期数据，这也是研究贫困动态性和脆弱性问题的一大挑战（Franklin et al.，2012）。

（一）长期贫困

长期贫困的研究包含了两种含义，一种是贫困人口状态的变化，另一种是指贫困的长期性。根据一定时期内所观测的家户福利水平（消费）变动的结果，可以把贫困分解为长期贫困和暂时贫困（Gaiha，Deolalikar，1993；Rodgers，1993；Jalan，Ravallion，1998、2000；Carter，Barrett，

2006；Duclos et al.，2010），这类方法又有两种划分思路，一种是根据个人或家庭在一定时间内经历的贫困时间的长短进行划分，如 Gaiha 和 Deolalikar（1993）将 9 年中至少有 5 年贫困的农户划分为长期贫困户；另一种是将家庭或个人在不同时期的贫困进行纵向加总后分解为长期贫困和暂时贫困，如 Jalan 和 Ravallion（1998、2000）沿用 Rodgers（1993）的划分方法，根据家庭的消费情况分解为长期贫困与暂时贫困。

贫困的动态性理论解释则可分为五类：（1）季节性理论。农业及非农业活动的季节性在很大程度上解释了农村贫困动态性问题。（2）代际传递理论。家庭内部因素（父母受教育程度、性别与营养、疾病等）和家庭外部因素（社会等级制度、家族集团、国籍与民族及宗教和信仰等）使子女重复父母贫困的状态并传递给后代的恶性遗传。（3）生命周期理论。家庭生命周期的不同阶段，贫困状况表现不同。（4）资本决定理论。人力资本、自然资本、物质资本、社会资本以及金融资本的变化决定了其贫困的动态性变化，此外还受到外在政策、制度和过程的影响。（5）风险冲击理论。个体或家庭面临的各种微观、中观或宏观冲击会影响贫困的状况。

此外，在贫困动态性上有一些共性的结论。一是人力资本发育缓慢是长期贫困的一个重要特征，文盲、缺乏经营技能和长期贫困有着紧密联系。二是长期贫困发生有其地域特征，更容易发生在农村地区，尤其是自然环境恶劣的地区。三是缺乏固定财产也是长期贫困的一个重要特征。四是经济来源单一尤其是从事农业生产是长期贫困的一个重要指标。五是长期贫困人口在经济和社会上都比较脆弱，因病致贫和因病返贫是一个非常突出的问题。

（二）脆弱性贫困

脆弱性不仅反映当下的贫困现实，更重要的是预测面对未来各种不确定性时陷入贫困的概率，它深入地、动态地、前瞻性地刻画了贫困。目前，定义和测量脆弱性主要有四种思路：（1）以对未来贫困的期望作为脆弱性。基于以消费测量的福利水平和给定的消费贫困标准，可以将脆弱性定义为家户在未来若干年中至少一次陷入贫困的概率。（2）以低期望效用作为脆弱性。这意味着家户脆弱性等于某个特定消费水平给家户带来的效用水平与当前消费的期望效用之间的差额，进而家户脆弱性可以分解为贫困、协方差风险、特质性风险、未解释的风险及测量误差等四部分。（3）将脆弱性视作风险暴露。把家户无力应对负面的收入冲击称为脆弱性，如果家户在遭受负面收入冲击时，消费的降幅很大，就认为这个家户是高脆弱的。（4）以预期损失指数界定脆弱性。即不确定性对未来贫困威胁大小的事先测度，其中"未来贫困的威胁"包含了未来遭受贫困的可能性与未来遭受贫困的严重性两个方面。随着对贫困的深化，贫困概念由一维走向多维，因而对贫困脆弱性的研究也应该是多维的。

在遭受风险冲击时，具备不同发展能力的家户会有不同的生活境遇。如果发展能力低下，贫困家户可能会加剧贫困深度，一些非贫困家户也有可能跌入贫困陷阱。据此，在脆弱性的评估中，通常设定一条脆弱线来区别家户是否为高脆弱性。把家户是否为高脆弱与当前是否贫困相结合，可以将家户分为四类：（1）高脆弱的贫困家户，这一类家户趋向于在未来面临持续的贫困；（2）高脆弱的非贫困家户，这一类家户虽然当前暂时处于贫困线之上，但未来陷入贫困的可能性很大；（3）低脆弱的贫困家户，这一类家户虽然暂时处于贫困状态，但未来很可能脱离贫困；（4）低脆弱的非贫困家户，这一类家户当前不贫困，未来也不太可能陷入贫困。其中，高脆弱的非贫困家户与低脆弱的贫困家户构成了频繁经历陷贫与脱贫的主要群体（白增博等，2017）。

四 国际贫困测量经验对中国的启示

首先，需要根据经济发展水平确定贫困测量方法。从相对贫困与绝对贫困的角度，考虑到采用相对贫困标准的国家主要为发达的高收入及中高收入国家，财政收入能支持高福利型社会及巨大的减贫支出要求，中国目前虽然经济总量较大，人均国民收入仍较低，距离采用体现公平的相对贫困方法仍有一定距离。体现贫困人口可行能力的多维贫困方法是未来贫困测量的趋势。

其次，考虑贫困的多维性，提高绝对贫困标准，制定基于地区和家庭差异的贫困标准。从绝对贫困标准制定的角度，一方面，中国的贫困标准应随着国家经济发展和人民生活水平的提升进一步提高。考虑到中国作为世界第二大经济体，已经不是世界上的最不发达国家之一，因此在进行国际比较时应与国际贫困标准比较，中国目前农村贫困标准低于该标准，因此 2020 年后贫困标准需要进一步调整到更高水平，与世界接轨。另一方面，中国贫困标准的制定应该更加完善，考虑贫困户的多维需求，教育公平、医疗公平、生活水平（包括家庭燃料、饮水、居住环境、家庭耐用消费品等）都是应该进一步考虑的范畴。此外，需要考虑地区可比、家庭规模可比的贫困标准。中、西部地区的经济差距依旧存在，不同的家庭规模扶贫标准也应该存在一定差异，因此全国统一的贫困标准也有一定的弊端，可根据地区情况、家庭规模等因素对贫困标准进行适当调整。

最后，关注动态贫困问题。建立长期可跟踪的贫困监测数据库，加强对贫困动态性和脆弱性的研究。提高人力资本、针对深度贫困地区、特定贫困人群如因病致贫人群的反贫困政策能够在长期有效地减缓长期贫困，而在短期可以通过增加收入来源、增强家户跨期平滑收入的能力来减少贫困。此外，在脆弱性贫困视角下，预防和应对贫困时，一方面要注重提升贫困人口的发展能力、增加贫困人口的收入外，另一方面还应当在贫困人口福利水平逐渐提升的过程中，将注重对风险的防范与应对。

第三节　国际贫困瞄准

贫困瞄准是运用政策工具引导资源向目标群体转移的过程，通过增加目标贫困人口在既定预算中的受益来提高减贫效果。瞄准性减贫政策和普惠性补贴计划之争历来已久，但 20 世纪 80 年代末由于许多国家政府预算面临巨大压力，普惠性补贴计划由于常常使境况较好的人比穷人获益更多，其有效性受到质疑。1990 年世界发展报告总结了普惠性补贴瞄准偏误程度的证据并倡导发展劳动密集型增长、增加贫困人口人力资本、有针对性的社会保障等作为解决贫困问题的长期措施。随着贫困人口的减少，中国扶贫工作进入了啃"硬骨头"的阶段，确保到 2020 年现行扶贫标准下农村贫困人口全部脱贫，贫困瞄准是基础，也是精准扶贫、精准脱贫战略有效实施的要求。

一 国际贫困瞄准的方法

国际上贫困瞄准的方法主要包括群体瞄准、指标瞄准、区域瞄准、自我瞄准、贫困地图绘制等。

群体瞄准，根据项目目标瞄准特定群体，比如早期医疗保健和初等教育瞄准有适龄儿童家庭。指标瞄准，采用关键指标确定贫困群体，比如是否有土地或土地面积大小、住房条件、儿童数量等，目前在精准扶贫工作中采用的"四看法"即属于指标瞄准。区域瞄准，将某一特征地区作为确定目标群体的标准，是一种特殊的指标瞄准方法，比如中国的 14 个集中连片特困地区。自我瞄准，将政策设计为只对穷人具有吸引力从而实现自我选择，比如工作福利计划，以低于市场出清价格的工资率，以现金或者食物支付工资，因此只有机会成本低于市场工资的人才会对这项政策有兴趣，另外对低质食品的补贴（如高碎米）只瞄准对该类消费品有需求的群体。贫困地图绘制，主要用来评估贫困人口的空间分布及特征，以更好地瞄准贫困区域和群体，世界银行、国际食物政策研究所等在过去二十年与地方研究人员完成了 30 多个国家详尽的贫困地图。贫困地图绘制综合利用普查与家计调查数据以及地理信息系统，能实现基于可靠数据的透明分析及政策设计，但局限性在于对普查与家计调查数据质量要求高，而且普查数据调查频率低，贫困地图更新慢，同时国际贫困地图绘制难度大。

在实际操作中，往往采用一种或多种瞄准方法综合使用的方式。比如泰国的瞄准贫困及弱势群体做法。一方面，泰国政府根据每年在农村地区统计的家计最低生活需求（Household Basic Minimum Needs，BMN）数据将收入低于贫困线以下的人口识别为贫困人口，同时，泰国政府鼓励全国各行业人口将面临的各种问题及需要的帮助进行登记，这些信息通过计算机进行处理并汇总报告，然后农村和城市的社区组织来识别帮扶目标群体。通过登记识别的主要问题包括：缺少土地、流浪、非法就业、从事不当就业的学生、受欺诈致贫、负债致贫以及缺少住房。这些问题分别被反馈到相应政府部门并责成采取措施提供服务或援助，政府成立涵盖所有政府部门各层级（国家、部委、司局、省、区县）的"脱贫攻坚中心"开展减贫工作，再制定国家、省和村级的综合减贫规划并逐层落实实施。比如，泰国政府为各地区包括城市和农村人口各行业人口提供减少支出、提高收入和增加就业的全方位支持，主要包括社区发展综合规划、社区和村发展基金、一村一品、直接减贫项目、省级综合发展项目、土地改革、生产储蓄、人民银行、全民健康（30 铢计划）、人民债务管理、资产收益扶贫等行动（UN，2005）。一系列瞄准和帮扶措施实施一年后，泰国 20% 的登记贫困人口获得了帮助成功脱贫。自 2004 年按照世界银行每人每日 1.9 美元生活费的贫困标准，泰国贫困发生率下降到不足 1%，2008 年泰国宣布消除极端贫困。与中国精准扶贫的做法相比，泰国一方面更注重贫困人口的真正需要，采用参与式方法了解贫困人口的需求，通过分析处理研究后确定主要问题，同时动员基层社区组织参与识别和帮扶，在帮扶方式上也注重生产与生活、收入与社会保障以及可持续发展能力的持续提升。

二　贫困瞄准要注意的问题——效果和成本

贫困瞄准的目标在于将有限的扶贫资源有效分配给目标群体，兼顾受益群体数量与干预水平，实现减贫效果最大化。世界银行基于对 122 个贫困瞄准干预项目的调查发现，瞄准是有效的，干预项目平均比随机项目多 25% 的资源分配给穷人，最优的干预项目可以将资源高度集中到穷人个体或家庭。但并不是所有的瞄准项目都更有效，四分之一的干预项目效果低于随机分配。瞄准效果的差异，一是由瞄准方法本身引起，单个方法在适用性或实施效果上差异很大，没有任何单一的方法是明显更优的；二是执行过程显著影响项目效果，各国由于国情差异干预项目的实施效果也有所差异，随着收入水平的提高，项目执行能力的提升，政府实施效果提升，不平等程度降低，因此瞄准方案的设计和实施对提高瞄准效果有很大潜力。

贫困瞄准较普惠性扶贫措施，会面临一些成本的增加。主要包括：信息收集等的管理成本，家庭在接受转移支付而放弃某种收入机会时的个人机会成本，因贫困资格标准的存在可能会导致家庭或利益攸关方改变他们的行为以试图成为政策受益者的间接激励成本，公开贫困家庭瞄准结果可能会给受益人带来的羞耻感等社会成本，以及将非贫困群体排除在外可能会产生的政治成本等。

在贫困瞄准中需要权衡贫困瞄准的成本和预期的效果，不能不计成本一味追求瞄准精度，在实际中，总会存在一定程度的瞄准偏误。一般来说，存在两种易发的瞄准偏误：一种是贫困人口的漏出，即政策没能使部分目标群体获益；另一种是误瞄准，即目标群体之外的人获益。发生贫困瞄准偏误的可能原因有如下三点：一是对真正贫困的定义不准确；二是政策设计不精准，不能使目标群体获益；三是管理腐败、政策执行力差，使非贫困人口受益，比如按照政策制定者意愿确定项目及资金分配，政策制定者与执行者目标不一致，村干部等控制项目资金、受益人，项目向多部门重复申报，更改项目资金用途等。

三　贫困瞄准的良好实践——统一登记系统

提高向最脆弱家庭提供贫困援助的效率和减少行政费用，一直是贫困瞄准政策的重点。为有效地协调和管理各领域的扶贫项目，一项重要创新是统一登记系统（Single Registry），即将各领域公共支出项目的接受者统一登记在册。统一登记可以提高识别符合条件家庭的准确性，避免漏出和误瞄准两类偏误，并大大简化行政工作，为整个福利制度的持续改革和完善创造条件。

巴西是统一登记系统的先驱，统一登记被认为是巴西低收入家庭身份识别和确定社会经济状况的工具，根据法律，统一登记系统是"强制性的选择受益人和面向这样的家庭整合政府社会方案的工具"。2001 年首次设立实施的统一登记系统是巴西最大的综合性贫困家庭与个体数据库，该数据库不仅提供了贫困群体的贫困状况还能用于了解其社会经济特征比如家庭成员情况、住址、水电及卫生设施条件、支出、税收及被纳入社会项目的情况等，因此能用于更好地瞄准社会项目，并同时协调社会政策和进一步扩大减贫和社会政策的成果，也被证明是有条件现金转移支付等社会保障项目实施的关键工具。

巴西的统一登记系统自 2001 年立法设立实施以来经历了一系列发展和完善的历程。2003 年家庭项目启动实施，统一登记系统涵盖的家庭数量达到 550 万户；2005 年建立了财政激励机制，市政府加入数据收集中，进行了对正式劳动收入的第一次数据库交叉检查，提高了数据质量；2006～2009 年进行了大规模的立法和规范性审查，改善了数据录入系统，重新核对了纳税人的登记信息，设计了新的登记表单和信息系统；2010 年推出了在线登记系统；2011 年整合针对极端贫困的所有社会项目，有效地用于"巴西零赤贫"计划；2013 年所有市被纳入最新的统一登记系统中，对为调查目的而进行的数据库交叉检查进行管制，进行数据核对实现数据库与养老金制度相结合。

2014 年该系统覆盖的低收入家庭数量达到 2480 万，其中 78% 为城市家庭，49% 的家庭月人均收入不超过 30 美元，涵盖约 7400 万人，约占全国总人口的 37%。自统一登记系统实施以来，巴西的反贫困和其他社会项目都按照法律要求在系统中登记。为此，巴西 5570 个地方政府、27 个州政府、联邦政府社会发展部、公共银行和审计网络都参与到系统的运行中。为保证系统的实施，各级政府和公共银行分别承担了不同责任：地方政府负责识别和登记低收入家庭，定期回访登记家庭并更新相关数据；州政府负责对地方政府的管理人员进行培训，完善登记机制，支持特定社区与传统社区的登记（如土著居民、无家可归者等）；联邦政府的社会发展部负责构建法律框架，协调、监测和监督统一登记的实施情况，向各州、市提供财政支持，监测所收集数据的质量；西班牙拥有分行最多的凯克萨（Caixa）银行作为代理机构为系统提供技术支持，处理已注册的数据并将社会识别号（NIS）提供给所有注册的个人。99.4% 的登记处设在当地社会援助秘书处内。登记信息 60% 来自社会援助参考中心（CRAS）。登记工作涉及 32000 名永久面试官和 4 万个合作伙伴。该统一登记制度的存在使新方案的启动成本大大降低，并最大程度上避免了不同部门之间社会项目的重复性。高效的管理和良好的目标能够降低扶贫项目管理成本，据估计该系统整个花费占 GDP 的 0.6% 左右。

目前，该系统主要覆盖五类公共支出项目：①社会福利项目，提供暂时性或无限期的经济援助项目，比如巴西的家庭补助金计划必须使用银行卡或社会救济卡支付。②贴现费用和缴款服务，该项目对社会保险缴款和费用给予折扣，以扩大获得社会保障权利和某些有偿服务的机会。③减免信贷利率，为建设和购买房地产为目的的贷款，提供降低信贷利率的优惠。④技术和设施服务项目，提供技术和其他服务来改善贫困家庭的生活条件。⑤社会服务项目，为有发展潜力的贫困家庭提供社会服务。此外，统一登记系统的负责人认为创造就业的项目与社会救助项目以及设立专门的项目激励贫困家庭注册对于统一登记系统非常重要。

四　国际贫困瞄准对中国的启示

第一，需要权衡贫困瞄准的精准性与成本。不同的瞄准方法和途径存在一定的瞄准偏误，瞄准偏误可以减少，但不可能通过收集关于潜在受益者的额外数据或者通过更详细的标准将这些错误完全消除掉。

第二，区域和社会经济因素的差异要求贫困瞄准过程中需要增加一系列瞄准标准，比如教育、健康、生活条件和社会参与等广泛的多维贫困指标。目前采用收入标准确定的贫困人口与建档立卡识别的贫困人口存在一定差异，可考虑增加多维瞄准方法的应用。

第三，在研究贫困瞄准的过程中，还需要研究什么样的项目受益资格和实施机制的最优组合能最大限度地减少实施过程中的各种寻租行为。

第四，改善治理结构提升项目的实施能力。既定瞄准方法的有效实施是根本问题，基于平等权利的资格标准设定和决策过程的透明性对贫困瞄准的有效性很关键，比如不识字的受益者有同等了解和从有关政策中受益的权利，因此地方政府在项目具体实施中需要支持、辅助特定人群的申请，克服自愿申请的障碍。

第六章

转型期国际减贫经验及对中国的启示

第一节　国际城市减贫经验

一　国际城市贫困现状及趋势

2017 年，全球 54.9% 的人口居住在城市（见图 6 - 1），据联合国预测，这一比例在 2050 年将达到惊人的 75%。在过去 50 年里，引领世界经济增长的亚太地区正在迅速城市化。20 世纪 50 年代，该地区不到 20% 的人口居住在城市。至 2018 年，这一比例将超过 50%，未来几十年将继续上升。目前全球近 90% 的城市人口增长集中于亚非国家。预计到 2050 年，仅中国、印度与尼日利亚三国的城市居民数量就可增加 9 亿人（IFPRI，2017）。城市也已经成为发展的重要引擎。联合国开发计划署、联合国亚太经合会与亚洲发展银行最近的一项研究估计，亚太地区的城市产出占经济比例高达 80%。报告援引了菲律宾首都马尼拉市的例子，马尼拉市的人口只占菲律宾总人口的 1/8，但该市的 GDP 占该国 GDP 的 36% 以上。

全球城市化进程中，低收入国家逐渐迈入中高收入国家行列。在人均 GDP 较高的国家，农村贫困发生率普遍较低，但城市贫困并非如此。从全球范围看，贫穷虽然仍主要是农村问题，但贫穷向城市地区转移的趋势越发明显。根据亚洲发展银行的研究，1990 ~ 2008 年亚洲地区城市贫困人数占该地区总贫困人数的比例从 18.3% 上升至 22.9%；农村与城市地区贫困人数之比从 1∶0.22 增至 1∶0.30（ADB，2014）。以东南亚国家为例，

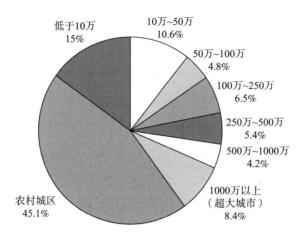

图 6 - 1   2017 年世界人口分布：城市（按人口数划分）与农村地区

资料来源：Demographia，2017。

2016 年柬埔寨城市贫民窟人口已占城市人口的 55.1%，缅甸也达到 41%（见表 6 - 1），但由于低收入城市居民缺乏发言权，以及政府和相关援助机构缺乏影响力，城市贫困的规模和深度易被低估。随着城市贫困问题加剧，传统上几乎完全以农村为主的减贫政策已无法应对城市社会经济与自然环境中的新挑战。

表 6 - 1   2016 年东南亚主要国家城市贫民窟情况

单位：人，%

国家	贫民窟人口	占城市人口比例	国家	贫民窟人口	占城市人口比例
柬埔寨	1740000	55.1	菲律宾	17055000	38.3
印尼	29212000	21.8	泰国	8264000	25.0
老挝	813000	31.4	越南	8295000	27.2
缅甸	7389000	41.0	东亚	72768000	26.2

资料来源：《城市化与发展：新兴未来，2016 世界城市状况报告》，联合国人类住区规划署，2016，表 B3。

城市化可以减少农村贫困，但在城市环境中会产生新的贫困形式，而且往往不是以收入为基础的贫困。城市贫困相对于农村贫困更为复杂，除了收入或消费方面的不足，还包括居住条件脆弱、经济和生活来源无法保障，以及基础设施、社会保障、话语权等各个方面的缺失。

住所匮乏。住所匮乏（Shelter Deprivation）是城市贫困的重要表现之一。联合国人类住区规划署（人居署）将贫民窟家庭定义为生活在城市内同一屋檐下的一群人，这些人如若缺少以下一项或多项，则可被定义为城市贫困人群：①具有永久性的耐用住房，能够抵御极端的气候条件；②足够的生活空间，不超过三个人共用一个房间；③以合理的价格可获得足量的安全饮用水；④有可供合理数量人员使用的私人或公共厕所等卫生设施；⑤有强制拆迁的保障。据联合国人居署估计，目前全球有超过 1/7 的人口（8.8 亿人）生活在城市贫民窟，而且这一数字还会继续增加。预计到 2030 年，中低收入国家的贫民窟居民将达到 20 亿人，并且集中于亚非地区的小城市中。

非正规就业。城市贫困人群经济、生活来源不稳定，很大程度归因于非正规就业。虽然城市地区可以为居民提供广泛的就业机会，但由于教育程度较低和技能较低，城市贫困群体就业往往在非正规部门。大多数人工作在诸如小额贸易、建筑或制造等行业，工作不稳定、工资低且极不安全。在发展中国家，非农就业中非正规部门就业占比超过 50%。以印度为例，78% 的劳动力受雇于非正规部门（不包括农业），这些部门大多设在城市和城郊地区。妇女更倾向于从事非正规部门的自营职业，在撒哈拉以南的非洲地区，妇女在非正规经济中的从业人数超过男子。虽然非正式工作和自营职业可能有助于使收入多样化，并在工作时间方面提供更大的灵活性，但在正规部门就业通常可获得更稳定而持久的收入来源。然而，对于贫困人口和受教育程度较低的人群，正规就业机会较少。对于妇女来说，外出工作可能需要考虑照顾孩子的成本与质量。尽管人们常常认为城市妇女更可能外出工作，但事实证明，除拉美地区外，城市妇女和农村妇女之间在外出工作的选择上没有显著差别。城市妇女甚至比农村妇女更少外出工作，原因之一是她们的工作场所，如市场、办公室、工厂和私人住宅等，不太适合照顾孩子。因此，需要制定针对非正规就业人群的相关政策措施，如保障基本生活的最低收入和社会保障、技能培训、家庭及子女照料服务等。

社会安全网缺失。社会安全网（Social Safety Nets）指政府或其他机构如社会团体提供的服务，包括福利、医疗保健、失业救济、收容所、公共交通设施等，以防止个人的贫困程度超过一定水平。对于城市居民来说，社会安全网并不像人们通常认为的那样广泛普及。2014年一项针对全球100多个国家的调查显示，农村居民社会安全网的覆盖率达到28%，而城市居民仅有21%（Gentilini et al.，2014）。而非正式的安全网，如直系亲属、长期家庭成员、可信的朋友，以及建立在社会信任、合作和互惠基础上的社区或邻里网络，是贫民另一种可能的支持来源。城市地区非正式安全网的强度很难量化，但很可能弱于农村地区：城市的社区认同度较低，尤其是许多城市居民生活在暂时性住所；城市的暴力发生率较高，削弱了人们对非家庭成员的信任；家庭成员很可能分居异处，从而降低了即时性互助的可能。尤其对贫民窟居民来说，社会安全网的缺失极为严重。最近的一项研究（Gentilini，2015）考察了低收入和中等收入国家的城市社会安全网计划，强调成功的农村发展模式需要"城市适应性"，因此应为城市贫民提供更有效的收入和生计支持，以提高城市居民的适应性。

联合国系统对城市贫困的重视将有利于解决这一问题。联合国《千年发展目标》的目标之一是为环境可持续性努力，到2020年至少有1亿贫民窟居民的生活得到改善。由于越来越多的人认识到贫困城市化的严重程度，这一问题在可持续发展议程中的地位也得到了极大提高。联合国《2030年可持续发展议程》目标11提出建设包容、安全、可持续的城市居住区，到2030年，向所有人提供安全、负担得起的、易于利用、可持续的交通运输系统，改善道路安全，特别是扩大公共交通；确保所有人都能获得适足、安全和负担得起的住房和基本服务，并改造贫民窟，同时在所有国家促进包容和可持续的城市化，以及加强参与性、综合和可持续的人类住区规划和管理。

二 城市贫困面临的挑战

城市贫困具有一些与农村贫困不同的特点，因此导致了城市贫困面临不同的挑战，具体表现如下。

流动人口的贫困比例高。到2007年底，全球约有1140万难民生活在其他国家或被安置在难民营，这些流离失所的难民和流动人口大多属于贫困群体，甚至是赤贫，占城市贫困比例较高。城市贫民在社会阶层中属于弱势群体，其中流动人口的平均贫困率比城市常住人口高出50%，被纳入社会救济范畴。

居住条件恶劣。贫民窟通常是城市卫生条件最差的地区，甚至是废旧物堆放地（其中包括工业有毒废弃物），在贫民窟居住的群体遭受着环境污染与疾病的侵袭，贫民窟的妇女及其子女是这些问题的最大受害者。

基本生活、医疗和就业得不到保障。城市人口就业不足的主要原因是，一方面，城市里有工业转型时失业的大批市民；另一方面，农业生产率的提高和城市化进程的发展，使大批农村剩余劳动力涌入城市，使城市就业不足的问题更为严重。特别是近年来，一些国家和地区的贫困问题日益严重，加之政局动荡、战乱不断，导致大量难民为改变贫困状况和躲避战祸而背井离乡，涌入一些相对发达和没有战乱的城市。大量移民的涌入和城市贫民的失业、社会保障、分配制度、社会公平等许多社会转型中出现的问题没有得到有效解决，导致了城市贫民阶层不仅存在，而且出现进一步扩大的趋势。

城市贫民贫困加剧和严重就业不足引发各种犯罪。信息化时代，城市社会经济的发展是以科技为主导的新经济，与传统经济有着重大区别。在城市社会经济发展过程中占主导地位的产业已从传统制造业转向电子信息产业和服务业，不仅要求就业者有较高的科学文化知识水平，而且科学技术的广泛发展和应用使就业岗位大量减少。因此，城市中许多文化程度低和年龄偏大者就业的机会大为减少，使生活陷于困境的城市弱势群体迅速膨胀，犯罪现象日益增多，其中暴力犯罪更为突出。

缺乏对城市贫困的准确多维测量。一些国家对收入贫困线计算不精确而不能反映出不同地区的差异，并且对于城市贫困来说，贫困是多维度的。在大多数国家，城市经济与农村经济最显著的差异是城市有各类部门。大多数政府都有城市社会保障和其他服务体系，居民和居民从事的工作均被登记在册。现在已经有一大批新的城镇居民来到，大部分是外出务工人员，他们从农村迁移到城市，一般并不能充分分享他们的劳动力所贡献的财富。在多维贫困研究中，许多转移人口尤其是难民只能住在贫民窟或不合标准的住房，面临污染、疾病、犯罪的威胁。犯罪和其他人身安全威胁是他们生活中每天都在面对的问题。因为没有正式的身份，他们的家庭通常不能获得清洁饮水、卫生设施和教育服务。缺乏运动和不健康的饮食等生活方式也增加了非传染性疾病的风险。

城市贫困面临更严重的社会压力。对贫困者的歧视不仅来源于其身份的非正式或"非法"性，同时还有社会歧视，并且这可能成为政府有关计划和政策的盲点。例如，由于缺乏居留身份或出生证明，贫民窟居民往往在上学方面遇到障碍，由于童工的现象以及对暴力和骚扰的恐惧加剧，因此辍学率较高。因此，他们往往依赖私立学校，这需要额外的支出，而且教育质量可能不高。同时，这些人中有许多来自其他国家，或来自少数民族，会简单地被认为来自农村或不太富裕的地区。一般来说，这些城市居民都是以二等公民身份进入新的城市。

城市贫困与老龄化给社会保障带来了更大的挑战。城市贫困有另外一个独特的元素：包括老年人在内的穷人经常与传统的家庭支持结构分离。随着人口老龄化，老年人流动性的下降，这个问题更加严重，许多老年人在家里的时间越来越多。城市贫困问题与老龄化问题带来的双重压力值得重视。

三 减少城市贫困的主要做法和经验

（一）联合国对城市贫困的解决方案：《新城市议程》

面对城市贫困的一系列挑战，整个联合国系统都在寻求解决城市化的方案。联合国人居署牵头制定和执行《新城市议程》，以推进和监测在实现可持续发展目标方面取得的进展。2016 年 10 月 20 日，《新城市议程》于厄瓜多尔基多市联合国住房和城市可持续发展大会（人居Ⅲ）被采纳。2016 年 12 月 23 日，《新城市议程》在第 71 会期第 68 届全会中，为联合国大会所签署。

《新城市议程》（下文简称《议程》）的主要内容包括：①为全体公民提供基本服务，包括：获得住房、安全饮用水和卫生设施、营养的食品、保健和计划生育、教育、文化和获取通信技术。②确保所有公民获得平等机会，不受歧视。《新城市议程》呼吁市政当局考虑到妇女、青年和儿童、残疾人、边缘化群体、老年人、土著等群体的需求。③推动支持清洁城市的措施：解决城市空气污染有利于人类健康和可持续发展。在《议程》中，领导人承诺增加对可再生能源的使用，提供更好和更绿色的公共交通，并可持续地管理自然资源。④加强城市抵御能力，降低灾害风险和影响：许多城市已经经历了自然灾害的影响，领导人现在已经承诺实施缓解和适应措施，以尽量减少这些影响。其中一些措施包括：更好的城市规划，高质量的基础设施。⑤采取行动，通过减少温室气体排放来应对气候变化；各国领导人不仅要让地方政府参与，还要让所有社会参与者都参与到《巴黎协定》中去，将 21 世纪全球气温上升的幅度控制在 2 摄氏度以下。减少能源排放和建设可持续发展的城市可以在此目标上发挥主导作用。⑥充分尊重难民、移民者和国内流离失所者的权利，不论其移民状况如何；多国领导人认识到迁移带来了挑战，但也为城市生活带来了重大的贡献。因此，他们承诺帮助移民、难民和国内流离失所者，并制定相关措施。⑦改善连通性并支持创新和绿色措施，包括与企业和民间社会建立伙伴关系，以找到可持续的解决城市贫困的办法，以促进安全、方便和绿色的公共空间；城市规划应促进人与人之间的互动，因此《议程》要求增加人行道、自行车道、花园、广场和公园等公共空间。可持续的城市设计在确保城市的宜居和繁荣中起着关键的作用。

（二）打破城乡界限，精准测量多维城市贫困

城市往往缺乏必要的手段和信息来诊断城市贫困，识别城市贫民，了解他们居住在哪里以及有多少贫困人口，并设计出能够实现减贫目标的政策。

2017 年，越南政府总理宣布正式取消延续多年的户籍管理制度，这意味着，越南公民在车辆登记、办理护照、孩子上学、粮食分配、不动产登记、医疗、就业等方面将不再受到地域限制或地域歧视，为统一测量和诊断城乡贫困人口奠定了基础。早在 2009 年，越南就正式采用多维贫困指数来解决城市社会保障体系。研究者在分析越南两个最大的城市河内和胡志明市的城市贫困问题时得出了惊人的结论。尽管两个城市的收入贫困率都很低（分别为1.27%和0.31%），但这些城市的大多数人口在其他维度面临严重的贫困，如住房的规模和质量、卫生设施、健康状况和教育服务等。移民和永久居民之间的差异尤其大。针对这些调查结果，越南国民议会通过了一项决议，呼吁政府采用多维度的方法来确定和援助贫穷的城市居民。

（三）解决就业问题

除向贫困城市家庭提供社会救助和社会保障外，创造城市就业是更为重要的减少城市贫困的途径。通过吸收转移人口，尤其是将失业的城市青年转变为生产力是政府部门提高转移人口收入减少贫困的重要方式。当私营部门的企业没有足够的就业机会来吸收城市劳动力时，政府经常在其几个部门提供公共就业机会，这样可以在创造就业机会的情况下为城市健康发展做出有力贡献。几个能提供就业机会的关键部门包括基础设施，特别是道路等劳动密集型投资项目；街道清洁、公园管理、警卫等基本的城市服务；排水、污水管道等环境服务；社区服务，如社区卫生中心。在实施中，政府不一定是直接的雇主，可以雇用私人承包商。这些部门多是相对劳动密集型的部门，可以产生更多的就业机会。

在为城市创造就业方面有相当多的例子，联合国机构经常支持这些计划。1999年经济危机之后，在联合国开发计划署（UNDP）支持下阿根廷政府启动了一项重大的城市公共就业计划（Jefes y Jefas de Hogar' Program，PJJH），将创造就业机会和其他城市发展目标相结合。该项目受益者中有87%在社区项目中工作，主要从事包括农业微型企业和各种社会和社区服务工作。比如包括农业相关的清洁和环境工作，以及改善下水道和排水系统的工作。大部分社区工作都是在当地的社区中心进行的，因此对现有中心进行改造或新建中心，是很多小型基础设施项目的内容。在中心举办的社区服务包括食品厨房和家庭关怀中心，这些中心处理家庭暴力问题，或向受虐待的妇女或儿童提供临时住所和其他服务。其他项目包括健康促进计划，提供有关卫生问题的基本教育，例如如何煮开水或如何处理食物，避免痢疾和其他感染。另外一些人则负责修补捐赠给贫穷社区的旧衣服。

原来的报废图书馆被修复成为贫困社区的公共图书馆。而大型基础设施项目也聘请了 PJJH 的工人去建设公路和桥梁。

此外，许多发展中国家都利用非政府部门对部分社会服务（女管家、城市食品摊帮手、街道清洁工等）进行外包，为没有技能的劳动力提供工作机会。例如泰国，由于城市非政府部门在劳动力吸纳方面起重要作用，因此泰国政府鼓励非政府部门对无技能要求的低端社会服务项目进行外包，完善外包系统也成为解决城市贫困的可行方法之一。

（四）加强政府城市贫困治理的能力

政府是解决城市贫困问题的关键角色，因此解决城市贫困问题的关键是加强政府的核心治理能力，包括加强其对财政资源的控制，使其能够有效应对城市贫困挑战。城市政府有能力从贷款和债券等许多新渠道筹集资金，但同时，财政权力的分散也带来风险。

对于全面城市减贫发展，一种有效的做法是将城市贫困问题纳入城市规划。韩国 2014 年第三次人居环境报告，提出通过贫民窟的改造、改善住房空间、确保能够可持续地获得安全的饮用水、确保可持续获得基本的卫生和排水、清洁的家庭炊用能源、有利于可持续发展的交通工具等纳入城市规划、改善城市贫困问题。

（五）加强公私合作关系

一般来说，城市中心的经济活动要比农村更为活跃，因为农村贫困地区的政府很少能够考虑有利于穷人的发展。同时，由于城市人口增长迅速，城镇居民的消费需求普遍高于农村，导致住房、卫生等公共基础设施服务需求快速增长。城市政府通过公私合作关系（Public-Private Partnership，PPP），来利用城市经济机会。这些公私合作与私有化有本质区别，它是政府和私营公司之间签订融资责任的合同，旨在降低政府的前期成本，实现风险共担。政府在不放弃最终所有权的情况下，通过私人资本的参与，项目完成速度会更快，服务会更好，效益会更高。

公私合作当然不是无风险的。合作过程中还有其他的复杂性，也有腐败的风险。政府有时需要提高其进行公私合作的能力。联合国人居署的报告列举了有效的公私合作管理所需的技能，包括谈判技巧、调解、仲裁、合同法、项目管理、绩效审计和质量控制、公共参与、私营部门财务、风险管理等。

目前，全球城市政府公私合作关系的经验已经相当丰富，包括住房建设、城市交通、水和卫生管理以及学校和医院的建设和管理等。

（六）完善社会保障制度

完善社会保障制度是面对城市贫困挑战的重要解决方案。以日本为例，在解决城市贫困问题的过程中，日本的社会保障制度扮演了最重要的角色。日本城市的社会保障体系发展大致可以分为三个阶段：第一阶段从二战期间到1961年，这一阶段日本逐步建立了国民年金制度的基础基金。1941年日本针对城市企业劳动者颁布《劳动者年金保护法》，1944年"劳动者年金保险"更名为"厚生年金保险"，参保范围扩大至在企业中的女性，1956年设立公共企事业团体职员互助会，1961年开始着重逐步减少城乡差距。第二阶段从1962年到1975年，主要是提高养老保险的待遇水平。第三阶段从1980年开始，针对城市中的家庭主妇强调年金权利，并强制要求城市中的学生加入国民年金体系。

日本在解决城市贫困问题上对中国具有借鉴意义的成功经验是在20世纪六七十年代实现了农民工转型。这一时期日本经济高速发展，城市对劳动力的需求量急剧增加，大量农民进入城市从事建筑业和制造业。然而起初农民工并没有得到与城市工人平等的待遇，欠薪事件时有发生，社会劳资纷争问题严重。为了解决农民工问题，日本政府通过改良户籍、住房、保险和教育等制度，成功完成了农民工的转型，化解了农民工问题。

日本解决农民工问题的具体方式有：一是自由迁徙的户籍制度。日本没有城市和农村户口之分，甚至没有户口本，只有所谓的"誊本"。一个人准备长期出行到外地的时候，只需要把自己的"誊本"从当地政府迁出，再于14天之内到所到之地的政府登记迁入即可，没有地域限制。从户籍制度上看，日本农民工可以自由迁徙，成为其居住地的合法居民，平等享受当地的社会福利。二是住房有保障。为了解决农民工进城后的住房问题，日本的城市建设公营住宅和住房公团体系等保障房制度，形成了较为完善的城市住宅保障体系。三是全民保险制度。在日本，政府要求雇用农民工的企业要为农民工缴纳养老、医疗、工伤、雇用保险，同时严格要求企业对劳工实行雇用保障，采用近乎"终身雇用制"的方式，确保农民工进城后不会轻易失业，这在很大程度上避免了农民工失地再失业的社会问题。四是良好的教育制度。日本全国实施九年全免费义务制教育，学龄儿童转迁，必须在三天之内到当地的教育委员会报到，随即安排入学，不存在借读和赞助入学问题。这一制度有效解决了农民工在子女教育方面的后顾之忧，保证了进城农民工的安居乐业。

为了进一步解决城市贫困问题，日本还针对城市流浪者制订了相应的救助计划。日本政府联合社会 NPO（非营利组织）共同为城市公园、河岸边居住的贫困人群提供社会救助，力求实现流浪者的就业和生活上的自助。为了救助城市流浪者，政府首先会组织 NPO 对流浪者进行流动心理咨询，了解流浪者具体需求，制订相应的救助计划。然后流浪者会被 NPO 临时安置，进行简单的临时救助，如提供餐食、身体状况检查等。之后流浪者会被带到当地政府的流浪者救助中心，中心不仅会解决流浪者的衣食住行等基本生活需求，还会提供工作、健康等方面的咨询。针对有工作能力及工作意愿者，救助中心会提供职业培训，帮助受助者取得职业证书并提供适合的工作机会。

四　国际经验对中国的启示

（一）选择合适的城市贫困保障体系

发达国家中一些针对城市贫困的社会保障系统是全民保障，而另一些则更多地偏向低收入人群，属于救济型社会福利。这种救济型社会福利通常被看成一种，当常规的社会机制不能正常运转或者不能满足部分社会成员的特殊社会需求时而采取的应急措施。从中国目前人口众多、社保基础薄弱、社会发展不均衡的国情来看，这种措施有更广泛的适用性。因此，在不断完善我国社保机制的基础上，可以率先建立针对老人、儿童、残疾人和重病患者等特殊人群的社会福利计划，减少特殊人群的城市贫困发生率。

（二）加强各级政府对城市贫困治理的分工合作

当前城市贫困治理的运营主体多是各级政府，因此顶层机制体制设计与政府间的分工合作非常重要。一是要增强政府对城市贫困问题的认识，二是要加强各级政府的城市贫困治理能力，三是要明确各级政府间的分工与协调机制，比如中央政府明确法律、法规及各项规定并实施监管评估，地方各级政府制定具体措施并实施干预。

（三）以解决就业问题为关键点，可持续地解决城市贫困

从发展的角度来看，伴随着城市化与老龄化，减少城市贫困是一场持久战。同时从可持续性来看，反贫困政策的可持续性也非常重要。

一方面，以英国为代表的欧洲国家大都建立了完善的国家福利体制。这种从"摇篮到坟墓"的福利体制一方面为全体公民的生活质量提供了基本保障，但也确实挫伤了部分劳动者的积极性，导致社会陷入"福利病"窘境，充分说明高保障的福利制度并不完美。以福利制度治理城市贫困应充分重视制度的可持续性。

另一方面，城市贫困治理的关键依然是提升贫困人口自身的脱贫能力，创造就业更为重要。一些城市公共项目建设通过吸收当地城市贫困人口，将失业的城市青年转变为生产力，实现可持续收入增长。

（四）改革城乡户籍制度，解决多维城市贫困

解决城市贫困问题的挑战之一是贫困人口的流动性，对于中国来说，流动人口大多数是从农村迁往城市的打工者。在目前城乡分割的户籍制度下，难以有效地对这部分城市贫困者提供充足的社会保障。从越南正式取消延续多年的户籍管理制度的经验来看，打破城乡界限，在生活、就业、社会保障等方面进行统一管理，是解决城市贫困的关键，同时也为统一测量和诊断城乡贫困人口奠定了基础。因此，中国应当学习相关国际经验，结合国情，逐步推进城乡户籍制度改革。

第二节　国际社会保障经验

一　国际社会保障的现状

瞄准贫困和脆弱人群的社会保障政策具有悠久的历史。在古埃及时期

和罗马帝国时期就有免费食物分配政策，英国 16 世纪开始为不能工作的人群提供援助并于 1601 年颁布了"济贫法"，标志着现代社会保障制度的萌芽，德国在 19 世纪末开创了现代福利制度。目前发达国家的社会保障体系已经非常健全，同时，发展中国家的社会保障体系也慢慢渐趋完善。在发达国家讨论社会保障占用稀缺的公共资源、不利于鼓励投资甚至带来怠工而不利于长期经济发展等潜在弊端的同时，发展中国家尚在探索健全的社会保障或者包容性的社会保障体系建设。实际上，社会保障可通过帮助个人、家庭以及社区等产生和积累资产，帮助家庭在面对冲击时保护资产，帮助家庭应对风险、更有效使用已有资源，支持经济结构改革，减少社会不公平现象，直接或间接促进经济增长。

　　从减贫的角度看，社会保障政策可分为两类：普惠性的社会保险和社会福利制度，以及瞄准性的社会救助制度。社会保险制度通常是由政府提供或基于强制性缴费，涵盖养老保险、医疗保险、失业保险、工伤保险等，社会福利制度通常由政府提供，不基于缴费，包括健康、营养、公共卫生、教育等社会化服务。瞄准性的社会救助制度主要是对生活困难的人提供生活救助，应对冲击，保障其最低生活水平。社会救助有多种形式：通过福利系统的现金转移支付、儿童津贴、食物援助或营养餐等类似转移支付项目、对穷人购买产品的补贴等。从各国情况来看，不同国家的社会保障体系结构有所不同，比如英国的社会保险不包括健康等服务；美国仅包括退休保险。

　　整体来看，发达国家的社会保障在二战后迅速发展并逐步建立起庞大而复杂的社会保障体系，瑞典社会保障体系支出占 GDP 比重达到 31%，美国占 16%（Jean-Jacques, D., 2009）。虽然社会保障支出巨大，社会保障在公平和效率之争上的争议不断，但社会保障在维持收入、减少贫困和保持经济稳定发展方面发挥了重要作用。在减贫效果方面，欧洲的社会保障减少了至少 40% 的贫困人口，在以高福利著称的比利时和瑞典更是减少了 70% 以上的贫困人口，美国的社会保障也减少了约 28% 的贫困人口。表 6-2 显示了 OECD 国家社会保障的减贫效果。

表 6-2 OECD 国家社会保障支出的减贫效果

单位：%

国 家	OECD 国家按照收入来源的贫困人口比例			减贫贡献	
	收入贫困发生率	涵盖社会保险的贫困率	涵盖社会保险和救助的贫困率	社会保险贡献	整体贡献
澳大利亚（2000）	31.8	9.1	7.7	71.4	75.8
比利时（2000）	34.6	8.9	8.0	74.3	76.9
加拿大（2000）	21.1	12.9	11.4	38.9	46.0
芬兰（2000）	17.8	11.4	5.4	36.0	69.7
德国（2000）	28.1	10.6	8.3	62.3	70.5
爱尔兰（2000）	29.5	21.2	16.5	28.1	44.1
意大利（2000）	30.0	13.7	12.7	54.3	57.7
荷兰（1999）	21.0	9.6	7.3	54.3	65.2
瑞典（2000）	28.8	11.7	6.5	59.4	77.4
英国（1999）	31.1	23.5	12.4	24.4	60.1
美国（2000）	23.1	19.3	17.0	16.5	26.4
平均（2000）	27.0	13.8	10.3	47.2	60.9

资料来源：T. Smeeding，"Poor People in Rich Nations：The United States in Comparative Perspective," *Journal of Economic Perspectives* 20（1），2006，pp. 69 - 90。

中国根据发达国家及国际劳工组织关于社会保障体系框架的设计，结合中国实施社会保障的实践，逐步建立起了具有中国特色的社会保障体系。目前，中国的社会保障体系包括社会保险、社会福利、社会救济和社会优抚制度，但尚存在覆盖面小、实施范围窄、统筹层次低的问题。尤其是随着城镇化和人口老龄化进程的加快，中国社会保障体系建设面临巨大挑战，有许多体制性、制度性的重大问题亟待解决，利贫性社会保障政策有待加强。

针对这些问题，接下来本报告将分析国际上关于社会保障的通行做法和创新性实践，并以日本和泰国社会保障体系为例介绍相关经验。

二 国际社会保障的通行做法和创新实践

（一）发达国家和发展中国家的社会保险通行做法

（1）养老保险

养老保险在发达国家已经覆盖90%以上的劳动人口。各国在养老保险制度上的差异主要体现在缴纳方式、收益方式以及私人部门的参与程度上。

OECD 国家建立了强制性的养老计划，但在具体实施上有自愿性缴纳与强制性缴纳两种方式，且不同国家差别显著。比如加拿大、英国、美国广泛实行个人自愿缴纳养老计划，强制缴纳比例很小；而另外一些国家部分收入以强制性缴纳方式纳入养老计划，因此强制缴纳的人没有必要再为退休而自愿缴纳养老金。

OECD 国家采用多种方式保障老年人在退休后能获得最低生活保障。按照养老金与退休前基金盈利的关系，养老保险计划可分为四类：第一类，完全固定养老计划，即养老金和退休前基金盈利无关系，以加拿大、丹麦、爱尔兰、新西兰为代表；第二类，养老金最低信用额度计划，即养老金与退休前基金盈利关系较弱，以澳大利亚、英国、比利时、韩国为代表；第三类，养老基金收益计划，以瑞士、美国为代表，另外，法国和日本也有针对收益的再分配计划；第四类，养老金与退休前基金收益关系密切，而且收益区间的替代率是固定的，以芬兰、意大利、荷兰为代表。

此外养老保险在个人部门的参与程度上也有差异，在养老金与退休前基金收益关系较强的养老保险计划中，通常私人部门参与的程度也较高，比如拉丁美洲，一些国家的强制养老计划由私人部门来参与运营，英国同意从业人员将养老计划外包给私人部门，50%～75% 的雇员已经将政府养老计划替代为私人部门养老计划。

在发展中国家，养老保险是强有力的再分配制度，养老保险财政转移支付对贫困发生率可以产生很大影响，但目前由于发展中国家养老保险覆盖率很低，因此在预防发展中国家的老年贫困方面具有一定潜力。

在具体做法上，发展中国家倾向于实行最低养老金计划。一种选择是向所有 65 岁及以上的老人提供最低收入，同时鼓励工作年龄的人通过储蓄来获得更高的养老收入，但这种普惠性的养老保险制度会带来很高的财政成本，同时可能也会削弱正规部门工作的积极性。因此，一些政府选择了另外一种更有效的政策选择：由税收收入提供养老金资金支持。这些养老金旨在为处于贫困线以下的老年人提供一份替代收入。主要有两种类型。

第一种类型是：为所有老年人提供最低限度的养老金。无论收入、资产、工作经历如何，每个人的福利都是一样的。但目前只有四个发展中国家有这样的计划，即玻利维亚、博茨瓦纳、毛里求斯和纳米比亚。其特征是养老金容易管理，不需要有关受益人的收入或资产信息。但除了毛里求斯，其他国家提供的养老金不足以使受益人摆脱贫困。第二种类型是：为所有老年人提供最低限度的养老金，但是要进行审查监测。五个拉丁美洲国家——阿根廷、巴西、智利、哥斯达黎加和乌拉圭——都有这类非缴费养老金计划。这些项目有社会援助的功能，其目标人群是负担不起生活的穷人和残障人士。巴西农村养老保险覆盖率最高，其向所有农村地区 60 岁及以上的男性和 55 岁以上的女性提供最低收入。南非的最低养老金标准相对较高，相当于人均收入的三分之一，该养老金是通过一般税收向 65 岁男性及 60 岁及以上的女性提供援助资助的，且覆盖了 88% 的人口。

一些研究机构已经对最低养老金计划的减贫效果进行了研究。在巴西和南非的农村地区，非缴费养老金计划既能降低老年人的贫困发生率，也能缩小贫富差距。在拉丁美洲，一项使用调查数据的研究发现，在贫困率较高的国家中，如果推行普遍最低养老金计划，将使贫困人口减少近一半。但普及度高的养老金方案的财政成本也是一个挑战，考虑到税基有限，而税收收入在发展中国家的国民收入中所占比例很小，最低养老金计划这一政策选择对于人均 GDP 低于 2500 ~ 3000 美元的国家来说可能是不可行的。

（2）医疗保险

除美国外，所有发达国家都采用了全民医疗保险制度。医疗保险可以分为三类：个人缴纳 + 私人部门提供产品和服务，政府出资 + 政府提供医疗服务，以及政府出资 + 私人部门提供服务 + 严格的医疗支出控制。每种模式都各有利弊，目前普及型医疗保险制度面临的主要问题是财政支出的压力过大。为此，各国也探索了一些控制支出的方法，比如成本分摊、指定医疗服务机构等。为保障低收入人群的医疗保障，也采取了一些低收入人群医疗保险费用减免项目。

发展中国家也在尝试建立全民医疗保险，但由于医疗保险支出以及医疗服务费用较高，往往会限制医疗服务的获取，并使脆弱群体在疾病发生时致贫。因此，发展中国家的医疗保险主要针对穷人和高风险人群，并设计风险分担机制。许多国家都通过财政收入为这些人群提供额外援助。比如越南40%的穷人得到了免费的医疗保险，或者免费的医疗保健卡。

由于目前发展中国家医疗保险是自愿参与的，因此很多国家在尝试将保险范围扩大到非正式的和个体经营的就业人员。并通过监管促进个体经营者和非正式工人参与医疗保险、增加对获得公共资助的卫生服务咨询服务、从税收方面对缴纳医疗保险的收入免税等方式激励非正式和个体经营者参与医疗保险。

泰国2001年实施"30铢计划"全民健康保险是全民健康保险计划的典范。"30铢计划"即所有未被列入社会保险计划的居民只需持身份证到指定的医疗部门办理手续就可以领取到一张全民医疗保险卡，只需要缴纳30泰铢（相当于6元人民币左右）的挂号费，就可以享受医院提供的一切诊疗服务，对交不起医疗保险费的人实施减免政策。2002年泰国建立了全国范围的中央数据库，涵盖公共部门劳动者受益的国民医疗项目、社会保险计划和全民覆盖计划的人群信息，每两个月更新一次。同时泰国施行社会医疗模式，也被称为社区合作医疗保障模式，注重社区卫生服务建设，整个卫生服务体系分为三级：初级卫生保健、二级卫生服务、三级卫生服务。前两项都是通过社区级别的卫生机构实施，分别由社区卫生中心和社区医院提供。在付费方式上，采用门诊服务按人头付费和住院服务按病种付费的方式，取消了原来按服务付费的方法，大大节省了医疗费用。所谓按人头付费有较好的费用控制作用和便于管理的特点，人头费根据参保人的年龄结构、疾病负担及各地区的特点确立，并且根据成本和物价每年进行调整，且有利于改善医务人员在地区间的不平衡性。

（3）失业保险

在很多国家，失业保险为因失业而暂时失去生活来源的人提供帮助，失业补贴随着失业时间的延长而递减，各国失业保险支付的比例不同，在过去30年里日本和美国的失业金相当于平均工资的10%～15%，法国和北欧国家失业金相当于平均工资的35%。失业保险主要通过社会保障基金的收益来支付，因此相较于养老保险和医疗保险，失业保险覆盖面较小，但由于失业保险为面临风险的家庭提供援助，因此失业保险在保障家庭最低收入、减少贫困方面作用显著。德国和北欧国家 70% 的失业人员能领到失业金，在希腊、意大利、葡萄牙、西班牙国家等该比例不足 25%。

此外，提高就业能力的社会投资也被认为是就业保障的重要举措。社会投资是指为了让个人和家庭做好应对知识型经济的新社会风险的准备，从儿童早期开始对人力资源进行投资。社会投资路径从本质上看一方面依赖于那些提高人力资本存量（通过幼儿教育和保健、职业培训、教育和终身学习）的政策，另一方面依赖于那些使人力资本在整个生命历程里得到最有效利用的劳动力市场"流量"政策——通过那些支持女性及单亲父母就业的政策、激活式劳动力市场和其他激活政策使弱势群体就业通道更便利的政策，以及在整个生命里程里架起就业与培训之间、全职就业与兼职就业之间、养家糊口与照顾体弱老年人之间的桥梁，并打通就业与退休之间通道的促进灵活性保障的社会保障"缓冲器"。

以美国为例，其 20 世纪 90 年代"工作导向"的福利改革就体现了社会投资这一新举措的积极作用。1996 年美国开展名为"贫困家庭临时援助计划"（Temporary Assistance for Needy Families，TANF）的改革。这个项目取代了未成年子女家庭援助计划（Aids to Families with Dependent Children，AFDC），并对 20 世纪 30 年代到 90 年代美国公共福利提供的社会安全网的本质特征做出了矫正。在长期的未成年子女家庭援助计划时间中，贫困家庭可以获得公共补助提供的适量现金收益作为生活依靠，这项福利是一项社会公民权利，只要这些家庭有需要，他们无须获得工作岗位或采取其他任何特定行动就能一直享有这个受助资格。通过 1996 年的贫困家庭临时援助计划的立法，福利改革改变了这一切。新的计划为贫困家庭临时援助计划的对象设置了 5 年期的受益资格时限，通过严格执行激励和制裁使受助人以工作为条件获得福利收益，并强调以"工作优先"的方针来激发失业者再就业的积极性。"工作优先"策略主张以技能培训与教育提升人力资本的方式激活失业者实现即刻的就业安置。贫困家庭临时援助计划改革使福利金的分配产生了重大的转变，由过去更多的现金救助转向更多的工作支持和儿童抚养，这正是社会投资的主要内容。

（二）社会福利和社会救助的创新实践

在社会福利（健康、营养、公共卫生、教育）和社会救助领域，国际社会有两项重要创新性实践：有条件现金转移支付（Conditional Cash Transfer，CCT）和"现金 +"（Cash Plus）。

（1）有条件现金转移支付

有条件现金转移支付是指只有目标群体遵循了某种预先设定的条件和流程，才能有资格获得转移支付，如让孩子上学、进行产前检查和产后复查、改善儿童营养状况及定期体检等。有条件现金转移支付旨在减少贫困、使未享受社会保障的群体受益，这部分群体主要瞄准贫困和极端贫困家庭，并有明显的性别倾向，比如部分项目直接瞄准家庭中的女性。转移支付的目的在于给极端贫困的家庭提供短期援助，但附加条件旨在促进长期的人力资本投资，特别是针对年轻人。有条件现金转移支付将传统扶贫工作中政府单一责任转变为政府和受惠家庭的共同责任，将减贫同培养减贫能力联系在一起，潜在培养了人力资本和社会资本，比如有条件现金转移支付更多地关注穷人金融资本的积累，刺激穷人进行生产性投资来增加资产积累，努力使穷人跳出社会保护网络，提供必要的扶持来帮助穷人积累资产以降低遭遇经济风险时的脆弱性，并实行差异支付原则，即支付额度会因受益对象的数量、年龄和性别而进行调整。

但有条件现金转移支付项目的实施也有一定的适用条件，一是人力资本水平仍然存在很大的提升空间，而且制约人力资本提升的主要原因是家庭收入不足而非公共服务条件有限；二是有条件现金转移支付对政府各部门的协调合作能力要求较高，尤其是社会保障、教育、卫生等部门之间的协调合作。三是有条件现金转移支付基于完善的支持系统，如统计系统、监测评估系统以及资金快速拨付发放系统等管理体系和服务体系。

目标群体的有效选择是保证 CCT 项目实施效果的前提条件，CCT 选择机制主要有两种，一种是区域瞄准，一种是群体瞄准。区域瞄准主要是指设定特定的地理位置作为受益对象的选择依据，如将儿童营养不良发生比例较高地区的家庭都作为受益对象，群体瞄准主要是指先确定受益对象的性别、年龄或者家庭收入水平，然后根据这些定量的标准来选择受益对象，如确定有适龄儿童的、年收入低于一定标准的家庭为受益对象。此外，在受益人口识别上通常有自下而上的识别机制以及第三方评估机制。根据世界银行对30个国家的40多个CCT项目的研究分析，大约有1/3的国家采取区域瞄准的方法，有2/3的国家采用群体瞄准的方法，但在实践操作中，通常这两种瞄准方法被同时采用，如将居住在营养不良率较高的地区、需要抚养年幼子女的贫困家庭作为受益对象。

墨西哥和巴西作为世界上最先推行CCT的国家，其制度设计具有鲜明的创新色彩且较为成熟，从最初的受益群体的划定到受益资格的认定，以及现金补贴的发放、监督、评估都有一套完整的流程，且完全基于本国财政预算，外部依赖性较弱，因此更具有实践意义，也为国际机构所推崇和其他发展中国家所效仿。第一，两国的CCT管理运作方面都采取了分权和集权相结合的灵活管理原则，即在协调和监督上由全国机构社会发展部负责CCT的总体协调，由各领域代表组成的全国委员会监督，在实施阶段将权力下放，通过社会发展部与各州签署强制性协议，规范实施CCT计划。第二，两国瞄准机制各有特点。墨西哥采取由上至下逐步缩小目标群体的方式，首先根据全部人口普查数据专门设计的"边缘指数"划定重点贫困区域，之后从重点区域遴选受益家庭，并进行社区大会评估、调整候选家庭。巴西的信息采集和资格认定通过全部数据库集中进行，由申报人向当地登记办公室申报个人收入和家庭成员信息，之后汇总巴西"统一登记系统"，巴西联邦储蓄银行负责管理全国数据库并认定和审查受益人的资格，每个申报人的收入都将在全国范围内与设定标准进行对比，同时结合分配各个州的指标最终确定受益人。第三，精准的差异化补贴。以教育补贴为例，补贴额度和年级与受教育层次呈正相关关系，即年级越高，补贴额度越大。在墨西哥，从小学三年级到六年级，月补贴金额逐级递增，中学生的月补贴额度几乎高出小学生1倍，因为相对来说在初中阶段特别是小学升初中阶段，辍学的可能性会骤然增加，考虑到学生年龄越大，受教育的机会成本越大，因此增加补贴额在某种程度上会提高贫困生继续读书的可能性。此外差异化补贴也体现在性别上，在中学阶段女生的补贴额度普遍高于男生，这主要是为了消除文化上对女性参与社会生活的性别歧视并使教育外部性得以内部化，从而扭转中等教育入学的性别不平等，在巴西，初中一年级男生获补贴 200 美元，女生获补贴 210 美元；初中三年级男生获补贴 220 美元，女生则获补贴 255 美元。第四，透明支付原则。巴西的家庭补助金计划拥有一套高效透明的津贴发放机制，将家庭补助金直接通过公民卡发放给受益家庭，公民卡类似一张银行储蓄卡，由巴西最大的国有银行联邦储蓄银行负责，每月定期将补贴发放到公民卡中，受益家庭可以从该行的全国 14 万个营业网点随时提取，这样避开了一切中间机构从而提高了资金利用率，大大减少了滋生腐败的可能性。

1999 年哥伦比亚实施的"家庭行动"也被认为是 CCT 的良好实践，该项目旨在促进人力资本的积累，尤其是保障最贫困家庭的孩子的教育和医疗福利，具体目标包括：减少 18 岁以下中小学学生缺席和旷课情况（上学出勤率必须达到 80% 以上），增加有 7 岁以下孩子的极端贫困家庭收入来源，推动 7 岁以下孩子参与健康保险，改善对孩子在营养、免疫接种、幼儿开发、家庭亲情等方面的照料。在目标群体的瞄准机制上分为两个阶段，第一阶段区域瞄准，挑选人口不超过 10 万人、有充足教育和卫生基础设施、有银行的城市；第二阶段在每个被选定城市内部，瞄准 20% 最贫困的家庭和有 18 岁以下孩子的家庭。城乡统一的"社会开支受益人选择系统"（SISBEN）将调查问卷发放给选定地区所有居民，为每个家庭计算出包含四个方面的信息（住房质量和拥有耐用品情况、公共事业服务、人力资本水平、家庭人口状况）的 SISBEN 指数，根据 SISBEN 分值确定 20% 最贫困的家庭，同时流动人口也被纳入瞄准范围。该项目也设计了退出机制，受益家庭 5 年后从"家庭行动"项目计划中退出。

目前中国经济社会发展处于转型期，虽然城乡收入差距在不断缩小，但中国日益加大的不平等现象超出了收入和消费等货币指标的范畴，并反映在地区间和地区内（尤其是城乡之间）的公共服务供给、就业机会、营养和社会事业等方面。在取得一系列减贫成就的同时，因病致贫、因学致贫、营养不良等问题也给贫困人口的长期稳定脱贫带来了巨大挑战。

国际食物政策研究所对墨西哥"进步计划"、巴西"营养补贴计划"、洪都拉斯"家庭分配计划"、尼加拉瓜"社会保护网络"等拉丁美洲四个CCT 项目进行了评估，结果显示 CCT 项目改善了教育、健康、营养，同时建议保障 CCT 实施效果需要充分考虑项目目标及需要的机制，注重与受益者的双向沟通，保障教育、健康、营养等服务质量，项目设计要考虑村、户、个人层面的文化、治理结构、性别等差异，CCT 是瞄准性干预措施，一类 CCT 项目只适用于特定家庭，并不适用于所有的贫困家庭。

（2）"现金 +"

近年来，针对极度贫困家庭的一种"现金 +"社会援助方法逐渐兴起。这种"现金 +"减贫办法具有两个明显的特点：第一，该做法的出发点是单靠现金并不能对最贫穷家庭的生活产生可持续的影响，因此受益人除了获得现金之外，还能得到广泛的支持，比如资助生产性资产，如给贫穷农民提供牲畜，或为贫穷的城市家庭提供小规模经营设施，以及培训、卫生信息、生活技能辅导、社会工作者的探访等。第二，该做法一般设有期限，通常为两年，在这之后受益者将继续获得指导，但不会得到进一步的现金资助。因此，这一做法也被称为"毕业方案"（Graduation）。

（3）日本农村社会保障体系

日本目前是全世界收入分配最公平的国家之一，城乡差距小，且是世界上仅有的农业人均收入高于非农业人均收入的国家。但日本在二战后经济受到了严重的打击，尤其是农村经济出现了很多十分严重的问题，20 世纪五六十年代，日本政府为了解决农业人口的生存以及国家农产品的供给问题，十分重视农村经济建设，建立了一套覆盖全体农村劳动者和农村人口的社会保障体系，日本在 20 世纪五六十年代的经济发展水平、城镇化水平与当今的中国类似，因此研究当时日本的社会保障体系及其演变对中国具有借鉴意义。

日本农村社会保障体系主要包括社会保险、公共援助、社会福祉、儿童津贴、农业灾害保险等方面。该体系十分完善，基本覆盖了农村居民可能遇到的各种风险，同时保障制度明确了保障对象、资金来源、待遇支付等。

日本的社会保险由国民健康保险、国民养老保险和护理保险三部分构成，其中农村养老保险具有三个层次。第一层次是国民养老金，作为全体国民共同加入的养老金，第一、二、三类参保者均须参保，且按不同参保对象实行分类缴纳保险费，其中第一类被保险者每月定额缴纳保险费（约1.33万日元），凡加入时间在 25 年以上、年龄 65 岁及以上的参保者即可领取基础养老金。第二层次是农民养老金基金制度，该制度作为国民养老保险制度的重要补充，具有以下特点：一是自愿性，二是申请加入者需要具备一定的资格条件，主要包括年龄未满 60 岁，国民养老金的第一类被保险人，每年从事农业生产经营时间达 60 天以上者。三是该保险基金的保险费分为"普通保险费"和"特别保险费"，凡未满足必要条件者，个人自愿缴纳一定的普通保险费，年满 65 岁后每月除了领取基础养老金之外，还可领取一定数额的"农民老龄养老金"；凡符合条件缴纳特殊保险费者，其年满 65 岁后，除可获得"农民老龄养老金"外，还可获得"特别附加养老金"。第三层次是自我储蓄，属于选择性的补充保障。

日本农村社会养老保障制度在运行机制上主要有三个特点和经验值得借鉴。第一，强化农村社区的养老服务功能。随着工业化、城市化的发展，农村的空巢家庭越老越多，家庭养老方式已经不能解决日本农民养老的问题。日本调整农村养老保险制度，并促使日本农村社会养老保险从单纯的经济供养型向照料服务型转变，社区养老使老人在家里就能享受到专业的护理和生活照料，避免了家庭养老和机构养老产生的弊端。第二，农业协作组织负责管理农村社会养老保险。日本农业协作组织是一个非营利性、非政府的民间组织，在日本农村非常普及，它在农村养老保险费方面实行管理职能，并为受保险人提供指导和咨询。第三，法律保障。日本各种农村社会养老保障制度的出台都是有法律依据的，保障了该制度的顺利运行。

公共援助主要为农民提供生活保护。经过多年的补充完善，迄今为止，日本依据《生活保护法》建立起了覆盖全体国民的"最低生活费"保障体系。凡是家庭劳动所得扣除国家规定的各项最低支出标准而收不抵支者，根据需要生活保护者的年龄、性别、家庭成员构成、所在地区类别等有关因素，核定被资助者的最低生活费标准。生活保护的实施主体为各都道府县及市町村，业务实施机构为当地的"福祉（保健）事务所"，其所需的经费来源，国库补助 75%，都道府县与市町村分别负担其余的 25%。据统计，2000 年度日本全国享受最低生活保护的家庭有 75 万户，受保护人口达 107.2 万人，其中享受最低生活费补助的人口 94.3 万人。以 2002 年度 3 口之家、1 级地区的生活保护家庭为例，其每月的生活费补助标准平均 16.4 万日元。

社会福祉是广义的农村社会保障的重要组成部分，包括农村居民的公共医疗卫生与健康保健以及其他公共福利设施等。与城市大体一样，随着农村居民生活水平的提高，农村老龄化问题日趋突出，农村老人福祉特别是老人的医疗保健在农村社会保障中占有特殊地位。涉及老人保健的政策最突出的有两大方面：一是"老人在家保健对策"，包括老人在家服务、老人短期进入养老院以及老人日常服务等方面的政策规定；二是"老人保健设施对策"，包括建设特别养老院、一般养老院及廉价养老院等不同类型的老人保健设施。另外，从 2001 年开始，70 岁以上高龄者看病的医疗费用，个人负担方式由原来的定额制（每天 530 日元）改为定率制，即个人负担医疗费总额的 10%，每月上限为 3000 日元。除患者个人负担之外，目前老人医疗费的财源构成为 6 种公共医疗保险机构共同负担 66%，国家财政负担约 23%，都道府县与市町村分别负担 5.5% 左右。

儿童津贴是应对低生育率的主要对策之一。现行的儿童津贴制度规定：凡经所在市町村认定后，家庭收入低于规定标准的，生育第 1 个、第 2 个孩子者，在儿童未满 6 岁之前，每月每个儿童给予生活津贴 5000 日元；若再生育第 3 孩子者，则每月每个儿童可获得津贴 1 万日元。若家庭收入超过规定标准则不享受此项津贴。除此之外，还有专门针对母子单亲家庭的儿童抚养津贴，凡此类家庭的儿童直至 18 岁之前可领取政府的儿童抚养津贴。

农业灾害保险是日本农村社会保障体系中较为特殊的组成部分。该保险主要以农作物保险为主，即投保农户在遭受保险范围内的损失时，由保险公司给予其损失补偿。由于农作物保险的特殊性，投保农户一般可获得 85% 左右的灾害损失赔偿。农业保险基金由农民投保保费和政府补贴各占

50%组成，即政府根据农民投保保费总额为基础，投入相同规模的资金，共同形成农业保险基金。农业保险基金由农协组织的关联部门——"农业保险合作社"负责运营管理，其最高机构是"全国农业保险合作总社"，下设各级农业保险合作社。农户直接与当地的基层农业保险合作社联系，办理投保、索赔等事项。

（4）泰国的综合营养计划

泰国将营养与健康作为社会保障的重要方面纳入国家经济发展规划和减贫计划，并制订了营养与农业发展、卫生、医疗、教育等社会保障项目相结合的综合营养计划，多部门联合的方式及成功经验，为全球营养改善树立了典范。

泰国综合营养计划的主要做法体现在：第一，营养敏感型农业发展。农业在降低营养不良方面发挥了关键作用。泰国采取了一系列措施发展营养敏感型或营养导向的农业发展措施，包括推动和支持富含营养的食物生产和消费，发展并鼓励当地有营养的休闲食品作为孕妇的添加食物，在村级通过参与式方式生产并推广婴幼儿补充食品，通过校园午餐计划以及校园牛奶计划推动营养敏感型农业发展。第二，女性在营养改善中发挥重要作用。泰国社区带动的营养改善工作中，80%的志愿者为女性，女性在孕产期和儿童健康与营养教育方面比男性具有优势，泰国女性相对较为独立，通常管理家庭财产，并且泰国也在社区层面推动了女性的广泛参与。第三，卫生条件的改善。改善营养状况尤其是降低儿童发育迟缓率与用水、厕所以及保健设施和条件的改善有关（Spears，Haddad，2015）。泰国的村级卫生保健项目和农村环境卫生项目带来了用水和卫生条件的重大改善。第四，食物与营养强化政策。卫生部于1993年成立国家食物强化委员会，牵头实施主食主要是用于面包和面条的小麦的营养强化以及鱼和酱油的营养强化，政府也通过支持基于市场规范的食物强化制造业发展，降低用于食物强化的预混合料的税收，简化新产品的注册流程，标准化产品标签等措施加强营养强化。第五，营养与医疗的结合。福利医疗计划以及针对贫困人口的低收入人群健康卡计划以及2001年的全民覆盖医疗计划、政府雇员的政府养老金计划和老年人生活补贴计划也对保障国民营养起到积极作用。第六，营养教育。母亲的教育是改善儿童营养的重要因素（Semba, et al. 2008）。营养与教育的有机结合也对营养改善起到积极作用，泰国的校园午餐计划和校园牛奶计划不仅降低了营养不足率，同时也成为健康与营养膳食的营养教育平台。营养研究与教育在解决实际营养问题时提供了智力支持。

泰国综合营养计划的成功主要基于两个方面，一是将营养纳入国家发展战略及政策，二是社区发展参与实施。

第一，将营养纳入国家发展战略及政策。将营养纳入国家发展战略经历了一段长期的过程。1960 年泰国专家团队与美国共同开展了一项国家层面营养调查，该调查引起了政府及公众对营养问题的注意和重视，同时也促使营养学家开始了营养方面的应用型研究工作。1961 年泰国在东北地区开展了 10 个村庄的营养试点项目，促进富营养食物的生产和消费，该项目将营养问题定位为发展问题的重要一步。1972 年泰国第三个国家经济社会发展计划提出了营养方面的主要问题，此后政策制定者、学者等广泛讨论并制定了首个国家食物与营养规划，该规划也被纳入第四个国家经济社会发展计划。1982 年制订的第五个国家经济社会发展计划是泰国营养工作的转折点，在该计划中营养问题不仅被视为发展问题，而且营养不足被看作贫困的特征，国家制定减贫规划解决营养问题从而推动发展。该减贫规划覆盖全国一半人口并重点聚焦贫困地区，同时泰国成立国家营养委员会，涵盖健康、农业、教育、农村管理、规划部门以及学术界等各部门。

此后，为加强新生研究和推广力量，泰国实施了一系列短期和长期交流项目，与泰国公共卫生部（MOPH），UNICEF、WHO 等机构开展了多形式合作与交流。2008 年国家营养委员会法、2010 年的食物管理战略框架等法案和规划以及第十个国家经济社会发展计划将营养问题提升到国家发展规划的新高度，成为国家各部门合作的重点领域。

第二，社区参与推动营养改善。社区参与推动营养改善是泰国营养计划的另一个亮点。社区的有效参与体现在三个方面。一是社区参与规划制定，二是社区引导社会参与，三是基于地方行动的监测。

在规划制定阶段，社区基于最低生活需求调查的 8 个领域 32 个指标识别优先发展领域。该 32 个指标既包括食物与营养的结果指标如儿童营养不良、出生时低体重率、微量元素缺乏等，也包括过程指标如免疫接种覆盖率、产前护理覆盖率、安全饮水、卫生厕所服务等。在村级层面，村干部、营养与卫生专家、非政府组织代表以及县区负责制定村级发展规划的部门领导参与营养相关规划的制定工作，这些规划也瞄准脆弱人群以及残疾人群。在宏观层面，营养与健康部门、政府机构、国际机构共同支持社区引导的营养行动，并推动健康、农业、教育及农村发展部门的合作。同时，国际机构支持大量由县区组织的社区营养计划培训和研讨会以及社区的调研活动。

在社区引导的社会参与方面，制定好基于需求分析的社区营养规划后，村级营养委员会或妇女组织成为营养规划成功实施的关键因素。首先，制订和实施村营养计划的村领导组织传达健康、教育、农业等相关政策和服务，并通过志愿者广泛宣传针对健康和营养问题的措施和良好实践。社区的健康与营养志愿者由村庄及服务支持系统遴选，志愿者大多为女性，选择的一个标准是该志愿者在村里有较高的声望，村民在遇到问题时能自发向其寻求帮助。考虑到服务效果，志愿者的最优服务规模为 10~20 个家庭。志愿者没有报酬但志愿者及其家属可以获得免费的医疗服务，并可获得对其工作的奖励和认可。志愿者需要接受两周关于营养和健康方面的基本理论和方法培训，尤其是孕期、产前和产后护理，母婴护理，出生、母乳喂养、免疫接种、补充喂养、生长监测，以及宣传女性和儿童如何获得相关信息和帮助村民实行自助行为等培训。定期的监督也是志愿者服务项目的重要组成部分，但一个月到两个月一次的监督旨在现场培训、解决问题以及促进技术和管理等信息共享而不是单纯强调政策落实。这些每月或每两月一次的检查也会通过各种媒体渠道广泛宣传。

基于地方行动的监测。志愿者的工作通过一些影响指标进行监测。比如，所有学前儿童每三个月接受一次健康检查，并在社区进行体重测量，对社区、志愿者以及家庭来说，在这种监测活动中所得到的数据是发现问题、开展教育、采取措施、进行干预的科学依据，根据监测数据反映的食物不安全、认识不足或者照料不足等问题，将家庭纳入孩子健康与营养改善工作的责任体系中。卫生部也会对监测结果进行评估，并促进村级的相互学习。

三 社会保障的国际经验

比较发展中国家和发达国家在社会保障体系和社会保障措施上的异同，在社会保障制度安排、社保资金筹集与管理、社会保障运作模式以及社会救助方式等方面有以下几点经验。

（一）随着经济发展水平的提高，社会保障体系越完善，社会福利水平越高

比较发达国家与发展中国家的社会保障体系覆盖面和福利水平可以发现，经济发展水平越高，社会保障体系越完善、覆盖面越广，且福利水平越高。发达国家在养老、医疗、就业保险等方面实行全面覆盖，但发展中国家受财政支出压力制约，实行有差别的社会保障政策。

同时，即使在发达国家，不同时期的社会保障措施也随时代要求而相应改变，根据发展阶段制定城乡社会保障措施对国家社会保障制度的发展和完善至关重要。以最早建立福利国家理念和政策的欧洲国家为例，20世纪80年代，受金融危机的影响，英国和美国最早采取明确的改革策略，调整国家福利制度，尝试减少公共社会支出但这些缩减措施遭到公众的强烈反对，所以十年紧缩的结果是一个相对温和的津贴削减。90年代，福利削减的政策局限性凸显，迫使欧洲大陆和北欧国家转变紧缩政策，开始在更多妥协和协商的基础上进行改革。90年代中期到末期，发达国家开始强调社会政策在保增长方面的作用，并增加社会保障投入。对发展中国家而言，发达国家根据经济发展阶段和财政能力建立适度社会保障体系的做法值得借鉴。对中国而言，经过近四十年的经济高速增长，政府的财政支出水平逐步提高，人民的生活水平逐步改善，对社会保障的诉求开始提升，因此需要根据经济发展和人民生活需要适时扩大养老、医疗、就业等社会保险体系的覆盖面，并针对弱势群体制订社会福利和社会救济计划。

（二）重视私人部门的作用，发展与私人部门全方位的合作伙伴关系

巨额的社保支出往往给一国财政造成巨大压力，因此政府部门积极拓展与私人部门的合作，从社保资金缴纳、筹集、保值增值，社会保障产品和服务的提供等方面鼓励私人部门的参与，并从税收等方面给予优惠条件。在社保资金缴纳上鼓励个人自愿缴纳，以政府、私营部门、个人不同的合作方式共同筹集资金，并引入增值保值机制实现社保基金的平稳增长。在社保产品和服务上，创新合作模式，激发私人部门、非政府组织等广泛参与，以提供专业化、全方位、差异性服务。

（三）注重社区能力建设，发挥社区医疗养老等社会保障功能

社区作为基层单位在落实社会保障政策、促进社会保障发展上的作用十分显著。一是建立社区医疗中心、社区养老院可以为社区居民提供更加全面、便利和人性化的社区服务，提高社会保障的服务能力，扩大社会保障覆盖面。二是通过建立公民论坛和社区服务学习中心，为社区居民提供学习技能、交流经验和为社区服务建言献策的平台，提高社区居民的自治意识，有利于减轻社区贫困状况，实现困难人群的自助和互助。三是在推行特定社会保障项目时，社区可以通过参与规划制定、引导社会参与和提供基于地方行动的监测等方式更好地推动项目落实。

（四）基于统一的信息管理系统，注重社保项目的精准性

发达国家社会保障项目的精准性依靠统一的信息管理系统，对社保项目及受益人实行精准管理，比如美国和日本的社会救助标准精确到不同家庭规模、结构和年龄，便于实施差异化社会救助。在社会救助项目的设置上，瞄准健康、营养、教育等人力资本投入，在项目实施上探索有条件现金转移支付、"现金＋"项目等瞄准性方式，并针对不同群体实施差异化的干预社会救助方式。

四　国际社会保障的启示

（一）健全社会保障法律体系，建立多层次的社会保障体系

中国现行的社会保障法律体系尚不完善，导致少数地区社会保障与扶贫项目因缺乏相应的法律保障而难以开展。因此完善社会保障立法，针对中国老龄化问题和贫困人群救助制定相应的法律法规，是中国进一步完善社会保障体系的基础。

建立多层次的社会保障体系有利于满足多层次的社会保障需求，为社会保障提供更加充足的资金支持。政府在保证对社会保障体系财政投入的同时，不仅可以支持商业保险，还可以通过税收等优惠政策鼓励企业为职工投入额外的养老保险。此外，鼓励公民个人储蓄养老保险，民间互助、社会服务、慈善捐款等均可作为社会基本保障的有力补充，构成多层次的社会保障体系。

针对目前广大农村的养老保险覆盖面窄、保障水平低的问题，中央和地方政府须增加对农民养老保险的投入，同时帮助农民形成自我养老的意识，增加养老保险投入，提高农村养老金水平，减少老年贫困。

（二）建立城乡一体化社会保障体系

目前中国经济社会发展处于转型期，虽然城乡收入差距在不断缩小，但中国日益加大的不平等现象超出了收入和消费等货币指标的范畴，并反映在地区间和地区内（尤其是城乡之间）的公共服务供给、就业机会、营养和社会事业等方面。户籍制度以及由此衍生的城乡养老、医疗、就业等社会保障差异为农村人口脱贫以及农民工群体和新增城市贫困人口脱贫造成了制度障碍。借鉴日本的社会保障体系经验，制定全国城乡统一的社会保障体系，同时针对目前农村社会保障水平显著低于城市的状况，探索建立专门针对农村人口的特殊养老制度等，提高农村社会保障水平。

（三）建立统一的社会保障登记系统，精细化社会救助标准

建立统一的社会保障系统，减少分散的养老、医疗、就业、低保等不同项目带来的重合遗漏等问题，保障公平性。建立电子支付系统，提高社保基金管理和运营的透明度，在保障社保基金安全性前提下，多元化投资实现基金增值。随着中国人口老龄化日益严重、少子家庭数量持续增长以及离婚率的逐年上升，应细化中国社会救助标准，加大对老年贫困群体、贫困儿童和单亲母子家庭的救助力度，同时完善低保、五保、救灾、教

育、医疗、住房等各类救助细则，充分实现公平救助和精准救助，提高社会救助效率。

（四）鼓励私人部门进入社会保障系统

当前中国的保险业依然以社会保险为主，市场化保险具有非常大的发展潜力。积极发展私人保险制度，既能满足多层次的保险需求，实现对公共保险的有益补充，也节省了政府的精力，使其能更好地服务于城乡一体化社会保障机制和体制建设，提升管理能力。同时鼓励私人部门在社保基金筹集、保值增值，以及提供创新性、差异化、精准化社会保障产品和服务等方面积极探索，并给予税收等支持。

（五）加强村级社会保障能力建设

建立参与式村级社会保障管理机制，由村干部、卫生人员、农户代表等参与协商管理，传达社会保障政策、项目，并辅助社会保障项目的实施。加强社区养老、医疗水平建设，根据社会养老需求增加养老院建设投入及老年人心理呵护，增加农村乡镇卫生院和村卫生室医务人员、医疗条件、设备投入，增加村级幼儿园建设，增加对留守儿童、留守妇女的教育、健康、营养及心理需求投入。

第三节　国际贫困治理

随着对减贫面临的复杂挑战的认识逐渐深入，解决这些挑战需要的贫困治理问题越来越受到各方关注。1998 年时任联合国秘书长科菲·安南曾对各国领导人提到"良好的贫困治理可能是减贫和促进发展的唯一最重要的因素"（Von Braun et al.，2009）。通过提高政府治理能力、强化社区和私营部门的参与，能够有效改善贫困治理。

一　社会福利部门统筹的扶贫体系

贫困的多维性决定了贫困治理的复杂性，减贫作为包容性发展的任务之一，往往被列入国家经济社会发展战略，且由社会福利部门统筹实施。泰国制定国家减贫规划并将减贫作为国家发展经济规划的重要内容，政府将减贫作为国家三大内容之一并由国家农村发展委员会统筹实施。日本的减贫政策主要体现为社会保障政策，因此由社会福利部门厚生劳动省颁布法令、制定标准、实施干预。美国的社会安全福利制度由健康、教育与福利部主持。欧洲通常不设有专门的贫困救助机构而由社会保障部门统筹负责，中国香港也采用类似的扶贫体系由社会福利署来实施。

统一的贫困或社会福利治理对政府的治理能力提出了更高的要求。在良好的贫困治理中，UNDP强调参与、问责、透明、一致、可持续、法制以及资源分配决策中对穷人和脆弱群体的包容性。而政府能够通过提高政治稳定性、控制暴力、完善法制、强化问责、提供规范、提高治理有效性、控制腐败、治理环境等方面来改善贫困治理。

改善政府治理主要有两种类型：一是需求侧策略，旨在帮助穷人向公共部门传达其对服务和基础设施的需求，并要求他们承担责任；二是供给侧策略，旨在激励和提高公共服务提供者履行其职能的能力。需求侧策略和供应侧策略都必须与特定的条件相匹配。例如，在具有等级权力结构和社会排斥的条件下，有关弱势群体的特殊规定可以辅助需求侧策略。同时，也有一些方案是两种策略的结合，同时考虑政策制定者与服务对象（Von Braun et al.，2009）。

需求侧策略侧重于弱势群体对政府治理的发言权和问责制，而问责路径可长可短。问责路径较短时，公民或公民团体有权向公共机构提供直接反馈。比如在教育方面，家长—教师协会可以帮助减少教师缺课，这尤其影响农村贫困地区；农业研究和推广组织的管理委员会中农民组织的代表的建议可以直接使这些组织做出更大的反应。而问责路径较长时，穷人可以利用游说和投票来诱使政治决策者采取措施，从而改善公共服务的绩效。政治权力下放可以通过加强问责制使政府更贴近人民，但很可能会因为当地少数人掌权而失败，特别是在重债穷国。印度和巴基斯坦的政策是在地方议会中为弱势群体保留席位。印度为种姓和部落的预定成员保留席位，巴基斯坦为农业劳动者保留席位，两国都为妇女保留席位。这种保留席位的措施可以有效推进需求侧策略。无论问责途径长度如何，提高政府提供服务的透明度都极为重要。为此，不同国家有不同的解决方案。班加罗尔的公共事务中心是一个非政府组织，能够通过调查来了解用户对服务的满意程度；在埃塞俄比亚，非政府组织使用报告卡评估农民对农业和灌溉服务的满意度，发展机构使用这种方法来衡量地区一级提供公共服务的绩效。此外，国家统计局越来越多地进行服务提供情况调查。提高透明度还需要有利的政策环境。例如，印度的《知情权法案》就很好地保障了包括穷人在内的公民获得政府信息的权利。

改善公共服务供给侧的策略与需求侧策略相对应。公共行政改革是供给侧策略之一，包括对行政人员的培训、基于业绩的招聘和晋升以及通过调整薪酬结构创造激励措施。新的公共管理方法将私营部门管理技术引入公共服务，并强调公民作为客户而不是服从的主体的作用。此外，信息技术的发展使公共机构有了新的办公方式。在印度卡纳塔克邦，博奥米（Bhoomi）计划下的土地管理信息化使农村穷人能够获得土地信息，而且通过提高透明度降低了腐败的可能。另一种供给侧策略是让私营部门、用户和非政府组织参与提供公共服务。一是承包或外包，适用于需要公共财政但不一定需要公共供应的职能。例如，在乌干达新的国家农业咨询服务体系中，农业咨询服务实行外包，由私营部门企业、个人领事和非政府组织提供。这种做法与需求侧策略相结合，使农民组织在授予合同时有发言权。这改善了农业咨询服务的质量，也在确保政府支持的同时克服了腐败问题。二是公私合作伙伴，共同承担融资和提供服务的责任。城市水电供应和灌溉基础设施项目都采用这种方式实施。并不是所有此类项目都适用于穷人，但政府可以利用这种方式分配多余的公共资源，根据其他体制安排将公共资源集中在穷人身上。三是私有化，为私人证券交易公司创造有利的投资环境是其必要条件。私有化需要与监管相结合，弱势群体可以参与其中。

二　社会资源参与

在社会资源参与扶贫方面，一个较新的理念即社会创新（Von Braun et al.，2009），社会创新是指满足社会需要的新战略、概念、想法和组织，以及社会企业家精神，是一种将商业原则和动机相结合的社会使命的动力，正在成为国际发展的新途径。在发展过程中引入创业精神可以提高干预方案的有效性。但目前社会企业家在政策制定领域依然稀缺。公共部门应为社会企业家提供创造性的行动和激励，从而提高地方、国家和国际通过规划、决策、方案设计、执行、监测和评估干预措施来解决贫穷问题的能力。

社会企业家可以通过许多方式和不同层次上为减少贫困和饥饿做出贡献。在宏观层面，社会企业家可以帮助制定和执行政策；在商业层面，他们可以利用自己的商业技能来解决社会问题；在社区一级，他们可以帮助解决特定的地方问题。解决贫困治理问题需要三种类型的社会企业家：政策型、项目型和商业型。不同类型的企业家所需要的能力各不相同。政策型企业家需要将成功的地方经验推广至具有更广泛影响的方案。在全球一级，政策企业家可以影响多边援助机构的决策；在国家一级，他们可以指导国家体系走向具体的决策；在地方一级，虽然其影响有限，但可以协助创造一个政策环境，使其他类型的社会企业家能够发挥作用。项目型企业家在设计和实施由发展伙伴、国家政府和非政府组织资助的减贫项目中发挥重要作用。项目管理人员和执行者必须具备必要的创业技能，以便以国际化的理念解决地方问题。商业型企业家利用商业原则来实施社会创新。一是在本领域取得成功并在解决社会问题中发挥商业智慧的商业领袖；二是将贫困群体视作商业机会的企业家；三是贫困群体中的企业家，其中很大一部分借助小额信贷发展私人企业，脱贫致富。

能力建设体系在培养社会企业家时发挥了重要作用。一种是大部分高校的创业教育。创业教育支持学生成为领导者、创新者和创造性问题解决者，将现实世界的经验与课堂中的概念学习结合起来，试图发展学生的创业特征，并通过将实际的政策、计划和商业案例引入课堂并采用参与式的方式来模拟现实，帮助学生更好地理解贫困问题的复杂性，以及政府政策、私人和民间部门的行动。另一种是商学院的创业教育，旨在使学生能够将社会变革的策略融入他们的创业过程中，帮助学生认识和获得创造社会价值的机会，培养学生成为社会企业家、项目经理和基于公共事业的社会组织中的执行人员。

提高社会创新意识的新方法还包括将青年作为发展伙伴和潜在的社会创新者，认识到青年人有能力以新的方式看待老问题。结合飞速发展的信息技术，青年社会企业家能够利用新的方式有效应对贫困问题。

在孟加拉国，联合国开发计划署同其他合作伙伴在全国 24 个城镇支持地方性的扶贫战略开发并开展能力建设活动，促成地方政府及政府推选出来的官员、城市贫困社区代表、民间组织和私营部门达成合作协议。联合国开发计划署还同城市贫困居民区合作采取了多种干预措施，包括改善居民物质生活条件、为极端贫困人口提供社会经济发展机会，并为发展储蓄与信贷的贫困群体提供技术援助。

政策的制定与落实往往有很大的差距，其中的一个关键问题是基层政策执行者和普通群众能否充分理解政策意图，有效参与到减贫努力中，其中的一个关键因素就是社区参与。

三 国际贫困治理对中国的启示

第一，制定减贫政策的顶层设计并由福利部门统筹实施。基于文献及实地调研发现，泰国等取得显著减贫成效国家的一个共同特点是：制定减贫规划并将减贫作为国家经济发展规划的重要内容和国家的主要任务。在国家层面，将扶贫工作整合至更加广泛的政府项目和规划之中，并从制度上进行改革、结构调整、土地等自然资源管理和环境管理，在政策设计阶段，按照统一的扶贫政策标准和目标，由各部门参与设计并明确各部门政策重点，实现部门扶贫政策的衔接。

第二，加强多部门及层级间协作。由于各部门间落实国家扶贫战略规划和政策目标的全面程度和强度存在较大的差异，在操作层面上，需要政府采用综合措施整合所有相关部门的资源在各层级集中解决贫困问题。在项目设计上，加强多层级多部门的协作，其中既包含中央、省级和地方各级政府之间的纵向合作，也包含所有同项目有关的各类部门和机构之间的横向协调。

第三，建立公私合作伙伴关系，鼓励社会力量参与扶贫。包容性是私营部门参与扶贫的一个关键挑战，有利于实现政府、私营部门和贫困人口多赢的伙伴关系需要一种可行的财政模式支持，一方面确保财政投入的可持续性，尤其是在创新性产品和服务方面，另一方面需要其他利益相关者比如金融机构和发展机构的参与和支持。私营部门在扶贫过程中可通过提供产品和服务，整合贫困人口进入不同层次的价值链，创造就业机会，培养企业家精神和创新精神，提供专业的扶贫服务如保障性住房、医疗服务等，使其在改善民生方面发挥巨大作用。在扶贫过程中，也面临扶贫人力资源短缺和贫困治理能力弱两个问题，社会组织在创新性扶贫模式探索、人力资源培养等方面具有优势，可采取政府购买专业社会组织服务等方式，有效吸纳社会组织参与扶贫。另外在扶贫项目管理过程中，政府往往面临项目管理中财务管理的有效性问题，尤其是地方基层扶贫部门，一些国际机构能够为地方政府提供支持以强化其核心治理能力，包括为项目提供支持，使其享有更多的财政资源控制力，以便能够有效应对在提供各项服务及能力建设过程中必须应对的某些特殊挑战等，因此在扶贫过程中，可积极与国际机构合作，借鉴其先进的扶贫治理理念和项目管理能力。

第四节　国际减贫经验总结与借鉴

一　主要结论

在经济结构的转型、城镇化及人口转移、人口老龄化和收入差距显著的背景和趋势下，中国贫困状况出现了一些新特征，表现在从农村转移到城市的新城市贫困人口增加，老龄化带来的养老、医疗等社会保障问题凸显，贫困人口的多维贫困尤其是健康、营养、教育问题严重，深度贫困地区脱贫难度大等。这些新特征为贫困瞄准、动态监测、帮扶提出了更高要求，也迫使贫困问题关注的焦点扩大到城市，并深入农村的社会保障、户籍制度等深层次问题，建立城乡一体化的社会保障体系成为需要研究的重点问题。

从国际社会来看，主要发达国家在 2000 年以前极端贫困发生率已低于5%，开始逐渐采用相对贫困标准，非洲、南亚、东南亚是贫困的重灾区，且主要分布在农村地区，集中在以农业收入为主要来源、受教育程度低的人群。国际社会开始关注多维贫困，多维贫困人群主要分布在中等收入国家，城市人口多维贫困问题严重，儿童和青少年贫困比重高，老年人贫困问题凸显，贫困人群面临营养不良、社会保障不足的等深度贫困问题。贫困瞄准的方法主要包括群体瞄准、指标瞄准、区域瞄准、自我瞄准、贫困地图等，在实际操作中，往往采用一种或多种瞄准方法综合使用的方式。贫困瞄准是有效的，有利于将有限的扶贫资源有效分配给目标群体，但也会带来管理成本、机会成本、社会成本、政治成本等成本，而且容易发生漏出和误瞄准两种瞄准偏误，需要权衡贫困瞄准的成本和预期的效果，一种贫困瞄准的良好实践是统一登记系统，其有利于识别贫困人群、协调和管理贫困项目，降低瞄准偏误，降低管理成本。

在人口城市化的同时，贫困也在城市化。2017 年，全球 54.9% 的人口居住在城市，据联合国预测这一比例在 2050 年将达到 75%。从全球范围看，贫穷向城市地区转移的趋势越发明显，城市与农村贫困人数之比上升。城市贫困相对于农村贫困更为复杂，除了收入或消费方面的不足，还包括居住条件的脆弱性、经济和生活来源无法保障、社会安全网缺失以及基础设施、社会保障、话语权等各个方面的缺失。

与农村贫困相比，城市贫困面临不同的挑战，包括缺乏对城市贫困的准确多维测量，流动人口贫困比例高，居住条件恶劣，基本生活、医疗和就业得不到保障，就业不足引发犯罪，城市贫困面临更严重的社会压力，以及城市贫困与老龄化对社会保障的双重挑战等。

面对城市贫困的一系列挑战，打破城乡界限、精准测量多维城市贫困为减少城市贫困提供了干预基础。通过政府公共项目解决就业、加强政府城市贫困治理的能力、加强公私合作关系、将城市贫困纳入城市规划以及完善社会保障制度是减少城市贫困的有效经验。

借鉴国际经验，解决中国的城市贫困问题，一方面要改革户籍制度，建立城乡一体化社会保障体系，但社会保障水平需要根据经济发展水平和财政支出能力逐步调整，可以率先建立针对老人、儿童等人群的社会福利计划。另一方面要加强各级政府城市贫困治理的能力并分工合作，更为重要的是要以增加就业为关键点，可持续地解决城市贫困问题。

发达国家建立了相对健全的社会保障体系，维持较高的社会福利水平，社会保障的减贫效果突出。但发展中国家受财政支出能力、管理机制和能力等制约，社会保障体系不完善、覆盖面窄、福利水平低，社会保障的减贫效应有很大提升空间。发达国家实行社会保险全覆盖，如强制性养老计划、全民医疗等，并积极引入私人部门在社保资金筹资、保值增值、社保产品和服务提供等方面发挥重要作用。发展中国家主要实行差异性、针对性的社会保险计划，比如最低养老金计划等。

在社会福利和社会救助领域出现了瞄准性的创新实践，主要是有条件现金转移支付和"现金＋"项目。有条件现金转移支付项目瞄准特定人群的教育、营养、健康等可持续人力资本投资，并对受益人群、受益条件有明确要求，该方式的实施基于统计系统、监测评估系统、支付系统等信息系统，对管理和服务体系有较高要求，但从干预效果来看，有条件现金转移支付项目由于其瞄准性高以及注重与受益者的双向沟通，在教育、健康、营养等项目领域均具有积极影响。"现金＋"项目出发点是单靠现金并不能对最贫穷家庭的生活产生可持续的影响，因此受益人除了获得现金之外，还得到生产资料、经营设施、培训、卫生信息、生活技能辅导、社会工作者的探访等，并且设有一定期限。"现金＋"这种大推进的方式不仅通过提供资金解决贫困人口的短期收入和生活问题，还在能力建设、获取社会援助机会、心理辅导等方面实施干预，在实现社会援助的关键目标方面有很大帮助，可以打破贫困陷阱，有利于贫困人口可持续稳定脱贫。

比较发达国家与发展中国家的社会保障体系覆盖面和福利水平可以发现，随着经济发展水平的提高，社会保障体系越完善、覆盖面越广，且福利水平相应提高。即使在发达国家可以看到不同时期的社会保障措施也随时代要求而相应改变，根据发展阶段制定城乡社会保障措施对国家社会保障制度的发展和完善至关重要。对中国而言，经过近四十年的经济高速增长，政府的财政支出水平逐步提高，人民的生活水平逐步改善，对社会保障的诉求开始提升，因此需要根据经济发展和人民生活需要适时扩大养老、医疗、就业等社会保险体系的覆盖面，并针对弱势群体制订社会福利和社会救济计划。在此过程中，需要基于统一的信息管理系统，注重社保项目的精准性，重视私人部门的作用，发展与私人部门全方位的合作伙伴关系，注重社区能力建设，发挥社区医疗养老等社会保障功能。对中国而言尤其需要健全社会保障法律体系，建立城乡一体化、多层次的社会保障体系，建立统一的社会保障登记系统，精细化社会救助标准，鼓励私人部门进入社会保障系统，加强村级社会保障能力建设，实施瞄准营养、教育和健康等人力资本提升的社会保障项目。

二　经验及政策建议

（一）人群精准分类及统一的登记系统便于精准瞄准

随着中国贫困人口的持续减少，中国减贫政策和措施越来越精准，脱贫攻坚工作中建档立卡也采用了多维贫困的理念识别和瞄准贫困人口，与美国、日本、墨西哥、巴西、泰国等国经验比较，中国可以进一步更新、完善建档立卡信息系统，首先，建立城乡一体化的贫困信息系统；其次，将贫困人口精准分类，基于不同类型贫困人口实施有差别的干预和社会保障措施。

（二）采用多维贫困的方法进行城乡贫困的测量和干预

国际社会对贫困的理解已经更为广泛和深入，并逐渐采用多维贫困的理念和方法进行贫困测量或指导减贫干预。中国在精准扶贫工作中已采用了多维贫困的理念，从农村建档立卡贫困人口识别、帮扶到退出均从多维度综合评估。接下来要在目前建档立卡信息系统的基础上进一步完善多维贫困监测指标体系，同时要将多维贫困的理念和方法应用到城市贫困的测量和干预中。

（三）参与式方式扶贫机制设计

一是参与式识别，从需求角度使贫困人口自行登记反馈面临的困难和问题，进行统计和汇总，基于问题的政策措施将更具有针对性和有效性，通过农村和城市的村庄或社区组织来识别帮扶目标群体。注重村庄和社区层面的瞄准和社区能力建设。将一个村或社区作为基本的扶持单位，所有政府部门整合其资源在村或社区层面开展减贫工作，有利于村或社区的长期发展能力的培育，同时在全国范围内自上而下广泛宣传，有效推动穷人和广大社会力量参与减贫行动。

（四）将城市贫困纳入国家减贫战略，实施城市多维减贫

第一，将城市贫困纳入国家减贫战略，充分认识到随着城镇化进程的推进，城市贫困问题日益凸显。第二，采用多维贫困方法测量、识别城市贫困人口。第三，将城市贫困纳入城市建设规划，在为城市贫困人口提供保障性住房、基本生活设施和条件方面给予支持。第四，通过政府公共建设项目增加对城市贫困人口的就业供给，同时增加对城市贫困人口的职业培训对减少城市贫困至关重要。

（五）根据经济发展水平和阶段建立城乡一体化社会保障体系

借鉴发达国家经验，制定与经济发展水平和阶段相适应的社会保障体系。逐步推进户籍制度改革，推动建立城乡一体化社会保障体系，逐步扩大农村社会保障覆盖面和社会保障水平，率先建立针对老人、儿童等人群的社会福利计划，完善就业、失业、医疗、生育保险。

（六）加强贫困人口的营养健康与教育投入

一是将营养、健康和教育问题作为减贫及社会、经济发展的核心问题。将营养、健康和教育问题及指标与行动列入国家和地方经济发展规划及减贫计划。二是加强营养健康与教育研究、宣传与教育。广泛宣传国家的相关政策以及在地方的营养健康和教育项目和活动。三是实施瞄准营养、教育和健康等人力资本提升的社会保障项目。精准扶贫建档立卡信息系统等统计系统的建立为针对性干预项目实施提供了条件，接下来需要多部门协同合作，共同设计实施基于社会保障体系的有条件现金转移支付项目，瞄准营养、教育和健康干预，比如瞄准孕前至儿童2岁营养干预"机遇之窗"的营养干预项目、瞄准目前国内空白的3~6岁学龄前儿童的幼儿园营养改善项目，瞄准农村学前教育尤其是0~3岁儿童的早期教育项目，以及瞄准因病致贫家庭的医疗健康项目等。针对城市儿童贫困问题，在城市农民工子弟学校等城市贫困儿童集中的学校设计试点营养改善计划。

（七）重视对扶贫政策的评估

持续稳定增长的减贫投入是中国取得巨大减贫成效的一个原因，但与国际减贫实践相比，中国缺乏对减贫政策实施效果的客观评估。一是对政策缺少有效的分析，二是忽视了对减贫投入的成本收益分析，三是在评估方法上缺乏基于长期跟踪实验研究的客观评估。因此，在扶贫政策制定过程中应将政策评估纳入政策实施的过程，开展基于依据的政策制定、干预和评估。

（八）重视减贫政策与投入的可持续性

脱贫攻坚"十三五"规划为2020年前的扶贫工作提出了明确的目标和实施方案，各级政府为实现2020年前现行贫困标准下农村贫困人口全部脱贫的目标制定了一系列政策和措施，但在具体实施过程中出现了一些因追求短期脱贫目标，忽视或违背贫困人口需求和意愿的做法，因此，一方面，需要从减贫战略制定上保障减贫政策和投入的可持续性；另一方面，需要以多维贫困指标等基于贫困人口可行能力的可持续发展目标为导向，确定长期的新的减贫目标。

参考文献

1. 白增博、孙庆刚、王芳:《美国贫困救助政策对中国反贫困的启示——兼论 2020 年后中国扶贫工作》,《世界农业》2017 年第 12 期。

2. 本杰明·西伯姆·朗特里:《贫穷:对城市生活的研究》,1901。

3. 毕洁颖:《中国农户贫困测量与影响因素研究》,中国农业科学院,2016。

4. 毕洁颖:《中国农户贫困的测量及影响因素研究》,中国农业科学院博士学位论文,2016。

5. 陈立中:《转型时期我国多维度贫困测算及其分解》,《经济评论》2008 年第 5 期。

6. 陈燕凤、夏庆杰:《中国多维扶贫的成就及展望》,《劳动经济研究》2018 年第 2 期。

7. 程宇航:《日本的农民工》,《老区建设》2011 年 7 月。

8. 丛春霞、闫伟:《精准扶贫视角下中日社会救助制度比较》,《东北财经大学学报》2016 年第 4 期。

9. 东北师范大学中国农村教育发展研究院:《〈乡村教师支持计划(2015—2020 年)〉实施评估报告》,东北师范大学中国农村教育发展研究院,2017。

10. 冯晓杭、于冬:《城市贫困儿童问题现状与解决对策》,《东北师大学报》(哲学社会科学版)2008 年第 6 期,第 38~43 页。

11. 高艳云:《中国城乡多维贫困的测度及比较》,《统计研究》2012 年第 11 期。

12. 高艳云：《中国城乡多维贫困的测度及比较》，《统计研究》2012 年第 11 期，第 62~66 页。

13. 《关于进一步规范城乡居民最低生活保障标准制定和调整工作的指导意见》，中华人民共和国财政部网站，http://www.mof.gov.cn/zhengwuxinxi/zhengcefabu/201105/t20110518_550422.htm。

14. 国家统计局：《中国统计年鉴 2017》，中国统计出版社，2017。

15. 国家统计局：《中国统计年鉴 2018》，中国统计出版社，2018。

16. 国家统计局农村社会经济调查司：《中国农村贫困监测报告 2007》，中国统计出版社，2008。

17. 国家统计局农村社会经济调查总队：《中国农村贫困监测报告 2003》，中国统计出版社，2003。

18. 国家统计局住户调查办公室：《中国农村贫困监测报告 2017》，中国统计出版社，2017。

19. 国务院扶贫开发领导小组办公室：《中国农村扶贫开发概要》，中国财政经济出版社，2006。

20. 韩君玲：《日本民生委员制度及其启示》，《华东政法大学学报》2012 年第 2 期。

21. 侯晓燕：《日本社会保障制度对我国的启示》，《合作经济与科技》2014 年第 9 期。

22. 黄佳琦等：《应对跨领域贫困挑战的国际经验（第三章）》，《国际减贫理念与启示》，2018。

23. 解垩：《公共转移支付与老年人的多维贫困》，《中国工业经济》2015 年第 11 期。

24. 解垩：《医疗保险与城乡反贫困：1989 - 2006》，《财经研究》2008 年第 12 期。

25. 李佳路：《农户多维度贫困测量——以 S 省 30 个国家扶贫开发工作重点县为例》，《财贸经济》2010 年第 10 期。

26. 李实：《解码收入差距》，《数据》2005 年第 7 期。

27. 李实、John Knight：《中国城市中的三种贫困类型》，《经济研究》2002

年第 10 期。

28. 李实、John Knight：《中国城市中的三种贫困类型》，《经济研究》2002 年第 10 期，第47～58 页。

29. 梁汉媚、方创琳：《中国城市贫困的基本特点与脱贫模式探讨》，《人文地理》2011 年第 6 期。

30. 栾文敬：《美国低收入家庭儿童现状及政策研究》，《经济研究导刊》2010 年第 18 期，第 175～179 页。

31. 齐良书：《新型农村合作医疗的减贫、增收和再分配效果研究》，《数量经济技术经济》2011 年第 8 期。

32. 《世界粮食安全和营养状况》，2017。

33. 孙咏梅：《我国农民工福利贫困测度及精准扶贫策略研究》，《当代经济研究》2016 年第 5 期。

34. 孙咏梅：《中国农民工精神贫困识别及精准扶贫策略——基于建筑业的调查》，《社会科学辑刊》2016 年第 2 期。

35. 孙咏梅、傅成昱：《中国农民工多维物质贫困测度及精准扶贫策略研究》，《学习与探索》2016 年第 7 期。

36. 田庆立：《日本的少子化问题及其应对之策》，《社会纵横》2014 年 6 月。

37. 童星等：《中国农村社会保障》，人民出版社，2011。

38. 王春超、叶琴：《中国农民工多维贫困的演进——基于收入与教育维度的考察》，《经济研究》2014 年第 12 期。

39. 王东：《全球城市贫困化现象与我国的现状》，《北方经济》2010 年第 3 期。

40. 王美艳：《农民工的贫困状况与影响因素——兼与城市居民比较》，《宏观经济研究》2014 年第 9 期，第 3～16 页。

41. 王宁、魏后凯、苏红键：《对新时期中国城市贫困标准的思考》，《江淮论坛》2016 年第 4 期。

42. 王钦池：《消除灾难性医疗支出的筹资需求及其减贫效果测算》，《卫生经济研究》2016 年第 4 期。

43. 王素霞、王小林：《中国多维贫困测量》，《中国农业大学学报》（社会科学版）2013 年第 2 期。

44. 王小林、Alkire Sabina：《中国多维贫困测量：估计和政策含义》，《中国农村经济》2009 年第 12 期。

45. 王增文、Antoinette Hetzler：《丰裕中贫困、选择性贫困抑或是持久性贫困——农村地区消费动机强度日渐趋弱的致因分析》，《财贸研究》2014 年第 5 期。

46. 王增文、Antoinette Hetzler：《丰裕中贫困、选择性贫困抑或是持久性贫困——农村地区消费动机强度日渐趋弱的致因分析》，《财贸研究》2014 年第 5 期，第 29 ~ 38 页。

47. 谢经荣：《推动万企帮万村行动提质增效，助力打赢脱贫攻坚战》，《中国扶贫》2017 年第 16 期。

48. 《新兴未来，2016 世界城市状况报告》，《内罗毕：联合国人类住区方案》，联合国人类住区规划署（2016）城市化与发展。

49. 叶初升、赵锐武、孙永平：《动态贫困研究的前沿动态》，《经济学动态》2013 年第 4 期。

50. 张琳：《社会生态平衡：新时期城乡社会保障统筹发展的思考》，《金融与经济》2015 年第 2 期。

51. 张全红：《中国多维贫困的动态变化：1991 – 2011》，《财经研究》2015 年第 4 期，第 31 ~ 41 页。

52. 张全红、李博、周强：《中国多维贫困的动态测算、结构分解与精准扶贫》，《财经研究》2017 年第 4 期，第 32 ~ 40 页。

53. 张时飞、唐钧：《中国贫困儿童救助问题与对策》，《新视野》2009 年第 6 期，第 59 ~ 61 页。

54. 支俊立、姚宇驰、曹晶：《精准扶贫背景下中国农村多维贫困分析》，《现代财经（天津财经大学学报）》2017 年第 1 期，第 15 ~ 26 页。

55. 《中国人类发展报告》，2013。

56. 中国驻日使经参处：《日本农村社会保障体系及其启示》，《宏观经济研究》2003 年第 7 期。

57. 《中华人民共和国 2017 年国民经济和社会发展统计公报》，中华人民

共和国国家统计局网站，http://www. stats. gov. cn/tjsj/zxfb/201802/
t20180228_1585631. html。

58. 朱火云：《城乡居民养老保险减贫效应评估——基于多维贫困的视角》，
《北京社会科学》2017 年第 9 期。

59. 《2016 年农民工监测调查报告》，中华人民共和国国家统计局网站，
http://www. stats. gov. cn/tjsj/zxfb/201704/t20170428_1489334. html。

60. ADB，"PRC Urban Poverty Strategy Ⅱ Final Report-TA4694," Unpub-
lished Report，2008.

61. Aglietta, M. , "Sustainable Growth：Do We Really Measure the Challenge?"
Revue d'économie du Développement，19（2），2011，pp. 199 – 250.

62. Alkire, S. , Foster, J. , "Counting and Multidimensional Poverty Measure-
ment ," *Journal of Public Economics*，95（7），2011，pp. 476 – 487.

63. Asian Development Bank, "PRC Urban Poverty Strategy Ⅱ Final Report-
TA4694," Unpublished Report，2008.

64. Asian Development Bank, "Urban Poverty in Asia," 2014，https://www. adb.
org/sites/default/files/publication/59778/urban-poverty-asia. pdf.

65. Bourguignon, F. , Chakravarty, S. R. , "The Measurement of Multidimensional
Poverty," *Journal of Economic Inequality*，1（1），2003，pp. 25 – 49.

66. Bourguignon, F. , Morrison, C. , "Income Distribution among World Citizens：
1820 – 1990," *American Economic Review*，92（9），2002，pp. 1113 – 1132.

67. "China National Human Development Report," UNDP，2013，http://
hdr. undp. org/sites/default/files/china_nhdr_2013_en_final. pdf.

68. Coady, D. , M. Grosh, J. Hoddinott, "Targeting of Transfers in Develo-
ping Countries：Review of Lessons and Experience," Washington, D. C. :
The World Bank，2004.

69. Del Ninno C. et al. , "Safety Nets in Africa：Effective Mechanisms to Reach
the Poor and Most Vulnerable," Washington, DC：World Bank Agence
Française de Développement，2015.

70. Demographia. "Demographia World Urban Areas：Built up Urban Areas or

World Agglomerations," *Belleville*, 2017.

71. "Department of Economic and Social Affairs, United Nations in Collaboration with the Economic and Social Commission for Asia and the Pacific," Thailand, Bangkok: United Nations, Paper for Expert Group Meeting on "The First United Nations Decade for the Eradication of Poverty (1997 – 2006): Progress and the Road ahead" organized by the Division for Social Policy and Development, 2005.

72. Du, Y., Gregory, R., Meng, X., "The Impact of the Guest-worker System on Poverty and the Well-being of Migrant Workers in Urban China," in Garnaut, R., Song, L., eds., *The Turning Point in China's Economic Development* (Canberra: Asia Pacific Press, 2006).

73. Du, Y., Gregory, R., Meng, X., "The Impact of the Guest-Worker System on Poverty and Well-being of Migrant Workers in Urban China," *The Turning Point in China's Economic Development*, 2006, pp. 172 – 202.

74. Foster, J., Greer, J., Thorbecke, E., "Class of Decomposable Poverty Measures," *Econometrica: Journal of the Econometric Society*, 1984, pp. 761 – 766.

75. Gillespie, S., Hodge, J., Yosef, S., Pandya-Lorch, R., eds., "Nourishing Millions: Stories of Change in Nutrition," Washington, D. C.: International Food Policy Research Institute (IFPRI), 2016.

76. Gillespie, S., Tontisirin, K., Zseleczky, L., "Local to National: Thailand's Integrated Nutrition Program," in Gillespie, Stuart, Hodge, Judith, Yosef, Sivan, Pandya-Lorch, Rajul, eds., *Nourishing Millions: Stories of Change in Nutrition* (Washington, D. C.: International Food Policy Research Institute, 2016), pp. 91 – 98.

77. Gillespie, S., Tontisirin, K., Zseleczky, Laura, "Local to National: Thailand's Integrated Nutrition Program," in Gillespie, Stuart, Hodge, Judith, Yosef, Sivan, Pandya-Lorch, Rajul, eds., *Nourishing Millions: Stories of Change in Nutrition* (Washington, D. C.: International Food

Policy Research Institute, 2016), pp. 91 – 98.

78. Gillespie, Stuart, Hodge, Judith, Yosef, Sivan, Pandya-Lorch, Rajul, eds., *Nourishing Millions*: *Stories of Change in Nutrition* (Washington, D. C. : International Food Policy Research Institute, 2016).

79. "Global Nutrition Report 2015," International Food Policy Research Institute (IFPRI), 2015.

80. "Global Nutrition Report 2015, Nutrition Country Profile: Thailand 2015," International Food Policy Research Institute (IFPRI), 2015.

81. Harold, A., John, H., "The Poorest and Hungry: Assessment, Analyses, and Actions," IFPRI, 2009.

82. http://databank. worldbank. org/data/reports. aspx? source = world-development-indicators.

83. http://documents. worldbank. org/curated/en/781101468239669951/pdf/76 2990PUB0china0Box374372B00PUBLIC0. pdf.

84. *Human Development Report 2013*, New York: United Nations Development Program, 2013.

85. J. Charmes, "The Informal Economy Worldwide: Trends and Characteristics," 2012.

86. Labar, K., Bresson, F., "A Multidimensional Analysis of Poverty in China from 1991 to 2006," *China Economic Review*, 22 (4), 2011, pp. 646 – 668.

87. Leite, P. et al., "Social Registries for Social Assistance and beyond: A Guidance Note and Assessment Tool," World Bank Discussion Paper, 1704, 2017.

88. OPHI Country Briefing: China, 2017.

89. Organization for Economic Cooperation and Development (OECD), "Tackling Inequalities in Brazil, China, India and South Africa: The Role of Labour Market and Social Policies," OECD Publishing, 2010.

90. Rowntree, B. S., *Poverty*: *A Study of Town Life* (Macmillan, 1901).

91. Sang, M. L., "Enhancing Regional Food Security through Inclusive Rural

Transformation-Focusing on Social Protection and Poverty Alleviation," Chiang Mai Thailand: Asia Pacific Agricultural Policy Roundtable, 2018.

92. Semba, R. D., De Pee, S., Sun, K., Sari, M., Akhter, N., Bloem, M. W., "Effect of Parental Formal Education on Risk of Child Stunting in Indonesia and Bangladesh: A Cross-sectional Study," *The Lancet*, 371 (9609), 2008, pp. 322 – 328.

93. Semba, R. D. et al., "Effect of Parental Formal Education on Risk of Child Stunting in Indonesia and Bangladesh: A Cross-sectional Study," Lancet, 371 (9609), 2008, pp. 322 – 328.

94. "Social Protection Assessment Based National Dialogue: Towards a Nationally Defined Social Protection Floor in Thailand," International Labour Organization and United Nations Country Team, 2013.

95. Somchai, J., "Targeting the Poor: Recent Experience from Thailand's Child Support Grant Policy. 2018 Asia Pacific Agricultural Policy Roundtable," in Sang, M. L., "Enhancing Regional Food Security through Inclusive Rural Transformation-Focusing on Social Protection and Poverty Alleviation," Chiang Mai Thailand: Asia Pacific Agricultural Policy Roundtable, 2018.

96. Spears, D., Haddad, L. J., "The Power of WASH: Why Sanitation Matters for Nutrition," IFPRI Book, 2015, pp. 19 – 24.

97. Spears, D., L. J. Haddad, "The Power of WASH: Why Sanitation Matters for Nutrition," in "2014 – 2015 Global Food Policy Report", Washington, D. C.: International Food Policy Research Institute (IFPRI), 2015, pp. 19 – 23.

98. Sumner, A., "Global Poverty and the New Bottom Billion: What If Three-Quarters of the World's Poor Live in Middle-income Countries?" *IDS Working Papers*, (349), 2010, pp. 1 – 43.

99. Tangcharoensathien, V., Swasdiworn, W., Jongudomsuk, P., Srithamrongswat, S., Patcharanarumol, W., Thammathat-aree, T., "Universal Coverage Scheme in Thailand: Equity Outcomes and Future Agendas to Meet

Challenges," World Health Report, 2010.

100. "Thailand Statistical Yearbook," Bangkok, Thailand: National Statistical Office, 2015.

101. "The World DataBank," Washington, D. C. : World Bank, 2017, http://databank. worldbank. org/data/home. aspx.

102. U. Gentilini, "Entering the City: Emerging Evidence and Practices with Safety Nets in Urban Areas. " Washington, D. C. : World Bank, 2015.

103. U. Gentilini, M. Honorati, R. Yemtsov, "How Are the Urban Poor Covered by Safety Nets? Preliminary Evidence from Survey Data," Washington, D. C. : World Bank, 2014.

104. Viroj, T. et al. , "Universal Coverage Scheme in Thailand: Equity Outcomes and Future Agendas to Meet Challenges," World Health Report, 2010.

105. Von Braun, J. , Hill, R. E. , Pandya-Lorch, R. , "The Poorest and Hungry: Assessments, Analyses, and Actions: An IFPRI 2020 Book," IFPRI, 2009.

106. Von Braun, J. , Hill, R. V. , Pandya-Lorch, R. , "About IFPRI and the 2020 Vision Initiative," IFPRI, 2009.

107. "World Urbanization Prospects: The 2014 Revision," United Nations, 2014, https://www. compassion. com/multimedia/world-urbanization-prospects. pdf.

108. Wu, Y. , "The National Working Commission on Aging," Presentation in the Tsinghua Aging Industry Forum, 2018. Asian Development Bank (ADB), "Urban Poverty In Asia. Manila," Thailand Statistical Yearbook, 2014.

109. "2017 Global Food Policy Report," International Food Policy Research Institute (IFPRI), 2017.

缩略词

ADB 亚洲开发银行（Asian Development Bank）

CCT 有条件现金转移支付（Conditional Cash Transfer）

FAO 联合国粮食及农业组织（Food and Agriculture Organization of the United Nation）

GDP 国内生产总值（Gross Domestic Product）

IFAD 国际农业发展基金（International Fund for Agricultural Development）

ILO 国际劳工组织（International Labour Organization）

IPO 首次公开募股（Initial Public Offering）

OECD 经济合作与发展组织（Organization for Economic Cooperation and Development）

UN 联合国（United Nations）

UNDP 联合国开发计划署（The United Nations Development Prgrcomme）

WASH 联合国儿童基金会"水、环境卫生与个人卫生项目"（Water, Sanitation and Hygiene）

致　谢

　　本书基于国际食物政策研究所（IFPRI）主持的"支持中国 2020 年后扶贫战略与行动计划研究"项目，并得到国家自然科学基金国际（地区）合作与交流项目"精准扶贫与互联网扶贫的实施机制与效果评估研究"（编号：71661147001）、国家社会科学基金重大项目"精准扶贫战略实施的动态监测与成效评估研究"（编号：16ZDA021）、浙江大学人才项目等的支持。研究团队感谢福特基金会中国办事处主任兼首席代表 Elizabeth Knup 女士、福特基金会中国办事处项目官员程恩江博士、国际食物政策研究所发展战略与政府治理部主任 Paul Dorosh 博士对研究提供的支持。

　　研究团队核心成员包括：陈志钢博士（国际食物政策研究所东亚、东南亚与中亚办公室主任）、何晓军女士（原中国国际扶贫中心副主任）、吴国宝博士（中国社会科学院贫困问题研究中心主任）、毕洁颖博士（中国农业科学院农业信息研究所副研究员）、杨穗博士（中国社会科学院农村发展研究所副研究员）、谭清香博士（中国社会科学院农村发展研究所助理研究员）、郭君平博士（中国农业科学院农业经济与发展研究所助理研究员）和王子妹一女士（国际食物政策研究所东亚、东南亚与中亚办公室研究助理）。项目咨询委员会诸位专家就中国减贫工作现状与发展方向提出了宝贵意见，他们是：李实教授（北京师范大学中国收入分配研究院执行院长）、汪三贵教授（中国人民大学中国扶贫研究院院长）、叶兴庆部长（国务院发展研究中心农村经济研究部部长）、苏国霞司长（国务院扶贫办综合司司长）、张林秀女士（中国科学院农业政策研究中心副主任）、王萍萍主任（国家统计局住户调查办公室主任）、聂凤英研究员（中国农业科学院农业信息研究所副所长）、雷晓燕教授（北京大学健康老龄与发展研究中心主任）和李成威研究员（中国财政科学院外国财政研究中心副主任），研究团队在此表示感谢。

　　本书稿的完成还得益于多家组织与机构的大力支持。联合国粮食及农业组织（FAO）、日本国际协力机构（JICA）、日本驻华使馆、浙江大学中国农村发展研究院、中国农业科学院海外农业研究中心等为专家联络提供了大力支持。联合国粮食及农业组织亚太区域办公室的 Tomomi Ishida 女士、联合国儿童基金会亚太区域办公室的 Gasper Fajth 先生和 Rim Nour 先生、泰国玛希隆大学的 Kraisid Tontisirin 先生、泰国国民健康委员会高级顾问 Siriwat Tiptaradol 博士、日本农林中金综合研究所的 Yoshitsugu Minagawa 先生和 Ruan Wei 女士、日本国际农林水产研究中心的 Osamu Koyama 先生、首都大学东京的 Aya K. Abe 教授、明治学院大学的 Yoshihisa Godo 教授、联合国开发计划署的 Bill Bikes 博士对本报告提出了宝贵意见，并分享了相关资料。

　　研究团队其他成员也对本报告的研究和撰写工作做出了贡献，包括：张华琦女士、周云逸女士、Adrian Aldana 先生（国际食物政策研究所东亚、东南亚与中亚办公室）、尹雪晶女士（中国农业大学）、顾蕊博士（中国农业科学院农业信息研究所）、邓婷鹤博士（中国农业科学院农业信息研究所）以及胡松先生（农业发展咨询顾问）。

图书在版编目(CIP)数据

从乡村到城乡统筹：2020 年后中国扶贫愿景和战略重点 / 陈志钢等著. -- 北京：社会科学文献出版社，2019.10

ISBN 978 - 7 - 5201 - 5555 - 7

Ⅰ.①从… Ⅱ.①陈… Ⅲ.①扶贫 - 研究 - 中国 Ⅳ.①F126

中国版本图书馆 CIP 数据核字 (2019) 第 198088 号

从乡村到城乡统筹：2020 年后中国扶贫愿景和战略重点

著　　者 / 陈志钢　吴国宝　毕洁颖　等

出 版 人 / 谢寿光
责任编辑 / 高　雁
文稿编辑 / 梁　雁

出　　版 / 社会科学文献出版社·经济与管理分社 (010)59367226
　　　　　　地址：北京市北三环中路甲 29 号院华龙大厦　邮编：100029
　　　　　　网址：www.ssap.com.cn
发　　行 / 市场营销中心 (010)59367081　59367083
印　　装 / 三河市龙林印务有限公司

规　　格 / 开　本：787mm × 1092mm　1/16
　　　　　　印　张：21.5　字　数：330 千字
版　　次 / 2019 年 10 月第 1 版　2019 年 10 月第 1 次印刷
书　　号 / ISBN 978 - 7 - 5201 - 5555 - 7
定　　价 / 138.00 元

本书如有印装质量问题，请与读者服务中心 (010 - 59367028) 联系